国家教师资格考试 专用教材

保教知识与能力

幼儿园

山香教育考试命题研究中心　主编

首都师范大学出版社

CAPITAL NORMAL UNIVERSITY PRESS

图书在版编目(CIP)数据

保教知识与能力：幼儿园／山香教育考试命题研究
中心主编. – – 北京：首都师范大学出版社，2024.1
国家教师资格考试专用教材
ISBN 978-7-5656-7912-4

Ⅰ.①保… Ⅱ.①山… Ⅲ.①学前教育–幼教人员–
资格考试–教材 Ⅳ.①G61

中国国家版本馆 CIP 数据核字(2023)第 232865 号

国家教师资格考试专用教材

BAOJIAO ZHISHI YU NENGLI YOU'ERYUAN

保教知识与能力·幼儿园

山香教育考试命题研究中心　主编

策划编辑　张文强

责任编辑　安晓东　曹亮亮　　　　　　　　封面设计　山香教育

首都师范大学出版社出版发行

地　　址　北京市海淀区西三环北路 105 号

邮　　编　100048

咨询电话　010 – 68418523(总编室)　　　　010 – 68982468(发行部)

网　　址　http://cnupn.cnu.edu.cn

印　　刷　河南黎阳印务有限公司

经　　销　全国新华书店

版　　次　2024 年 1 月第 1 版

印　　次　2024 年 1 月第 1 次印刷

开　　本　787mm×1092mm　1/16

印　　张　30

字　　数　550 千

定　　价　69.00 元

山香女孩

一段真实感人的故事

一个中国招教的传奇

一个大山中质朴的女孩

只为了能守候心中的爱情

执著地踏上教师招考之路

几经心酸、坎坷数载

终含泪圆梦

师者大爱无疆

回首仍在招教路上迷茫无助

痛苦挣扎的考生

她忍痛放弃来之不易的光辉事业

决然分享自己的招教秘籍

撷菁撷华、纳优去粕，无微不至、倾心辅导

只为复制精彩，再造成功

她圆了一批又一批考生的教师之梦

她让一批又一批的考生喜泪盈眶

她收到了一句又一句的致谢和感恩话语

她已经不是一个她了

而是更多的她，创造了中国招教奇迹！

她就是——山香教育！

前　言

国家教师资格考试作为从事教师行业的入门级考试,主要测查报考者应知应会的基本知识和所要具备的教师专业素养。通过分析近几年的考试情况,我们发现国家教师资格考试对考生的专业知识和文化素养提出了更高要求。主要有以下三个方面的表现:

表现1:难度增加,创新性强——命题方式更加灵活,结合教学实例考查的题目增多,更注重考查报考者的素养,增加了试题难度。

表现2:考查点更加细致,针对性强——契合报考学段学生特征的题目明显增多,题目更有针对性,考点更加细致。

表现3:主观题命题灵活,凸显综合能力——材料分析题和活动设计题灵活性更强,要求也更为具体。

基于以上考情变化,我们认为教师资格考试的难度有增无减,考生若想在较短的时间里通过考试,仍需披荆斩棘、百炼成钢。

为此,我们依据考试真题,重新梳理了内容,力求使考生备考更加高效。

3大特色　破解教师资格

特色1　精研考情　内容全面

本教材以考试大纲为"标尺",通过对历年真题的分析,将考试涉及的知识点进行汇总,并依据命题方式、出现频次,对汇总的知识点进行"瘦身"。同时采取漫画(图示)助解、真题面对面、知识再拔高等多种呈现形式,使教材更加有趣、有颜、有内涵。

特色2　技巧点拨　方法实用

本教材摒除传统教材纯文字讲述、语句冗长,缺乏针对性的缺点,设计增加"思维导图""考向分析""小香课堂""记忆有妙招"等多个模块,使教材更具实用性,减轻考生学习负担,提高学习效率。

特色3 学练结合 稳步提升

本教材在内文中有针对性地穿插真题,使考生知晓具体的考题形式。在每一章的最后特设"达标测评"模块,精选大量和真题同类型的考题并附详尽解析。考生可通过适当的训练,学练结合,稳步提升能力。

本教材所用真题,均来源于网络和考生回忆。殷切期待广大考生给我们提出宝贵意见,促进我们更快成长,让山香图书帮助更多的人。

山香教育考试命题研究中心

目 录

核心考点提要

核心考点提要

核心考点提要

教育活动目标的分类/383　　　　主题活动方案设计/392

教育活动内容选择的原则/384　　绘画发展的特点/436

教育活动的常用方法/387

专家微课视频索引

扫描正文中下列知识点处的二维码,即可获取专家微课视频。

政策早知道

教育之声

内容导学

- 教育政策件件留心

教育政策件件留心

【学前教育师范生教师能力标准】《学前教育专业师范生教师职业能力标准(试行)》

【十四五规划】《中华人民共和国国民经济和社会发展第十四个五年规划和2035年远景目标纲要》(节录)

【学前教育改革】《中共中央 国务院关于学前教育深化改革规范发展的若干意见》(节录)

【幼小衔接】《教育部关于大力推进幼儿园与小学科学衔接的指导意见》

【幼儿园"小学化"治理】《关于开展幼儿园"小学化"专项治理工作的通知》

【幼儿园管理】《幼儿园管理条例》

【卫生保健管理】《托儿所幼儿园卫生保健工作规范》

【师德师风建设】《关于加强和改进新时代师德师风建设的意见》(节录)

【违反职业道德行为处理】《幼儿园教师违反职业道德行为处理办法》

【职业行为准则】《新时代幼儿园教师职业行为十项准则》

扫码查看教育政策文件

将心注入,用双手把考生托上岸

第一章　学前儿童发展

内容概要

　　本章包括婴幼儿发展概述、儿童发展理论流派、幼儿身体发育和动作发展、学前儿童认知的发展、学前儿童情绪情感的发展、学前儿童注意的发展、学前儿童个性的发展、学前儿童社会性的发展、学前儿童的个体差异、学前儿童发展常用的研究方法、学前儿童身心发展中的常见问题十一节。本章内容在真题试卷中所占分值约 27~85 分,主要以单项选择题、简答题、论述题、材料分析题的形式考查。本章各节 2015—2023 年考频汇总如下:

婴幼儿发展概述 ──────────── 总考频 8 次

儿童发展理论流派 ──────────────── 总考频 22 次

幼儿身体发育和动作发展 ──────────── 总考频 11 次

学前儿童认知的发展 ───────────────── 总考频 23 次

学前儿童情绪情感的发展 ──────────── 总考频 11 次

学前儿童注意的发展 ──────── 总考频 3 次

学前儿童个性的发展 ──────────── 总考频 9 次

学前儿童社会性的发展 ─────────── 总考频 14 次

学前儿童的个体差异 ────── 总考频 2 次

学前儿童发展常用的研究方法 ─────── 总考频 5 次

学前儿童身心发展中的常见问题 ────── 总考频 2 次

　　编者注:本书"9 年 X 考""考频分布"依据山香教材知识体系及统计标准编写,仅供参考。

第一节　婴幼儿发展概述

🧠 思维导图

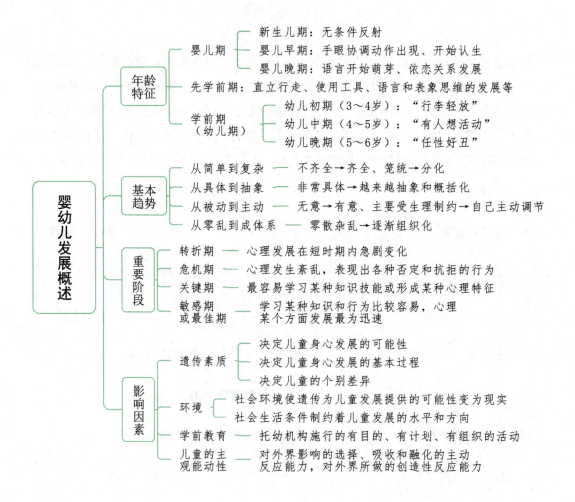

婴幼儿发展概述

- **年龄特征**
  - 婴儿期
    - 新生儿期：无条件反射
    - 婴儿早期：手眼协调动作出现、开始认生
    - 婴儿晚期：语言开始萌芽、依恋关系发展
  - 先学前期：直立行走、使用工具、语言和表象思维的发展等
  - 学前期（幼儿期）
    - 幼儿初期（3～4岁）："行李轻放"
    - 幼儿中期（4～5岁）："有人想活动"
    - 幼儿晚期（5～6岁）："任性好丑"

- **基本趋势**
  - 从简单到复杂 —— 不齐全→齐全、笼统→分化
  - 从具体到抽象 —— 非常具体→越来越抽象和概括化
  - 从被动到主动 —— 无意→有意、主要受生理制约→自己主动调节
  - 从零乱到成体系 —— 零散杂乱→逐渐组织化

- **重要阶段**
  - 转折期 —— 心理发展在短时期内急剧变化
  - 危机期 —— 心理发生紊乱，表现出各种否定和抗拒的行为
  - 关键期 —— 最容易学习某种知识技能或形成某种心理特征
  - 敏感期或最佳期 —— 学习某种知识和行为比较容易，心理某个方面发展最为迅速

- **影响因素**
  - 遗传素质
    - 决定儿童身心发展的可能性
    - 决定儿童身心发展的基本过程
    - 决定儿童的个别差异
  - 环境
    - 社会环境使遗传为儿童发展提供的可能性变为现实
    - 社会生活条件制约着儿童发展的水平和方向
  - 学前教育 —— 托幼机构施行的有目的、有计划、有组织的活动
  - 儿童的主观能动性 —— 对外界影响的选择、吸收和融化的主动反应能力，对外界所做的创造性反应能力

📝 考向分析

本节属于学前儿童发展的基础知识，内容较为琐碎，记忆性知识较多。在考试中主要以单项选择题的形式考查，偶尔会考查材料分析题。汇总分析 2015 年至 2023 年的真题试卷，本节知识考查情况统计如下：

将心注入，用双手把考生托上岸

知识	考点	考频	题型
婴幼儿身心发展的年龄特征	婴儿期身心发展的年龄特征	1	单选
	幼儿期身心发展的年龄特征	3	单选
儿童心理发展的重要阶段	敏感期	1	单选
影响学前儿童发展的因素	遗传素质	1	单选
	环境	1	单选
	综合考查	1	材料分析

编者注:综合考查的知识,其考频、题型在正文不再统计。

 核心考点

一、婴幼儿发展的含义

婴幼儿发展是指婴幼儿在成长过程中身体和心理有规律地进行量变与质变的过程。身体发展是指婴幼儿机体的正常生长和发育;心理发展是指婴幼儿的认知、情感、意志和个性等方面的发展。

二、婴幼儿发展的过程

婴幼儿发展到一定年龄阶段,就会表现出与该年龄阶段相符合的行为特征。根据发展任务和发展特征的不同,可以将婴幼儿发展过程分为以下几个时期:

学前期(广义)
- 婴儿期(又称乳儿期)
  - 新生儿期(0~1个月)
  - 婴儿期(狭义)
    - 婴儿早期(1~6个月)
    - 婴儿晚期(6~12个月)
- 先学前期(1~3岁)
- 学前期(狭义)(又称幼儿期)
  - 学前(幼儿)初期(3~4岁)
  - 学前(幼儿)中期(4~5岁)
  - 学前(幼儿)晚期(5~6岁)

三、婴幼儿身心发展的年龄特征 【9年4考】

考点1 婴儿期身心发展的年龄特征(0~1岁)

⭐ **考频分布** 2016 下单选

婴儿期身心发展的年龄特征

阶段	新生儿期(0~1个月)	婴儿早期(1~6个月)	婴儿晚期(6~12个月)
特征	①此阶段为乳儿适应新环境的时期,主要以先天的无条件反射的方式来应对新环境。如吸吮反射、眨眼反射、怀抱反射等。 ②儿童出生后就开始认识世界,最初的认知活动突出表现为知觉发生和视听觉的集中。视听觉集中是注意发生的标志	①视觉、听觉迅速发展。 ②手眼协调动作开始出现(4~5个月)。 ③主动招人(最初的社会性交往需要)。 ④开始认生(5~6个月)	①身体动作迅速发展。坐、爬、站、走等动作都是在这个阶段开始学习的。 ②手的动作开始形成。五指分工动作发展起来,开始出现重复连锁动作。 ③语言开始萌芽(9~12个月)。这个阶段婴儿发出的音节较清楚,还可以发出许多重复、连续的音节。 ④依恋关系发展,如出现分离焦虑

考点2 先学前期身心发展的年龄特征(1~3岁)

1.学会直立行走

满周岁时,幼儿开始迈步,但还走不稳。2 岁左右,幼儿能够原地跳,学会跑,还能站着扔球和踢球,弯下腰去从地上捡起东西,不摔跤。

2.学会使用工具

1 岁以后,幼儿逐渐能够准确地拿各种东西。1.5 岁左右的幼儿,能根据物体的特性来使用物体。这就是把物体当作工具来使用的开端。2.5 岁以后,幼儿能够用小毛巾洗脸,拿起笔来画画。2~3 岁幼儿能够学会多种动作,不仅双手协调,而且能使全身和四肢的动作协调起来。如,端着盛了水的玻璃杯或瓷碗,从一个房间走到另一房间,不会摔破杯子。

3.语言和表象思维的发展

人类特有的语言、表象、想象和思维活动,是在2岁左右形成的。

1岁以前是语言发生的准备阶段。1～1.5岁的幼儿处于理解语言阶段。1.5岁以后,幼儿有一个似乎是突然开口的阶段,一下说得很好。2岁左右的幼儿,虽然说话不成句,但总是喜欢说话,更喜欢模仿大人说话。到了3岁,幼儿能够初步用语言表达自己的意思。

与此同时,幼儿的表象也发展了起来。特别是1.5～2岁左右,当事物不在眼前时,幼儿能够在大脑中出现关于该事物的表象。表象的发生使幼儿的认识活动出现重大的变化。

表象的发生使幼儿有可能产生想象。1岁的幼儿只能胡乱摆弄物体,2岁左右的幼儿已经能够拿着物体进行想象性活动。

人类典型的认识活动——思维,也是在这个时期发生的。这时幼儿出现了最初的概括和推理。如,能够把性别不同、年龄不同的人加以分类,主动叫"爷爷""奶奶"或"哥哥""姐姐"。

4.出现独立性

独立性的出现是开始产生自我意识的明显表现。这时幼儿知道"我"和他人有区别,在语言上逐渐分清"你""我",在行动上要"自己来",如,他要自己走路,成人想抱着他走,他会把身体挺直,使人无法抱他,嘴里还说"我自己"或"自己走"。

独立性的出现是幼儿心理发展上非常重要的一步,也是人生头2～3年心理发展成就的集中表现。

考点3　幼儿期身心发展的年龄特征(3～6岁)

⭐ **考频分布**　2020下单选,2016上单选,2015下单选

1.幼儿初期(3～4岁)

(1)最初步的生活自理,生活目标扩大

小班幼儿逐渐学会最初步的生活自理,能进餐、控制大小便,能在成人帮助下穿衣,能用语言表达思想和要求,能与他人游戏。

(2)行为具有强烈的情绪性

①小班幼儿的行动常常受情绪支配,而不受理智支配。情绪性强,是整个幼儿期幼儿的特点,且年龄越小越突出。②小班幼儿情绪性强的特点表现在很多方面。如高兴时听话,不高兴时说什么也不听;如果喜欢哪位老师,就特别听那位老师的话。③小班幼儿的情绪很不稳定,很容易受外界环境的影响。如看见别的孩子哭了,自己也莫名其妙地

哭起来；老师拿来新玩具，马上又破涕为笑。

（3）爱模仿

小班幼儿的独立性差，爱模仿别人。例如，看见别人玩什么，自己也玩什么；看见别人有什么，自己就想要什么。教师常常是幼儿模仿的榜样。因此，教师应该时刻注意自己的言行举止，为孩子们树立好榜样。

爱模仿

（4）思维仍带有直觉行动性

思维依靠动作进行，是先学前期儿童的典型特点，小班幼儿仍然保留着这个特点。例如，让他们说出某一小堆糖有几块，他们只有用手一块一块地数才能弄清，他们不会像大些的孩子那样在心里默数。

由于小班幼儿的思维还要依靠动作，因此他们不会计划自己的行动，该时期幼儿思维过程的特点是先做再想，或者边做边想。比如，在捏橡皮泥之前往往说不出自己要捏成什么，而常常是在捏好之后才突然有所发现："面条！"

> **记忆有妙招**
>
> 为便于考生记忆，将幼儿初期的年龄特征总结成以下口诀：**行李轻放**。**行**：思维仍带有直觉行动性。**李**：最初步的生活自理。**轻**：行为具有强烈的情绪性。**放**：爱模仿。

2. 幼儿中期(4~5岁)

（1）更加活泼好动

活泼好动的特点在幼儿中期尤为突出。幼儿园中班的孩子明显地比小班孩子活泼好动。小班孩子比较听话，顺从老师的意见，说话和动作的速度也相对缓慢。中班的孩子就不同，他们的动作比小班灵活得多，头脑里的主意也多，使老师感到不像小班那么"好带"，要求老师更加注意教育内容和技巧。

（2）思维具体形象

中班幼儿的思维可以说是典型的具体形象思维，即他们较少依靠行动来思维，但是思维过程还必须依靠实物的形象作支柱。例如，中班幼儿计算物体的数量，虽然可以不用手指直接点着去逐个地数，但是头脑中必须有物体的形象，而不能依靠抽象的概念，他只能知道几个苹果加几个苹果是多少苹果，不能用抽象的数概念几加几。中班幼儿的思维方式是非常具体的，如果问："床、桌子、椅子、被子，这四样东西，哪三样应该归在一起？"他们大多回答说："床、被子和椅子。"因为被子放在床上，椅子放在床旁边，这是他们的生活习惯。他们也就是按这种实际逻辑进行思维，而不是根据某种概念(如家具)进行

概括。

中班幼儿理解成人的语言，也常常依靠自己的具体生活经验，有些事情大人以为孩子听懂了，其实他理解的，完全不是大人想表达的意思。有位教师教幼儿背诵儿歌。其中有一句话是："一滴水，不起眼……"意思是说一滴水虽然显得很少，但很宝贵，孩子们都跟着背诵。老师发现孩子们每次念到这句话时，都指指自己的肚子，他感到奇怪。经了解，才知道孩子们把"不起眼"这个比较抽象的形容词理解成了"肚脐眼"，这对他们是很具体的。

（3）开始接受任务

4岁以后幼儿之所以能够接受任务，和他们思维的概括性和心理活动有意性的发展有密切关系。由于思维的发展，幼儿的理解力增强，能够理解任务的意义；由于心理活动有意性的发展，幼儿行为的目的性、方向性和控制性都有所提高，这些都是接受任务的重要条件。

（4）开始自己组织游戏

4岁左右是幼儿游戏蓬勃发展的时期。中班幼儿不但爱玩而且会玩，他们能够自己组织游戏，自己规定主题，不再像小班那样出现许多平行的角色，他们会自己分工，安排角色。

┌─ **记忆有妙招** ─┐

为便于考生记忆，将幼儿中期的年龄特征总结成以下口诀：**有人想活动**。有：开始自己组织游戏。**人**：开始接受任务。**想**：思维具体形象。**活动**：活泼好动。

3.幼儿晚期(5～6岁)

（1）好学、好问

好奇是幼儿的共同特点，但大班幼儿的好奇与小、中班有所不同。小、

幼儿晚期(5～6岁)
的心理特点

中班幼儿的好奇心较多表现在对事物表面的兴趣上，他们经常向成人提问题，但问题多半停留在"这是什么""那是什么"上。大班幼儿不同，他们不光问"是什么"，还要问"为什么"。问题的范围也很广，天文地理，无所不有，希望成人给予回答。

（2）抽象概括能力开始发展

大班幼儿思维仍以具体形象思维为主，但抽象逻辑思维开始萌芽，即出现依靠概念、判断和推理等形式的思维。例如，他们已开始掌握一些比较抽象的概念，能对熟悉的物体进行简单的分类；也能初步理解事物的因果关系。由于大班幼儿已有了抽象概括能力的萌芽，所以，可以对他们进行一些简单的科学知识教育，以引导他们去发现事物间的各种内在联系，促进其智力的发展。

（3）个性初具雏形

大班幼儿初步形成了比较稳定的心理特征。他们开始能够控制自己，做事也不再"随波逐流"，显得比较有"主见"，对人、对己、对事都开始有了相对稳定的态度和行为方式。

对于幼儿最初的个性特征，成人应当给予充分的注意。幼儿教师在面向全体幼儿进行教育的同时，应该因材施教，针对每个人的特点长善救失，使幼儿全面健康地发展。

（4）开始掌握认知方法

5～6岁的幼儿出现有意地自觉控制和调节自己心理活动的行为。在认知活动方面，无论是观察、记忆过程，或是思维和想象过程，幼儿都有了方法。如4岁前幼儿往往不会比较两个或几个图形之间的异同，而5岁以后幼儿则能较好地完成任务。除此之外，在注意活动中，5～6岁的幼儿已能够采取各种方法使自己不分散注意。

记忆有妙招

为便于考生记忆，将幼儿晚期的年龄特征总结成以下口诀：**任性好丑**。**任**：开始掌握认知方法。**性**：个性初具雏形。**好**：好学、好问。**丑**：以具体形象思维为主，抽象概括能力开始发展。

真题面对面

[2020下半年真题]大班幼儿认知发展的主要特点是（　　　）

A.直觉行动性　　　B.具体形象性　　　C.抽象逻辑性　　　D.抽象概括性

答案：B。

四、婴幼儿心理发展的基本趋势

1.从简单到复杂

儿童最初的心理活动，只是非常简单的反射活动，以后越来越复杂化。这种简单到复杂的发展趋势又表现在两个方面：

（1）从不齐全到齐全。学前儿童的各种心理过程在出生的时候并非已经齐全，而是在发展过程中逐步形成的。

（2）从笼统到分化。学前儿童最初的心理活动是笼统、弥漫而不分化的。无论是认识活动还是情绪，其发展趋势都是从混沌或笼统到分化和明确。也可以说，学前儿童的心理活动最初是简单和单一的，后来逐渐复杂和多样化。

2. 从具体到抽象

学前儿童的心理活动最初是非常具体的,以后越来越抽象和概括化。从思维的发展过程来看,学前儿童的思维最初是直觉行动的,然后出现具体形象思维,最后发展起来的是抽象逻辑思维。从情绪的发展过程来看,最初引起儿童情绪活动的,都是具体形象性的事物,以后才是越来越抽象的事物。

3. 从被动到主动

学前儿童心理活动最初是被动的,心理活动的主动性后来才发展起来,并逐渐提高,直到具备成人所具有的极大的主观能动性。学前儿童心理发展的这种趋势主要表现在两个方面:

(1)从无意向有意发展。新生儿的原始反射是本能活动,是对外界刺激的直接反应,完全是无意识的。随着年龄的增长,学前儿童逐渐开始出现自己能意识到的、有明确目的的心理活动,然后发展到不仅能意识到活动目的,还能够意识到自己心理活动进行的情况和过程。

(2)从主要受生理制约发展到自己主动调节。学前儿童的心理活动很大程度上受生理的制约,随着生理的成熟,其心理活动的主动性逐渐增强。

4. 从零乱到成体系

学前儿童的心理活动最初是零散杂乱的,心理活动之间缺乏有机的联系。例如,学前儿童一会儿哭,一会儿笑,一会儿说东,一会儿说西。正因为不成体系,其心理活动非常容易变化。随着学前儿童年龄的增长,他们的心理活动逐渐组织化,有了系统性,形成了整体,并且有了稳定的倾向,出现自身特有的个性。

五、儿童心理发展的重要阶段　【9年1考】

考点1　转折期和危机期

1. 转折期

转折期是指在儿童心理发展的两个阶段之间,有时会出现心理发展在短时期内急剧变化的情况。儿童的心理发展过程与其他物质发展过程一样,都具有规律性,遵循从量变到质变的过程。量变的过程表现为心理发展的阶段特点的稳定性,而质变的过程则表现为儿童心理特征的转折与飞跃,形成儿童心理发展的关键转折期。

2. 危机期

危机期是指在发展的某些年龄时期,儿童心理常常发生紊乱,表现出各种否定和抗拒的行为,如经常与人发生冲突,违抗成人要求等。由于儿童心理发展的转折期常常出现对成人的反抗行为,或各种不符合社会行为准则的表现,因此,也有人把转折期称为危机期。但心理发展的转折期和危机期还有所区别:转折期是儿童心理发展过程中必然出现的,但"危机"却不是必然出现的。"危机"往往是由于儿童心理发展迅速导致心理发展上的不适应。如果成人在掌握儿童心理发展规律的情况下,正确引导儿童心理的发展,化解其一时产生的尖锐矛盾,"危机"会在不知不觉中度过,或者说,"危机期"可以不出现。

考点 2　关键期

个体发展过程中环境影响能起最大作用的时期即关键期。**关键期**是指由生物学因素决定的、个体做好最充分准备来获得新的行为模式的发展时期,换句话说,它是儿童最容易学习某种知识技能或形成某种心理特征的时期,但过了这个时期,发展的障碍就难以弥补。

考点 3　敏感期或最佳期

⭐ 考频分布　　2022 下单选

敏感期是指个体比其他时候更容易获得新行为模式的发展阶段,换句话说,敏感期就是儿童学习某种知识和行为比较容易,儿童心理某个方面发展最为迅速的时期,又叫最佳期。错过了敏感期或最佳期,不是不可以学习或形成某种知识或能力,但是比起敏感期和最佳期来说,就较为困难,发展比较缓慢。

关键期和敏感期是考生容易混淆的两个概念,都是儿童容易发展某方面的时期,它们的区别在于侧重强调其影响程度的不同:

关键期的影响通常更为深远,表现在错过了关键期,发展的障碍难以弥补。例如,狼孩卡玛拉,被人从狼窝里发现时已经 8 岁了。由于多年和狼生活在一起,不会使用人类语言。人们努力通过教育和训练想使她学会说话,但收效甚微,其根本原因就是错过了

发展的"关键期"。

而在敏感期之后,个体仍然可以通过学习获得相关的技能或知识。只是错过了敏感期,发展会比较缓慢。

需要说明的是,在一些心理学的专著中,这两个概念几乎是等同的,即关键期也叫敏感期。但在幼儿园考试过程中,这两个概念一般是有区别的。对这两个概念的理解主要是以单项选择题的方式进行考查,考生在做题时可以根据题意灵活做出选择。

真题面对面

[2022下半年真题]某一时期,儿童学习某种知识和形成某种能力比较容易,心理某个方面的发展最为迅速,儿童心理发展的这个时期被称为( )

A.反抗期　　　　B.敏感期　　　　C.转折期　　　　D.危机期

答案:B。

六、影响学前儿童发展的因素　【9年2考】

⭐ **考频分布**　2022上单选,2017上单选

考点1　遗传素质

遗传素质是指个体从上一代继承下来的生理解剖方面的特点,如体貌、身体的内部构造、神经类型等。遗传素质是学前儿童身心发展的生理基础和物质前提。

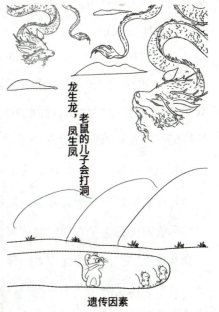

龙生龙,老鼠的儿子会打洞,凤生凤

遗传因素

1.遗传素质决定儿童身心发展的可能性

首先,遗传素质决定了儿童的体态、生理结构与机能的主要特征。儿童接受父母的遗传,出生之后就有人的形态特征和生理结构,从而有别于其他生物体。由于儿童具有人所特有的生理结构,儿童才可能具备人所特有的各种活动能力和受教育的可能性。

2.遗传素质决定儿童身心发展的基本过程

儿童,无论是男孩还是女孩,其身心发展的阶段和速度基本一致。每一个年龄阶段的孩子都有其共同的普遍的身心特征,即年龄特征。如儿童手的动作发展是先学会抓

握,再学会投掷;儿童语言的发展一般要经历发音、单词句、多词句、简单句四个阶段。儿童在不同时期都有其独特的年龄特征。如幼儿期,这时学前儿童身体发育速度较快,其心理以无意活动为主。儿童身心发展的这些阶段和每一阶段的年龄特征主要由遗传素质决定,一般具有不可更改性。

3. 遗传素质也决定儿童的个别差异

遗传素质决定儿童体貌、生理机能等方面的细微差异。这些差异影响儿童的心理,使儿童的心理出现一定的差异性。如神经类型方面,天生敏感的孩子,可能对周围的一切变化反应较灵敏和迅速一些;而神经活动较迟钝的孩子,其心理反应可能要慢一些。

当然,遗传素质只是为儿童身心发展提供了生理基础和物质前提,为儿童的身心发展提供了可能性,而没有最终决定儿童身心发展的水平和速度。儿童身心发展的可能性转化为现实,还需后天环境和教育的影响。

考点2 环境

遗传和生理成熟为学前儿童的发展提供了物质前提和可能性,但儿童发展的可能性要变为现实,还必须依赖环境的作用。环境分为自然环境和社会环境。自然环境提供儿童生存所需要的物质条件,如阳光、空气、水分、养料等。社会环境指儿童的社会生活条件,包括社会生产力水平、社会制度、儿童所处的社会地位、家庭状况、周围的社会氛围等。自然环境的好坏会影响儿童的身心健康,但相比较而言,社会环境对儿童发展的作用更为重要。

环境因素

1. 社会环境使遗传为儿童发展提供的可能性变为现实

尽管遗传提供了心理发展的可能性,但如果不生活在社会环境里,则这种可能性也不会变成现实。由野兽抚养大的孩子虽然具有人类的遗传素质,却不具备人类的正常心理。典型的例子如印度狼孩卡玛拉和阿玛拉,她们既不会直立行走,不能学会说话,也没有人类的动作和情感。

2. 社会生活条件制约着儿童发展的水平和方向

从宏观上看,社会生产的发展水平,影响国民经济生活,影响科学文化和教育水平,从而影响个体的发展水平。从微观上看,具体的社会生活条件是形成个性差异的重要因素。

此外,家庭环境如家庭的文化氛围、家庭的经济状况、家庭的成员结构、父母的教养方式等作为学前儿童最早接触的社会环境,对儿童有着耳濡目染、潜移默化的重要作用,会对学前儿童的心理发展产生重要的影响。

真题面对面

[2022上半年真题]导致"狼孩"心理发展滞后的主要因素是(　　)

A.遗传有缺陷　　　　　　　B.生理成熟迟滞

C.自然环境恶劣　　　　　　D.社会环境缺乏

答案:D。

考点3　学前教育

学前教育有广义和狭义之分,狭义的学前教育专指在托幼机构开展的学前教育,广义的学前教育包括在托幼机构和家庭等场所开展的学前教育。这里所指的是狭义的学前教育,是托幼机构对学前儿童施行的有目的、有计划、有组织的活动。

学前教育之所以特殊,主要体现在:(1)学前教育有专职教师;(2)有明确的目标;(3)是一种最系统、最简捷的影响学前儿童的方式。

考点4　儿童的主观能动性

儿童的**主观能动性**是指儿童对外界影响的选择、吸收和融化的主动反应能力,也包括儿童对外界所做的创造性反应能力。

儿童对外界信息具有主动反应的能力。孩子会依自己的个性特点对不同的事物做出不同的反应,同样的事物在不同孩子身上也会引起不同的反应。

儿童的各种心理活动能力的增强,也使儿童对外界环境的反应能力得到提高。随着年龄的增长,儿童的感知、记忆、想象、思维、注意等心理活动的能力和有意性不断加强,这使儿童能更加有效地、有目的地加工处理来自环境的各种信息。另外,儿童也会对外界做出一些创造性的反应。

上岸帮手　　山香网校

第二节　儿童发展理论流派

🧠 思维导图

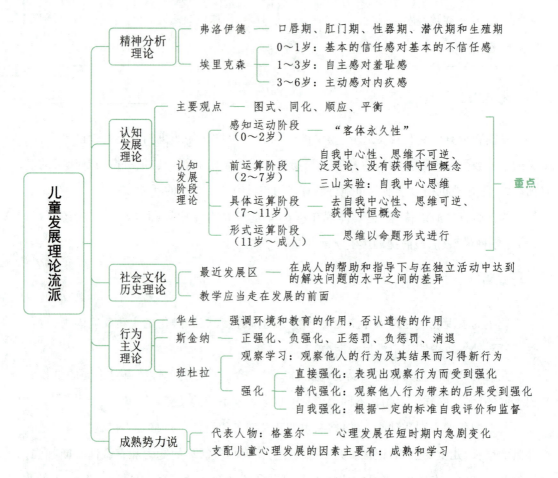

儿童发展理论流派

- **精神分析理论**
  - 弗洛伊德 —— 口唇期、肛门期、性器期、潜伏期和生殖期
  - 埃里克森
    - 0～1岁：基本的信任感对基本的不信任感
    - 1～3岁：自主感对羞耻感
    - 3～6岁：主动感对内疚感
- **认知发展理论**
  - 主要观点 —— 图式、同化、顺应、平衡
  - 认知发展阶段理论
    - 感知运动阶段（0～2岁）—— "客体永久性"
    - 前运算阶段（2～7岁）
      - 自我中心性、思维不可逆、泛灵论、没有获得守恒概念
      - 三山实验：自我中心思维
    - 具体运算阶段（7～11岁）—— 去自我中心性、思维可逆、获得守恒概念
    - 形式运算阶段（11岁～成人）—— 思维以命题形式进行   **重点**
- **社会文化历史理论**
  - 最近发展区 —— 在成人的帮助和指导下与在独立活动中达到的解决问题的水平之间的差异
  - 教学应当走在发展的前面
- **行为主义理论**
  - 华生 —— 强调环境和教育的作用，否认遗传的作用
  - 斯金纳 —— 正强化、负强化、正惩罚、负惩罚、消退
  - 班杜拉
    - 观察学习：观察他人的行为及其结果而习得新行为
    - 强化
      - 直接强化：表现出观察行为而受到强化
      - 替代强化：观察他人行为带来的后果受到强化
      - 自我强化：根据一定的标准自我评价和监督
- **成熟势力说**
  - 代表人物：格塞尔 —— 心理发展在短时期内急剧变化
  - 支配儿童心理发展的因素主要有：成熟和学习

📝 考向分析

　　本节属于学前儿童发展的重点内容,内容较为琐碎,记忆性知识较多。在考试中主要以单项选择题、简答题和材料分析题的形式考查。汇总分析 2015 年至 2023 年的真题试卷,本节知识考查情况统计如下:

知识	考点	考频	题型
精神分析理论	埃里克森的人格发展阶段理论	1	单选

将心注入,用双手把考生托上岸

知识	考点	考频	题型
认知发展理论	同化	1	单选
	认知发展阶段理论	10	单选、简答、材料分析
	道德认知发展理论	1	单选
社会文化历史理论	最近发展区	5	单选
行为主义理论	班杜拉的社会学习理论	4	单选、简答、材料分析

核心考点

一、精神分析理论 【9年1考】

考点1 弗洛伊德的心理性欲发展理论

弗洛伊德提出了心理性欲发展理论。他将儿童心理发展划分为口唇期(又称口腔期)、肛门期、性器期、潜伏期和生殖期五个阶段。

儿童心理发展阶段

阶段	年龄	表现
口唇期	0~1.5岁	吸吮、吞咽和咀嚼是主要的快感来源,这能减轻紧张感
肛门期	1.5~3岁	肛门肌肉的训练能减轻紧张感;排便训练很重要
性器期	3~6岁	快感集中于性器官;恋母、恋父情结
潜伏期	6~11、12岁	发展进入恬静时期,抑制性欲上的兴趣,发展社会和智力的经验,把儿童大量的能量导向情感安全领域
生殖期	12岁开始	性再次萌芽,中心转到对异性的感情上,并会发展一种成熟的爱情关系,可作为一名成人而独立生活

考点2 埃里克森的人格发展阶段理论

⭐ **考频分布** 2018上单选

美国精神分析学家埃里克森认为,人格发展经历八个既连续又不同的阶段,每个阶段都面临一对危机或冲突。要想顺利进入下一个发展阶段,人就必须先解决好当前所面临的危机。其中,学前儿童主要处于前三个阶段:

1.基本的信任感对基本的不信任感(0~1岁)

本阶段的任务是发展对周围世界,尤其是对社会环境的基本态度,培养信任感。如果父母或照料者给予婴儿适当的、稳定的与不间断的关切、照顾、哺育和抚摸,婴儿就会对父母产生一种信任感。

2.自主感对羞耻感(1~3岁)

本阶段的发展任务是培养自主性。儿童初步尝试独立处理事情,如果父母允许儿童去做他们力所能及的事,鼓励儿童独立探索的欲望,儿童就会逐渐认识自己的能力,养成主动、自主的性格;反之,如果父母过分溺爱和保护或过分批评指责,就可能使儿童怀疑自己对自我和环境的控制能力,产生羞耻感。

3.主动感对内疚感(3~6岁)

本阶段的发展任务是培养主动性。由于身体活动能力和语言的发展,儿童有可能把活动范围扩展到家庭之外。儿童喜欢尝试探索环境,承担并学习掌握新的任务。此时,如果父母或教师对儿童的建议给予适当鼓励或妥善处理,则儿童不仅发展了主动性,还能培养明辨是非的道德感;反之,如果父母对儿童的问题感到不耐烦或嘲笑儿童的活动,儿童就会产生内疚感。

其他五个阶段分别为:**勤奋感对自卑感**(6~11岁)、**自我同一性对角色混乱**(12~18岁)、**亲密感对孤独感**(成年早期)、**繁殖感对停滞感**(成年中期)、**自我整合对绝望感**(成年晚期)。

『记忆有妙招』

为便于考生记忆,将埃里克森的人格发展阶段理论中的前三个阶段总结成以下口诀:**新自救**。**新**:基本的信任感对不信任感。**自**:自主感对羞耻感。**救**:主动感对内疚感。

真题面对面

[2018上半年真题]根据埃里克森的人格发展阶段理论,1~3岁儿童形成的人格品质是(　　)

A.信任感　　　　　　　　B.主动性

C.自主性　　　　　　　　D.自我同一性

答案:C。

二、认知发展理论 【9年12考】

⭐ **考频分布** 2015—2023年,以单选题形式考查9次,以简答题形式考查1次,以材料分析题形式考查2次

传统的心理学不是强调遗传、成熟,就是强调环境的决定作用,瑞士心理学家皮亚杰创立的认知发展理论树立了新的旗帜。

考点1 认知发展理论的主要观点

皮亚杰认为智力的本质是适应,"智慧就是适应""是一种最高级形式的适应"。他用四个基本概念阐述他的适应理论和建构学说,即图式、同化、顺应和平衡。

(1)图式是指人在认识周围世界的过程中,形成自己独特的认知结构。**图式**是认知结构的起点和核心,是人类认识事物的基础。最初的图式来源于遗传。(最初由康德提出)

(2)适应分为两种不同的类型:同化和顺应。**同化**是指在有机体面对一个新的刺激情境时,把刺激整合到已有的图式或认知结构中,即个体利用已有的图式把新的刺激纳入已有的认知结构中去的过程。**顺应**是指当有机体不能利用原有图式接受和解释新刺激时,其认知结构发生改变来适应刺激的影响。同化不改变认知结构;顺应会改变认知结构。

(3)**平衡**是指个体通过自我调节机制,使认知发展从一个平衡阶段向另一个平衡阶段过渡的过程,平衡是同化和顺应之间的"均衡"。

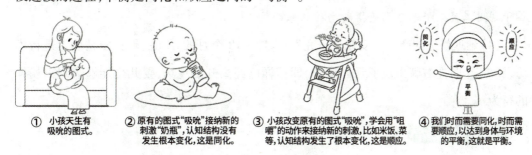

① 小孩天生有吸吮的图式。

② 原有的图式"吸吮"接纳新的刺激"奶瓶",认知结构没有发生根本变化,这是同化。

③ 小孩改变原有的图式"吸吮",学会用"咀嚼"的动作来接纳新的刺激,比如米饭、菜等,认知结构发生了根本变化,这是顺应。

④ 我们时而需要同化,时而需要顺应,以达到身体与环境的平衡,这就是平衡。

考生容易混淆同化和顺应的内涵。同化:补充、完善认知结构(量变)。顺应:改变认知结构(质变)。

[2021上半年真题]毛毛第一次看到骆驼时惊呼道:"快看,大马背上长东西了。"根据皮亚杰的理论,毛毛的反应可以用(   )解释。

A.平衡   B.同化   C.顺应   D.守恒

答案:B。

考点2　认知发展阶段理论

皮亚杰认为认知发展是一个构建的过程,是个体在与环境的相互作用中实现的。他提出了认知发展的阶段理论,将个体的认知发展分为以下四个阶段。

1.感知运动阶段(0~2岁)

感知运动阶段的婴儿主要有以下几个方面的特征:

(1)感觉和动作的分化。儿童只能依靠自己的肌肉动作和感觉应付环境中的刺激。

(2)"客体永久性"的形成。在感知运动阶段的后期(9~12个月),完整清晰的客体永久性已经形成。所谓客体永久性是指儿童知道某人或某物虽然现在看不见,但仍然是存在的。此时,尽管儿童并没有看见这些物体放在某个特定的地方,但也能积极地寻找他们认为被藏起来的东西。

(3)问题解决能力开始得到发展。起初,个体的行为更多是以尝试—错误为基础,后期则能够计划解决问题的方法。如,想要东西的婴儿可能会伸手够几次但最终放弃;几个月之后,他们可能会用其他物体来帮助其得到原来的物体;到2岁时,他们可能会非常善于利用工具来帮助自己获得所向往的东西。

(4)延迟模仿的产生。皮亚杰研究发现,12~18个月的婴儿能够比较精确地进行模仿,到18个月左右就出现了延迟模仿,即榜样已经离开了现场,婴儿也能够表现出榜样的行为。

[2023上半年真题]十个月大的贝贝看见妈妈把玩具塞进了盒子,他会打开盒子把玩具找出来。这说明贝贝的认知具备了(   )

A.守恒性   B.间接性   C.可逆性   D.客体永久性

答案:D。

2.前运算阶段(2~7岁)

前运算阶段

这一阶段,儿童的思维特征主要表现在以下九个方面:

(1)早期的信号功能。儿童能将各种感知信息以心理符号的形式储存下来,积累了表象素材,促进了表象性思维的发展。随着年龄的增长,儿童越来越多地使用符号来表示外部世界,如,用"牛""羊"来代表真正的牛和羊等。

(2)自我中心性(中心化)。儿童还不能设想他人所处的情境,常以自己的经验为中心,从自己的角度出发来观察和理解世界。皮亚杰设计的"三山实验"是自我中心思维的一个最典型的例证。

(3)思维的不可逆性。儿童观察事物时往往只能注意表面的、显著的特征,倾向于注意事物的静止状态。思维活动表现的关系单一,不能进行可逆运算。如,问一名4岁儿童:"你有兄弟吗?"他回答:"有。""兄弟叫什么名字?"他回答:"吉姆。"但反过来问:"吉姆有兄弟吗?"他回答:"没有。"

(4)不能够推断事实。该阶段的儿童往往是根据知觉到的表面现象做出反应,不能够推断事实。如,给3岁的幼儿一辆红色的玩具小汽车,当着他的面盖上一块罩子,小汽车看起来是黑色的,问他小汽车是什么颜色的,他会说是黑色的。

(5)泛灵论。这一阶段的儿童往往会认为任何物体都是有生命的。如,儿童画画,太阳或月亮上各画了一张笑脸。

(6)不合逻辑的推理。这一阶段的儿童思维的另一个局限是不合逻辑的推理,这种推理既不是演绎推理也不是归纳推理。根据皮亚杰的观点,前运算阶段儿童的思维是在这两者之间,即从特殊到特殊而不涉及一般。如,幼儿园有一个小朋友是驼背,朵朵说这个小朋友很可怜,他病了。几天后她听说这个小朋友得了流感,睡在床上。后来又听说这个小朋友的流感好了。于是,她说:"现在他的驼背没有了。"

(7)不能理顺整体和部分的关系。这一阶段的儿童能把握整体,也能分辨两个不同的类别。但是,当要求他们同时考虑整体和整体的两个组成部分的关系时,儿童多半给出错误的答案。

(8)认知活动具有具体性,还不能进行抽象的思维运算。

(9)没有获得守恒概念。前运算阶段的儿童认识不到在事物的表面特征发生某些改变时,其本质特征并不发生变化。**不能守恒**是前运算阶段儿童的重要特征,他们通常被事物的表面现象所蒙蔽。皮亚杰设计了大量相关实验来考察儿童思维的守恒情况,一系列的守恒实验表明,处于前运算阶段的幼儿还不能理解不变性原则,还没有获得守恒概念。

三山实验

三山实验材料包括高低、形状、颜色各不相同的三座山的模型,把它们放置在桌面上,使得从桌子的不同侧面看过去,三座山的景象各不相同。让儿童坐在桌子的一边,首先让儿童从前后、左右不同方位观察这三座模型,然后让儿童看四张从前后、左右四个方位所摄的这些山的照片,让儿童指出与自己站在不同方位的另外

三山实验

一人(实验者或娃娃)所看到的山的情景与哪张照片一样。实验结果发现,前运算阶段的儿童无一例外地认为别人在另一个角度看到的山和自己所站的角度看到的山是一样的。皮亚杰认为,这个现象说明了这个年龄阶段的儿童通常依据自己的视角来看问题,还不会站在别人的立场上观察现象、分析问题,思维具有明显的自我中心特点。

真题面对面

1. [2023下半年真题] 3~4岁的儿童认为,小皮球浮在水面上,是因为它想游泳,按照认知发展理论的观点,这反映了儿童的思维具有(　　)

　　A. 泛灵论特点　　　　　　　　B. 守恒性特点

　　C. 假装性特点　　　　　　　　D. 象征性特点

　　答案:A。

2. [2022上半年真题] 4岁的瑞瑞不小心把小碗里的葡萄干撒在桌子上后,很惊奇地说:"哦,我的葡萄干变多了!"这说明他的思维处于(　　)

　　A. 感知运动阶段　　　　　　　B. 前运算阶段

　　C. 具体运算阶段　　　　　　　D. 形式运算阶段

　　答案:B。

---

3. 具体运算阶段(7~11岁)

与前运算阶段相比,具体运算阶段的儿童能够运用逻辑思维解决具体问题,但必须依赖于实物和直观形象的支持才能进行逻辑推理和运用逻辑思维解决问题,不能够进行纯符号运算。这一阶段儿童的思维具有以下特征:

(1)**去自我中心性**。这一阶段的儿童能够多角度地看待和理解事物,即去自我中心,

得出具体问题的解决方法。在皮亚杰的"三山实验"任务中,7~9岁的儿童就能够注意到一种情境的多个方面,从他人的角度理解问题。

(2)可逆性。这一阶段的儿童能理解先前曾是一团泥土的飞机模型能够再变成一团泥土;他同样明白8个珠子加6个珠子等于14个珠子,而从14个珠子中拿走6个珠子还剩8个珠子。

(3)**守恒**。即儿童认识到客体在外形上发生了变化,但特有的属性不变。

(4)分类。这一阶段的儿童在对物体进行分类时,不再像前运算阶段的儿童,只能进行单维度的分类,而是能根据物体的多个维度进行分类。

(5)序列化。序列化是指能够根据大小、体积、重量或其他的一些特性对一系列要素进行心理上的排序。具体运算阶段的儿童能够顺利完成排列大小的任务。如给他们长短不等的小木棒,他们能够按照从长到短或从短到长的顺序进行排序。

4.形式运算阶段(11岁~成人)

这一阶段儿童的思维已超越了对具体可感知的事物的依赖,儿童的思维是以命题形式进行的,并能发现命题之间的关系;能够根据逻辑推理、归纳或演绎的方式来解决问题;能理解符号的意义、隐喻和直喻;能做一定的概括,其思维发展到抽象逻辑推理水平。

> **记忆有妙招**
>
> 为便于考生记忆,将皮亚杰的认知发展阶段理论中四个阶段的顺序概括为:**敢签巨星**。**敢**:感知运动阶段。**签**:前运算阶段。**巨**:具体运算阶段。**星**:形式运算阶段。

> **知识再拔高**
>
> **皮亚杰的道德认知发展理论**
>
> 皮亚杰采用"对偶故事法"对儿童道德判断的发展进行研究,发现并总结出了儿童道德认知发展的总规律,提出了道德发展阶段理论,将儿童的品德发展划分为四个阶段:
>
> (1)自我中心阶段(2~5岁):又称前道德阶段。这一阶段的儿童还不能把自己同外部环境区别开来,而把外部环境看作他自身的延伸。规则对儿童来说不具有约束力。

（2）权威阶段（6~8岁）：又称他律道德阶段。这一阶段的儿童服从外部规则，接受权威指定的规范，把人们规定的准则看作固定的、不可变更的，而且只根据行为后果来判断对错。

（3）可逆性阶段（9~10岁）：又称自律道德阶段。这一阶段的儿童已经不把规则看成是不可改变的，而把它看作同伴间共同约定的：只要大家都同意的话，规则是可以改变的。

（4）公正阶段（11~12岁）：这一阶段的儿童开始倾向于主持公正、平等，体验到公正、平等应该符合每个人的特殊情况。公正的惩罚不能是千篇一律的，应根据每个人的具体情况进行。

真题面对面

[2021上半年真题]儿童认为规则是由有权威的人决定的，不可以经过集体协商改变。这说明儿童的道德认知处于（　　　）

A.习俗阶段　　　　　　　　　　B.他律道德阶段

C.前道德阶段　　　　　　　　　D.自律道德阶段

答案：B。

三、社会文化历史理论 【9年5考】

考点1　发展的实质

维果斯基认为，发展是指心理的发展。所谓心理的发展就是指一个人的心理（从出生到成年）是在环境与教育的影响下，在低级心理机能的基础上，逐渐向高级心理机能转化的过程。

考点2　最近发展区理论

⭐ **考频分布**　2023下单选，2021下单选，2019下单选，2019上单选，2016上单选

最近发展区是维果斯基对儿童心理学的一个突出贡献。维果斯基认为，儿童的发展有两种水平：一种是已经达到的发展水平，表现为个体能够独立解决问题的现有水平；另一种是儿童可能达到的发展水平，表现为儿童还不能够独立地完成任务，但在成人的帮

助下,在集体活动中,通过模仿等形式能够完成这些任务。这种儿童在成人的帮助和指导下所能达到解决问题的水平与在独立活动中所达到的解决问题的水平之间的差异就是"最近发展区"。

根据最近发展区思想,维果斯基提出"教学应当走在发展的前面"。这是他关于教学与发展关系问题的最主要的理论。也就是说,教学可以定义为"人为的发展"。教学决定着智力的发展,这种决定作用既表现在智力发展的内容、水平和智力活动的特点上,也表现在智力发展的速度上。

维果斯基强调"学习的最佳期限"。如果脱离了学习某一技能的最佳年龄,从发展的观点来看是不利的,它会造成儿童智力发展的障碍。因此,开始某一种教学,必须以成熟与发育为前提,但更重要的是教学必须首先建立在正在开始形成的心理机能的基础上,走在心理机能形成的前面。

维果斯基社会历史理论的重要原则是,当儿童置身于他们的文化时,他们通常在更有能力的人,如照料者或教师的引导下,内化和采用更加成熟、更加有效的思维方式和解决所处环境问题的方式。思维工具和思维方式并非婴儿与生俱来,它们是社会历史的组成部分,但是,它们可以由更有能力或更有知识的人在运用的过程中传递给儿童。布凯科和戴勒进一步指出:儿童学习的关键组成部分是**社会互动**,社会互动包括观察他人如何运用儿童所处特定文化中可以利用的资源进行交流和解决问题。

真题面对面

1.[2023下半年真题]思维工具和思维方式并非与生俱来,它们可以由能力水平更高的人传递给儿童,由此推断,影响儿童学习的关键因素之一是( )

A.操作条件作用 B.符号表征

C.社会互动 D.情感调节

答案:C。

2.[2021下半年真题]提出"最近发展区"这一概念的心理学家是( )

A.弗洛伊德 B.马斯洛 C.皮亚杰 D.维果斯基

答案:D。

考点3 内化学说

维果斯基指出,教学的最重要的特征便是教学创造着最近发展区,激起与推动学生一系列内部的发展过程,从而使学生通过教学来掌握全人类的经验并内化为自身的内部财富。

四、行为主义理论 　【9年4考】

行为主义理论强调儿童的行为是由环境的刺激引起的,学习的决定因素是外部刺激。他们强调行为,反对以那些不可捉摸的内部过程(如心理状态、意志)作为研究对象,所以该学说又称为环境学习理论。

考点1　华生的经典行为主义学习理论

华生是美国心理学家,行为主义的创始人,主张环境决定论。他认为心理学不应该研究意识,而应该研究可观察到的行为;心理学的研究方法必须废除内省法,而应该采用观察法、实验法。他提出了刺激(S)—反应(R)模式(简称S—R模式),认为有什么样的刺激,就会有什么样的反应。任何复杂的行为,都是S—R模式之间的联结。

华生强调环境和教育的作用,否认遗传的作用。他从S—R模式出发,认为环境和教育是行为发展的决定因素。他曾指出:给我一打健康的儿童,在由我设计好的特定世界里把他们养育成人,我可以保证,无论其天赋、兴趣、能力、特长和他们祖先的种族等先天条件如何,都能把他们随机训练成任何一种类型的专家——医生、律师、艺术家、商人、政治家,当然也可以是乞丐、小偷。

考点2　斯金纳的操作行为主义

斯金纳认为人类的学习是在做出某种行为后,受到环境或教育的某种强化而形成的。斯金纳将行为分为应答性行为和操作性行为。应答性行为是由已知刺激引起的,对应的是应答性条件作用,如,用针刺手,手马上缩回;咀嚼食物时分泌唾液等。操作性行为是有机体在一定情境中自然产生并由于结果的强化而固定下来的,对应的是操作性条件作用。斯金纳认为人或动物为了达到某种目的,会采取一定的行为作用于环境。当这种行为的后果对他有利时,这种行为就会在以后重复出现;不利时,这种行为就减弱或消失。斯金纳提出了操作性条件作用的基本规律有:强化、消退、惩罚、逃避条件作用与回避条件作用。

1.强化

强化是采用适当的强化物而使机体的反应频率、强度和速度增加的过程。凡是能增强行为频率的刺激或事件叫作强化物。强化有正强化和负强化之分。

(1)**正强化**:也称积极强化,是通过呈现想要的愉快刺激来增强反应频率,如儿童做

对了某件事后得到成人的物质奖励或表扬。

(2)负强化:也称消极强化,是通过消除或终止厌恶、不愉快的刺激来增强反应频率,如儿童因有改正错误行为的表现,所以家长取消了限制儿童看电视的禁令。

无论是正强化还是负强化,最终都是为了提高反应的频率。

2.消退

消退是指条件刺激形成以后,如果得不到强化,条件反应会逐渐减弱,直至消失的现象。

3.惩罚

惩罚是指通过某一刺激减少某种行为频率的过程。惩罚包括正惩罚和负惩罚。

(1)正惩罚:个体行为出现之后,伴随着消极的刺激的增加,而导致行为出现频率减少的现象。例如,小孩撒谎后受到家长的责罚,那么,以后小孩撒谎的行为频率将会减少。

(2)负惩罚:个体行为出现之后,伴随着积极的刺激的减少,而导致行为出现频率减少的现象。例如,小孩子不愿意吃药,家长便取消了小孩子看电视的机会,而导致不愿意吃药的行为减少。

4.逃避条件作用与回避条件作用

逃避条件作用是指当厌恶刺激出现时,有机体做出某种反应,从而逃避了厌恶刺激,则该反应在以后的类似情境中发生的概率便增加的一类条件作用。

回避条件作用是指当预示厌恶刺激即将出现的刺激信号呈现时,有机体也可以自发地做出某种反应,从而避免了厌恶刺激的出现,则该反应在以后的类似情境中发生的概率便增加的一类条件作用。

逃避条件作用　　　　回避条件作用

考点3　班杜拉的社会学习理论

⭐ **考频分布**　2021上材料分析,2020下单选,2015下单选,2015上简答

1.学习的实质——观察学习

班杜拉以儿童的社会行为习得为研究对象,形成了其关于学习的基本思路,即观察

学习是人的学习最重要的形式。

（1）观察学习的概念及分类

观察学习是指人通过观察他人（榜样）的行为及其结果而习得新行为的过程。在观察学习中，观察的对象称为榜样或示范者。观察学习可分为三类：

①直接的观察学习：它是对示范行为的简单模仿，幼儿的主要学习方式为直接的观察模仿学习。

②抽象性观察学习：它是指观察者从对他人行为的观察中获得一定的行为规则或原理，从而能根据这些规则或原理表现出某种类似的行为。

③创造性观察学习：它是指观察者通过对各个不同榜样的行为特点进行新的组合，从而形成一种全新的行为方式。

（2）观察学习的过程

班杜拉认为，新行为的习得过程是一个复杂的认知过程，包括注意、保持、动作再现和动机作用四个具体过程。

①注意过程：即观察者注意并知觉榜样情景的过程。

②保持过程：即观察者记住从榜样情景中了解的行为，以表象和言语形式将它们在记忆中进行表征、编码以及存储。

③动作再现过程：即观察者将头脑中有关榜样情景的表象和符号概念转化为外显的行为。

④动机作用过程：即观察者因表现所观察到的行为而受到激励。

2. 强化的种类

班杜拉认为，习得的行为是否被表现出来，会受到强化的影响。强化分为以下三种类型：

（1）**直接强化**：观察者因表现出观察行为而受到强化。

（2）**替代强化**：观察者通过观察他人行为所带来的后果而受到强化。如幼儿看到同伴因讲礼貌而受到表扬时，就会增强其产生同样行为的倾向；看到同伴因骂人而受到惩罚时，就会抑制自身骂人的冲动。

（3）**自我强化**：学习者根据一定的评价标准进行自我评价和自我监督，来强化相应的学习行为。从另一个角度来说，自我强化是指对自己表现出的符合或超出标准的行为进行自我奖励。

将心注入，用双手把考生托上岸

真题面对面

[2020下半年真题]萌萌怕猫,当她看到青青和小猫一起玩得很开心时,她对小猫的恐惧也降低了。从社会学习理论的视角看,这主要是( )形式的学习。

　　A.替代强化　　　B.自我强化　　　　C.操作性条件反射　　D.经典条件反射

　　答案:A。题干中萌萌因为看到青青和小猫玩得很开心,从而降低了自己对小猫的恐惧,是观察他人行为所带来的后果受到强化,属于替代强化。

五、成熟势力说

　　成熟势力说强调基因顺序规定着儿童生理和心理的发展,其代表人物是美国心理学家、儿科医生**格塞尔**。

　　在格塞尔看来,支配儿童心理发展的因素主要有两个,即成熟和学习。成熟与内环境有关,学习与外环境有关。其中成熟是推动心理发展的主要动力,没有足够的成熟,就没有真正的发展与变化。脱离了成熟的条件,学习本身并不能推动发展。也就是说,发展的顺序主要受成熟和遗传因素的控制,而外在环境不能改变其程序。

　　格塞尔进行了经典的"双生子爬楼梯实验"来证明他的理论观点。格塞尔提出,儿童的学习取决于生理成熟,在生理成熟之前的早期训练对发展没有显著作用。对于儿童的发展来说,学习并非不重要,但当个体还未成熟到一定程度时,学习的效果是有限的。进一步说,人类的成熟与发展是一个由遗传因素控制的有顺序的过程,有固定的遗传时间表,外部环境只是为人类正常生长提供必要的条件,而不能改变发展其本身的自然成熟程序。

经典实验

"双生子爬楼梯"实验

　　1929年,格塞尔进行了经典的"双生子爬楼梯实验"来支持其理论观点。实验的被试是两名同卵双生子T和C,在他们出生第48周时,对T进行爬楼梯训练,对C不予训练。6周后T比C表现出更强的爬楼梯技能。到第53周(儿童能够学习爬楼梯的成熟时机)对C进行训练,结果发现只要少量训练,C就达到了T的熟练水平。到第55周,C与T在爬楼梯技能上没有差别。

第三节　幼儿身体发育和动作发展

思维导图

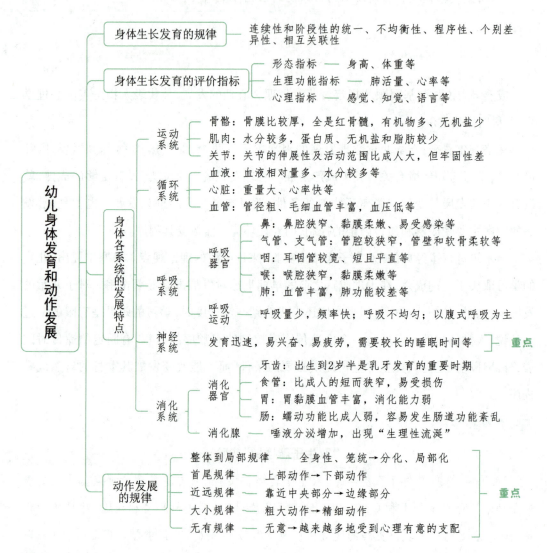

幼儿身体发育和动作发展
- 身体生长发育的规律 —— 连续性和阶段性的统一、不均衡性、程序性、个别差异性、相互关联性
- 身体生长发育的评价指标
  - 形态指标 —— 身高、体重等
  - 生理功能指标 —— 肺活量、心率等
  - 心理指标 —— 感觉、知觉、语言等
- 身体各系统的发展特点
  - 运动系统
    - 骨骼：骨膜比较厚，全是红骨髓，有机物多、无机盐少
    - 肌肉：水分较多，蛋白质、无机盐和脂肪较少
    - 关节：关节的伸展性及活动范围比成人大，但牢固性差
  - 循环系统
    - 血液：血液相对量多、水分较多等
    - 心脏：重量大、心率快等
    - 血管：管径粗、毛细血管丰富，血压低等
  - 呼吸系统
    - 呼吸器官
      - 鼻：鼻腔狭窄、黏膜柔嫩、易受感染等
      - 气管、支气管：管腔较狭窄，管壁和软骨柔软等
      - 咽：耳咽管较宽、短且平直等
      - 喉：喉腔狭窄，黏膜柔嫩等
      - 肺：血管丰富，肺功能较差等
    - 呼吸运动 —— 呼吸量少，频率快；呼吸不均匀；以腹式呼吸为主
  - 神经系统 —— 发育迅速，易兴奋、易疲劳，需要较长的睡眠时间等 —— **重点**
  - 消化系统
    - 消化器官
      - 牙齿：出生到2岁半是乳牙发育的重要时期
      - 食管：比成人的短而狭窄，易受损伤
      - 胃：胃黏膜血管丰富，消化能力弱
      - 肠：蠕动功能比成人弱，容易发生肠道功能紊乱
    - 消化腺 —— 唾液分泌增加，出现"生理性流涎"
- 动作发展的规律 —— **重点**
  - 整体到局部规律 —— 全身性、笼统→分化、局部化
  - 首尾规律 —— 上部动作→下部动作
  - 近远规律 —— 靠近中央部分→边缘部分
  - 大小规律 —— 粗大动作→精细动作
  - 无有规律 —— 无意→越来越多地受到心理有意的支配

考向分析

　　本节属于学前儿童发展的基础知识，识记性内容较多。在考试中主要以单项选择题和简答题的形式考查，偶尔会考查材料分析题。汇总分析 2015 年至 2023 年的真题试卷，本节知识考查情况统计如下：

将心注入，用双手把考生托上岸

知识	考点	考频	题型
幼儿身体生长发育的评价指标	形态指标	1	单选
幼儿身体各系统的发展特点	幼儿运动系统发展的特点	2	单选
	幼儿呼吸系统发展的特点	1	单选
	幼儿神经系统发展的特点	3	单选、简答
幼儿动作发展的规律	幼儿动作发展的规律	4	单选、简答、材料分析

核心考点

一、幼儿身体生长发育的规律

考点1　幼儿的身体生长发育是连续性和阶段性的统一

身体生长发育从幼稚到成熟是一个连续、统一的过程。在这个连续的过程中，还存在着阶段性，每一阶段有其自身的特点。这些阶段之间相互联系，前一阶段是后一阶段发育的基础，后一阶段是前一阶段发育的延续，如果前一阶段出了问题，就会影响后一阶段的发育。

考点2　幼儿身体生长发育的不均衡性

1.不同年龄段身体生长发育的速度不均衡

各年龄阶段身体生长发育的速度不同，有快有慢，呈波浪式。在人的身体生长发育过程中，共有两个身体生长发育的高峰，分别是2岁以前和青春期。

2.身体各部分的生长速度不均衡

在身体生长发育过程中，身体各个部分的生长速度不同，因而身体各部分的增长幅度也不一样。每一个健康的幼儿在迈向身体成熟的过程中，头颅增长了1倍，躯干增长了2倍，上肢增长了3倍，下肢增长了4倍。从人体整个形态上看，则从新生儿时期的较大头颅、较长躯干和短小双腿，逐步发展为成人时较小的头颅、较短的躯干和较长的双腿。

3.各系统的发育不均衡

人体各系统的生长发育是不均衡的。如神经系统发育最早，在出生后2年内发育较快。淋巴系统中的淋巴结、胸腺等在出生后10年内生长迅速，12岁时达到成人的200%，此后逐渐降至成人水平。生殖系统在学前阶段发育缓慢，在童年时期几乎没有什么发展，在青春期发育迅速。可见，各系统的发育是不均衡的，但这种不均衡恰恰是机体整体协调发展的需要。

考点3　身体生长发育具有程序性

身体生长发育遵循由上到下、由近到远、由粗到细、由简单到复杂的规律。如出生后运动发育的规律是：先抬头，后抬胸，再会坐、立、行（由上到下）；从臂到手，从腿到脚（由近到远）；从全掌抓握到手指拾取（由粗到细）；先画直线后画圈、图形（由简单到复杂）。

考点4　身体生长发育具有个别差异性

身体生长发育有其一般的规律，但每个儿童身体生长发育又有自身的特点。由于先天遗传以及后天环境条件的不同，个体在整个生长时期都存在着广泛的差异，呈现出高矮、胖瘦、强弱、智愚的不同。

考点5　身体生长发育具有相互关联性

学前儿童身体各系统的发育时间和速度虽然各有不同，但机体是统一的整体，各系统的发育并非孤立地进行，而是互相联系、互相影响、互相适应的。因此，任何一种对机体起作用的因素，都可能影响到多个系统。例如，适当的体育锻炼不仅能促进骨骼肌肉的发育，而且也能促进呼吸系统、循环系统和神经系统发育。

二、幼儿身体生长发育的评价指标　【9年1考】

评价幼儿身体生长发育的指标，包括形态指标、生理功能指标、心理指标。

考点1　形态指标

⭐ **考频分布**　**2015下单选**

常用的形态指标是身高、体重、头围、胸围和坐高。其中，身高和体重是最基本的指标，不但测定简单，而且能较为准确地评定身体发育状况。

（1）身高是判断身体发育特征和评价身体发育速度时不可缺少的依据。

（2）体重是代表体格生长，尤其是营养状况最易取得的重要指标。

（3）头围代表了颅和脑的大小及其发育的情况。

（4）胸围反映了身体形态及呼吸器官的发育状况。

（5）坐高。坐高通常表示躯干的长度，可以间接地了解内脏器官的发育情况，坐高是头颅至坐骨结节的长度。幼儿随年龄的增加，下肢的增长速度不断加快，故坐高占身高的比例随年龄而降低。

考点2　生理功能指标

（1）生长发育的功能指标

生长发育的功能指标是指身体各系统、各器官在生理功能上可测出的各种量度。呼吸系统常用的指标是肺活量和呼吸频率；循环系统常用的指标是心率、脉搏和血压；运动系统常用的指标是握力和背肌力。

（2）生化和临床检验指标

生化和临床检验指标主要指反映身体内部生物化学组成成分含量的有关指标，如血液中红细胞、血红蛋白、白细胞、血脂的含量。

考点3　心理指标

一般通过感觉、知觉、语言、记忆、思维、情感、意志、能力和性格等进行观察。

三、幼儿身体各系统的发展特点　【9年6考】

考点1　幼儿运动系统发展的特点

⭐ **考频分布**　2023上单选，2018下单选

1.骨骼的特点

（1）骨膜比较厚

幼儿的骨膜比较厚，血管丰富，这对骨的生长及再生起重要作用。当幼儿骨受损伤时，因血液供应丰富，新陈代谢旺盛，愈合较成人快。

（2）全是红骨髓

幼儿5岁前的骨髓全是红骨髓，造血功能强，有利于全身的生长发育。5～7岁时，脂肪细胞增生。

（3）有机物多、无机盐少，骨化未完成

幼儿骨骼含有机物比成人多，无机盐比成人少，故骨骼弹性大，可塑性强，容易变形。一旦发生骨折，常会出现折而不断的现象，称为"青枝骨折"。

2.肌肉的特点

幼儿肌肉成分中水分较多，蛋白质、无机盐和脂肪较少。肌纤维细，肌肉的力量和能量储备都不如成人，因此容易疲劳。但幼儿新陈代谢旺盛，氧气供应充分，疲劳后肌肉功能的恢复较成人快。

幼儿身体各部分肌肉的发展不平衡。支配上、下肢的大肌肉群发育较早，1岁左右会走，3岁时上、下肢的活动更加协调，5岁时下肢肌肉发育较快，肌肉的力量和工作能力都有所提高。而小肌肉群如手指和腕部的肌肉群发育较晚，3~4岁还不能运用自如，往往不会很好地拿笔和筷子，5岁以后这些小肌肉群才开始发育，能比较协调地做一些较精细的动作。

3.幼儿关节的发展特点

幼儿的关节窝较浅，关节附近的韧带较松，所以关节的伸展性及活动范围比成人大，但牢固性差，容易发生脱臼。如牵着幼儿的手上楼梯、过马路或为幼儿脱衣服时，如果动作太粗暴、猛烈，往往会引起脱臼。

真题面对面

[2023上半年单选]为保障幼儿身体健康发育，教师要求幼儿有正确的站姿和坐姿，这是因为幼儿(　　)

A.骨骼弹性大，可塑性强，易变形　　B.骨骼弹性大，可塑性小，易变形

C.骨骼弹性小，可塑性小，易变形　　D.骨骼弹性小，可塑性强，易变形

答案：A。

考点2　幼儿循环系统发展的特点

1.幼儿血液发展的特点

（1）血液相对量比成人多，年龄越小，比例越大。

（2）血浆含水分较多，血液中血小板数目与成人相近，但含凝血物质较少。

（3）红细胞的数目和血红蛋白量不稳定。

（4）白细胞中中性粒细胞比例较小，机体抵抗力相对较差。

2.幼儿心脏的特点

（1）心脏相对重量大于成人。

（2）心排血量较少。小儿心肌纤维细,弹性纤维少,所以,小儿的心室壁较薄,心脏的收缩力差,每次心跳脉搏的血量少,负荷力较差。

（3）心率快。心脏受交感神经和迷走神经双重支配。前者对心脏具有兴奋作用,后者对心脏具有抑制作用。由于小儿支配心脏的迷走神经发育尚未完善,对心脏的抑制作用较弱,而以交感神经支配为主。至5岁左右,随着迷走神经的发育,心脏的神经支配开始具有成人的特征,至10岁时完全成熟。因此,幼儿年龄越小,心率越快。

3.幼儿血管的特点

（1）管径粗,毛细血管丰富。

（2）血管比成人短。

（3）血管的管壁薄,弹性小。小儿年龄越小,血管壁越薄,血管弹性也越小。随着年龄的增长,血管壁加厚,弹性纤维增多,弹性加强。

（4）血压低。小儿的年龄越小,血压越低,这与他们心脏收缩力较弱、心排血量较少、动脉管径较大等有关。

考点3　幼儿呼吸系统发展的特点

1.呼吸器官的特点

⭐ 考频分布　2017 上单选

幼儿呼吸器官的特点

呼吸器官	特点
鼻	幼儿鼻和鼻腔相对短小,鼻腔狭窄,黏膜柔嫩,富有血管,过滤空气的能力差,易受感染
气管、支气管	幼儿气管、支气管管腔较狭窄,管壁和软骨柔软,缺乏弹性组织,黏膜富于血管,黏液腺分泌黏液少,管腔较干燥,黏膜上的纤毛运动差,故易感染而发炎肿胀,引起呼吸困难
咽	幼儿耳咽管较宽、短,而且平直,上呼吸道感染时,易并发中耳炎
喉	幼儿喉腔狭窄,黏膜柔嫩,富有血管和淋巴组织,炎症时易引起喉头狭窄,由于神经系统功能发育不完善,喉部保护性反射功能差,极易将异物吸入气管
肺	幼儿肺的弹力组织发育差,间质发育旺盛,血管丰富,充血较多,若被黏液阻塞,易引起呼吸困难。肺泡数量少,肺含气量较少,肺功能较差,每次呼出和吸入的气量较小

正确擤鼻涕方法

正确的擤鼻涕方法应是先压住一侧鼻孔擤鼻涕,然后再压住另一侧擤鼻涕。不要同时按住两侧鼻孔擤鼻涕,以防鼻腔压力过大,使病原体经咽鼓管吸入中耳,引发中耳炎。

真题面对面

[2017 上半年真题]教师引导幼儿擤鼻涕的正确方法是(　　　　)

A.把鼻涕吸进鼻腔

B.先压住一侧鼻孔擤鼻涕,再压住另一侧擤鼻涕

C.同时捏住鼻背两侧擤

D.用手背擦鼻涕

答案:B。

2. 呼吸运动的特点

(1)呼吸量少,频率快

婴幼儿胸廓短小呈圆桶形,呼吸肌较薄弱,肌张力差,呼气和吸气动作表浅,故吸气时肺不能充分扩张,换气不足,使每次呼吸量较成人少。而该年龄段代谢旺盛,需消耗较多的氧气,因此只能通过加快呼吸频率来满足生理需要,年龄越小,呼吸频率越快。

(2)呼吸不均匀

幼儿年龄越小,呼吸的节律性越差,往往是深度呼吸与表浅呼吸相交替,这与呼吸中枢发育不完善有关。

(3)以腹式呼吸为主

婴儿期呼吸肌发育不完全,胸廓活动范围小,呼吸时表现为膈肌上下移动明显,呈腹式呼吸;2 岁时站立行走后,腹腔器官下降,肋骨由水平位逐渐成斜位,呼吸肌也逐渐发达,幼儿开始出现腹胸式呼吸。

考点4　幼儿神经系统发展的特点

⭐ **考频分布**　2023 下单选,2022 上简答,2019 上单选

1. 神经系统发育迅速

神经系统是发育最早的系统,妊娠 3 个月时,胎儿的神经系统就已经基本发育完善。

脊髓和脑干在出生时已经发育成熟,这就保证了呼吸、消化、循环、排泄等系统的正常活动,也保证了新陈代谢的调节。小脑发育相对较晚,从1岁开始迅速发育,3～6岁逐渐发育成熟。所以,1岁左右学走路时步履蹒跚,3岁时已能稳稳地走和跑,但摆臂与迈步还不协调;到5～6岁时,就能准确协调地进行各种动作,如走、跑、跳、上下台阶,而且能很好地维持身体的平衡。大脑皮层发育极为迅速,到8岁左右,儿童大脑皮层发育已接近成人水平。

2. 植物性神经发育不完善

植物性神经包括交感神经和副交感神经两类,它们分布于同一器官,作用相反,相互制约,使内脏器官的活动协调、准确。交感神经兴奋性强而副交感神经兴奋性较弱。例如,幼儿心率及呼吸频率较快,但节律不稳定,胃肠的消化能力极易受情绪的影响。

3. 条件反射的建立少

一般幼儿对外界的感知较少,所以大脑皮层条件反射的建立相对较少,使得婴幼儿知识经验相对贫乏,因此,幼儿对一切事物都感兴趣,表现为好奇、好问、好模仿,有强烈的求知欲。

4. 容易兴奋,容易疲劳

幼儿高级神经活动的特点是抑制过程不够完善,兴奋过程强于抑制过程,幼儿大脑皮质易兴奋,不易抑制,表现为容易激动,控制自己的能力较差。让他干什么,他乐于接受,让他别干什么,就难了。因为幼儿容易兴奋,所以注意力很难持久,兴奋容易扩散。因此,教师应注意在一日活动中要动静交替,在同一个活动中也要注意采用多种方式有动有静地开展活动,避免幼儿过于疲劳,影响身心健康。

5. 需要较长的睡眠时间

幼儿神经系统的发育尚未成熟,需要较长的睡眠时间进行休整。

6. 脑细胞的耗氧量大

幼儿脑对氧的需要量较大,在基础代谢状态下,幼儿脑的耗氧量为全身耗氧量的50%左右,而成人则为20%,因此幼儿脑的血流量占心输出量的比例较成人的大。幼儿脑组织对缺氧十分敏感,对缺氧的耐受力也较差。所以,保持幼儿生活环境空气的清新对于其神经系统的正常发育和良好机能状态的维持都很重要。

7. 脑细胞能利用的能量来源单一

中枢神经系统主要依靠葡萄糖氧化获得能量,对血液中葡萄糖(血糖)含量的变化非常敏感。幼儿体内肝糖原储备量少,在饥饿时可使血糖过低,从而造成脑的功能活动紊乱,直接影响脑的正常功能,因此应按时让幼儿进食,以保证其体内的血糖保持在一定的水平上。

> **真题面对面**
>
> [2023 下半年真题]幼儿园一日活动要动静交替,这与幼儿神经系统的哪一个特点有关( )
>
> A.易兴奋、易疲劳　　　　　　B.不易兴奋、不易疲劳
>
> C.易兴奋、不易疲劳　　　　　D.不易兴奋、易疲劳
>
> 答案:A。

考点 5　幼儿消化系统发展的特点

1.消化器官的特点

幼儿消化器官的特点

消化器官	特点
牙齿	乳牙是婴幼儿的咀嚼器官,从出生到 2 岁半是乳牙发育的重要时期,适宜的刺激可促进乳牙的发育
食管	幼儿的食管比成人的短而狭窄,黏膜薄嫩,管壁较薄且弹力组织发育较差,易受损伤
胃	婴儿的胃呈水平位,贲门括约肌发育较弱,呼吸时较易吸入空气。随着幼儿学会走路,胃的位置逐渐变垂直。婴幼儿胃黏膜血管丰富,胃肌层发育较差,胃壁较薄,分泌的盐酸及各种酶均比成人少,消化能力弱,富含蛋白质和脂肪的食物在胃内滞留的时间较长
肠	幼儿肠道肌肉组织和弹力纤维尚未发育完善,肠的蠕动功能比成人弱,加上自主神经调节能力差,容易发生肠道功能紊乱

2.消化腺的特点

6～7 个月的婴儿,唾液分泌增加,但口腔浅,婴儿还不会及时把口水咽下去,所以常流涎口外,这种现象称为"生理性流涎"。成人要用软的纱布或毛巾及时擦去口水,以免浸泡着皮肤。

较之成人,幼儿的肝脏相对较大,肝细胞到 8 岁后才发育完善。幼儿肝功能不健全,肝脏分泌的胆汁较少,对脂肪的消化能力较差。

四、幼儿动作发展的规律 【9 年 4 考】

★ **考频分布**　2022 上单选,2021 下简答,2019 下材料分析,2017 上单选

1. 从整体到局部规律(由整体到分化)

儿童最初的动作是全身性的、笼统的、弥漫性的,以后动作逐渐分化、局部化、准确化和专门化。例如,满月前儿童受到痛刺激后,哭喊着全身乱动;3岁孩子拿着笔认真画画时,不仅是手动,身体的动作、面部的动作也来帮忙;同样的动作,幼儿做得慢而不够准确,而且付出的努力相对较大,成人则做得又快又好。这是"从整体到局部规律"的表现。

2. 首尾规律(从上至下)

儿童动作的发展,先从上部动作开始,然后到下部动作。婴儿最早出现的是眼的动作和嘴的动作,如半个月内的婴儿,双眼协调动作就已经出现。儿童先学会抬头,然后能俯撑、翻身、坐和爬,最后学会站和行走,也就是离头部最近的部位的动作先开始发展。这种趋势也表现在一些动作本身的发展上,例如,婴儿学爬行,先是依靠着手臂匍匐爬行,然后才逐渐运用大腿、膝盖和脚来爬行,即也服从"首尾规律"。

3. 近远规律(由近及远)

儿童动作的发展先从头部和躯干的动作开始,然后发展双臂和腿部的动作,再后是手的精细动作。也就是靠近中央部分(头和躯干,即脊椎)的动作先发展,然后才发展边缘部分(臂、手、腿)的动作。例如,婴儿看见物体时,先是移动肩肘,用整只手臂去接触物体,然后才会用腕和手指去接触并抓取物体。这种从身躯的中央部位到远离身躯中央的边缘部位的发展规律,即**"近远规律"**。

4. 大小规律(由粗到细或者由大到小)

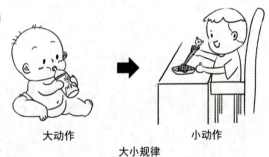

大动作　　　　小动作

大小规律

动作可以分为粗大动作和精细动作。儿童动作的发展,先从粗大动作开始,而后才学会比较精细的动作。**粗大动作**是指活动幅度较大的动作,也是大肌肉群的动作,包括抬头、翻身、坐、爬、走、跑、跳、踢、走平衡等。**精细动作**是指小肌肉动作,也就是个体主要凭借手以及手指等部位的小肌肉或小肌肉群的运动,如画画、剪纸、翻书、穿珠子等。

5. 无有规律(从无意到有意)

婴儿最初的动作是无意的,以后越来越多地受到心理有意的支配。如,初生婴儿已会用手紧握小棍,这是无意的、本能的动作,几个月以后,婴儿才逐渐能够有意地、有目的地去抓物体。学前儿童的动作最初是从无意动作向有意动作发展,以后则是从以无意动作为主向以有意动作为主的方向发展,即服从**"无有规律"**。

真题面对面

[2022 上半年真题]婴儿动作发展的正确顺序是(　　　)

A. 翻身→坐→抬头→站→走　　　　B. 抬头→翻身→坐→站→走

C. 翻身→抬头→坐→站→走　　　　D. 抬头→坐→翻身→站→走

答案:B。

第四节　学前儿童认知的发展

思维导图

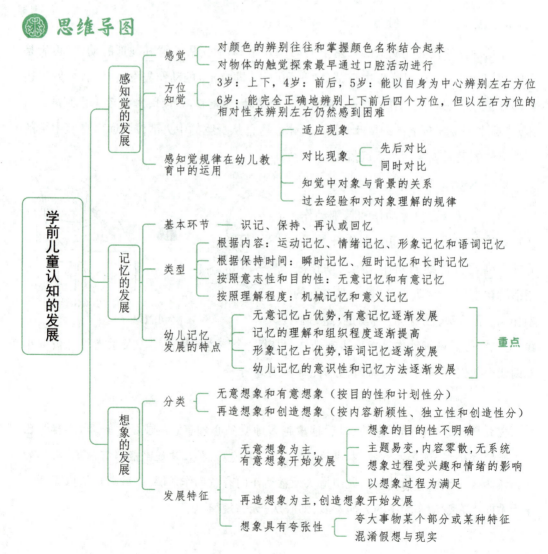

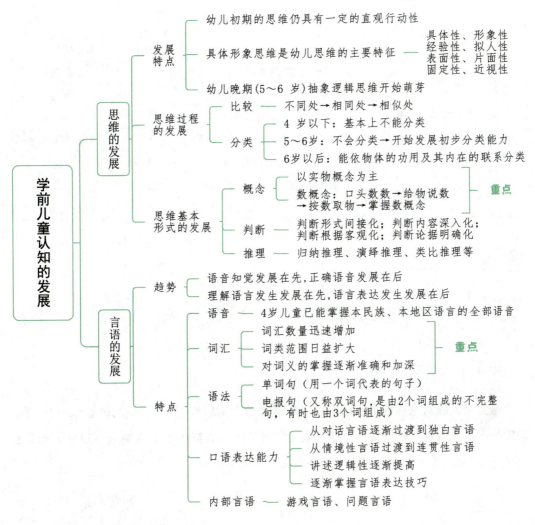

本节属于学前儿童发展的重要知识,内容琐碎,记忆性知识较多。在考试中主要以单项选择题、简答题和材料分析题的形式考查。汇总分析2015年至2023年的真题试卷,本节知识考查情况统计如下:

知识	考点	考频	题型
学前儿童感知觉的发展	学前儿童感觉的发展	2	单选
	学前儿童知觉的发展	1	材料分析
学前儿童记忆的发展	幼儿记忆发展的特点	3	单选、简答
学前儿童想象的发展	无意想象的表现	1	简答

知识	考点	考频	题型
学前儿童思维的发展	学前儿童思维发展的趋势	1	单选
	幼儿思维发展的特点	1	单选
	学前儿童分类的发展	1	材料分析
	学前儿童思维基本形式的发展	5	单选、材料分析
	学前儿童推理的发展	1	单选
学前儿童言语的发展	学前儿童言语发生发展的趋势	1	单选
	学前儿童言语的发展特点	6	单选、简答

 核心考点

一、学前儿童感知觉的发展　【9 年 3 考】

考点1　感知觉的概念

感觉是人脑对直接作用于感官的客观事物的个别属性的反映,如花的香味、颜色等;**知觉**是通过人脑对个别属性的分析与综合活动,从而从整体上对事物进行反映,如通过观察花的颜色、枝干及闻花的气味而得出这朵花的品种等。

考点2　学前儿童感觉的发展

⭐ **考频分布**　2021 上单选,2017 下单选

1.视觉的发展

在婴儿的所有感觉器官中,眼睛是最活跃、最主动、最重要的感官,而视觉却是新生儿身上最不成熟的感觉。儿童视觉的发展主要表现在两个方面:视敏度的发展和颜色视觉的发展。

（1）视敏度

视敏度即视觉敏锐度,是指人分辨细小物体或远距离物体细微部分的能力,也就是人通常所称的视力。

并非人的年龄越小,视力越好,随着儿童年龄的增长,其视觉敏锐度也在不断提高,但发展速度并不均衡。

（2）颜色视觉

颜色视觉是指区别颜色细微差异的能力,也称辨色力。幼儿期,颜色视觉的发展主

要表现为区别颜色细微差别能力的继续发展。与此同时,幼儿期对颜色的辨别往往和掌握颜色名称结合起来。据实验研究,幼儿的颜色视觉发展有如下特点:

①幼儿初期(3~4岁),已能初步辨认红、橙、黄、绿、蓝等基本色,但在辨认紫色等混合色和蓝与天蓝等近似色时往往较困难,也难以说出颜色的正确名称。

②幼儿中期(4~5岁),大多数能认识基本色、近似色,并能说出基本色的名称。

③幼儿晚期(5~6岁),不仅能认识颜色,而且在画图时能运用各种颜色调出需要的颜色,并能正确地说出黑、白、红、蓝、绿、黄、棕、灰、粉红、紫等颜色的名称。

2.听觉的发展

对胎儿的研究结果表明,五六个月的胎儿已开始建立听觉系统。相对于物体的声音,新生儿更偏爱人的声音,其中最爱听母亲的声音。除此之外,新生儿爱听柔和的或高音调的声音。新生儿的听觉往往和视觉协调发展,出生后半个月已经很明显,如新生儿听见人声时,眼睛会朝着声音方向转去。3个月后,婴儿有意义的听觉活动逐渐发展。6个月的婴儿能够敏感地识别母亲的声音。7个月以后,婴儿听觉发展主要和语言发展联系起来。

> **知识再拔高**
>
> **幼儿听觉器官的保育要点**
>
> (1)禁止用锐利的工具给幼儿挖耳。
>
> (2)做好中耳炎的预防工作。①教会幼儿用正确的方法擤鼻涕。②洗头、洗澡、游泳时要防止污水进入外耳道,以免引起外耳道炎症。
>
> (3)避免噪声的影响。噪声是指使人感到吵闹或为人所不需要的声音,它是一种环境污染,会影响幼儿听力的发展。因此要做到:①要防止幼儿受噪声的影响,平时成人与幼儿讲话声音要适中,不要大喊大叫,家电的声音勿开得太大;②教育幼儿听到过大的声音要张嘴、捂耳,预防强音震破鼓膜,影响听力。
>
> (4)避免药物的影响。一些耳毒性抗生素如链霉素、卡那霉素、庆大霉素等会损害耳蜗,可致感音性耳聋。
>
> (5)发展幼儿的听觉。尽管幼儿的听觉较敏锐,但由于知识经验的贫乏,不能较好地分辨声音。因此要做到:①经常组织幼儿欣赏音乐、唱歌等活动,以培养幼儿的节奏感,丰富想象力;②引导幼儿留心听一些大自然的声音,以促进幼儿听觉的分化,从而学会辨别各种细微和复杂的声音;③严格限制使用耳聋性药物,对婴幼儿的听力进行监测。

[2021 上半年真题]保护幼儿听觉器官的正确做法是(　　)

A.引导幼儿遇到噪音时捂耳、张嘴　　　B.经常帮助幼儿掏耳、去耳屎

C.要求幼儿捏住鼻翼两侧擤鼻涕　　　D.经常让幼儿用耳机听音乐、故事

答案:A。

3.触觉的发展

触觉是肤觉和运动觉的联合。触觉在学前儿童认识世界的活动中起到的作用十分重要,特别是两岁前,儿童往往依靠触觉认识世界。

(1)口腔的触觉

儿童从出生起就有触觉反应,许多种天生的无条件反射都有触觉参与,如吸吮反射、抓握反射等。对物体的触觉探索最早是通过口腔的活动进行的。孩子出生后,不但有口腔触觉,而且通过口腔触觉认识物体。口腔触觉作为探索手段早于手的触觉探索。婴儿1周岁之前,口腔探索是认识物体的重要手段,可以说,在相当长的时间内(甚至到3周岁),儿童仍然以口腔的触觉探索作为手的触觉探索的补充。

(2)手的触觉

手的触觉是个体通过触觉认识外界的主要渠道。儿童出生后,有本能的触觉反应,例如,抓握反射就是手的触觉的表现,这是一种无条件反射。先天的抓握反射随着婴儿的生长发育会逐渐消失。新生儿继抓握活动之后出现了手的无意性抚摸。婴儿的手无意地碰到东西,如衣服的边缘时,他会沿着边缘抚摸衣服。这是一种无意的触觉活动,也是一种早期的触觉探索。

眼手协调动作的出现,即视觉和手的触觉协调活动的出现,大约出现在婴儿出生后5个月,是0~6个月的婴儿认识发展的重要里程碑,也是真正触觉探索的开始。眼手协调动作出现的主要标志是伸手能够抓到东西。

考点3　学前儿童知觉的发展

1.空间知觉的发展

⭐ **考频分布**　2021 下材料分析

空间知觉包括形状知觉、大小知觉、方位知觉和距离知觉,是用多种感官进行的复合知觉。

（1）形状知觉

形状知觉是对物体形状的知觉。儿童的形状知觉发展得很快,通常3岁的儿童能区别一些几何图形,如圆形、正方形、三角形等。4岁至4岁半是儿童辨认几何图形正确率增长最快的时期。有实验证明,5岁儿童已能正确辨别各种基本的几何图形。儿童最容易辨别的图形是**圆形**,儿童叫出图形名称比辨认图形要晚。李季湄、周欣、罗秋英等人认为,儿童认识形状由易到难的顺序是:圆形→三角形→长方形→正方形→梯形→半圆形→菱形→平行四边形→椭圆形。曹成刚、刘吉祥、张瑞平等人认为,儿童认识形状由易到难的顺序是:圆形→正方形→三角形→长方形→半圆形→梯形→菱形→平行四边形→椭圆形。

（2）大小知觉

大小知觉是人们对物体大小的感知能力。

2.5～3岁的孩子已经能够按语言指示拿出大皮球或小皮球,3岁以后判断大小的精确度有所提高。据研究,2.5～3岁是孩子判别平面图形大小能力急剧发展的阶段。

儿童判断大小的能力还表现在判断的策略上。4～5岁的儿童在判别积木大小时,要用手逐块地摸积木的边缘,或把积木叠在一起进行比较。而6～7岁的儿童,由于经验的作用,已经可以单凭视觉辨别出积木的大小。

（3）方位知觉

方位知觉是指对物体的空间关系和自己的身体在空间所处位置的知觉,包括辨别上、下、前、后、左、右、东、西、南、北、中的知觉。

儿童方位知觉的发展趋势是:3岁辨别上下方位;4岁开始辨别前后方位;5岁开始能以自身为中心辨别左右方位;6岁儿童虽然能完全正确地辨别上下前后四个方位,但以左右方位的相对性来辨别左右仍然感到困难;7岁开始能够辨别以他人为基准的左右方位,以及两个物体之间的左右方位。幼儿方位知觉的发展早于方位词的掌握。当幼儿还不能很好地掌握左右方位的相对性和方位词时,教师可把左右方位词与实物结合起来。由于幼儿只能辨别以自身为中心的左右方位,因此,教师在音乐、体育等教学活动中要采用"**镜面示范**",即以儿童的角度来做示范动作。

> **记忆有妙招**
>
> 为便于考生记忆,对方位知觉的发展趋势简略概括如下,仅供考生参考:
>
> 3——上下;4——前后;5——自左右(以自身为中心辨别左右);6——四方位,难左右;7——辨左右。

（4）距离知觉

距离知觉是辨别物体远近的知觉。儿童可以分清他们所熟悉的物体或场所的远近，但对于比较广阔的空间距离，他们还不能正确感知。儿童常常不懂得近物大、远物小、近物清楚、远物模糊等感知距离的视觉信号。因此，他们画出的物体也是远近大小不分。

深度知觉是距离知觉的一种。为了了解婴幼儿深度知觉的发展状况，吉布森和沃克设计了"视崖"实验。"视觉悬崖"是一种测查婴儿深度知觉的有效装置，把婴儿放在厚玻璃板的平台中央，平台一侧下面紧贴着方格图案。实验时，母亲轮流在两侧呼唤婴儿。结果发现大数婴儿只爬到浅滩，即使母亲在深滩一侧呼喊，他们也不过去，或因为想过去又不能过去而哭喊。该实验说明婴儿已有深度知觉，但尚无法判断其深度知觉是否是先天的。

2.时间知觉的发展

时间知觉是个体对客观现象延续性和顺序性的感知。时间知觉的精确性与年龄呈正相关，即年龄越大，精确性越高。

（1）幼儿前期，主要以人体内部的生理状态来反映时间。例如，"生物钟"即以生物节律周期来反映"时间"，到点感到饿，想要吃。幼儿期逐渐能够以外界事物作为时间的标尺。

（2）幼儿初期（3~4岁），儿童不仅有生物性的时间知觉，还有了与具体事物和事件相联系的时间知觉。幼儿的时间知觉，主要是依靠生活中接触到的周围现象的变化，他们逐渐学习了借助于某种生活经验（生活作息制度、有规律的生活事件等）和环境信息反映时间，而且开始使用标志时间的词语。如他们理解的"早晨"就是起床、上幼儿园的时候，"下午"则是妈妈来接的时候。有时也会用一些带有相对性的时间概念，如"昨天""明天"，但往往用错，如会说"我明天去过奶奶家了"。

（3）幼儿中期，可以正确理解"昨天""明天"，也能运用"早晨"和"晚上"等词。但是对较远的时间，如"前天""后天"等，理解起来仍感到困难。

（4）幼儿晚期，在前面的基础上，开始能辨别"前天""大后天"等，并能学会看钟表。但对更大或更小的时间单位，如几个月、几分钟等的辨别仍感困难。

考点4　感知觉规律在幼儿教育中的运用

1.适应现象

适应现象是指相同的刺激物持续地作用于某一感觉器官而使感受性发生变化的现

象。古语所说的"入芝兰之室,久而不闻其香;入鲍鱼之肆,久而不闻其臭"就是嗅觉的适应现象。

适应有时表现为感觉的钝化。例如,从黑暗的房间进入亮处,开始感到耀眼发眩,什么也看不了,稍过几秒钟后才能分辨周围情况,这种现象叫**明适应**。适应还表现为感受性的提高。例如,从明亮的地方进入暗室时,开始看不到东西,隔一会儿才能分辨出物体的轮廓,这种现象叫**暗适应**。

教师在组织教育活动和生活活动中,要有效利用幼儿的各种适应现象。由光线较强的户外进入光线较暗的室内时,要让幼儿有暗适应的过程,以避免幼儿发生摔跤、踩踏等安全事故。在教育活动中应避免单一的刺激持久作用于幼儿,否则会使幼儿对其变得不敏感,影响儿童参与活动的兴趣。

2. 对比现象

各种感觉不是孤立存在,而是相互联系,相互制约的。不同感觉之间的相互作用,可以使感受性发生变化,同一分析器的各种感觉会因彼此相互作用而使感受性发现变化,这种现象叫作感觉的对比。

感觉的对比分为先后对比和同时对比两种。**先后对比**是同一分析器所产生的前一感觉和后一感觉之间的相互作用。例如,吃过甜食后再吃苹果,会感到苹果发酸。**同时对比**是同一分析器同时产生的各种感觉之间的相互作用。例如,灰色的图形,放在白色的背景上,就显得比较暗些,而放在黑色的背景上就显得亮一些。

教师在制作和使用直观教具时,掌握对比现象的规律,对提高幼儿感受性具有重要的意义。例如,白底的贴绒教具上面贴黑色的图形便很突出。考虑到颜色对比,可以使教室的美术装饰互相衬托。

> **『知识再拔高』**
>
> **联觉**
>
> 各种感觉之间产生相互作用的心理现象,即对一种感官的刺激作用触发另一种感觉的现象,在心理学上被称为"联觉"现象。最常见的联觉是"色—听"联觉,即对色彩的感觉能引起相应的听觉,现代的"彩色音乐"就是这一原理的运用。

3. 知觉中对象与背景的关系

人在感知事物时,对面前所有的刺激并不都能同时清楚地反映,人总是清晰地感知一些刺激,这些刺激便成为知觉对象;而另一些刺激物,人们对它们的知觉较为模糊,好像是衬托在知觉对象的后面似的,成为知觉的背景。例如,教师在黑板上画图给幼儿看,作为知觉对象的是老师画的图,而其他如黑板等,就成为知觉的背景。但在幼儿知觉过程中,有时并不是像教师所设想的,可能把对象和背景颠倒过来。

在幼儿园中,教师在绘制挂图时,为了突出需要观察的对象或部分,周围最好不附加类似的线条或图形,注意拉开距离或加上不同的色彩。凡是说明事物变化与发展的挂图,更应注意每一个挂图的距离,不要将它们混淆在一起。教师讲课的声调应抑扬顿挫,如果教师的讲课平铺直叙,很少变化,毫无停顿之处,幼儿听起来就不容易抓住重点。

4. 过去经验和对对象理解的规律

在知觉事物时,不仅反映对象整体,也反映对象的意义,而且往往只要感知对象的某些部分或一些主要属性,就可以把整个对象完整地反映出来。例如,我们听别人说:"儿童是祖国的希望,民族的未来""教师是园丁"等语句时,虽然没有把每个字都感知清楚,却能将全句完整反映出来。

要使幼儿对当前的知觉对象能够正确而迅速地理解,平时就必须从各方面丰富幼儿的生活经验。例如,组织幼儿参观、游览,扩大幼儿视野。在教学中,尽量充实材料内容,并与幼儿的实际生活相结合,丰富幼儿的生活经验,这样有利于幼儿对知觉对象的理解。

二、学前儿童记忆的发展 【9年3考】

考点1 记忆的概念和基本环节

记忆是人脑对过去经验的反映,是一种较为复杂的心理过程。记忆包括识记、保持、再认或回忆三个基本环节。

识记是识别和记住事物,从而积累知识经验的过程。

保持是巩固已获得的知识经验的过程。

再认或回忆是在不同情况下恢复经验的过程。再认是指识记过的事物重新出现时,感到熟悉,确知是以前感知过或经历过的。例如,小明跟随妈妈逛商店,指着货架上的几种玩具,告诉妈妈:"我们幼儿园也有这样的玩具!"在听到一首歌曲时,高兴地说:"妈妈,我也会唱,老师教过我们!"。回忆也叫再现,是指识记过的事物并没有再次出现,但由于其他事物的影响而使这些事物在头脑里再次呈现出来。例如,谈起我们过去某个同学的名字,你脑中就出现了这个同学的形象,可这个同学此时并不在场。

考点2 记忆的类型

1. 根据记忆的内容,分为运动记忆、情绪记忆、形象记忆和语词记忆

根据记忆内容不同的分类

分类依据	类型	概念	例子
记忆的内容	运动记忆	个人以过去经历过的身体运动或动作为内容的记忆	幼儿对叠被子动作要领的记忆
	情绪记忆	个人以曾经体验过的情绪或情感为内容的记忆	考试中紧张情绪的记忆
	形象记忆	个人以感知过的事物的具体形象为内容的记忆	对品尝过的美食的记忆
	语词记忆	个人对各种有组织的知识为内容的记忆,又称为语词逻辑记忆	对某个物理定理的记忆

2. 根据记忆的保持时间,分为瞬时记忆、短时记忆和长时记忆

瞬时记忆是指在客观刺激停止作用后,记忆印象在头脑中大约只能保持在 $0.25 \sim 2$ 秒的记忆。

短时记忆是指获得的信息在头脑中贮存不超过 1 分钟的记忆。如电话接线员接线时对用户号码的记忆就是短时记忆。

长时记忆是指 1 分钟以上甚至保持终生的记忆。它是由短时记忆经过加工和重复的结果。

3. 按照记忆的意志性和目的性,分为无意记忆和有意记忆

无意记忆是没有预定目的,不需要意志努力,也不采用任何专门有效的方法所进行的记忆。例如,看到一个很好笑的笑话而感到愉悦的情绪,日常生活中一些偶然的事件,都有可能被自然而然地记住,这种识记事前并无明确的目的,也没有相应的记忆方法和步骤,是一种被动的记忆。

有意记忆是有预定目的,必要时需要意志努力的参与,并且采用一定的方法和步骤的记忆。有意记忆是积累系统的知识经验、动作技能的主要途径,这种记忆方法使人的记忆内容和信息更为全面、系统、完整、实用。例如,我们要学习一篇课文并将其背诵出来,幼儿要学会一套广播体操等都属于有意记忆。

4. 按照记忆的理解程度,分为机械记忆和意义记忆

机械记忆是指根据事物的外部联系或者表现形式,主要依靠机械重复的方式而进行

的记忆,如通过一遍遍地复述来记忆小说名字。

意义记忆是指在对材料内容理解的基础上,通过材料的内在联系或者新旧知识、经验之间的联系而进行的记忆。例如,人们对于已经学会的课文、化学反应规律、物理学原理等的记忆。

考点3 学前儿童记忆发展的趋势

1. 记忆保持时间的延长

儿童最初出现的是短时记忆,长时记忆的出现和发展稍晚,这与儿童大脑的发育水平有关。所谓记忆的保持时间是指从识记材料开始到能对材料进行提取之间的间隔时间,也被称为记忆的潜伏期。随着年龄的增长,学前儿童记忆保持的时间逐渐延长。例如,1 岁前的再认潜伏期只有几天,到 2 岁左右则延长为几周。

2. 记忆容量的增加

儿童记忆中所保留的信息容量,起先是很小的,随着年龄增长,记忆容量逐渐增加。儿童记忆容量的增加,主要不在于记忆广度的扩大,而在于把识记材料联系和组织起来的能力有所发展。正是这种能力,使儿童能够识记并保持更多的范围、更广的知识和经验。

3. 记忆提取方式的变化

记忆的提取方式分为再认与回忆两种。儿童最初表现出来的提取方式全都是以再认完成的。新生儿及婴儿的习惯化和条件反射都是再认的表现方式。随着年龄的增长,2 岁左右的幼儿逐渐出现了回忆。学前期的幼儿回忆水平落后于再认的水平,原因在于再认依靠的是感知能力,而回忆依靠的是表象,个体表象的形成年龄在 1 岁半~2 岁,其活动有待于幼儿在头脑中搜索,不如感知刺激直接,因此二者存在一定的差距,但二者的差距也随着年龄增长而逐步减小。

4. 记忆内容的变化

从儿童记忆发生发展的顺序来看,最早出现的是运动记忆(出生后 2 周左右),然后是情绪记忆(6 个月左右),之后是形象记忆(6~12 个月左右),最晚出现的是语词记忆(1 岁左右)。儿童这几种记忆的发展,并不是用一种记忆简单代替另一种记忆,而是一个相当复杂的相互作用的过程。

5. 记忆策略的形成

学前儿童处于无策略向部分策略发展的阶段,他们运用的记忆策略有以下几种:

（1）视觉复述策略

儿童在记忆过程中使用的一个最为简单的策略,就是将自己的注意力有选择地集中在所要记住的事物上,不断地注视目标刺激,以加强记忆,这可以视为一种**"视觉复述"**。如,一个3岁幼儿看见妈妈把他喜欢的巧克力放在冰箱里,他会花很长的时间盯着冰箱看、碰触它或指出位置,为未来可以很快地找到巧克力做准备。

（2）定位策略

儿童对目标刺激"贴上"某种特定的标签以便于记忆。如,幼儿记忆兔子时,往往给兔子贴上"长耳朵"的标签,以便记忆兔子的形象。

（3）复述策略

在记忆过程中,儿童不断重复需要记忆的内容,以便准确、牢固地记住这些信息。复述是一个常用的有效的记忆策略,也是将短时记忆转化为长时记忆的必要手段。例如,幼儿在学数数时,总是不断地重复。

（4）组织性策略

主体在记忆过程中将记忆材料按不同的意义组织成各种类别,编入各种主题,使它们产生意义联系,或对内容进行改组,以便于记忆的方法,称为组织性策略。例如,向幼儿呈现一幅画,有他们所熟悉的物品的图片要求记忆,图片呈现时杂乱无序,而不少儿童回忆时却带有类别特征:水果蔬菜类、家具类、动物类等。他们会将这些集中在一起回忆出来。

（5）提取策略

个体在回忆过程中,将贮存于长时记忆中的特定信息回收到意识水平上的方法和手段称为提取策略。再认和再现都需要运用提取策略。当然,再现比再认要困难得多。儿童在记忆能力上表现出的年龄差异和个体差异,主要是由提取能力的不同造成的。

考点4 幼儿记忆发展的特点

⭐ **考频分布** 2023上简答,2022下单选,2021下单选

1. 无意记忆占优势,有意记忆逐渐发展

（1）无意记忆占优势

①在整个幼儿期,无意记忆的效果优于有意记忆。②无意记忆的效果随着年龄增长而提高。③无意记忆是积极认知活动的副产物。幼儿的无意记忆,不是由幼儿直接接受记忆任务和完成记忆任务产生的,而是幼儿在完成感知和思维任务过程中附带产生的结果,是一种副产物。所以,幼儿的认知活动越积极,其无意记忆效果越好。

（2）有意记忆逐渐发展

有意记忆的发展，是幼儿记忆发展中最重要的质的飞跃。2~3岁幼儿出现有意记忆的萌芽，但是有意记忆在学前末期才真正发展起来。幼儿有意记忆的发展有以下特点：

①幼儿的有意记忆是在成人的教育下逐渐产生的；②有意记忆的效果依赖于对记忆任务的意识和活动动机；③幼儿有意回忆的发展先于有意识记。

2. 记忆的理解和组织程度逐渐提高

（1）幼儿机械记忆用得多

与成人相比，儿童常常运用机械记忆。幼儿相对较多地运用机械记忆，可能出于两个原因：①幼儿大脑皮质的反应性较强，感知一些不理解的事物也能够留下痕迹；②幼儿对事物的理解能力较差，对许多识记材料不理解，不会进行加工，只能死记硬背，进行机械记忆。

（2）意义记忆的效果优于机械记忆

许多研究证明，幼儿对理解了的材料，记忆效果较好。另外，幼儿对理解了的内容记忆保持的时间也较长。

（3）幼儿的机械记忆和意义记忆都在不断发展

在整个幼儿期，无论是机械记忆还是意义记忆，其效果都随着年龄的增长而有所提高。与此同时，随着年龄增长，幼儿机械记忆和意义记忆效果的差距逐渐缩小。这是由于年龄增长后，幼儿的机械记忆中加入了越来越多的理解成分，而这些理解成分推动了机械记忆效果的提高。

3. 形象记忆占优势，语词记忆逐渐发展

（1）幼儿形象记忆的效果优于语词记忆

在儿童语言发生之前，其记忆内容只有事物的形象，即只有形象记忆。儿童语言发生后，直到整个幼儿期，形象记忆仍然占主要地位。

（2）形象记忆和语词记忆都随着年龄的增长而发展

幼儿期形象记忆和语词记忆都在发展。研究表明，3~4岁幼儿无论是形象记忆还是语词记忆，其水平都相对较低。其后，两种记忆的效果都随年龄的增长而增长。

（3）形象记忆和语词记忆的差别逐渐缩小

各种研究显示，幼儿形象记忆和语词记忆的差距日益缩小。两种记忆效果的差距之所以逐渐缩小，是因为随着年龄的增长，形象和语词都不是单独在幼儿头脑中起作用，而

是有越来越密切的联系。

4.幼儿记忆的意识性和记忆方法逐渐发展

前面所说到的幼儿有意记忆和意义记忆的发展,意义记忆对机械记忆的渗透,语词记忆对形象记忆的渗透,以及它们的日益接近,都反映了幼儿记忆过程的自觉意识性和记忆策略、方法的发展。

> **真题面对面**
>
> [2022 下半年真题]在幼儿记忆活动中占主要地位的是(　　)
>
> A.有意记忆　　　B.语词记忆　　　C.形象记忆　　　D.意义记忆
>
> **答案**:C。

考点5　幼儿记忆力的培养

(1)明确记忆目的,增强记忆的积极性;(2)通过各种感官参与识记;(3)教授幼儿运用记忆的方法和策略;(4)引导幼儿按照遗忘规律进行复习;(5)培养幼儿对学习的兴趣和信心;(6)选择最佳的记忆时间。

三、学前儿童想象的发展　【9年1考】

考点1　想象的含义

想象是对头脑中已有的表象进行加工改造,建立新形象的过程。如一个没有去过江南的人,读白居易的诗词"日出江花红胜火,春来江水绿如蓝",头脑中浮现出江南秀丽景色的形象;发明家在发明创造时,头脑中产生的尚未存在的新产品的形象等。人脑形成这些形象的过程都属于想象。想象的两大特点是形象性和新颖性。

考点2　想象的分类

1.无意想象和有意想象

按照想象的目的性和计划性,可以把想象分为无意想象和有意想象。

(1)无意想象

无意想象是指没有预定目的和意图,在一定的刺激影响下,不由自主地进行的想象。例如,看着天上的白云,想象它是一匹马,一辆坦克或其他物体。无意想象是最简单、最初级形式的想象。

（2）有意想象

有意想象是指根据一定的目的、自觉地创造出新形象的过程。例如，为了织一件新毛衣，想象织什么花色；为搭一座大桥，幼儿想象用什么结构材料等都是有意想象。

2. 再造想象和创造想象

按照想象内容的新颖性、独立性和创造性，可把有意想象分为再造想象和创造想象。

（1）再造想象

再造想象是根据言语的描述或图形的示意，在头脑中形成相应的新形象的过程。例如，我们在阅读小说、听广播时，在头脑中产生的有关人物形象、事物形象、活动场面的过程就是再造想象的过程。

（2）创造想象

创造想象是在创造活动中，根据一定的目的、任务，在人脑中独立地创造新形象的心理过程。例如，鲁迅先生创作的"阿Q"形象，发明家构思的新作品的形象等都是创造性的新形象。因此，它具有首创性、独立性和新颖性的特点。

无意想象　　　　有意想象　　　　创造想象　　　　再造想象

考点3　幼儿想象发展的特征

⭐ **考频分布**　2022 下简答

1. 无意想象为主，有意想象开始发展

（1）无意想象的特点

幼儿以无意想象为主，主要表现在以下方面。

①想象的目的性不明确。幼儿的想象常常没有自己预定的目的。在游戏中想象往往随玩具的出现而产生。例如，看见小碗小勺，就想象喂娃娃吃饭；看见小汽车，就要玩开汽车。在绘画活动中，幼儿想象的主题往往是从看到别人所画的或听到别人所说的而

产生。正因为如此,在同一桌上绘画的幼儿,其想象的主题常常雷同。

②想象的主题易受外界的干扰而变化,内容零散,无系统。幼儿想象进行的过程往往也受外界事物的直接影响。因此,想象的方向常常随外界刺激的变化而变化,想象的主题容易改变。例如,在游戏中,幼儿正在当"医生",忽然看见别的小朋友在"包糖果",他就跑去当"工人",和小朋友们一起"包糖果"。

由于想象无预定目的,主题不稳定,因此幼儿想象的内容是零散的,所想象的形象之间缺乏有机的联系,不成体系。幼儿绘画常常有这种情况,画了"小人",又画"螃蟹",再画"海军",然后又画了一把"牙刷",显然是一串无系统的自由联想。

③想象过程受兴趣和情绪的影响。幼儿的想象不仅容易受外界刺激所左右,也容易受自己的情绪和兴趣影响。幼儿的情绪常常能够引起某种想象过程,或者改变想象的方向。例如,在一次"老鹰捉小鸡"的游戏中,幼儿由于同情被捉去的小鸡,产生了这样的想象:"最后又把小鸡救回来了。"

④以想象过程为满足。幼儿的想象往往不追求达到一定目的,只满足于想象进行的过程。例如,听故事,大班儿童对听过的故事不感兴趣,而小班则不然,他们对"小兔乖乖""拔萝卜"等故事百听不厌,因为他们对这些听过的故事中的形象比较熟悉,可以边听边想象,并从中获得极大的满足。幼儿在绘画过程中的想象也是如此,幼儿常常在一张纸上画了一样又画一样,直到把画面填满为止,甚至最后把所画的东西涂满黑色,自己口中念念有词,感到极大的满足。

(2)有意想象的特点

在教育的影响下,儿童的有意想象开始发展。中班以后,儿童的想象已具有一定的有意性和目的性。大班以后,儿童的想象还有了他们自身的独立性。随着年龄的增长和教育的影响,儿童想象的有意性开始发展,并逐步丰富。

> **真题面对面**
>
> [2022下半年真题]简述幼儿无意想象的主要表现。
>
> **参考答案**:详见内文。

2. 再造想象为主,创造想象开始发展

(1)再造想象的发展

幼儿再造想象的主要特点是:①儿童的想象常常依赖于成人的言语描述;②儿童的想象常常根据外界情景的变化而变化;③儿童想象中的形象多是记忆表象的简单加工,缺乏新异性。

再造想象的类型

（1）经验性想象。儿童凭借个人生活经验和个人经历开展想象活动。如中班的超超对夏日的想象是："小朋友们在水上世界玩,一会儿游泳,一会儿滑滑梯,一会儿吃冷饮。"

（2）情境性想象。儿童的想象活动是由画面的整个情境引起的。如中班的霓霓对暑假的想象是："坐在电风扇下,阿婆从冰箱中拿出冷饮让我们一起吃。"

（3）愿望性想象。在想象中表露出个人的愿望。如大班幼儿苏立说："妈妈,我长大了也想和你一样,做一个老师。"

（4）拟人化想象。把客观物体想象成人,用人的生活、思想、情感、语言等去描述。如中班的霓霓去海底世界玩后,对妈妈说："有的鱼睁着眼睛在盯着我看,好像在说'我认识你'。"

（2）创造想象的发展

儿童创造想象的特点:①最初的创造想象是无意的自由联想,可以称为表露式创造;②形象和原型只是略有不同,或者在常见模式上略有改造;③发展的表现在于情节逐渐丰富,从原型发散出来的种类和数量增加,从不同中找出非常规性相似。

个体在整个幼儿时期,是以再造想象为主的。在教育的影响下,儿童在中班以后,再造想象中开始出现创造性的成分。

3. 想象具有夸张性

（1）想象夸张性的表现

①夸大事物某个部分或某种特征

想象的夸张性

幼儿在想象中常常把事物的某个部分或某种特征加以夸大。例如,一个幼儿画小孩放风筝,把小孩子的手画得很长,比身体几乎长了3倍。

②混淆假想与现实

幼儿常将想象的东西和现实混淆,表现在三个方面:

第一,把渴望得到的东西说成已经得到。如有的幼儿看到别人有漂亮的娃娃或"冲锋枪",他会说："我们家也有。"可事实没有。第二,把希望发生的事情当成已发生的事情来描述。如一位中班小朋友听邻居讲去玄武湖公园玩的事,很开心,于是这位小朋友也有了去玄武湖玩的愿望。他把玩的"过程"想象了一下(即根据别人的描述而想象),然后到幼儿园对同伴说他自己去玄武湖公园玩的"经历"。第三,在参加游戏或欣赏文艺作

品时,往往身临其境,与角色产生同样的情绪反应。如幼儿园里小班幼儿正在玩"狡猾的狐狸,你在哪里"的游戏,当老师扮演的狐狸逮着小鸡(小朋友饰)装着要吃她的时候,这个孩子大哭起来说"你是老师,怎么可以吃人呢",并拼命挣扎。

(2)幼儿想象夸张性的原因

幼儿想象的夸张性是其心理发展特点的一种反映。

①认知水平的限制。由于幼儿认知水平尚处于感性认识占优势的阶段,因此往往抓不住事物的本质。

②情绪对想象过程的影响。幼儿的一个显著心理特点是情绪性强。他感兴趣的东西、他希望的东西,往往在其意识中占据主要地位。

③幼儿想象在认知中地位的制约。幼儿期是想象发展的初级阶段,它已经开始超脱现实,在记忆基础上进行加工改造,但它还没有能够深入现实,不能真正反映事物的本质。因此,在幼儿期,想象与思维有认识发展等级的区别,幼儿的想象只是思维发展的基础,其想象一端连接记忆,另一端接近于创造性思维。

④想象表现能力的局限。想象总是要通过一定的手段来表现,幼儿想象的夸张与事实不符,往往受其表现能力的限制,这一点在各种造型活动中尤为突出。

考点4 学前儿童想象力的培养

(1)丰富儿童的表象,发展儿童的语言表现力;(2)在文学艺术等多种活动中,创造儿童想象发展的条件;(3)在游戏中,鼓励和引导儿童大胆想象;(4)在活动中进行适当的训练,提高儿童的想象力;(5)抓住日常生活中的教育契机,引导儿童进行想象;(6)引导儿童的想象符合客观规律。

四、学前儿童思维的发展 【9年9考】

考点1 思维的概念和基本特点

1.思维的概念

思维是人脑对客观现实的间接的和概括的反映,是人认知的高级阶段。

2.思维的基本特点

思维具有两个基本特点:**间接性和概括性**。

（1）间接性

思维的间接性是指思维总是以一定事物为媒介来反映那些不能直接作用于感官的事物。也就是说,借助于中介物认识某事物。如,内科医生不能直接看到病人内脏的改变,却能以听诊、化验、切脉、测体温等手段为中介,经过思维加工间接判断出病人的病情;地震工作者可以根据动物的反常现象或其他仪表的数据来分析与预报震情。

（2）概括性

思维的概括性包含两层意思:①把同一类事物的共同特征和本质特征抽取出来加以概括。如,把枣树、苹果树、梨树等依据其根、茎、叶、果等共性称为"果树"等。②将多次感知到的事物之间的联系和关系加以概括,得出有关事物之间的内在联系的结论。如,每次看到"月晕"就要"刮风",础石"潮湿"就要"下雨",就能得出"月晕而风,础润而雨"的结论。

考点2　学前儿童思维发展的趋势

⭐ **考频分布**　2019上单选

1.思维方式的变化(思维发展的阶段性)

（1）直观行动思维

儿童最初的思维以直观行动思维为主。直观行动思维是指以直观的、行动的方式进行的思维。如,儿童在做算术题时,边数手指边算数。直观行动思维的主要特征为:

①思维是在直接感知中进行的。思维不能离开直观的事物,要紧紧依靠对事物的直接感知。

②思维是在实际行动中进行的。思维不能离开儿童自己的动作。

这种思维方式在2~3岁儿童身上表现最为突出,在3~4岁儿童身上也常有表现。这些儿童离开了实物就不能解决问题,离开了玩具就不会游戏。年龄更大的一些儿童,在遇到困难的问题时,也会依靠这种思维方式。

（2）具体形象思维

3~6、7岁儿童的思维,以具体形象思维为主,所谓具体形象思维是指儿童依靠事物在头脑中的具体形象进行的思维,即依靠具体事物的表象以及对具体形象的联想而进行的思维。如,儿童通过对各种不同年龄的人的形象特征的概括,区别"叔叔""阿姨""爷爷""奶奶"。思维的具体形象性是在直观行动性的基础上形成和发展起来的。具体形象思维是幼儿思维的典型方式。

（3）抽象逻辑思维

抽象逻辑思维反映事物的本质特征,是运用概念、根据事物的逻辑关系来进行的思维。它是靠言语进行的思维,是人类所特有的思维。幼儿期,特别是5岁以后,明显地出现了抽象逻辑思维的萌芽。如在科学活动中,幼儿能用数字、图表整理自己观察到的现象。

直观行动思维　　　　　具体形象思维　　　　　抽象逻辑思维

真题面对面

[2019上半年真题]小红知道9颗花生吃掉5颗,还剩4颗,却算不出"9－5"等于多少。这说明小红的思维具有(　　　)

A. 具体形象性　　　　　　　B. 抽象逻辑性

C. 直观动作性　　　　　　　D. 不可逆性

答案:A

2. 思维工具的变化

儿童思维方式的发展变化,是与所用工具的变化相联系的。直观行动思维所用的工具主要是感知和动作,具体形象思维所用的工具主要是表象,而抽象逻辑思维所用的工具则是语词所代表的概念。

在思维发展过程中,动作和语言对思维活动的作用不断发生变化。变化的规律是:动作在其中的作用是由大到小,语言的作用则是由小到大。

3. 思维活动的内化

儿童思维起先是外部的、展开的,以后逐渐向内部的、压缩的方向发展。

直观行动思维活动的典型方式是尝试错误,其活动过程是展开的,动作是外显的,行动之前,儿童主观上并没有预定的目的和计划。随着儿童年龄的增长,在成人的指导和帮助下,他们逐渐能够在具体情境的支持下制订一些简单的行动计划,其行为逐渐变得具有目的性,更多依赖于内化的智力活动。

4.思维内容的变化

　　儿童的思维从反映事物的外部联系和现象发展到反映事物内在的、本质的联系和属性。随着儿童思维的内化,思维在头脑内部进行,其内容逐渐间接化、深刻化,逐渐能够全面地、客观地反映事物的关系,范围日益扩大,且能反映事物的本质。由于思维的概括化内容逐渐形成系统,所以,思维越来越灵活,逐渐从反映当前事物的本质联系和属性发展到反映未来事物的本质联系和属性。

　　儿童思维发展的趋势内容较多,现将主要内容以表格形式帮助大家梳理:

思维方式	思维工具	思维活动	思维内容
直观行动思维 ↓ 具体形象思维 ↓ 抽象逻辑思维	感知和动作 ↓ 表象 ↓ 概念	外部的、展开的 ↓ 内部的、压缩的	反映事物的外部联系和现象 ↓ 反映事物内在的、本质的联系和属性

考点3　幼儿思维发展的特点

⭐ **考频分布**　**2016**下单选

1.幼儿初期的思维仍具有一定的直观行动性

　　思维的直观行动性是思维发生阶段的主要特点。直观行动思维在思维发展过程中继续发展,并且发生质的变化。这些变化主要表现在:(1)思维解决的问题逐渐复杂化;(2)思维解决问题的方法逐渐概括化;(3)思维中语言的作用逐渐增强。

2.具体形象思维是幼儿思维的主要特征

　　具体形象思维是运用已有的直观形象(表象)解决问题的思维。进入幼儿中期,在一定的生活环境和教育条件影响下,幼儿的思维在前一阶段的基础上有了进一步的发展,由以直观行动思维为主逐渐发展到以具体形象思维为主。

　　幼儿的具体形象思维主要表现出以下几个方面的特点:

（1）具体性

幼儿思维的内容是具体的。幼儿容易掌握那些代表实际东西的概念，不容易掌握比较抽象的概念。例如，"家具"这个词比"桌子""椅子"更抽象，幼儿较难掌握。

（2）形象性

幼儿思维的形象性，表现为幼儿依靠事物在头脑中的形象来思维。幼儿的头脑中充满着各种各样的颜色和形状等生动的形象。例如，爷爷总是长着白胡子；奶奶总是头发花白的；穿军装的才是解放军；兔子总是"小白兔"等。

具体性和形象性是具体形象思维的两个最为突出的特点。

（3）经验性

幼儿的思维常根据自己的生活经验来进行。例如，幼儿把热水倒入鱼缸中，问他为什么时，他说"老师说了喝开水不生病，小鱼也应该喝开水"。幼儿是从他自己的具体生活经验去思维的，而不是按逻辑推理进行思维。

（4）拟人性

幼儿往往把动物或一些物体当作人来对待。他们把自己的行动经验和思想感情加到小动物或玩具身上，和它们说话，把它们当作好朋友。如他们认为太阳公公能看见小朋友们在玩。他们还提出许多拟人化的问题，如"风是车轮放出来的吗"等。

（5）表面性

幼儿只从表面理解事物，不理解词的转义。其思维往往只是反映事物的表面联系，而不反映事物的本质联系。如，孩子听妈妈说："那个宝宝睡得好香。"孩子就会问："妈妈，是不是宝宝枕头下放了鲜花？"幼儿也难以理解"反话"。如，上课时，一个儿童想上厕所，其他儿童也嚷着要去，有的教师不懂得幼儿的这个特点，说了"去，去，去，都去！"一类气话，这时所有儿童则会高高兴兴地一拥而起，都走了。

思维的表面性强调的是幼儿只能理解事物的表面含义，不能理解事物的深层含义，也不能理解"反话"。思维的片面性强调的是幼儿理解事物时只能从一个维度进行思考，不能全面地看待事物。

（6）片面性

由于幼儿认识事物时只是从事物的表面出发，不能反映事物的本质，因此，幼儿不善于全面地看问题，其思维常常具有片面性。在解决问题的过程中，幼儿也常常只照顾到事物的一个维度，而不能同时兼顾两个维度。如，把一个杯子里的水倒入形状不同的两个杯子里，其中一个杯子比另一个杯子高而窄，或矮而宽，幼儿就认为水变多了或少了。

他们不能把握高矮与宽窄两个维度的相互联系。

（7）固定性

幼儿思维的具体性使幼儿的思维缺乏灵活性，较难掌握相对性的概念。在日常生活中，幼儿常常"认死理"。如，两个小孩争抢一个玩具，大人拿出与争抢的玩具一模一样的玩具来，可是他们眼睛仍然盯住那个互相争夺的玩具。

（8）近视性

幼儿思维的近视性表现为幼儿认识事物时只能考虑到事物眼前的关系，而不会更多地去思考事情的后果。由于幼儿思维的这种近视性，常常导致成人和幼儿的矛盾。成人给幼儿的告诫，他们往往不能理解。如，小孩在玩耍时，常常会有冒险的行动，他们只会想到这样玩有趣，不会顾及可能产生的危险。

具体形象思维是幼儿期思维发展最主要的特征。这种特征在幼儿各种思维活动中都有表现，但是在不同的年龄表现程度有所不同。

真题面对面

[2016下半年真题]青青的妈妈说："那孩子的嘴真甜！"青青问："妈妈，您舔过她的嘴吗？"这主要反映青青（　　）

A. 思维的片面性　　　　　　　B. 思维的拟人性

C. 思维的生动性　　　　　　　D. 思维的表面性

答案：D。题干中青青在理解妈妈说的话时只是简单地体会了词语的表面意思，并没有真正理解妈妈说的话的内涵，说明了青青的思维具有表面性。

---

3. 幼儿晚期（5~6岁）抽象逻辑思维开始萌芽

幼儿初期，由于思维水平和生活经验的局限，只能认识事物的外部特征。但到了幼儿晚期，不少幼儿开始能够对事物的一些本质特征进行初步的认识。

考点4　学前儿童思维过程的发展

1. 学前儿童分析、综合的发展

分析是指在人脑中把事物的整体分解成各个部分、各个方面或个别特征的思维过程。如，我们把植物分解为根、茎、叶、花、果实、种子，把动物分解为头、尾、足、躯体都属于分析过程。综合是指在人脑中把事物的各个部分、各个方面或个别特征结合起来进行思考的思维过程。如，把单词组成句子；把一个学生的思想品德、智力水平、学业成绩、健

康状况等方面联系起来,加以评价,作出结论等都属于综合过程。

思维是通过分析综合而在头脑中获得对客观事物更全面更本质的反映的过程。在不同的认识阶段,分析和综合有不同的水平。对事物感知形象的分析综合,是感知水平的分析综合。随着语言在儿童分析综合中作用的增加,儿童逐渐学会凭借语言在头脑中分析综合。学前儿童在分析综合活动中还不能把握事物的复杂的组成部分。对3~6岁儿童来说,要求分析的环节越少,相应的概括就完成得越好。

2. 学前儿童比较的发展

比较是在思想上把各种事物进行对比,并确定它们的异同。比较是分类的前提,通过比较才能进行分类和概括。学前儿童对物体进行比较,有以下特点和发展趋势:

(1)逐渐学会找出事物的相应部分。4~5岁学前儿童逐渐能够找出物体的相应部分,并进行比较。但是他们只能找到两三个相应部分。例如,要求儿童比较一幅图上的两个孩子时,会说:"这个孩子戴了帽子,那个孩子没有戴帽子。""这个孩子手里拿着皮球,那个孩子手里没有拿皮球。"等等。

(2)先学会找物体的不同处,后学会找物体的相同处,最后学会找物体的相似处。学前儿童倾向于比较物体的不同之处。找出物体的相似之处,既要找出物体的共同处,又要找出其不同,需要较复杂的分析和综合,这必须在成人的教育下才能学会。例如,当学前儿童不会找出两个勺子的相似之处时,加上一把尺子,让学前儿童比较三个物体中"哪两样东西相像?"这时,学前儿童既要分析三个物体的不同处,又可从尺子与两个勺子的明显不同方面看到两个勺子之间的相似处,于是逐渐学会了比较两个勺子。

3. 学前儿童分类的发展

⭐ **考频分布** **2015** 下材料分析

分类活动表现了学前儿童的概括水平。分类能力的发展是逻辑思维发展的一个重要标志。

(1)学前儿童分类的类型

儿童分类的情况,可归纳为以下五类:

①不能分类。把性质上毫无联系的一些图片,按原排列顺序或按数量平均地放入各个木格里,不能说明分类原因;或任意把图片分成若干类,也不能说出原因。

②依感知特点分类。依颜色、形状、大小或其他特点分类。例如,把桌子和椅子归为一类,因为都有四条腿等。

③依生活情景分类。把日常生活情景中经常在一起的东西归为一类。例如,书包是

放在桌上的,就把书包和桌子归为一类。

④依功用分类。如桌、椅是写字用的,碗、筷是吃饭用的,车、船是运人用的等。儿童只能说出物体的个别功能,而不能加以概括。

⑤依概念分类。如按交通工具、玩具、家具等分类,并能给这些概念下定义,说明分类原因,如说车、船等都是载人、运东西的交通工具等。

『记忆有妙招』

为便于考生记忆,将学前儿童分类的类型总结成以下口诀:**不知庆功年**。**不**:不能分类。**知**:感知特点。**庆**:生活情景。**功**:功用。**年**:概念。

(2)学前儿童分类的年龄特点

不同年龄儿童分类情况有所不同,其特点如下:

①4 岁以下儿童基本上不能分类。

②5~6 岁时儿童处于由不会分类向开始发展初步分类能力的过渡时期,该年龄不能分类的情况已大大减少,而主要依据物体的感知特点和情景联系来分类。如,有的儿童把几个动物放在一起,因为它们"不大也不小"(意思是大小相同)。有的把梨、老虎、胡萝卜放在一起,因为都是"黄色上面带有小黑点的"。5 岁儿童的分类依据主要是物体直接的可感知的特性或者在儿童的切身经验中经常发生的联系。

③6 岁以后,儿童开始逐渐摆脱具体感知和情景的束缚,能够依物体的功用及其内在的联系进行分类,这说明他们的概括水平开始发展到一个新的阶段。

考点 5　学前儿童思维基本形式的发展

思维形式是思维借以实现的形式,概念、判断、推理是思维的基本形式。

1.学前儿童概念的发展

⭐ **考频分布**　2022 上材料分析,2020 下材料分析,2019 下单选,2018 下单选,2017 上单选

(1)学前儿童掌握概念的特点

学前儿童的概括能力主要属于形象水平,后期开始向本质抽象水平发展,这就决定了他们掌握概念的基本特点:

①以掌握具体实物概念为主向掌握抽象概念发展

学前儿童掌握的各种概念中,以实物概念为主。在实物概念中,又以掌握具体实物

概念为主,即以掌握基本概念为主。随着学前儿童年龄的增长,幼儿晚期,他们开始能够掌握一些生活中常见的抽象概念,但学前儿童对这类概念的掌握也离不开事物的形象和具体活动的支持。例如,学前儿童对"勇敢"的理解是"打针不哭",对"节约"的理解是"吃饭时不撒米饭"。

②掌握概念的名称容易,掌握概念的内涵困难

每个概念都有一定的内涵和外延。内涵即含义,是指概念所反映的事物的本质特征。如,"动物"这个概念的内涵(本质特征)就是指一种生物,这种生物有神经、有感觉、能吃食、能运动。概念的外延,则是指概念所反映的具体事物,即适用范围。"动物"这一概念的外延(实例),就是指各种各样的动物,如鸟、兽、昆虫、鱼等。学前儿童掌握概念通常表现为掌握概念的内涵不精确、外延不恰当,也就是说,学前儿童有时会说一些词,但不代表他能理解其中的真正含义。

为了提高学前儿童掌握概念的水平,比较可行的办法是多给他们提供具有不同典型性的实例,同时引导他们总结概括其中的共同特征。

(2)学前儿童掌握实物概念的发展

幼儿初期,儿童所掌握的实物概念主要是他们熟悉的事物。给物体下定义多属直指型。例如,问幼儿:"什么是狗?"他就会指着画上的或玩具说:"这是狗!"

幼儿中期,儿童已能掌握事物某些比较突出的特征,由此获得事物的概念。他们给物体下定义多属列举型。这时幼儿对上面的问题就会回答:"狗有四条腿,还长着毛!看见小花猫就汪汪叫。"

幼儿后期,儿童开始初步掌握某一实物的较为本质特征,如功用的特征,或若干特征的总和。他们给物体下定义多为功用型,但仍有对事物的描述。他们对上面的问题会回答"狗是看门的","狗还可以帮人打猎","狗也是动物","狼狗最厉害"等。

幼儿实物概念的发展

[2018 下半年真题] 下列表述中,与大班幼儿实物概念发展水平最接近的是(　　)

A. 理解本质特征　　　　　B. 理解功能性特征

C. 理解表面特征　　　　　D. 理解熟悉特征

答案:B。

（3）学前儿童掌握数概念的发展

①学前儿童数概念的萌芽

学前儿童数概念的发生可分为以下阶段:

辨数。对物体大小或多少的模糊认识。例如,1.5～2 岁的孩子,有些还不太会讲话,但知道伸手去抓数量多的糖果或大的苹果。

认数。产生对物体整个数目的知觉。2～3.5 岁儿童还不会口头数数,但是能根据成人的指示,拿出 1 个、2 个或 3 个物体。

点数。开始形成数概念。在 3.5～4 岁发展起来。

可见,3 岁前儿童对数的认识主要处于知觉阶段,只能说出现数概念的萌芽。数概念在 3 岁以后开始形成。

②学前儿童数概念的发展

学前儿童数概念的掌握包括三个成分:

掌握数的顺序。一般 3 岁儿童已经能够学会口头数 10 以内的数。这时,他们记住了数的顺序,但是并不会真正去数物体。

掌握数的实际意义。当儿童学会口头数数以后,逐渐学会口手一致地数物体,即按物点数,然后学会说出物体总数,这时,可以说是掌握了数的实际意义。

掌握数的组成。掌握数的组成是儿童形成数概念的关键。儿童学会点数物体总数以后,逐渐能够学会用实物进行 10 以内的加减。

学前儿童数概念的形成,经历了口头数数→给物说数→按数取物→掌握数概念等四个阶段。

③学前儿童计数能力的发展

计数(数数)是一种有目的、有手段、有结果的活动。人们要知道一个集合中元素的

小香课堂

学前儿童数概念的发展为高频考点。考生需要识记学前儿童数概念的形成阶段。

个数就要进行计数。计数的过程就是把要数的那个集合的元素与自然数列建立起一一对应的关系。在计数过程中,无论按什么顺序去数,只要没有遗漏,没有重复,所得的结果总是一样的。也就是说计数的结果与计数的顺序无关。

儿童计数能力的发展顺序是:

口头数数,即唱数,3~4岁的儿童一般能从1数到10,但一般都像背儿歌似的背诵这些数字,带有顺口溜的性质,并没有形成每一个数词与实物间的一对一的联系,儿童尚不理解数的实际意义。

按物点数,要求儿童在口头数数的基础上,将数字与客观事物的数量联系起来,建立数与物之间的一对一的联系,做到口手一致地点数。

说出总数,即儿童在按物点数后,能够说出所数物体的总数。

按数取物,即按一定的数目拿出同样多的物体。按数取物首先要求儿童能记住所要求取物的数目,然后按数目取出相应的物体。

按群计数,按群计数就是计数时不以单个物体为单位,而是以多个物体(数群)为单位,如,以2为单位计数就是2,4,6,8,10……以5为单位计数就是5,10,15,20……以10为单位就是10,20,30,40……儿童习得按群计数,是以掌握按物点数为基础的。按群计数要求儿童具有一定的数抽象水平,对于大班的儿童,要学习按群计数。

儿童的计数能力在整个发展的过程中,经历了从外部展开的动作向内部压缩的动作发展的过程,手的动作和语言的动作是密切联系的。开始数数时会移动物体并大声说出数词,然后过渡到只触摸物体并小声说出数词,再过渡到在一定距离外指点物体并动动嘴唇,最后过渡到用眼睛区分物体和默数。这也说明儿童认数刚开始时需要多种感官(视觉、听觉、手的触觉和言语运动觉)同时参与,最后发展到只用少数感官(视觉、言语运动觉)参与。

真题面对面

[2019下半年真题]下列幼儿行为表现中数概念发展最低的是(　　)

A. 按数取物　　　B. 按物说数　　　C. 唱数　　　D. 默数

答案:C。

2. **学前儿童判断的发展**

判断是对概念与概念之间关系的肯定或否定的思维形式,是事物之间或事物与它们的特征之间的联系的反映。

（1）判断形式间接化

从判断形式看，学前儿童的判断从以直接判断为主，开始向间接判断发展。直接判断，主要是感知形式的判断，不需要复杂的思维加工。间接判断通常需要推理，反映事物之间的因果、时空、条件等联系。

（2）判断内容深入化

从判断内容看，儿童的判断首先反映事物的表面联系，在幼儿期开始向反映事物本质联系发展。幼儿初期往往把直接观察到的物体表面现象作为因果关系。例如，对斜板上皮球滚落下来的原因，3～4岁儿童认为是"（球）站不稳，没有脚"。对只有一条腿的桌子是否倒下来的现象，3～4岁儿童认为"要倒，是坏的"。这些判断都是根据事物的表面现象，或偶然性的联系进行的。在发展过程中，学前儿童逐渐找出比较准确而有意义的原因。例如，"球在斜面上滚下来，因为这儿有小山，球是圆的，它就滚了。如果不是圆的，就不会滚动了"。5～6岁学前儿童，开始能够按事物隐蔽的、比较本质的联系做出判断和推理。例如，"皮球是圆的，它要滚""（桌子）断了三条腿，它站不稳"。

在这个过程中，学前儿童的判断从反映物体的个别联系逐渐向反映物体多方面的特征发展。例如，较小的学前儿童说："火柴浮起来，因为它小。"较大的学前儿童已经知道："钥匙沉下去是因为小而且重。"

（3）判断根据客观化

从判断根据看，学前儿童从以对待生活的态度为依据，开始向以客观逻辑为依据发展。幼儿初期常常不能按事物本身的客观逻辑进行判断和推理，而是按照"游戏的逻辑"或"生活的逻辑"进行。这种判断没有一般性原则，不符合客观规律，而是从自己对生活的态度出发，属于"前逻辑思维"。

（4）判断论据明确化

从判断论据看，学前儿童起先意识不到判断的根据，以后逐渐开始明确意识到自己的判断根据。

3. 学前儿童推理的发展

⭐ **考频分布** 2016 上单选

推理是判断和判断之间的关系，是由一个判断或多个判断推出另一个新的判断的思维形式，是间接认识的必要手段。

（1）最初的转导推理

儿童最初的推理是转导推理。转导推理是从一些特殊事例到另一些特殊事例的推

理。这种推理还不是逻辑推理,而属于前概念的推理。

2岁儿童已经出现转导推理。这种推理是依靠表象进行的,是超出了直接感知范围的思维活动。这一类型的推理,在3~4岁儿童身上是常见的。例如,一个小孩在动物园里看到梅花鹿时,问妈妈:"如果天天往它头顶上浇水,那树枝一定能长出树叶来的,是吧?"4~5岁儿童也会出现这种推理,如一个小孩问:"妈妈,您知道世界上最骄傲的动物是什么吗?我告诉您吧,是金鱼!它总是摇头晃脑的。"

学前儿童的转导推理之所以常常不符合客观逻辑,是因为:第一,幼儿缺乏知识经验;第二,幼儿不会进行分类、概括等概念性思维加工。

(2)学前儿童的归纳推理

归纳推理是一种从个别到一般的推理。通过考察个别事物或现象具有某种属性,进而推导出该类事物或现象普遍具有该属性。归纳推理必须以概括为基础,首先要把个别事物或现象归属到某一类事物或现象,然后在此基础上进行推理。例如,由"喜鹊长着两只脚,燕子长着两只脚,乌鸦长着两只脚",推出"鸟长着两只脚"。

(3)学前儿童的演绎推理

演绎推理是从一般到个别的推理。其简单且典型的形式是三段论。例如,"大班小朋友暑假后要上小学了(大前提),佳佳是大班的小朋友(小前提),佳佳暑假后要上小学(结论)"。学前儿童的演绎推理尚处于萌芽状态。但研究表明,学前晚期(5~7岁)的儿童,经过专门教学,能够正确运用三段论式的逻辑推理。

(4)学前儿童的类比推理

类比推理也是一种逻辑推理,它是对事物或数量之间关系的发现和应用。例如,有一个孩子在下雨天时和爸爸一起走在泥地里,她问:"爸爸,地上一道一道的是什么呀?"爸爸说:"是车轮压过的泥印儿,也叫车道沟。"孩子说:"爸爸脑门儿上也有车道沟(指皱纹)。"3~6岁儿童已经具有一定水平的类比推理。

考点6　学前儿童理解的发展

理解是个体运用已有的知识经验认识事物的联系、关系乃至其本质和规律的思维活动。理解普遍存在于认识过程中,无论是对事物的知觉,还是对事物内在实质的把握,都离不开理解的参与。学前儿童对事物的理解有以下发展趋势。

1. 从对个别事物的理解,发展到理解事物之间的关系

这是从理解的内容上来谈的。在儿童对图画和故事的理解中,我们可以看到这种发展趋势。如幼儿对图画的理解,起先只理解图画中最突出的个别人物,然后理解人物形

象的姿势和位置,再后理解主要人物或物体之间的关系。

2.从主要依靠具体形象来理解,发展到依靠语言说明来理解

这是从理解的依据上来谈的。由于言语发展水平的限制以及儿童思维的特点,儿童常常依靠行动和形象理解事物。随着年龄的增长,儿童逐渐能够摆脱对直观形象的依赖,而只靠语言描述来理解。但在有直观形象的条件下,儿童理解的效果更好。

3.从对事物简单、表面的理解,发展到理解事物较复杂、深刻的含义

这是从理解的程度上来谈的。儿童的理解往往很直接、肤浅,年龄越小越是如此。儿童对语言中的转义、喻义和反义现象也比较难理解。所以对儿童,尤其是对小班儿童,千万不要说反话,要坚持**正面教育**。

4.从理解与情感密切联系,发展到比较客观的理解

这是从理解的客观性来谈的。儿童对事物的情感态度,常常影响他们对事物的理解。这种影响在4岁前的儿童中尤为突出。因此,儿童对事物的理解常常是不客观的。较大的儿童开始能够根据事物的客观逻辑来理解。

5.从不理解事物的相对关系,发展到逐渐能理解事物的相对关系

儿童对事物的理解常常是固定的或极端的,不能理解事物的中间状态或相对关系。如对幼儿来说,不是有病,就是健康;不是好人,就是坏蛋。幼儿学会了"5＋2＝7"后,不经过进一步学习,不知道"2＋5＝7"。随着年龄的增长,儿童逐渐能理解事物的相对关系。

> **记忆有妙招**
>
> 为便于考生记忆,将学前儿童理解能力的发展趋势总结成以下口诀:**个别表情相聚**。**个别**:个别事物。**表**:简单、表面。**情**:与情感密切联系。**相**:相对关系。**聚**:具体形象。

考点7　学前儿童思维能力的培养

1.不断丰富学前儿童的感性知识

幼儿园教师要针对学前儿童思维以具体形象为主、向抽象逻辑过渡的特点,有意识、有计划地组织各种活动,发展学前儿童的观察力,丰富学前儿童的感性知识及其表象,促进学前儿童思维能力的发展。

2.帮助学前儿童丰富词汇,正确理解和使用各种概念,发展语言

语言是思维的工具。学前儿童语言的发展,直接影响到思维的发展。要发展学前儿

童的抽象逻辑思维,必须帮助学前儿童掌握一定数量的概念,而概念总是用词来表达的。在日常生活和教育、教学过程中,教师应该有计划地不断丰富学前儿童的词汇,并帮助学前儿童正确理解和使用各种概念,促进思维能力的发展。

3. 开展分类练习活动,培养学前儿童的抽象逻辑思维能力

分类法常常是用来测查学前儿童概括能力和掌握概念水平的,也是用来培养和发展学前儿童概括能力的。进行分类练习,有利于发展学前儿童的概括能力、抽象逻辑思维能力。

4. 在日常生活中鼓励学前儿童多想、多问,激发其求知欲,保护其好奇心

学前儿童好奇心很强,频繁地提出各种问题。面对这种情况,教师和父母都必须主动、热情、耐心地对待幼儿的问题,不能采用冷淡或压制的态度,特别是在学前儿童提出难以马上回答的问题时,更应注意态度,同时鼓励学前儿童好问、多问,称赞他们会动脑筋。另外,成人也可以经常向学前儿童提出各种他们能够接受的问题,引导学前儿童去思考,去观察。经常向学前儿童提一些问题,能使学前儿童的思维经常处在积极的活动状态之中,有助于思维的发展。

5. 开展各种游戏(智力游戏、教学游戏),培养学前儿童的创造性思维

目前许多幼儿园正在开展变一变、不做别人的小尾巴(要求幼儿无论绘画、游戏,或是编故事结尾,都必须与别人不同)、情境设疑(要求幼儿根据所提供的情境,找出解决问题的最佳方法)、看图改错以及问题抢答(以最快的速度找出最多的答案)等游戏。这些游戏有助于培养学前儿童思维的变通性、流畅性和独特性。也就是说,通过这些游戏,能促进学前儿童创造性思维的发展。

五、学前儿童言语的发展 【9年7考】

考点1 语言和言语

1. 语言的概念

语言是人类在社会实践中逐渐形成和发展起来的交际工具,是社会上约定俗成的一种符号系统。语言是一种社会现象。

2. 言语的分类

言语是运用语言进行实际活动的过程。言语是一种心理现象。根据言语活动表现

形式的不同,可分为三类:

（1）口头言语

口头言语是通过人的发音器官所发出的语言声音来表达思想和感情的言语。口头言语又可分为对话言语和独白言语。

①**对话言语**,两个人或几个人直接交际时的言语活动,如聊天、座谈等。

②**独白言语**,个人独自进行的,与叙述思想、情感相联系的、较长而连贯的言语,如报告、演讲等。

（2）书面言语

书面言语是人借助于文字而表达思想感情,传授知识经验。也就是写出的文字、看到的文字,它的形式主要有三种:写作、朗读、默读。

（3）内部言语

内部言语是一个人自己对自己发出的声音,是自己默默无声地思考问题的言语活动。例如,默默地思考问题,写文章前打腹稿等。

考点2 学前儿童言语发生发展的趋势

⭐ **考频分布**　2022上单选

1. 语音知觉发展在先,正确语音发展在后

语音知觉,是指对语言中语音的辨别。即能够辨别语音的差别,再进一步则能够说出语音的名称。很小的婴儿已经能够区别语音的差异。

2. 理解语言发生发展在先,语言表达发生发展在后

儿童学习语言是从理解语词开始的。大约在6个月以后,婴儿已能"听懂"一些词。其实那只是根据父母说话的音调（语调）变化做出不同的反应。1~1岁半儿童能理解的词,数量增长很快。但是,儿童一般在1岁左右才能说出少数几个词,而在1岁半以后,才"开口说话"。

> **真题面对面**
>
> [2022上半年真题]关于幼儿言语的发展顺序,下列表述正确的是(　　　)
>
> A. 言语理解先于言语表达　　　　B. 言语表达先于言语理解
>
> C. 言语理解与言语表达平行发展　　D. 言语理解与言语表达独立发展
>
> 答案:A。

考点3　学前儿童言语发生发展的阶段

1. 前言语阶段

在学前儿童真正掌握语言之前,有一个准备阶段,称为前言语阶段或言语发生的准备阶段。前言语阶段又可以分为简单发音、连续发音和学话萌芽三个阶段。

(1)简单发音阶段(1~3月)。哭是儿童最早的发音。新生儿的哭声中,特别是哭声稍停的时候,可以听出"ei""ou"的声音。这阶段的发音是一种本能行为。

(2)连续发音阶段(4~8月)。这一阶段的婴儿吃饱、睡醒或感到舒适、愉悦的时候,常常自动发音。这个阶段的声音不具有任何符号意义。

(3)学话萌芽阶段(9~12个月)。这一阶段,儿童所发的连续音节不只是同一音节的重复,而且明显地增加了不同音节的连续发音,音调也开始多样化。同时,儿童开始模仿成人的语音,这标志着儿童学话的萌芽。

2. 言语发生阶段

1~3岁是言语发生阶段。言语发生的标志是说出最初的词和掌握其意义。言语发生包括两个阶段:

(1)理解语言迅速发展阶段(1~1岁半)

在这个阶段,儿童理解的语言大量增加,但是说出的语词很少,甚至出现了一个短暂的相对停顿或沉默期。儿童只用点头、摇头或手势和行动示意,不开口说话。

(2)积极说话发展阶段(1岁半~2、3岁)

儿童似乎突然开口说话,说话的积极性很高,语词大量增加,语句的掌握也迅速发展。

3. 基本掌握口语阶段

2岁以后,特别是3岁到入学前(6~7岁),是儿童基本掌握口语的阶段。儿童在掌握语言、词汇、语法和口语表达能力方面都迅速发展,为入学后学习书面语言打下基础。

考点4　学前儿童言语的发展特点

1. 学前儿童语音的发展

随着发音器官的成熟、言语知觉(言语听觉、言语动觉)的精确化,儿童的发音能力迅速发展,特别是3~4岁发展最为迅速。由于他们已能分辨外界差别微小的语音,已能支配自己的发音器官。一般来说,4岁儿童已能掌握本民族、本地区语言的全部语音,甚至可以掌握任何民族语言的语音。但在实际说话时,儿童对于有些语音往往不能正确发

出。根据我国心理学工作者对 3 ~ 6 岁儿童语音发展的调查材料,儿童语音发展表现出下列特点:

(1)儿童发音的正确率随年龄增长而逐渐提高。

(2)语音发展的飞跃期为 3 ~ 4 岁。

(3)儿童对声母、韵母的掌握程度不同。3 岁儿童发音的正确率明显低于 4 岁儿童。3 岁的儿童发辅音错误较多,主要是因为其生理上发育不够成熟,不善于掌握发音部位与方法,故发辅音时分化不明显,常介于两个语音之间,如 zh 和 z、ch 和 c、sh 和 s 等。4 岁以后,绝大部分儿童都能基本发清普通话中的韵母,而对声母的发音正确率稍低。

(4)语音意识逐渐发展。语音意识是指对语音的自觉态度。儿童逐渐出现对语音的意识,开始自觉地对待语音。儿童语音意识明显发展主要表现在他们对别人的发音很感兴趣,喜欢纠正、评价别人的发音,还表现在很注意自己的发音。他们积极努力地练习不会发的音,倘若别人指出其发音的错误,他们会很不高兴,对难发的音常常故意回避或歪曲发音,甚至为自己申辩理由。

2.学前儿童词汇的发展

⭐ **考频分布**　2016 下单选,2015 下单选

(1)词汇数量迅速增加

学前儿童的词汇量随着年龄的增加而增加。1 岁左右,儿童才开始说出词,而且孩子最初说出的词数量极少。而到入学前,儿童已能掌握基本的口语词汇,他的词汇已足以保证他用口语和别人交流。研究表明,幼儿期是词汇量飞跃发展的时期。3 ~ 6 岁儿童的词汇量是以逐年大幅度增长的趋势发展的。

(2)词类范围日益扩大

儿童在幼儿早期的言语中已出现多种词类,其中名词、动词、代词较多,也有一些副词、形容词等。在掌握词的顺序方面,儿童先掌握的是实词,然后是虚词。在实词中,儿童掌握的顺序是名词——动词——形容词,对其他实词如副词、代词、数词掌握较晚。儿童对虚词如连词、分词、助词、语气词等掌握也较晚。在各类词中,儿童使用频率最高的是代词,其次是动词和名词。

同时,儿童词汇的内容在不断丰富和扩大。儿童不仅掌握了许多与日常生活、起居饮食直接有关的词,也掌握了不少与日常生活距离较远的词,如有关人造卫星、古代历史等的词。在名词中,抽象性、概括性比较高的词逐渐增加。如过去只能掌握具体的实物概念:"积木""娃娃""桌子""椅子"等,后来逐渐能掌握"玩具""家具"等类概念。

(3)对词义的掌握逐渐准确和加深

幼儿言语中词的概括性逐渐增强,外延扩大或缩小等现象减少。但由于知识经验及

思维水平的限制,幼儿对有些较模糊、抽象的词的解释还不准确、不确切,常常出现词语错用的现象。具体表现如下。

①对词的理解具体化

儿童首先理解的是意义比较具体的词,以后才开始理解比较抽象的词。在幼儿阶段,儿童所能理解的词以具体的词为主,他们更多地理解具体的名词和动词。在名词中,儿童对与自己操作联系最紧密的词最容易掌握,如由于儿童自己穿鞋子、袜子,对鞋、袜等词比毛衣、短裤等词更容易掌握。另外,儿童还常常用具体的表达方式来代替一些抽象的词。如,幼儿会把"一辆自行车"说成"一骑自行车";把"凹""凸"分别说成"瘪进去的""高出来的"。

②词义理解的扩张和缩小

词义理解的扩张,也叫过度泛化,指儿童最初使用一个词时,容易倾向于过分扩张词义,无意中使其包含了更多的含义。他们可能用"狗狗"一词称一只猫或是一只兔子,甚至称一切全身长毛、四脚、有尾巴的动物。

在词义理解扩张的同时,儿童还有词义理解缩小的倾向,也叫扩展不足,即把他初步掌握的词仅仅理解为最初与词结合的那个具体事物。如,将"桌子"一词仅指自己家里的某张桌子。这种缩小倾向与扩张一样,都表明儿童最初对词义的理解是混沌、未分化的。只有经过进一步发展,儿童才能从具体到抽象地逐步理解词义。

③口头言语中积极词汇逐渐增多

积极词汇又称主动词汇,是指儿童既能理解,又能正确使用的词。消极词汇,又称被动词汇,是指能够理解却不能正确使用的词。儿童受知识经验的限制,对于许多词不能正确理解或有些理解而不能正确使用,以致出现乱用词或乱造词的现象。如把"一个小朋友"说成"一只小朋友",把"一张电影票"说成"一个电影票"等,错误地使用量词。随着年龄的增长,儿童对词义的理解逐渐准确和加深,他们不仅能掌握词的一种意义,而且能掌握词的多种意义;不仅能掌握词的表面意义,而且能掌握词的转义。儿童对已知的词汇运用频繁,运用词的积极性也逐渐高涨,积极词汇大大增加。

真题面对面

[2015 下半年真题]一名从未见过飞机的幼儿,看到蓝天上飞过的一架飞机说:"看,一只很大的鸟!"从语言发展的角度来看,这一现象反映的特点是(　　)

A.过度规范化　　　B.扩展不足　　　C.过度泛化　　　D.电报句式

答案: C。题干中幼儿把飞机当作"鸟",实质上是认为只要在天上飞的物体都是鸟,体现了幼儿语言发展的过度泛化。

3.学前儿童语法的发展

⭐ 考频分布　　**2023 上单选,2016 上单选**

（1）句型的发展

从儿童所说出的句子的类型看,有下列发展趋势：

①从不完整句到完整句

最初,儿童句子的结构是不完整的。儿童的不完整句包括单词句和电报句。

单词句是指用一个词代表的句子。一般出现于 1 岁~1 岁半。例如,当儿童说"妈妈"这个词时,既可能代表要妈妈抱,也可能代表请求妈妈帮他拾起一个东西,还可能代表要妈妈给他某种吃的东西。

电报句又称双词句,是由 2 个词组成的不完整句。有时也由 3 个词组成。一般出现于 1 岁半~2 岁左右。例如,"妈妈抱""爸爸班班""饼饼没""娃娃排排(坐)"等等。电报句表达的意思比单词句明确,因为它已具备句子的雏形。电报句的主要特点是语句断续、简略,结构不完整,句子的成分常常缺漏,主要使用名词、动词、形容词等实词,而略去连词、介词、指示词、助词等虚词,类似人们打电报时所用的语言。

儿童到 2 岁以后,逐渐能说出比较完整的句子。完整句的数量和比例随年龄的增长而增长。到 6 岁左右,儿童 98% 以上使用完整句。

②从简单句到复合句

2 岁以后儿童的简单句逐渐增加;到 3 岁以后,句子的长度、复杂性和语法的正确性都有了快速增加。

简单句指句法结构完整的单句。**复合句**指由两个或两个以上意思关联比较密切的单句组成的句子。在幼儿期,简单句仍占多数,但随着年龄的增长,复合句所占的比例逐渐增加。从整体来看,儿童复合句中最显著的特点是结构松散,缺少连词,仅由几个单句并列组成。

③从无修饰句到修饰句

儿童最初的句子是没有修饰语的,如"宝宝画画""汽车走了"。2~3 岁儿童有时出现一些修饰语的形式,如"大灰狼""小白兔",但是实际上他们把修饰词和被修饰词作为一个词组来使用。

研究发现,2 岁半的儿童已经开始出现一定数量的简单修饰语,如"两个娃娃玩积木"。3 岁开始出现复杂修饰语。如"我玩的积木"。3~3 岁半是复杂修饰语句的数量增长最快的年龄。到 4 岁时,有修饰的语句开始占优势。

④从陈述句到非陈述句

儿童最初掌握的是陈述句。在整个学前期，简单的陈述句仍然是基本的句型。儿童常用的句型除陈述句外，还有疑问句、祈使句、感叹句等。其中疑问句产生最早，2 岁左右的儿童话语中已有单词句结构的疑问句。

（2）语句结构的变化

①从混沌一体到逐渐分化

儿童在掌握言语的过程中，语句逐渐分化。分化过程表现在三个方面：表达内容的分化，词性的分化，结构层次的分化。

在表达内容方面，最初儿童表达情感、意愿和指出物体名称这三方面是紧密结合的，以后逐渐分化。

在词性方面，儿童最初是不分词性的，经常把词组当作一个词来使用，例如有的孩子说："我长大以后也当司机叔叔。"他把司机叔叔当作一个词来使用，以后逐渐分化。

在结构层次方面，儿童最初是主谓语不分的，以后逐渐发展到出现结构层次分明的句子。

②句子结构从松散到逐渐严谨

3 岁半以前儿童的话语常常漏缺主要词类，词序混乱，各成分间的互相制约不明显。3 岁半以后出现较多复杂修饰语句。到五六岁，儿童的关联词比较丰富，但是常常用得不恰当。

③句子结构由压缩、呆板到逐步扩展和灵活

儿童最初的语句结构不能分出核心部分和附加部分，只能说出形式上千篇一律的、由几个词组组成的压缩句。稍后能加上简单修饰语，再后加上复杂修饰语，最后达到简单修饰语的灵活运用和语句中各种成分的多种组合。儿童语句结构的发展在 4~4 岁半时较为明显，5 岁儿童语句结构逐渐完善，6 岁时水平显著提高。

（3）对句子的理解力增强

儿童对句子的理解总是先于句子的产生，他们在会讲正确的句子之前，已经能够听懂这种句子的意思。早在前言语阶段，他们已能听懂成人的一些话，并做出相应的反应。如母亲抱着孩子问"爸爸在哪里"，幼儿就会把头转向父亲。对他说"拍拍手""摇摇头"，他就会做出相应的动作。

真题面对面

[2023 上半年真题] 婴儿说的"妈妈抱""要牛奶""外面玩"等句式，一般被称为（　　）

A. 单词句　　　　B. 双词句　　　　C. 简单句　　　　D. 复合句

答案：B。

4. 学前儿童口语表达能力的发展

⭐ **考频分布**　**2019 下简答**

随着词汇的丰富和语法结构的逐渐掌握，儿童的口语表达能力也逐步发展起来。具体表现如下：

（1）从对话言语逐渐过渡到独白言语

儿童的语言最初是对话式的，只有在和成人共同交往中才能进行。到了幼儿期，由于独立性的发展，儿童常常离开成人进行各种活动，从而获得一些自己的经验、体会、印象等。因此，有必要向成人表达自己的各种体验和印象，独白言语也就逐渐发展起来了，但发展水平还很低。

（2）从情境性言语过渡到连贯性言语

情境性言语只有在结合具体情境时，才能使听者理解说话人所要表达的思想内容，而且往往还需要说话人运用一定的表情和手势作为自己言语活动的辅助手段。连贯性言语的特点是句子完整、前后连贯、逻辑性强，使听者仅仅从言语本身就能完全理解讲话人所要讲的内容和想要表达的思想。情境性言语和连贯性言语的主要区别在于是否直接依靠具体事物作支柱。

随着儿童年龄的增长，情境性言语的比例逐渐下降，连贯性言语的比例逐渐上升。整个幼儿期都处于从情境性言语向连贯性言语过渡的时期。6～7岁时儿童才能比较连贯地进行叙述，但叙述能力的发展还是不完善的。

（3）讲述逻辑性逐渐提高

儿童讲述的逻辑性逐渐提高，主要表现为讲述的主题逐渐明确、突出，层次逐渐清晰。

（4）逐渐掌握言语表达技巧

儿童不仅可以学会完整、连贯、清晰而有逻辑地表述，而且能够根据需要恰当地运用声音的高低、强弱、大小、快慢和停顿等语气和声调的变化，使之更生动，更有感染力。

5. 学前儿童内部言语的发展

⭐ **考频分布**　**2019 上单选**

内部言语是在外部言语的基础上发生的，是外部言语的内化，是思维过程的依靠。4岁以后，儿童的内部言语开始萌生，它突出地表现为一种出声的自言自语，这是一种介于有声言语和内部言语之间的形态。一方面，自言自语起着自觉的分析综合和自我调节的作用；另一方面，它仍然有对别人说话的性质。

（1）出声的自言自语的出现

4岁左右，儿童出现出声的自言自语。出声的自言自语是内部言语发展的初级形态，是在外部言语基础上，产生内部言语的过渡形态。它既有外部言语说出声音的特点，又有内部言语对自己说话的特点。

（2）儿童自言自语的形式

①游戏言语

这种言语的特点是比较完整、详细，有丰富的情感和表现力。例如，一个小班幼儿独自抱着娃娃"喂饭"，边喂边说："快吃！快吃！不要把饭含在嘴里，要嚼嚼再咽下去！"儿童一边做各种游戏动作，一边说话，用语言补充和丰富自己的行动。在绘画活动中也常常有这种情况，用语言来补充不能画出的情节。

②问题言语

这种言语的特点是比较简单、零碎，常常在遇到困难时出现，是表现困惑、怀疑、惊奇的言语。当儿童找到解决问题的办法时，也会用这种言语表示所采取的办法。例如，在拼图过程中，儿童自言自语地说："把这个放哪里呢……不对，应该这样……这是什么……就把它放在这里……"

真题面对面

[2019上半年真题]阳阳一边用积木搭火车，一边小心地说："我要快点搭，小动物们马上就来坐火车了。"这说明幼儿自言自语具有的作用是（　　　）

A. 情感表达　　　B. 自我反思　　　C. 自我调节　　　D. 交流信息

答案：C。题干中幼儿通过自言自语来指导自己当前的行动，使行动与言语相配合，体现出的是幼儿言语的自我调节功能。

---

6. 学前儿童书面言语的发展

书面言语是指以文字作为工具的言语活动。书面言语活动包括认字、写字和阅读、写话。其中认字和阅读属于接受性言语活动，写字和写话属于表达性言语活动。

幼儿期是书面言语发生的时期，处于前阅读阶段和前书写阶段。这时期言语发展的主要任务是发展口头言语。在发展口头言语的同时，为儿童书面言语的发展做好准备。因此，可以因地因人制宜让儿童认识一些字，其主要方式是在生活中充分发挥儿童对视觉形象的敏感性和形象记忆的优势，培养儿童对学习书面言语的兴趣，而不是让儿童用大量时间去专门认字，以致挤掉他的口语发展和其他方面素质发展的时间。如果强迫儿童提前学习小学的功课，造成儿童不愿意读书的心态，则会伤害儿童身心的持续发展，是得不偿失的。

考点 5　在实践中提高学前儿童的言语能力

学前儿童的言语能力是在社会环境与教育的影响下形成和发展的,因此,要重视在实践中发展学前儿童的言语能力。

1.有目的、有计划的幼儿园语言教育活动是发展学前儿童言语能力的重要途径

幼儿园的语言教育活动,是有目的、有计划地对学前儿童施加影响的教育活动。在幼儿园的语言活动中,要求学前儿童发音正确,用词恰当,句子完整,表达清楚、连贯,并及时帮助学前儿童纠正语音;要运用有效的教学方法,调动学前儿童说话的积极性,并给予反复练习的机会,以及做出良好的示范,促进学前儿童言语的发展和言语的规范化。

2.创设良好的语言环境,提供学前儿童交往的机会

要组织丰富多彩的活动,使学前儿童广泛地认识周围环境,扩大眼界,丰富知识面,增长词汇。同时,要给他们提供更多的交往机会,尤其是和小朋友的交往,并重视学前儿童在交往中用词的准确和说完整的句子。当孩子"见多识广",语言自然也就丰富了。

3.把言语活动贯穿于学前儿童的一日活动之中

教师可以组织学前儿童收听广播、看电视、阅读图书、朗读文学作品等活动来丰富和积累文学语言;在一日生活中,通过随时的观察、交谈等来获得大量的感性认识,并同时复习、巩固和运用在专门的语言活动中所学过的词汇和句式,更多地学习新的词汇,学会用清楚、正确、完整、连贯的语言描述周围事物,表达自己的情感和愿望。

4.教师良好的言语榜样

在平时的教育活动中,教师要坚持说普通话,尽量做到吐字清晰、正确,潜移默化地去影响学前儿童的语言发展。

5.注重个别教育

教师在教育活动中,不可忽视对学前儿童的个别教育。如对言语能力较强的,可向他们提出更高的要求,让他们完成一些有一定难度的言语交往任务;对言语能力较差的学前儿童,教师要主动亲近和关心他们,有意识和他们交谈,鼓励他们大胆说话,表达自己的要求、愿望,叙述自己喜闻乐见的事,给予他们更多的语言实践机会,从而提高他们的言语水平。

> **记忆有妙招**
>
> 为便于考生记忆,将提高学前儿童言语能力的措施总结成以下口诀:**一日动静教育**。**一日**:贯穿于一日活动之中。**动**:语言教育活动。**静**:良好的语言环境。**教**:教师良好的榜样。**育**:个别教育。

第五节 学前儿童情绪情感的发展

思维导图

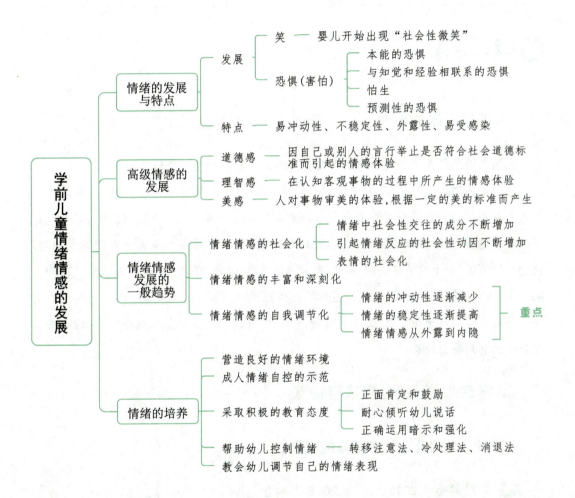

学前儿童情绪情感的发展
- 情绪的发展与特点
  - 发展
    - 笑 —— 婴儿开始出现"社会性微笑"
    - 恐惧(害怕)
      - 本能的恐惧
      - 与知觉和经验相联系的恐惧
      - 怕生
      - 预测性的恐惧
  - 特点 —— 易冲动性、不稳定性、外露性、易受感染
- 高级情感的发展
  - 道德感 —— 因自己或别人的言行举止是否符合社会道德标准而引起的情感体验
  - 理智感 —— 在认知客观事物的过程中所产生的情感体验
  - 美感 —— 人对事物审美的体验,根据一定的美的标准而产生
- 情绪情感发展的一般趋势
  - 情绪情感的社会化
    - 情绪中社会性交往的成分不断增加
    - 引起情绪反应的社会性动因不断增加
    - 表情的社会化
  - 情绪情感的丰富和深刻化
  - 情绪情感的自我调节化
    - 情绪的冲动性逐渐减少
    - 情绪的稳定性逐渐提高 ——重点
    - 情绪情感从外露到内隐
- 情绪的培养
  - 营造良好的情绪环境
  - 成人情绪自控的示范
  - 采取积极的教育态度
    - 正面肯定和鼓励
    - 耐心倾听幼儿说话
    - 正确运用暗示和强化
  - 帮助幼儿控制情绪 —— 转移注意法、冷处理法、消退法
  - 教会幼儿调节自己的情绪表现

考向分析

　　本节属于学前儿童发展的重点知识,记忆性内容较多。在考试中主要以单项选择题和材料分析题的形式考查,偶尔会考查简答题。汇总分析 2015 年至 2023 年的真题试卷,本节知识考查情况统计如下:

知识	考点	考频	题型
学前儿童情绪的发展与特点	学前儿童基本情绪的发展	2	单选
	学前儿童情绪的特点	2	单选、材料分析
学前儿童高级情感的发展	道德感	2	单选、材料分析
学前儿童情绪情感发展的一般趋势	学前儿童情绪情感的发展的社会化和自我调节化	4	单选
幼儿情绪的培养	幼儿情绪的培养策略	1	简答

 核心考点

一、情绪情感的含义

情绪与情感是人对客观事物是否符合自己的需要而产生的态度体验。

需要是情绪产生的基础，人之所以会产生不同的情绪与情感体验，是因为客观现实与人的需要之间形成了不同的关系。当客观现实满足人们的需要时，就会引起积极、肯定的情绪情感，如喜爱、满意、愉快、尊敬或自豪等；当客观现实不能满足人们的需要时，就会产生消极、否定的情绪情感，如憎恨、痛苦、忧愁、愤怒、恐惧、羞耻或悔恨等。即使是同一事物，在不同的需要下，也可以引起不同的情绪体验。如，以铃声为例，当我们在需要冷静地思考以解除烦恼时，铃声就会使我们觉得很讨厌；当你急切地盼望下课时，铃声就会使你感到特别欣喜。

二、学前儿童情绪的发展与特点 【9年4考】

考点1 学前儿童基本情绪的发展

⭐ **考频分布** 2018下单选，2018上单选

1. 哭

婴幼儿出生后，最明显的情绪表现就是哭。哭代表不愉快的情绪，是新生婴儿与外界沟通的主要方式。新生儿的哭主要是生理性的，而幼儿的哭，已经逐渐表现为社会性情绪了。

2. 笑

笑主要有以下类型：

（1）自发性的笑

婴儿最初的笑是自发性的，或称内源性的笑，这是一种生理表现，而不是交往的表情手段。

（2）诱发性的笑

诱发性的笑和自发性的笑不同，它是由外界刺激引起的，可以分为反射性的和社会性的两大类。

①反射性的诱发笑

婴儿最初的诱发笑是反射性的诱发笑，也发生于睡眠时间。例如，在婴儿睡着时，温柔地碰碰婴儿的脸颊，或者抚摸婴儿的肚子，都可能使其出现微笑。

新生儿在第3周时，开始出现清醒时间的诱发笑。例如，轻轻触摸或吹其皮肤敏感区4～5秒，儿童即可出现微笑。但这些诱发性的微笑都是反射性的，而不是社会性微笑。

②社会性的诱发笑

研究发现，从第5周开始，婴儿对社会性物体和非社会性物体的反应不同。人的出现，包括人脸、人声最容易引起婴儿的笑，即婴儿开始出现"社会性微笑"。

婴儿三四个月前的社会性诱发微笑是无差别的。这种微笑往往不分对象，几乎对所有人的笑都是一样。研究发现，3个月婴儿甚至对正面的人脸，无论其是生气还是笑，都报以微笑。但如果把正面的人脸变成侧面的人脸，或者改变脸的大小，婴儿就会停止微笑。

4个月左右，婴儿出现有差别的微笑。这时，婴儿的认识能力提高，能分辨熟悉和陌生的脸孔，对不同人的微笑开始不同。婴儿对母亲的脸孔笑得最多、最频繁，其次是家庭成员和熟人，对陌生人笑得较少。有差别的微笑的出现，是婴儿最初的有选择的社会性微笑发生的标志。

随着年龄的增长，幼儿愉快的情绪进一步分化，愉快情绪的表情手段也不再停留于笑的表情了，甚至不只是用面部表情，而较多地用手舞足蹈及其他动作来表示。

3.生气和伤心

生气是愿望不能实现或目标受阻时引起的一种紧张而不愉快的情绪体验。新生儿对各种不愉快体验包括饥饿、打针吃药、身体不舒服等，都会做出痛苦反应。从四五个月～两岁，幼儿的生气表情逐渐增多。在很多情况下幼儿都会感到生气。比如，喜欢的玩具被拿走了，得不到想要的玩具，照料者一定要让他们睡觉等。

伤心是失去自己心爱的对象（人或物）或在自己的理想或愿望破灭时所产生的情绪

体验。对于年幼儿童而言,分离是引起幼儿伤心的普遍原因。在某些情境中,生气和伤心可能会同时出现。比如,借给别的小朋友玩的玩具被弄坏了,儿童可能既感到生气,又感到伤心:感到生气是因为那个小朋友把他的玩具弄坏了;感到伤心是因为玩具被弄坏了,自己不能玩了。

4.恐惧(害怕)

(1)本能的恐惧

恐惧是婴儿出生就有的情绪反应,甚至可以说是本能的反应。婴儿最初的恐惧不是由视觉刺激引起的,而是由听觉、肤觉刺激引起的,如刺耳的高声等。

(2)与知觉和经验相联系的恐惧

婴儿从4个月左右,开始出现与知觉发展相联系的恐惧。引起不愉快经验的刺激会激起其恐惧情绪。也是从这个时候开始,视觉对恐惧的产生逐渐起主要作用。

(3)怕生

怕生是对陌生刺激物的恐惧反应。怕生几乎与依恋同时产生,一般在婴儿6个月左右出现。

(4)预测性的恐惧

2岁左右的婴儿,随着想象的发展,出现了预测性恐惧,如怕黑、怕坏人等。这些都是和想象相联系的恐惧情绪,往往是由环境的不良影响造成的。

真题面对面

[2018下半年真题]婴儿出生大约6～10周后,人脸可以引发其微笑。这种微笑称为(　　)

A.生理性微笑　　　B.自然微笑　　　C.社会性微笑　　　D.本能微笑

答案:C。

考点2　学前儿童情绪的特点

⭐ **考频分布**　2019下单选,2016上材料分析

1.情绪的易冲动性

学前儿童的情绪常常处于激动状态,而且来势强烈,不能自制,往往全身心都受到不可遏制的威力支配。年龄越小,这种冲动越明显。随着年龄的增长、语言的发展,儿童逐渐学会接受成人的语言指导,调节控制自己的情绪。

2. 情绪的不稳定性

婴幼儿的情绪是非常不稳定的,容易变化,表现为两种对立的情绪在短时间内互相转换。如当幼儿由于得不到喜爱的玩具而哭泣时,成人递给他一块糖,他就立刻会笑起来。这种"破涕为笑"的现象,在小班尤为明显。

3. 情绪的外露性

幼儿情绪一般易表露于外,不加控制和掩饰。随着幼儿心理活动有意性和自制力的发展,幼儿会逐渐调节自己的情绪及其外部表现。

4. 情绪的易受感染

所谓情绪的易受感染是指情绪非常容易受周围人的情绪影响。幼儿情绪的易受感染与暗示有关。如新入园的幼儿哭着要妈妈,会引起已经适应幼儿园生活的其他孩子也跟着哭;有一个孩子笑,其他幼儿也会莫名其妙地跟着笑,如果老师问"你为什么笑",幼儿往往说"不知道",或者指别人说"他也笑",这些现象在小班较为明显。

记忆有妙招

为便于考生记忆,将学前儿童情绪的特点总结成以下口诀:**不易外感**。**不**:不稳定。**易**:易冲动。**外**:外露。**感**:易受感染。

因为儿童情绪的不稳定(易变)与儿童情绪易受感染有关。因此,在有些说法当中,学前儿童情绪的"易受感染"被划分到了"不稳定性"特点的范畴之内。

在做选择题时,考生可以根据题意灵活选择。如果题干中给出了幼儿情绪"易受感染"的例子,请考生选择该例子体现了幼儿情绪的哪个特点,但是给的选项中却未体现"易受感染",那么可以灵活选择"不稳定性"。

真题面对面

[2019 下半年真题]有时一名幼儿哭会惹得周围的幼儿跟着一起哭。这表明幼儿的情绪具有(　　)

A.冲动性　　　B.易感染性　　　C.外露性　　　D.不稳定性

答案:B。题干中"一名幼儿哭会惹得周围的幼儿跟着一起哭",表明幼儿的情绪容易受到周围人的影响,即具有易感染性。故本题选B。

三、学前儿童高级情感的发展 【9年2考】

⭐ **考频分布** 2018 上材料分析,2015 上单选

1. 道德感

道德感是因自己或别人的言行举止是否符合社会道德标准而引起的情感体验。幼儿 3 岁前只有某些道德感的萌芽,进入幼儿园以后,特别是在集体生活环境中,逐渐掌握了各种行为规范,道德感也逐步发展起来。小班的孩子道德感主要是指向个别行为,如知道打人、咬人是不好的。中班孩子不但关心自己的行为是否符合道德标准,而且开始关心别人的行为,并由此产生相应的情感。如中班幼儿的告状行为就是幼儿对别人行为方面的评价,它是基于一定的道德标准而产生的。到了大班,幼儿的道德感进一步发展和复杂化。他们对好与坏、好人与坏人,有鲜明的不同感情。如看小人书时,往往把大灰狼和坏人的眼睛挖掉。这个年龄段的幼儿的集体情感也开始发展起来。

2. 理智感

理智感是在认知客观事物的过程中所产生的情感体验,它与人的求知欲、认识兴趣、解决问题的需要等满足与否相联系。幼儿期是幼儿理智感开始发展的时期。幼儿的理智感有一种特殊的表现形式,即好奇好问。另一种表现形式是与动作相联系的"破坏"行为。对一般儿童来说,5 岁左右,这种情感会明显地发展起来,突出表现为幼儿很喜欢提问题,并由于提问和得到满意的回答而感到愉快。6 岁幼儿喜爱进行各种智力游戏或所谓的"动脑筋"活动,如下棋,猜谜语等,这些活动能满足他们的求知欲和好奇心,促进理智感的发展。

3. 美感

美感是人对事物审美的体验,它是根据一定的美的标准而产生的。幼儿对色彩鲜艳的艺术作品或物品容易产生喜爱之情。在教育的影响下,幼儿中期能从音乐、绘画作品中,从自己从事的美术活动、跳舞、朗诵中得到美的享受。幼儿晚期,幼儿开始不仅仅满足于颜色鲜艳,还要求颜色搭配的协调。

道德感 　　　　　理智感 　　　　　美感

四、学前儿童情绪情感发展的一般趋势 【9年4考】

⭐ **考频分布** 2023上单选,2022下单选,2022上单选,2016上单选

儿童情绪情感的发展趋势主要有三个方面:社会化、丰富和深刻化、自我调节化。

1.情绪情感的社会化

儿童最初出现的情绪是与生理需要相联系的。随着年龄的增长,儿童情绪逐渐与社会性需要相联系。社会化成为儿童情绪情感发展的一个主要趋势。表现为:(1)情绪中社会性交往的成分不断增加;(2)引起情绪反应的社会性动因不断增加;(3)表情的社会化。

2.情绪情感的丰富和深刻化

从情绪所指向的事物来看,其发展趋势是越来越丰富和深刻。儿童情绪、情感的逐渐丰富化表现在以下方面:儿童情绪过程越来越分化;情感指向的事物不断增加,有些先前不引起儿童体验的事物,随着儿童年龄的增长,能够引起其情绪体验。而情绪发展的深刻化是指情绪所指向的事物的性质的变化,从指向事物的表面到指向事物内在的特点。

3.情绪情感的自我调节化

从情绪的进行过程看,其发展趋势越来越受自我意识的支配。随着年龄的增长,儿童对情绪过程的自我调节越来越强。这种发展趋势主要表现在三个方面。

(1)情绪的冲动性逐渐减少

幼小儿童常常处于激动的情绪状态,随着幼儿脑的发育及语言的发展,情绪的冲动性逐渐减少。幼儿对自己情绪的控制起初是被动的,即在成人要求下,由于服从成人的指示而控制自己的情绪。到幼儿晚期,对情绪的自我调节能力才逐渐得到发展。成人不断的教育和要求,以及幼儿所参加的集体活动和集体生活的要求,都有利于其逐渐养成控制自己情绪的能力,减少冲动性。

(2)情绪的稳定性逐渐提高

婴幼儿的情绪是非常不稳定的、短暂的。随着年龄的增长,情绪的稳定性逐渐提高,但是,总的来说,幼儿的情绪仍然是不稳定、易变化的。幼儿晚期情绪比较稳定,情境性和受感染性逐渐减少,较少受一般人感染,但仍然容易受亲近的人如家长和教师的感染。

(3)情绪情感从外露到内隐

婴儿期和幼儿初期的儿童不能意识到自己情绪的外部表现。他们的情绪完全表露于外,丝毫不加以控制和掩饰。随着言语和幼儿心理活动有意性的发展,幼儿逐渐能够调节自己的情绪及其外部表现。儿童调节情绪的外部表现的能力比调节情绪本身的能力发展得早。幼儿晚期的儿童,能较多地调节自己情绪的外部表现,但其控制自己的情绪表现还常常受周围情境的左右。由于幼儿晚期情绪已经开始有内隐性,因此要求成人细心观察和了解其内心的情绪体验。

真题面对面

1.[2023 上半年真题]小军打针时对自己说:"我不怕! 我不哭! 我是男子汉!"这表现出他初步具备( )

A.情绪理解能力　　　　　　　　　B.情感表达能力

C.情绪识别能力　　　　　　　　　D.情绪自我调节能力

答案:D。

2.[2022 下半年真题]与婴儿最初的情绪反应相关联的是( )

A.生理的需要　　　　　　　　　　B.归属和爱的需要

C.尊重的需要　　　　　　　　　　D.自我实现的需要

答案:A。

知识再拔高

幼儿情绪调节能力的发展

(1)6个月大的婴儿会通过转身避开引起消极情绪的刺激,或是寻找可以吸吮的对象,如,吸吮自己的拇指或从照顾者那里寻求安慰。

(2)1 岁后的婴儿开始使用其他策略来减少不愉快的情绪,如摇晃自己的身体、咬东西(咬指甲)和避开引起他们不愉快的人或事物。18~24 个月的婴儿,开始有意识地控制那些让他们感到不舒服的人和物。而且,此时他们也开始能处理一些挫折事件,如,在等待食物、索要礼物、等待游戏的时候,他们能让自己把视线转移开。这个年龄的婴儿已经能用皱眉和抿嘴唇的行为来抑制自己的生气或伤心的情绪了。

(3)3~6 岁的幼儿情绪调节和控制能力逐步增强,他们已经能够使用很多策略来调节和控制自己的情绪。使用语言和认知策略来控制自己的情绪状态,如,自言自语,"打针不疼,打了针病就好了";通过限制感觉输入的方法来调节情绪,如"快闭上眼睛,我怕大鲨鱼",或是闭上眼睛挡住强光,捂住耳朵防止刺耳的声音;通过改变目标来转换心情,如,被一个游戏小组拒绝后,决定参加另一个小组的游戏;用一些愉快的念头来克服负面情绪,如"妈妈离开我,但是等她回来我们就可以去看电影了";重新解释消极情绪产生的原因,如"他没有死,是在演戏,是假的"等。

将心注入,用双手把考生托上岸

五、幼儿情绪的培养 【9年1考】

⭐ **考频分布** 2018 上简答

1.营造良好的情绪环境

婴幼儿情绪发展主要依靠周围情绪气氛的熏陶。因此,在幼儿园教育中应注意营造和谐的气氛,并且与幼儿之间建立良好的师生情。

2.成人情绪自控的示范

为人之师,也要学会控制自己的情绪。优秀教师能够做到把自己的一切忧伤留在教室之外,情绪饱满地走进课堂,这样才能使幼儿保持良好的情绪状态。教师还要理智地对待每个幼儿,自觉地控制自己的情绪,主动关心幼儿,给予耐心帮助。

3.采取积极的教育态度

(1)正面肯定和鼓励

正面的肯定和鼓励有利于增强幼儿的自信心,进而调动起幼儿的积极性和主动性。

(2)耐心倾听幼儿说话

耐心倾听幼儿说话,对培养幼儿良好的情绪十分重要。可是成人往往由于自己太忙,没有时间听幼儿说话,或是成人认为幼儿说的话幼稚可笑,不屑于听。这些都会使幼儿感受到压抑和孤独,因而情绪不佳。甚至有的幼儿会因此出现逆反心理,故意做出错误行为,以引起成人的注意。

(3)正确运用暗示和强化

幼儿的情绪在很大程度上受成人的暗示。幼儿的情绪发展也往往受成人强化的影响。

4.帮助幼儿控制情绪

幼儿不会控制自己的情绪。成人可以用各种方法帮助他们控制情绪。

(1)转移注意法

有意识地转移话题或做点别的事情来分散儿童的注意力,便可使不良情绪得到适度的控制。例如,孩子哭时,对他说:"看这里这么多的泪水,就像下雨一样。下雨了,我们多难受啊!"也许孩子会被这幽默的话语逗笑。

(2)冷处理法

孩子情绪十分激动时,可以采取暂时置之不理的办法,孩子自己会慢慢地停止哭喊。

所谓"没有观众看戏,演员也没劲儿了"。当孩子处于激动状态时,成人切忌激动。例如,对孩子大声喊叫"你再哭!我打你"或"你哭什么?不准哭,赶快闭上嘴"之类的。这样做会使孩子情绪更加激动,无异于火上加油。

（3）消退法

消退法就是通过减少引起不良情绪的因素来减少不良情绪。例如,一个孩子在睡眠前只要父母离去,他就大发脾气,哭闹不休,以至父母不得不陪伴他 1 ~ 2 小时,直到他熟睡后才离去。后来父母决定用消退法,对他的哭闹行为进行矫治。母亲照旧将他放在床上,但是告诉孩子不再陪伴他睡觉了,然后离去,不再进屋。第 1 天,孩子哭闹的时间长达 50 分钟;第 2 天,哭闹的时间就缩短到 15 分钟以下;第 10 天晚上,哭闹行为就完全消失了。可见,父母的妥协和陪伴就是幼儿哭闹的强化物,只要撤销了这种强化物,儿童的不良情绪就会逐渐消退。

5. 教会幼儿调节自己的情绪表现

（1）行为反思法

让孩子想一想自己的情绪表现是否合适。例如,在孩子哭闹后,让他想一想这样哭闹好不好;和小朋友玩玩具发生争执时,想一想自己的行为对不对,还有哪些解决问题的办法。

（2）想象法

当幼儿遇到困难或挫折而伤心时,教他想象自己是"大姐姐""大哥哥""男子汉"或某个英雄人物等。

（3）自我说服法

孩子初入园由于要找妈妈而伤心地哭泣时,可以教他自己大声说:"好孩子不哭。"孩子和小朋友打架,很生气时,可以要求他讲述打架发生的过程,孩子会越讲越平静。

随着年龄的增长,在正确的引导和培养下,儿童能学会恰当地调节自己的情绪并学会情绪的适当表现方式。

第六节　学前儿童注意的发展

思维导图

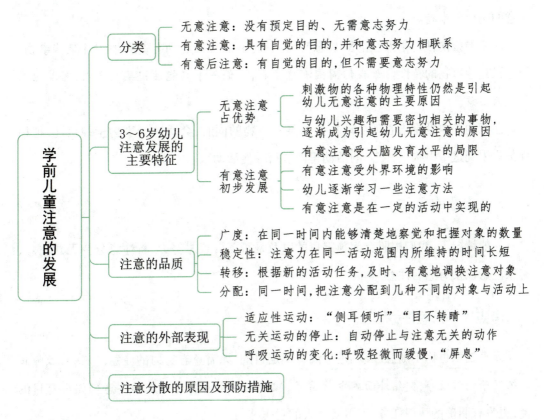

学前儿童注意的发展
- 分类
  - 无意注意：没有预定目的、无需意志努力
  - 有意注意：具有自觉的目的，并和意志努力相联系
  - 有意后注意：有自觉的目的，但不需要意志努力
- 3～6岁幼儿注意发展的主要特征
  - 无意注意占优势
    - 刺激物的各种物理特性仍然是引起幼儿无意注意的主要原因
    - 与幼儿兴趣和需要密切相关的事物，逐渐成为引起幼儿无意注意的原因
  - 有意注意初步发展
    - 有意注意受大脑发育水平的局限
    - 有意注意受外界环境的影响
    - 幼儿逐渐学习一些注意方法
    - 有意注意是在一定的活动中实现的
- 注意的品质
  - 广度：在同一时间内能够清楚地察觉和把握对象的数量
  - 稳定性：注意力在同一活动范围内所维持的时间长短
  - 转移：根据新的活动任务，及时、有意地调换注意对象
  - 分配：同一时间，把注意分配到几种不同的对象与活动上
- 注意的外部表现
  - 适应性运动："侧耳倾听""目不转睛"
  - 无关运动的停止：自动停止与注意无关的动作
  - 呼吸运动的变化：呼吸轻微而缓慢，"屏息"
- 注意分散的原因及预防措施

考向分析

　　本节属于学前儿童发展的重要知识,记忆性内容较多。在考试中主要以单项选择题和简答题的形式考查。汇总分析 2015 年至 2023 年的真题试卷,本节知识考查情况统计如下:

知识	考点	考频	题型
3～6岁幼儿注意发展的主要特征	无意注意占优势，有意注意初步发展	1	单选
注意的品质	注意的稳定性	1	单选
幼儿注意的外部表现	幼儿注意集中时的外部表现	1	简答

核心考点

一、注意的概念和特点

注意是一种心理状态,它是心理活动对一定对象的指向和集中。指向性和集中性是注意的两个基本特点。

注意的**指向性**是指人在清醒状态时,某一时刻的心理活动有选择地关注某些事物,而忽视其他事物的特性。如我们周围有许多人,我们一下只能注视某几个人,对其他人则并未留意。

注意的**集中性**是指心理活动在指向某一事物的同时,会对这个事物全神贯注,把精神都集中到这一事物上,使人的活动得以进行并使活动得以完成。

二、注意的分类

一般情况下,我们按照有无预定目的以及是否需要意志努力,将注意分为无意注意、有意注意以及有意后注意。

考点1 无意注意

无意注意也称不随意注意,是指没有预定目的、无需意志努力的注意。例如,教师正在给孩子们讲故事,突然外面闪电打雷了,孩子们都看向窗外。这种注意预先没有目的性,也没有明确的认识任务,不需要个人的意志努力。

考点2 有意注意

有意注意也称随意注意,它具有自觉的目的,并和意志努力相联系。例如,幼儿要用积木搭一个动物园,就必须集中注意,不受其他活动的干扰,并且坚持努力才能完成,这样的注意就是有意注意。

考点3 有意后注意

有意后注意也称为随意后注意,是指有自觉的目的,但不需要意志努力的注意。例如,在刚开始做一件工作的时候,人们往往需要一定的努力才能把自己的注意保持在这

件工作上,但是在对工作发生了兴趣以后,就可以不需要意志努力也能保持注意了,而这种注意仍是自觉的和有目的的。

三、3~6岁幼儿注意发展的主要特征 【9年1考】

⭐ **考频分布** 2021下单选

考点1 无意注意占优势

3岁前儿童的注意基本上都属于无意注意。3~6岁儿童虽然仍以无意注意为主,与3岁前儿童相比,其无意注意已有了高度发展。主要有两个具体特点:

(1)刺激物的各种物理特性仍然是引起幼儿无意注意的主要原因。新颖的形象、鲜明的色彩、强大的声音及刺激的突然或显著的变化,都容易引起幼儿的无意注意。新颖性是引起幼儿无意注意的重要因素。

(2)与幼儿兴趣和需要密切相关的事物,逐渐成为引起幼儿无意注意的原因。随着年龄增长,幼儿的活动范围不断扩大,生活经验也比以前丰富了,对一些事物逐渐表现出自己的兴趣和爱好。这时凡是符合幼儿兴趣的事情,都容易引起幼儿的无意注意。

考点2 有意注意初步发展

幼儿期,有意注意处于发展的初级阶段,其发展水平低,而且不稳定,需要在成人的组织和引导下逐步发展。幼儿有意注意的发展表现出以下特点:

1.有意注意受大脑发育水平的局限

有意注意是由脑的高级部位控制的,大脑皮层的额叶部分是控制中枢所在。额叶在大约7岁时才达到成熟水平,因此,幼儿期有意注意开始发展,但远远未能充分发展。

2.有意注意受外界环境的影响

幼儿进入幼儿园后,幼儿园的集体生活要求幼儿要遵守各种行为规则,学会听从成人的语言要求,完成各种任务,对集体承担一定的责任和义务,所有这些都要求幼儿形成和发展有意注意。

3.幼儿逐渐学习一些注意方法

保持有意注意需要克服一定的困难,因此有意注意要有一定的方法。幼儿在成人的教育和培养下,逐渐能够学会一些组织有意注意的方法。例如,为了注意看书,用手指着;为了避免别人的干扰,把自己的椅子移开,等等。

4.有意注意是在一定的活动中实现的

把智力活动与实际操作结合起来,让注意对象成为幼儿的直接行动对象,使幼儿处于积极的活动状态,有利于有意注意的形成和发展。

真题面对面

[2021 下半年真题]幼儿期注意发展的特点是( )

A. 无意注意占优势,有意注意逐渐发展

B. 有意注意占优势,无意注意逐渐发展

C. 无意注意逐渐发展,有意注意未出现

D. 有意注意逐渐发展,无意注意未出现

答案:A。

四、注意的品质 【9 年 1 考】

注意的品质

⭐**考频分布**　2019 上单选

考点1　注意的广度

注意的广度也叫注意的范围,它是指一个人在同一时间内能够清楚地察觉和把握对象的数量。"一目十行""眼观六路",指的都是注意的范围。注意的紧张度(集中)与注意的范围有着密切的联系:注意的紧张度越高,注意的范围越小;注意的范围越大,要保持高度紧张的注意就越困难。

幼儿注意的范围比较小,但随着年龄的增长,注意的范围在逐渐扩大。在实际生活中,注意广度受许多因素的影响,主要包括以下两个方面:(1)注意对象的特点;(2)活动的任务和个人的知识经验。

考点2　注意的稳定性

注意的稳定性是指注意力在同一活动范围内所维持的时间长短。注意的稳定性对幼儿活动的完成具有重要意义,是幼儿进行活动的重要保证。幼儿注意的稳定性有如下几个特点:

1.幼儿注意的稳定性比较差

幼儿注意的稳定性比较差,但随着幼儿年龄的增长其注意的稳定性逐渐提高。幼儿

的注意稳定性差,与幼儿的自制能力差有密切关系。

2. 幼儿注意的稳定性存在明显的年龄差异

幼儿的年龄不同,注意的稳定性也不相同。实验证明:在良好的教育环境下,3岁幼儿能够集中注意3~5分钟,4岁幼儿注意可持续10分钟左右,5~6岁的幼儿注意能保持15分钟左右,如果教师组织得法,可保持20分钟左右。

活动中影响幼儿注意稳定性的因素有:对象本身的特点;活动的内容及方式;主体状态。

考点3　注意的转移

注意的转移是人们根据新的活动任务,及时、有意地调换注意对象,即把注意从一个对象转换到另一个对象上。

注意的转移可以发生在同一活动的不同对象之间,也可以发生在不同活动之间。注意转移的快慢和难易,依赖于前后活动的性质、关系以及人们对它们的态度。如果前一种活动中注意的紧张度高,两种活动之间没有什么内在联系,或者主体对前一种活动特别感兴趣,注意的转移就困难而且缓慢。反之,就容易且迅速。例如,幼儿刚玩过激烈的竞赛游戏,马上坐下来学计算,注意就很难转移过来。

注意的转移与分心不同。转移是主动的,是主体根据任务需要,自觉地将注意指向新的对象或新的活动;分心是被动的,是受到无关刺激的干扰而使注意离开活动任务。幼儿易分心,不善于根据任务的需要灵活地转移注意。随着儿童活动目的性的提高和言语调节机能的发展,幼儿逐渐学会主动转移注意。

考点4　注意的分配

在同一时间内,把注意分配到两种或几种不同的对象与活动上,这就是**注意的分配**。

在良好的教育条件下,随着年龄的增长,幼儿注意分配的能力逐渐提高。例如,3岁幼儿自己活动时,顾及不到别人,所以只能自己单独玩;4岁幼儿则可以和别的小朋友们联合做游戏;5~6岁幼儿就能参加较复杂的集体游戏和活动,并能和其他小朋友协调一致。

注意的选择性

注意具有选择信息的功能,这就是注意的选择性。在众多的信息刺激中,注意的选择性表现为偏向于对一类刺激注意得多,而对另一类刺激注意得少。

3~6岁的幼儿注意发展很快。6岁左右的幼儿与3岁左右的幼儿相比,注意的选择性有了明显的发展。幼儿注意选择性的发展有如下几个方面的规律:(1)偏好复杂的刺激物。(2)偏好曲线多于直线。(3)偏好不规则的模式多于规则的模式。(4)偏好密度大的轮廓多于密度小的轮廓。(5)偏好集中的刺激物多于分散的刺激物。(6)偏好对称的刺激物多于不对称的刺激物。

真题面对面

[2019上半年真题]幼儿认真完整地听完教师讲的故事,这一现象反映了幼儿注意的什么特征(　　)

A.注意的选择性　　　　　　B.注意的广度

C.注意的稳定性　　　　　　D.注意的分配

答案:C。幼儿能够认真完整地听完教师讲的故事,说明幼儿的注意力一直维持在教师的讲述活动中,这体现了幼儿注意的稳定性。

五、幼儿注意的外部表现　【9年1考】

★ 考频分布　2019上简答

幼儿在集中注意于某个对象时,常常伴随有特定的生理变化和外部表现。注意最显著的外部表现有下列几种:

(1)适应性运动。幼儿在注意听一个声音时,把耳朵转向声音的方向,即所谓"侧耳倾听"。幼儿在注意看一个物体时,把视线集中在该物体上,即所谓"目不转睛"。当幼儿沉浸于思考或想象时,眼睛朝着某一方向"呆视",周围的一切变得模糊起来,而不致分散注意。

(2)无关运动的停止。当注意力集中时,幼儿会自动停止与注意无关的动作。例如,幼儿在注意听故事时,他们会停止做小动作或交头接耳,表现得异常安静。

(3)呼吸运动的变化。幼儿在注意时,呼吸变得轻微而缓慢,而且呼吸时间也改变。一般来说,呼吸变得更短促,呼的更长。在注意紧张时,还会出现心跳加速、牙关紧闭、握

紧拳头等,甚至出现呼吸暂停现象,这就是所谓"屏息"。

教师可以通过观察幼儿的外部表现来了解孩子们是否集中注意,但要真正了解幼儿的注意情况,还需要全面了解幼儿的一贯表现。

真题面对面

[2019 上半年真题]教师可以从哪些方面观察幼儿的注意力是否集中?

参考答案:详见内文。

六、幼儿注意分散的原因及预防措施

注意的分散是与注意的稳定相反的一种状态,它是指幼儿的注意离开了当前应该指向的对象,而被一些与活动无关的刺激物所吸引的现象,俗语叫作分心。

考点1 幼儿注意分散的原因

幼儿的无意注意占优势,自我控制能力差,注意力容易分散,这是幼儿注意比较突出的一个特点。一般来说,引起幼儿注意分散的原因有以下几点:

注意的分散与注意的稳定

(1)连续进行的单调活动;(2)缺乏严格的作息制度;(3)无关刺激的干扰;(4)注意的转移能力差;(5)无意注意和有意注意没有灵活并用;(6)目的要求不明确。

考点2 防止幼儿注意分散

对幼儿教师来说,防止幼儿注意分散,要从以下方面考虑:

(1)防止无关刺激的干扰;(2)制定合理的作息制度;(3)养成良好的注意习惯;(4)适当控制幼儿的玩具和图书的数量;(5)使幼儿明确活动的目的和要求;(6)灵活地交互运用无意注意和有意注意;(7)提高教学质量;(8)对幼儿进行有意注意的训练。

第七节 学前儿童个性的发展

思维导图

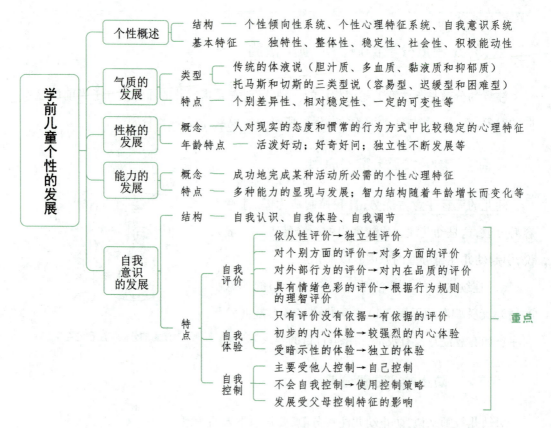

学前儿童个性的发展

- 个性概述
  - 结构 —— 个性倾向性系统、个性心理特征系统、自我意识系统
  - 基本特征 —— 独特性、整体性、稳定性、社会性、积极能动性
- 气质的发展
  - 类型
    - 传统的体液说（胆汁质、多血质、黏液质和抑郁质）
    - 托马斯和切斯的三类型说（容易型、迟缓型和困难型）
  - 特点 —— 个别差异性、相对稳定性、一定的可变性等
- 性格的发展
  - 概念 —— 人对现实的态度和惯常的行为方式中比较稳定的心理特征
  - 年龄特点 —— 活泼好动；好奇好问；独立性不断发展等
- 能力的发展
  - 概念 —— 成功地完成某种活动所必需的个性心理特征
  - 特点 —— 多种能力的显现与发展；智力结构随着年龄增长而变化等
- 自我意识的发展
  - 结构 —— 自我认识、自我体验、自我调节
  - 特点
    - 自我评价
      - 依从性评价→独立性评价
      - 对个别方面的评价→对多方面的评价
      - 对外部行为的评价→对内在品质的评价
      - 具有情绪色彩的评价→根据行为规则的理智评价
      - 只有评价没有依据→有依据的评价
    - 自我体验
      - 初步的内心体验→较强烈的内心体验
      - 受暗示性的体验→独立的体验
    - 自我控制
      - 主要受他人控制→自己控制
      - 不会自我控制→使用控制策略
      - 发展受父母控制特征的影响

（重点）

考向分析

本节属于学前儿童发展的重点知识,记忆性内容较多。在考试中主要以单项选择题的形式考查,偶尔会考查简答题和材料分析题。汇总分析 2015 年至 2023 年的真题试卷,本节知识考查情况统计如下:

知识	考点	考频	题型
学前儿童气质的发展	气质的类型及其行为特征	1	单选
	学前儿童气质发展的特点	1	单选
	学前儿童气质的培养及教育适宜性	1	简答

将心注入,用双手把考生托上岸

续表

知识	考点	考频	题型
学前儿童自我意识的发展	"点红实验"	1	单选
	自我意识的结构	1	单选
	学前儿童自我意识各方面的发展	4	单选、材料分析

核心考点

一、个性概述

考点1 个性的概念

个性是指一个人比较稳定的、具有一定倾向性的各种心理特点或品质的独特组合。人与人之间个性的差异主要体现在每个人待人接物的态度和言行举止中,行为表现更能反映一个人的真实个性。心理学所说的个性,又称人格,其概念与日常生活中所说的个性和人格的含义不同。

考点2 个性的结构

个性作为一个心理系统,包含三个彼此之间相互联系着的结构,它们是个性倾向性系统、自我意识系统和个性心理特征系统。

1. 个性倾向性系统

个性倾向性系统包括需要与动机、兴趣、志向、价值观与世界观等。它是推动个性发展的动力因素,决定了一个人的活动倾向性。

2. 个性心理特征系统

个性心理特征系统是个性独特性的集中表现,包括气质、能力与性格等心理成分。其中性格是个性的核心特征,反映一个人对现实稳定的态度以及与之相适应的习惯化了的行为方式。

3. 自我意识系统

自我意识系统是一系列自我完善的能动结构,它充分地反映着个性对社会生活的反作用,是人的心理能动性的体现。

考点3　个性的基本特征

1.个性的独特性

个性的独特性是指人与人之间没有完全相同的个性,人的个性千差万别。但对于同一民族、同一性别、同一年龄的人来说,个性中往往存在着一定的共性。从这个意义上说,个性是独特性与共同性的统一。

2.个性的整体性

个性是一个统一的整体结构,是由各个密切联系的成分构成的多层次、多水平的统一体。在这个整体中,各个成分相互影响、相互依存,使每个人行为的各方面都体现出统一的特征,这就是个性的整体性含义。因此,从个体行为的一个方面往往可以看出他的个性,这就是个性整体性的具体表现。例如:一个脾气急的人,往往表现出以下特点:动作快、吃饭急、做事时喜欢一口气干完、与人相处时容易冲动等。

3.个性的稳定性

个性具有稳定性。个人偶然的行为不能代表他真正的个性,只有比较稳定的、在行为中经常表现出来的心理倾向和心理特征才能代表一个人的个性。个性相对稳定,但并不是一成不变的。

4.个性的社会性

人的本质是一切社会关系的总和。在人的个性形成、发展中,个性的本质方面是由人的社会关系决定的。社会因素对个性的影响还表现在:即使是一些比较基本的个性特征的形成,也与人所处的社会环境密不可分。

5.个性的积极能动性

每个人对事物都有不同的反应,每个个体都积极地以不同的态度、特有的行为方式去反映、适应或改造客观现实。

二、学前儿童气质的发展　【9年3考】

考点1　气质的概念

气质是一个人所特有的较稳定的心理活动的动力特征。心理活动的动力特征主要指心理

小香课堂

学前儿童气质的发展为高频考点。考生需要识记气质的类型、学前儿童气质发展的特点及学前儿童气质的培养。

将心注入,用双手把考生托上岸

过程的速度和稳定性、心理过程的强度和心理活动的指向性等方面的特点。"脾气"是气质的通俗说法。现代心理学一般认为,气质是不以活动目的和内容为转移的**典型的、稳定的**心理活动的动力特征。

考点2 气质的类型及其行为特征

1.传统的体液说

古希腊著名医生希波克拉底提出,人体内有四种性质不同的体液:血液、黄胆汁、黑胆汁和黏液。他认为,正是这四种体液"形成了人的气质"。罗马医生盖伦从希波克拉底的体液说出发,加进了人的道德品行,组成了13种气质类型,后来简化为4种气质类型,即胆汁质、多血质、黏液质和抑郁质。

传统体液说的气质类型

气质类型	特征	代表人物
胆汁质	精力旺盛、表里如一、刚强、易感情用事	张飞、李逵
多血质	反应迅速、有朝气、活泼好动、动作敏捷、情绪不稳定	王熙凤
黏液质	稳重,但灵活性不足;踏实,但有些死板;沉着冷静,但缺乏生气	沙僧、林冲
抑郁质	敏锐、稳重、体验深刻、外表温柔、怯懦、孤独、行动缓慢	林黛玉

2.托马斯和切斯的三类型说(婴儿的气质类型)

⭐ **考频分布** 2020下单选

托马斯和切斯发现,新生儿1~3个月就有明显、持久的气质特征,不大容易改变,一直持续到成年。他们根据儿童活动水平、生理机能的规律性、对新刺激反应的敏捷性等九个维度,把婴儿的气质分为三种类型:容易型、迟缓型和困难型。

托马斯—切斯的气质划分维度及表现

划分维度	表现
活动水平	在睡眠、进食、穿衣、游戏等过程中身体活动的数量
生理机能的规律性	睡眠、饥饿、大小便等生理机能活动是否有一定规律

划分维度	表现
对新刺激反应的敏捷性	对陌生人和新环境的适应水平,常规或外界要求变化后,对其接受的难易程度
对日常变化的适应性	对新情景、新刺激、新食物、新玩具、新程序等是接近还是退缩
反应的强度	反应的能量内容,不考虑反应质量
反应阈限	对噪声、亮光和其它感觉刺激的敏感性,多少刺激量(如声音的大小)或周围变化达到多大程度,才引起反应
心境的质量	愉快或不愉快情绪的一般量。愉快和不愉快行为表现经常出现还是多变
分心情况	注意力分散情况。外界刺激对正在进行的行为干扰的程度
注意的坚持性	在有或没有外界障碍时,特定活动的持续时间

(1)**容易型**。这类儿童情绪稳定,活泼、爱玩、愉快,睡眠和饮食都有规律,容易适应新的环境,容易接近陌生人,容易接受新事物。通常这类儿童被看成可爱的孩子而更多地受到成人的关怀。

(2)**迟缓型**。这类儿童平时不够活泼,有时大惊小怪,表现为安静和退缩,对新环境和新事物适应缓慢。但是通过抚爱和教育可以逐渐培养起对新事物的兴趣,反应渐渐积极起来。

(3)**困难型**。这类儿童经常大惊小怪,生理活动没有规律,害怕生人,对新环境表现出强烈的退缩和激动,反应迟缓。他们心情不愉快,与成人关系不密切,并且缺乏教育。这类儿童具有发生心理问题的危险性。

真题面对面

[2020 下半年真题]明明总是跑来跑去,在班级里也非常活跃。他的行为主要反映了其气质的(　　)特征。

A.趋避性低

B.反应阈限高

C.节律性好

D.活动水平高

答案:D。一个活动水平高的孩子爱动,总是喜欢跑来跑去;相反,一个活动水平低的幼儿,不怎么跑动,可以安静地坐很久。题干中幼儿跑来跑去,表现活跃是活动水平高的表现。故本题选择 D 项。

考点3　学前儿童气质发展的特点

⭐ **考频分布**　2019 下单选

1. 个别差异性

婴儿出生后即表现出气质的差异。到幼儿期,儿童已经比较明显地出现不同的气质类型,幼儿个性初步形成,个性的个体差异在气质方面表现出来。一个有经验的教师很容易发现幼儿的气质特征,找出具有各种气质特点的幼儿。

2. 相对稳定性

人的各种个性心理特征中,气质是最早出现的,也是变化最缓慢的。因为气质和儿童的生理特点关系最直接,因此儿童出生时就已经具备了一定的气质特点,在整个儿童期内常会保持相对稳定。

真题面对面

[2019 下半年真题] 人的个性心理特征中,出现最早、变化最缓慢的是(　　)

A. 性格　　　　B. 气质　　　　C. 能力　　　　D. 兴趣

答案:B。

---

3. 一定的可变性

气质虽然是比较稳定的心理特征,但并不是一成不变的。事实上,高级神经活动具有可塑性,高级神经活动类型也有可变性。儿童的气质在后天的生活环境与教育影响下可以逐渐改变。这种改变包含两个方面:一方面,幼儿气质中的积极特征,如,行动的敏捷性、注意的稳定性、乐于交往等,会因成人的积极引导和鼓励表扬而得到巩固和发展;另一方面,消极特征的纠正和积极特征的发展也会导致整个气质类型的改变。例如,胆汁质儿童的急躁、任性和抑郁质儿童的孤独、畏怯往往在教师的指导和集体生活的影响下能逐渐得到改变。

4. "掩蔽"现象

幼儿的气质也可能受到生活环境与教育的影响而发生"掩蔽"现象。儿童一出生就已经具备一定的气质特点,在整个儿童期内常会保持相对稳定。但并不是一成不变的,其后天的生活环境和教育可以改变原来的气质类型。但有时我们所看到的并不是气质类型的改变,而是因受环境和教育的影响,原有气质特征没有充分表现出来,或改变了其表现形式,这在心理学上称为气质的掩蔽。气质的"掩蔽"现象也就是指一个人气质类型没有改变,但是形成了一种新的行为模式,表现出一种不同于原来类型的气质外貌。

考点4 学前儿童气质的培养及教育适宜性

⭐ **考频分布** 2021 上简答

1. 要了解学前儿童的气质特征

教师或父母可以运用行为评定法,通过对学前儿童在游戏、学习、劳动等活动中的情感表现、行为态度等进行反复细致的观察,来了解其气质特点。

2. 不要轻易对学前儿童的气质类型下结论

学前儿童虽然表现出各种气质特征,但教师或父母不应轻率地对学前儿童的气质类型做出判定。因为在实际生活中纯粹属于某种气质类型的人是极少的,某一种行为特点可能为几种气质类型所共有,而且学前儿童虽然表现出气质的个别差异,但他们的气质还在发展之中,尚未稳定,还可能发生变化。因此,教师必须经过长期地反复观察,再审慎地确定他们的气质接近或属于哪种类型,以免引起教育上的失误。

3. 要善于理解不同气质类型儿童的不足之处

尽管我们说气质类型无所谓好坏,但作为个体的行为特征,在社会生活中会表现出适宜或不适宜的情况。成人要善于利用每一气质类型的积极方面,给儿童提供充分表现的机会。同时,对于儿童气质中所表现出来的不尽如人意之处,也要表现出充分的理解,并考虑采取更适宜的方法来对待。

4. 针对学前儿童气质的特点,采取适宜的教育措施

教师进行教育和教学工作时,要针对学前儿童的气质特点,采取相应的教育措施。气质本身没有好坏之分,每一种气质既有优点,又有缺点。教育的目的不是设法改变儿童原有的气质,而是要克服缺点,发展优点,使儿童在原有气质的基础上建立优良的个性特征。

对于胆汁质的孩子,要培养勇于进取、豪放的品质,防止任性、粗暴;对于多血质的孩子,要培养热情开朗的性格及稳定的兴趣,防止虎头蛇尾;对于黏液质的孩子,要培养积极探索精神及踏实、认真的优点,防止墨守成规、谨小慎微;对于抑郁质的孩子,要培养机智、敏锐和自信心,防止疑虑、孤独。

> **真题面对面**
>
> [2021 上半年真题]教师应当如何对待不同气质的幼儿?请举例说明。
>
> **参考答案:**详见内文。

将心注入,用双手把考生托上岸

三、学前儿童性格的发展

考点1 性格的概念

性格是表现在人对现实的态度和惯常的行为方式中比较稳定的心理特征。性格是具有核心意义的个性特征,性格具有完整性、复杂性、稳定性和可塑性的特点。

考点2 学前儿童性格的年龄特点

1. 活泼好动

活泼好动是儿童的天性,也是幼儿期儿童性格最明显的特征之一,不论何种类型的儿童都是如此。

2. 好奇好问

好奇心是一种认识兴趣,它是人在认识事物过程中表现出来的短暂的探索性行为。儿童的好奇心很强,主要表现在探索行为和提出问题两个方面。

3. 喜欢交往

随着幼儿年龄的增长,他们越来越喜欢和同龄或年龄相近的小朋友交往。

4. 独立性不断发展

3 岁左右,儿童独立性的发展进入一个新的阶段。他们不再满足于按照成人的直接命令来行动,而开始渴望像成人一样独立行动。儿童独立性发展最后表现在他们能够自己进行各种活动,不再完全依赖和成人共同进行活动。儿童在游戏中能够自己确定主题、角色和规则。如果成人对儿童的游戏干涉过多,幼儿就会自觉或不自觉地反抗。

5. 易受暗示,模仿性强

模仿性强是幼儿期的典型特征,小班幼儿表现尤为突出。幼儿往往没有主见,常常随外界环境影响而改变自己的意见,易受暗示。幼儿模仿的对象可以是成人,也可以是其他小朋友。

6. 坚持性随年龄增长不断提高

坚持性表现为坚持行动,努力达到预定的目的。幼儿初期行动的坚持性很差,在游戏中,3 岁左右的儿童常常有违反游戏规则的现象,要他们坚持 10 分钟坐着不动都是困难的。幼儿的坚持性随着年龄的增长而不断提高,4~5 岁是幼儿坚持性发展最快的年龄,也是幼儿坚持性发展的关键期。

7. 易冲动,自制力差,同时自制力不断发展

易冲动,自制力差是儿童性格的一个非常突出的特点。儿童很容易受外界情景或他人的影响而情绪激动,或者因自己主观情绪或兴趣的左右而行为冲动。儿童心理与行为受外界刺激和自身主观情绪的支配性很大,而自我控制能力较差。和这一特征相联系的是儿童又具有坦率、诚实的性格特征,他们的情绪、思想比较外露,喜怒形于色,对人真诚不虚伪。

以上是儿童性格的一些典型特点。需要再次强调的是,独特性是个性的基本要素。儿童的性格虽然有共性,但每个儿童仍有个人的性格特征。例如,同属受暗示性强,有的则相对有些主见。

考点3　学前儿童性格的培养

1. 加强思想品德教育

性格标志着一个人的思想品德。只有具有良好的思想品德,才会形成坚毅的性格。教师应根据幼儿心理发展的特点,采取生动有效的方法,加强思想品德教育,使幼儿能分辨简单的是非。

2. 引导幼儿参加集体生活和实践活动

集体是塑造性格的重要条件,对于独生幼儿性格的发展更有积极意义。集体的意见和要求,制约着幼儿对待事物的态度和行为方式。同时集体生活也能使幼儿已经形成的某些不良性格得到遏制或纠正,使性格趋于完善。

3. 树立良好榜样

教师和父母要重视榜样在幼儿性格塑造中的作用。幼儿好模仿,他人的态度和行为方式生动形象地呈现在幼儿面前,幼儿更容易模仿。

4. 巩固幼儿良好的性格特征,克服性格方面的缺点

父母和教师要采用适宜的强化方式,及时肯定和表扬幼儿所表现出的良好的性格特征。当幼儿有了点滴进步,就大力表扬,并鼓励他们继续努力,持之以恒。同时指导他们用正确的态度和行为方式矫正不正确的态度和行为方式,使幼儿不良的性格逐渐改变,良好的性格逐渐形成。

四、学前儿童能力的发展

考点1 能力的概念

能力是指人们成功地完成某种活动所必需的个性心理特征。一般认为,能力有两种含义:其一是指已经发展出或是表现出的实际能力;其二是指可能发展的潜在能力。

潜在能力只是各种实际能力展现的可能性,只有通过学习才有可能转变为实际能力。潜在能力是实际能力形成的基础和条件,而实际能力则是潜在能力的展现,实际能力和潜在能力密切地联系着。

考点2 学前儿童能力发展的特点

1.多种能力的显现与发展

(1)操作能力最早表现并逐步发展;(2)言语能力发展迅速,幼儿期是口语发展的关键时期;(3)模仿能力迅速发展,是幼儿学习的基础;(4)认知能力迅速发展,是幼儿学习的前提;(5)特殊能力有所表现;(6)创造能力萌芽。

2.智力结构随着年龄增长而变化

幼儿智力结构是随着年龄的增长而变化发展的,其发展趋势是越来越复杂化、复合化和抽象化。不同的智力因素有各自迅速发展的年龄段。这就提醒我们,要根据不同年龄幼儿心理的特点,在不同的阶段,对幼儿智力培养的内容有所侧重。总的来说,幼儿期应该特别重视幼儿观察力、注意力及创造力的培养。

3.出现了主导能力的萌芽,并开始出现比较明显的类型差异

幼儿期儿童已经出现了主导能力的差异。主导能力也称优势能力,在幼儿园的教育工作中应该特别注意分析不同幼儿的能力特点,发挥其主导能力,加强对弱势能力的培养。

4.智力发展迅速

许多研究表明,人出生后的头几年是智力发展最快的时期。但幼儿的智力发展不是等速的,而是遵循先快后慢的发展规律。

多元智能理论

加德纳的智力理论提出,人是具有多种能力的个体,人的多种智力都与具体的认知领域或知识范畴紧密相关且独立存在。加德纳的多元智能理论把智力看作有待于环境和教育激活及培养的潜能,并把智力的本质看作个体的实践能力和创造能力,而这种实践能力和创造能力是置于一定的文化环境之中的,具有明显的文化属性。

加德纳提出的多元智能框架中主要包括七种智力,后来又增加到八种,这八种智力分别是言语—语言智力、音乐—节奏智力、逻辑—数理智力、视觉—空间智力、身体—动觉智力、自知—自省智力和交往—交流智力,以及自然观察智力。

五、学前儿童自我意识的发展 【9年6考】

考点1 自我意识的概念

⭐ **考频分布** 2015 上单选

自我意识是对自己存在的察觉,即自己认识自己的一切,包括认识自己的生理状况(如身高、体重、形态等)、心理特征(如兴趣爱好、能力、性格、气质等)以及自己与他人的关系(如自己与周围人们相处的关系、自己在集体中的位置与作用等)。总之,自我意识是人对自己身心状态及对自己与客观世界的关系的意识。自我意识是人类特有的反映形式,是人的心理区别于动物心理的一大特征。

📑 **经典实验**

点红实验

心理学家阿姆斯特丹的"点红实验"是研究儿童自我意识发展的一个经典实验。实验以88名3~24个月的儿童为研究对象。在儿童察觉不到的情况下,在其鼻子上点一个小红点,然后观察他们照镜子时的反应。研究结果表明,15~24个月的儿童会对着镜子观看自己的身体,并对着镜子触摸自己的鼻子。研究者认为,这是儿童出现自我意识的表现。

考点 2　自我意识的结构

 **考频分布**　2020 下单选

1. 自我认识

自我认识是自我意识的认知成分。它是自我意识的主要成分,也是自我调节控制的心理基础。自我认识包括自我感觉、自我概念、自我观察、自我分析和自我评价。其中,自我概念是指个体对自己的知觉。它是指自我系统中的认知方面或描述性内容,所表达的是人们关于自己身心特点的主观知识,所回答的是"我是谁"的问题。

2. 自我体验

自我体验是自我意识在情感方面的表现。自尊心、自信心是自我体验的主体内容,自尊心是指个体在社会交往中通过比较所获得的有关自我价值的积极的评价与体验。自信心是对自己的能力是否适合所承担的任务而产生的自我体验。自信心与自尊心都是和自我评价紧密联系的。

3. 自我调节

自我调节是自我意识的意志成分。自我调节主要表现为个人对自己的行为、活动和态度的调控。它包括自我检查、自我监督、自我控制等。

真题面对面

[2020 下半年真题]"我跑得快""我是个能干的孩子""我会讲故事""我是个男孩",这样的语言描述主要反映了幼儿(　　)方面的发展。

A. 自我概念　　B. 形象思维　　C. 性别认同　　D. 道德判断

答案:A。

考点 3　学前儿童自我意识发展的阶段

学前儿童自我意识的发展是一个渐进的过程,通常将其分为四个阶段。

1. 自我感觉的发展(0～1岁)

1岁前的婴儿还不能把自己与客体分开,常常咬自己的手指或脚趾,到1岁末时才能慢慢意识到手脚是自己的。

2. 自我认识阶段(1～2岁)

1岁以后,随着儿童会叫"妈妈",表明儿童能把自己作为一个独立的客体看待,15个月以后,儿童能根据面部特征区分自己与他人。

3.自我意识的萌芽(2~3岁)

大约3岁时,儿童会用代名词"我",表明儿童自我意识开始萌芽。

4.自我意识各方面的发展(3岁以后)

学前儿童自我意识包括自我认识、自我体验、自我调节等方面。3岁以后,这些方面都开始逐步发展。

考点4 学前儿童自我意识的发展特点

1.自我评价的发展

⭐ **考频分布** 2023上材料分析,2021下单选

学前儿童自我评价的发展表现出以下趋势。

(1)从依从性评价发展到自己的独立性评价。婴儿还没有自我评价,他们往往依赖成人对他们的评价,如他们常说:"奶奶说我是好孩子。"到四五岁以后,儿童才慢慢学会评价自己,犯了错误知道是自己不对。

(2)从对个别方面的评价发展到对多方面的评价。四五岁左右的儿童还多是从个别方面评价自己,6岁以后能够从多方面评价自己。

(3)从对外部行为的评价向对内在品质的评价过渡。四五岁的儿童还只能从外部评价自己,6岁以后才出现向对内在品质的评价过渡,但是总体来说,在整个幼儿阶段都还不能对内心品质进行深入评价。

(4)从具有情绪色彩的评价发展到根据行为规则的理智评价。4岁前的儿童对事物的评价往往根据自己的喜好,而不是根据具体事实,到4岁以后,才开始初步运用规则进行评价,而且只能根据具体的、简单的规则进行评价。

(5)从只有评价没有依据发展到有依据的评价。幼儿初期常常做了评价后说不出依据,幼儿中期逐渐意识到评价应该有依据,并逐渐能给出比较明确、清晰的依据。

> **真题面对面**
>
> [2021下半年真题]下列选项中不符合幼儿自我评价特点的是(　　)
>
> A.依从性　　　B.表面性　　　C.主观情绪性　　　D.全面性
>
> **答案**:D。

将心注入,用双手把考生托上岸

2. 自我体验的发展

（1）从初步的内心体验发展到较强烈的内心体验

3岁左右的儿童基本上不会用语言来表达自己的内心体验。到了4岁以后，儿童会用语言来表达自己内心的感受，如"我不高兴""我生气"，而到了五六岁，儿童则会用一些修饰词，如"很""太"等，来表达自己内心较强烈的体验。

（2）从受暗示性的体验发展到独立的体验

在儿童的自我体验的产生中，成人的暗示起着重要的作用，年龄越小，表现越明显。这就提醒我们要充分利用儿童易受暗示的特点，多采用积极暗示来促进儿童良好情感的发展。

3. 自我控制的发展

⭐ **考频分布**　2017下单选，2016下材料分析

（1）从主要受他人控制发展到自己控制

2岁的儿童，其自我控制的水平是很低的。当遇到外界诱惑时，主要受成人的控制，而一旦成人离开，则很难自己控制自己，很快就会违反行为的规则。随着年龄的增长，在教育的影响下，儿童自我控制的能力逐渐增强。

（2）从不会自我控制发展到使用控制策略

控制策略是影响儿童控制能力的一个重要因素，对于年龄小的儿童来说，他们还不会使用有效的控制策略。随着儿童年龄的增长，他们逐渐学会使用简单的控制策略进行自我控制。

（3）儿童自我控制的发展受父母控制特征的影响

有研究表明，父母要求少或要求低的儿童有高攻击性的特征；严厉控制下的儿童有情绪压抑、盲目顺从等过度自我控制的倾向，在儿童后期自我控制的发展中有一定的稳定性。

📖 **经典实验**

延迟满足实验

美国斯坦福大学曾经做过一个经典的"延迟满足"实验。研究人员找来数十名4岁的儿童，让他们依次单独待在一个小房间里，并在他们面前的托盘里放着好吃的棉花糖。研究人员告诉他们：可以选择马上吃掉棉花糖；也可以等研究人员回来时再吃，那样还可以再得到一颗额外的棉花糖作为奖励。

实验开始，有的孩子捂住眼睛不看棉花糖，有的孩子不断手舞足蹈、分散自己的注意力，也有的孩子盯着桌上的棉花糖流口水……结果，大约只有三分之一的孩子等到研究

人员回来获得了第二块棉花糖的奖励。

考点5　学前儿童自我意识的培养

（1）在日常生活中培养幼儿的自我意识；（2）在各种活动中正确引导幼儿的自我意识；（3）教师评价幼儿要把握分寸；（4）教师应为幼儿提供自我评价的机会；（5）家园配合，指导家长实施正确的教育。

第八节　学前儿童社会性的发展

 思维导图

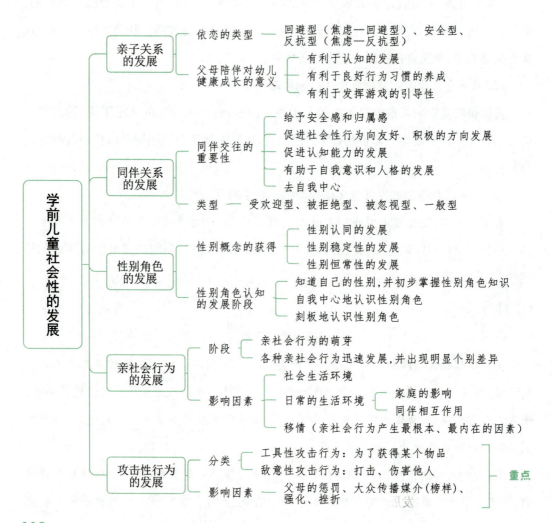

考向分析

本节属于学前儿童发展的重点知识,记忆性内容较多。在考试中主要以单项选择题、简答题和材料分析题的形式考查。汇总分析 2015 年至 2023 年的真题试卷,本节知识考查情况统计如下:

知识	考点	考频	题型
学前儿童亲子关系的发展	依恋的类型	2	单选
	父母陪伴对幼儿健康成长的意义	1	简答
学前儿童同伴关系的发展	同伴交往的重要性	1	材料分析
	影响儿童同伴关系发展的因素	1	简答
	综合考查	1	材料分析
学前儿童性别角色的发展	性别稳定性	1	单选
学前儿童亲社会行为的发展	移情	2	单选、简答
学前儿童攻击性行为的发展	攻击性行为的概念及分类	2	单选、简答
	学前儿童攻击性行为的影响因素	2	单选、材料分析
	控制和减少儿童攻击性行为的方法	1	简答

核心考点

一、学前儿童社会性发展概述

考点 1　社会性发展的概念

社会性是指作为社会成员的个体,为适应社会生活所表现出的心理和行为特征。

社会性发展(有时也称儿童的社会化)是指儿童从一个自然人到逐渐掌握社会的道德行为规范与社会行为技能,成长为一个社会人并逐渐步入社会的过程。它是在个体与社会群体、儿童集体以及同伴的相互作用和相互影响的过程中实现的。

考点 2　学前儿童社会性发展的内容

学前儿童社会性发展的主要内容有:亲子关系、同伴关系、性别角色、亲社会行为、攻击性行为。

亲子关系和同伴关系既是儿童社会性发展的重要内容,又是影响儿童社会性发展的重要因素;性别角色是作为一个有特定性别的人在社会中适当行为的总和,是社会性发展的主要方面;而亲社会行为和攻击性行为则属于儿童道德发展的范畴。

考点3 学前儿童社会性发展的意义

(1)社会性发展是儿童身心健全发展的重要组成部分,促进儿童社会性发展已经成为现代教育最重要的目标。社会性发展与体格发展、认知发展共同构成儿童发展的三大方面。

(2)幼儿期是儿童社会性发展的重要时期,幼儿期的社会性发展在人一生的社会性发展中占有极其重要的地位。同时,幼儿期的社会性发展是儿童未来人格发展的基础。幼儿期社会性发展的好坏,直接关系到儿童未来人格发展的方向和水平。

二、学前儿童亲子关系的发展 【9年3考】

考点1 依恋

1.依恋的概念

依恋是婴儿寻求并企图保持与另一个人亲密的身体和情感联系的一种倾向。鲍尔比将婴儿依恋的发展划分为四个阶段:第一阶段(0~3个月):无差别的社会反应阶段;第二阶段(3~6个月):有差别的社会反应阶段;第三阶段(6个月~2.5岁):特殊情感联结阶段;第四阶段(2.5岁以后):修正目标的合作阶段。

一般认为,婴儿与主要照料者(母亲)的依恋大约在第六七个月里形成。

2.依恋的类型

⭐ **考频分布** 2020下单选,2017下单选

美国心理学家爱因斯沃斯等运用陌生情境实验研究儿童的依恋。根据儿童在陌生情境中的表现,爱因斯沃斯认为,儿童与母亲的依恋存在三种类型,即安全型、回避型和反抗型。

(1)回避型(焦虑—回避型)

母亲在场或不在场对这类幼儿影响不大。母亲离开时,他们并无特别紧张或忧虑的表现。母亲回来了,他们往往也不予理会。虽然有时会欢迎母亲的到来,但只是暂时的,

接近一下又走开了。一般来说,回避型依恋的幼儿较少。

(2)安全型

这类幼儿与母亲在一起时能安逸地玩弄玩具,对陌生人的反应也比较积极,并不总是偎依在母亲身旁。当母亲离开时,其探索性行为会受影响,明显地表现出一种苦恼;当母亲回来时,他们会立即寻求与母亲的接触,但能很快平静下来。

(3)反抗型(焦虑—反抗型)

这类幼儿在母亲要离开之前总显得很警惕,如果母亲要离开他,他就会表现出极度的反抗,但是与母亲在一起时,又无法把母亲当作他的"安全基地"。他们见到母亲回来会寻求与母亲接触,但同时又反抗与母亲接触,甚至还有点发怒的样子。

1990年,爱因斯沃斯的学生又提出了一种新的依恋类型:紊乱型。在陌生情境中,这类儿童可能表现出极度的压抑。这种类型可能是最不安全的。儿童在陌生情境中表现出混乱和无目标,没有一个清晰的行为模式,对分离后的重逢经常有一些不一致的、古怪的行为反应。这个类型混合了反抗型和回避型依恋的模式,因而这类儿童似乎对于要接近还是回避照顾者犹豫不决。

在所有的依恋类型中,安全型依恋是较好的依恋类型。

3.幼儿形成不同依恋类型的原因

爱因斯沃斯等人研究了母亲在孩子出生后最初3个月的喂养方式对儿童社会性品质发展的影响,发现高敏感性的母亲能使1岁的孩子形成安全型依恋,反之,那些低敏感性、低反应性的母亲喂养的孩子大多形成回避型或反抗型依恋。同样的研究,婴儿半岁后继续在家中被观察,当婴儿满12个月时,重新考虑母亲抚养类型与婴儿依恋间的关系。他们从敏感—不敏感、接受—拒绝、合作—干扰、易接近—忽略4个方面评定母亲抚养的行为特征,结果发现,婴儿产生安全型依恋的母亲多能保持一致的、稳定的敏感、接纳、合作、易接近等特征;而婴儿产生回避型依恋的母亲则倾向于不敏感、拒绝;婴儿产生反抗型依恋的母亲倾向于干涉或忽略、拒绝。

真题面对面

[**2020下半年真题**]有些婴幼儿既寻求与母亲接触,又拒绝母亲的爱抚,其依恋类型属于(　　)

　　A.焦虑—回避型　　　　　　　　B.安全型

　　C.焦虑—反抗型　　　　　　　　D.紊乱型

　　答案:C。

4.培养幼儿形成良好依恋的措施

（1）注意"母性敏感期"期间的母子接触

有研究认为,最佳依恋的发展需要在"母性敏感期"期间使孩子与母亲接触。

（2）尽量避免父母与孩子的长期分离

研究表明,孩子与父母的长期分离会造成孩子的"分离焦虑",从而影响孩子正常的心理发展。父母应尽量克服困难,亲自担当起抚养、教育孩子的责任。如果必须分离,应与孩子做好沟通并坚决离开。

（3）父母与孩子之间要保持经常的身体接触

父母可以抱抱孩子,摸摸孩子的脸、胸、背等让孩子体会"接触所带来的安慰感",对大一些的孩子也应如此。同时,做亲子游戏时,父母应保持愉快的情绪与孩子玩耍,全身心地投入其中。

（4）父母对孩子所发出的信号要敏感地做出反应

要注意孩子的行为(如找人、哭闹等),并给予一定的关照。

考点2　父母陪伴对幼儿健康成长的意义

⭐ **考频分布**　2016 下简答

父母是幼儿的第一任老师,父母陪伴直接影响到幼儿个性品质的形成,是幼儿人格发展中最主要的影响因素。具体体现在以下几个方面:(1)有利于幼儿认知的发展;(2)有利于幼儿良好行为习惯的养成;(3)有利于发挥幼儿游戏的引导性。

三、学前儿童同伴关系的发展　【9年2考】

同伴关系是指儿童与其他孩子之间的关系,是年龄相同或相近的儿童之间的一种共同活动并相互协作的关系。它具有平等、互惠的特点。

考点1　同伴交往的重要性

⭐ **考频分布**　2022 下材料分析

1.同伴关系给予安全感和归属感

归属、爱以及尊重是儿童的基本需要,儿童通过与同伴的交往,表达交流情感,受到同伴接受,产生安全感和归属感,并成为儿童的一种情感依赖,对学前儿童具有重要的情感支持作用。

2.同伴交往有利于儿童学习社交技能和策略,促进其社会性行为向友好、积极的方向发展

(1)同伴交往有助于促进儿童社交技能及策略的获得

在同伴交往中,儿童更会遇到各种不同的交往场合和情景,这自然要求儿童要根据这些场合与情景性质的不同来确定自己的行为反应,发展多种社交技能和策略,以适应这种变化。

(2)同伴交往中的同伴反馈有助于儿童的社会行为向积极、友好的方向发展

儿童积极、友好的行为,如分享、微笑等,能马上引发另一儿童的积极反应,得到肯定性的反馈。而消极、不友好的行为则正好相反,如抢夺、抓人等,会马上引发其他儿童的反感,或引起相应性的行为。儿童正是在与同伴的交往中通过不断地调整、修正自己的行为方式,掌握、巩固较为适宜的交往方式。

3.同伴交往有利于促进学前儿童认知能力的发展

不同的儿童带有各自不同的生活经验和认知基础,他们在共同的活动中会做出各不相同的具体表现(同样的玩具,也可能玩出不一样的花样)。同伴交往为儿童提供了分享知识经验,相互模仿,学习的重要机会。同伴交往也为儿童提供了大量的同伴交流,直接教导、协商、讨论的机会,儿童常在一起探索物体的多种用途或问题的多种解决方式。

4.同伴交往有助于儿童自我意识和人格的发展

儿童通过与同伴的比较进行自我认知。同伴的行为和活动为儿童提供自我评价的参照,使儿童能够通过社会性的比较更好地认识自己,对自身的能力做出判断。同时,与同伴的交往为儿童对行为的自我调控提供了丰富信息和参照标准,同伴交往可以为儿童自我意识的发展提供有效的基础。

良好的同伴关系还可以促进人格的健康发展,甚至在儿童处于不利的发展状况下,可以抵消不良环境对其发展的影响。另外,儿童在早期同伴交往中获得的经验对塑造其个性、价值观及人生态度都有独特的影响。

5.同伴交往可以帮助儿童去自我中心

学前儿童在思维上常有自我中心的特点,既不愿也不能意识到同伴的观点、企图和情感。他们只有在与同伴平等互惠的过程中才会认识到别人的想法和立场,改变自己不合理的想法,学会与人相处。

考点2　同伴关系的类型

庞丽娟采用"同伴现场提名法",通过同伴对儿童的提名情况,了解某一儿童在同伴

社交中的地位。实验中逐个向每一幼儿提问:"你最喜欢班上哪三个小朋友?"(正提名)和"你最不喜欢班上哪三个小朋友?"(负提名),详细记录幼儿的提名情况。根据提名结果将幼儿划分为不同的社交类型。

同伴关系的类型及表现

类型	表现
受欢迎型儿童	喜欢与人交往,主动积极并表现较好,被大多数同伴所接纳、喜欢;他们在同伴中的交往地位高,影响力大
被拒绝型儿童	交往活跃,但常做出不友好的、攻击性的举动(如强行加入、争夺玩具、大声喊叫等),为大多数同伴所不喜欢或常被拒绝
被忽视型儿童	不喜欢交往,常一个人玩,在群体交往中显得退缩、害羞、不起眼,常常被冷落
一般型儿童	表现一般,既不主动、友好,也不消极、敌对,既不为同伴特别喜爱,也不令人讨厌

考点3　影响儿童同伴关系发展的因素

⭐ **考频分布**　2016 上简答

1. 早期亲子交往的经验

亲子关系对今后的同伴关系有预告和定型的作用,而更近一些的观点则认为二者是相互影响的。

父母的鼓励影响着幼儿期的亲子交往。父母的作用体现在三个方面:第一,为孩子彼此间的接触提供便利的条件;第二,通过提供建议和指导影响孩子的社会交往;第三,父母自身的不同风格对幼儿社会化的影响。

2. 托幼机构因素

(1)教师的影响

一个儿童在教师心目中的地位如何,会间接地影响到同伴对这个儿童的评价。因此,作为教师,在教育过程中必须注意自己的言行对儿童的影响。

(2)活动材料和活动性质

活动材料,特别是玩具,是学前儿童同伴交往中的一个不可忽视的影响因素,尤其是婴儿期到幼儿初期,儿童之间的交往大多围绕玩具而发生。玩具的不同数量和特征能引起儿童之间不同的交往行为。在没有玩具,或有少量小玩具的条件下,儿童之间经常发生争抢、攻击等消极的交往行为;而在有大玩具,如滑梯、攀登架、中型积木等的条件下,

儿童之间倾向于发生轮流、分享、合作等积极、友好的交往行为。

活动性质对同伴交往的影响主要体现在,在自由游戏的情境下,不同社交类型的幼儿表现出交往行为上的巨大差异,而在有一定任务的情境下,如在表演游戏或集体活动中,即使是不受同伴欢迎的幼儿,也能与同伴进行一定的配合、协作,因为活动情境本身已规定了同伴间的作用关系,对其行为提出了许多制约。

3. 儿童自身的特征

儿童自身的特征一方面制约着同伴对他们的态度和接纳程度,另一方面也决定着他们自身在交往中的行为方式。

考点4 帮助儿童建立良好同伴关系的策略

1. 教会儿童合作,增强儿童的自信感

对于那些因为有攻击性行为而遭到同伴拒绝的儿童,教师需要教他们学会如何用积极的方式解决冲突,小组讨论、木偶表演、角色扮演等活动和阅读一些相关的儿童读物,都会有利于减少儿童的攻击性行为。而对于那些害羞和孤僻的儿童,可以引导他们与更小的儿童一起活动,从而增强其交往的自信心,提高他们的社会交往能力。

2. 教会儿童游戏,提高儿童的参与度

一些不会游戏或对参与游戏缺乏方法的儿童,可以在游戏中学到被同伴群体接受的必要的社交技能,并能在游戏中改善与其他儿童的关系,从而进一步提高其交往的技能。因为,游戏来自友谊而友谊也来自游戏,同伴关系在这两种方式中都起作用,而且作用一样大。

3. 教会儿童接纳,融洽儿童的同伴关系

帮助被忽视型儿童和被拒绝型儿童积极和适当地对待同伴的参与,接纳他人的加入,有助于帮助他们形成良好的人际关系。那些在早期能接受同伴加入、善于接纳他人的儿童,在以后的成长中也更能被其他儿童所接受和接纳。

4. 教会儿童表达,培养儿童的积极情感

教师在幼儿园的一日活动中应当注意引导儿童,例如说话礼貌,对同伴表示同意和赞赏,微笑、拥抱、轮流做事(玩)、共享一些东西,以及互相帮助等。对于这些行为,教师不但要教给儿童,更重要的是教师自己要亲身示范,以示榜样,对儿童有效交往行为的培养始终是十分必要的。

为便于考生记忆,将帮助儿童建立良好同伴关系的策略总结成以下口诀:**表姐做游戏**。**表**:教会表达。**姐**:教会接纳。**做**:教会合作。**游戏**:教会游戏。

四、学前儿童性别角色的发展 【9 年 1 考】

考点 1　性别角色的概念

性别角色是被社会认可的男性和女性在社会上的一种地位,也是社会对男性和女性在行为方式和态度上期望的总称,包括性别概念、性别角色认知、性别行为三方面。幼儿性别角色行为的发展,是在对性别角色认知的基础上,逐渐形成较为稳定的行为习惯的过程,从而导致幼儿之间在心理和行为上的性别差异。

考点 2　性别概念的获得

性别概念的获得

⭐ **考频分布**　2015 上单选

性别概念是指儿童对自己及他人的性别的认识和认识的稳定性。根据现有的研究,学者们普遍认为幼儿的性别概念主要包括三种成分:性别认同、性别稳定性和性别恒常性。

1. 性别认同的发展

性别认同是指对自己和他人的性别的正确认识。性别认同出现的年龄较早,大致在 1.5~2 岁。在这一阶段儿童开始知道一些特定的活动或物品同性别的联系。例如,知道领带是"爸爸的",口红是"妈妈的"。儿童在 2.5 岁时,开始能够正确回答自己的性别。

2. 性别稳定性的发展

性别稳定性是指对自己的性别不随其年龄、情境等的变化而改变的认识。幼儿的性别稳定性一般在 3~4 岁的时候就出现了。例如,在被问及"当你是个婴儿的时候,你是个男孩还是女孩""当你长大以后,你是爸爸还是妈妈"时,4 岁以上的儿童已能够做出正确的回答。

3. 性别恒常性的发展

性别恒常性是指对人的性别不因为其外表(如衣着打扮等)和活动的变化而改变的认识。幼儿一般要到 6、7 岁才能获得性别恒常性的认识,这一年龄也正是幼儿对液体和面积等物理特征开始产生守恒概念的年龄。

幼儿首先对自己的性别认识产生了恒常性,然后才能应用到别人身上。其发展顺序大致表现为:(1)自身的性别恒常性;(2)与自己相同性别的他人的性别恒常性;(3)异性的性别恒常性。

幼儿性别认同、性别稳定性与性别恒常性之间的关系具有以下特征:(1)性别认同的产生早于性别稳定性;(2)性别恒常性出现最晚,幼儿所处的生活环境对其性别恒常性的发展影响不大;(3)大约在9岁,儿童开始能够用语言解释性别的稳定性和恒常性。

考点3 学前儿童性别角色认知的发展阶段与特点

儿童性别角色的认知经历了四个发展阶段,对于学前儿童而言,主要经历了前三个阶段的发展。

1. 知道自己的性别,并初步掌握性别角色知识(2~3岁)

儿童的性别概念包括两个方面:(1)对自己性别的认识;(2)对他人性别的认识。儿童对他人的性别认识是从2岁开始的,但这时还不能准确说出自己是女孩还是男孩。直到2.5~3岁,绝大多数孩子能准确说出自己的性别。同时,这个年龄的孩子已经有了一些关于性别角色的初步知识,如女孩要玩娃娃,男孩要玩汽车等。

2. 自我中心地认识性别角色(3~4岁)

这个阶段的儿童已经能明确分辨出自己的性别,并对性别角色的知识逐渐增多,如男孩和女孩在穿衣服和游戏、玩具等方面的不同。但这个时期的孩子能接受各种与性别习惯不符的行为偏差,如认为男孩穿裙子也很好。

3. 刻板地认识性别角色(5~7岁)

这个阶段的儿童不仅对男孩和女孩在行为方面的区别认识得越来越清楚,同时开始认识到一些与性别有关的心理因素,如男孩要胆大、勇敢等。儿童对性别角色的认识也表现出刻板性,他们认为违反性别角色习惯是错误的,如一个男孩玩娃娃会遭到同性别孩子的反对等。

考点4　学前儿童性别行为发展的阶段与特点

1.性别行为的产生(2岁左右)

2岁左右是儿童性别行为初步产生的时期,具体体现在儿童的活动兴趣、同伴选择和社会性发展三个方面。例如,14~22个月的儿童,通常男孩在所有玩具中更喜欢卡车和小汽车,而女孩则更喜欢玩具娃娃或柔软的玩具。儿童对同性别玩伴的偏好也出现得很早。例如,在托幼机构中,2岁的女孩就表现出更喜欢与其他女孩玩,而不喜欢跟男孩玩。除此之外,2岁的女孩对父母或其他成人的要求有更多的遵从,而男孩对父母要求的反应则更趋于多样化。

2.性别行为的发展(3~6、7岁)

进入幼儿期后,幼儿之间的性别角色差异日益稳定、明显,具体体现在以下三个方面:

(1)游戏活动兴趣方面的差异

在现实中我们不难发现,幼儿期的游戏活动中已经可以看到男女幼儿明显的兴趣差异。男孩更喜欢有汽车参与的运动性、竞赛性游戏,女孩则更喜欢过家家的角色游戏。

(2)选择同伴和同伴相互作用方面的差异

进入3岁后,幼儿选择同性别伙伴的倾向日益明显。研究发现,3岁的男孩就明显地选择男孩而不选择女孩作为伙伴。还有研究发现,男孩和女孩在同伴之间的相互作用方式也不同。男孩之间更多打闹、为玩具争斗、大声叫喊、发笑;女孩则很少有身体上的接触,更多是通过规则协调。

(3)个性和社会性方面的差异

幼儿期在个性和社会性方面已经开始有了比较明显的性别差异,并且这种差异不断发展。有研究显示,4岁女孩在独立能力、自控能力、关心他人三个方面优于同龄男孩;6岁男孩的好奇心、情绪稳定性和观察力优于女孩;6岁女孩对人与物的关心优于男孩。

五、学前儿童亲社会行为的发展　【9年2考】

考点1　亲社会行为的概念

亲社会行为又称为积极的社会行为,指一个人帮助或打算帮助他人,做有益于他人的事的行为和倾向。幼儿的亲社会行为主要有:同情、关心、分享、合作、谦让、帮助、抚

慰、援助、捐献等。亲社会行为的发展是幼儿道德发展的核心问题。关于亲社会行为的形成,人们普遍认为是在从别人的角度考虑(移情)的基础上,产生情感反应(同情),进而产生安慰、援助等行为。从这个意义上说,移情是亲社会行为产生的基础。

考点2 学前儿童亲社会行为发展的阶段和特点

1. 亲社会行为的萌芽(2 岁左右)

研究证明,2 岁左右,儿童的亲社会行为即已萌芽。

观察发现,1 岁之前的儿童当看到别人处于困境,如摔倒、哭泣时,他们会加以关注,并出现皱眉、伤心的表情。到 1 岁左右,儿童还会做出积极的抚慰动作,如轻拍或抚摸等。2 岁以后,随着生活范围和交往经验的增多,儿童的亲社会行为进一步发展,他们逐渐能够根据一些不太明显的细微变化来识别他人的情绪体验,推断他人的处境,并做出相应的抚慰或帮助行为。

2. 各种亲社会行为迅速发展,并出现明显个别差异(3~6、7 岁)

(1)合作性行为发展迅速。有研究发现,在儿童的亲社会行为中,合作行为的发生频率最高,占一半以上。关于儿童合作行为的发展可以从儿童同伴交往的发展中看出。

(2)分享行为受物品的特点、数量、分享对象的不同而变化。分享行为是幼儿期亲社会行为发展的主要方面。

(3)出现明显的个性差异。亲社会行为存在个别差异,这说明亲社会行为的发展需要适当的引导和教育。

考点3 影响学前儿童亲社会行为的因素

⭐ **考频分布** 2020 下单选,2017 下简答

1. 社会生活环境

社会生活环境主要包括两个方面:社会文化和大众传播媒介。从宏观上讲,亲社会行为是社会文化的产物。大众传播媒介对儿童亲社会行为也会产生影响,电视是儿童学习亲社会行为的一个重要途径。

2. 儿童日常的生活环境

(1)家庭的影响

家庭是儿童形成亲社会行为的主要影响因素。家庭对儿童亲社会行为的影响,主要表现在两个方面:榜样的作用,父母自身的亲社会行为会成为儿童模仿学习的对象;父母

的教养方式,这是关键因素。从目前的研究看,人们普遍认为民主型家庭有利于培养幼儿的亲社会行为。

（2）同伴相互作用

同伴关系对儿童的亲社会行为具有非常重要的影响。同伴的作用在于模仿和强化两个方面。同伴可以作为榜样影响儿童的行为发展。如果让儿童和那些更为成熟的儿童在一起玩,他们就会变得更加合作,更多地采用建议或请求的方式,而不是用武力来对待别人。儿童还没有评定自己行为的足够能力,于是就常把同伴的行为作为衡量自己的尺码。这种社会比较过程是儿童建立自我形象与自我尊重的过程。

3.移情

移情是指从他人的角度来考虑问题。不论是社会生活环境的影响,还是儿童具体生活环境的影响,最终都要通过儿童的移情起作用。移情是导致儿童产生亲社会行为最根本、最内在的因素。对儿童来说,由于其认识的局限,特别容易自我中心地考虑问题,因此,帮助儿童从他人角度去考虑问题,是发展儿童亲社会行为的主要途径。

（1）移情的作用:一是移情可以使儿童摆脱自我中心,产生利他思想,从而形成亲社会行为;二是移情可以引起儿童的情感共鸣,使儿童产生同情心和羞愧感。

（2）移情能力发展的特点:对别人心理状态的理解从简单到复杂;从需要明显的外部线索到能理解隐蔽线索;儿童移情能力的水平随儿童完成任务难度而变化;移情能力发展的关键期可能在4~6岁。

（3）影响移情能力发展的因素:家庭因素;同伴交往。

真题面对面

[2020下半年真题]田田因为想妈妈哭了起来,冰冰见状也哭了。过了一会儿,冰冰边擦眼泪边对田田说:"不哭不哭,妈妈会来接我们的。"冰冰的表现属于（　　）行为。

A.依恋　　　　B.移情　　　　C.自律　　　　D.他律

答案: B。移情是指从他人的角度来考虑问题。移情的作用一是可以使儿童摆脱自我中心,产生利他思想,从而形成亲社会行为;二是可以引起儿童的情感共鸣,使儿童产生同情心和羞愧感。题干中冰冰边擦眼泪边安慰田田,和田田有了情感共鸣,是移情能力的体现。

考点4 培养儿童亲社会行为的方法

1. 角色扮演法

角色扮演是一种使人暂时置身于他人的社会位置,并按这一位置所要求的方式和态度行事,以增进对他人社会角色及自身原有角色的理解,从而更有效地履行自己角色的心理学技术。

2. 移情训练法

利用移情来教育儿童,使其具有内在的自我调节能力,比一味地限制、要求这种外部约束要有效得多。

3. 榜样示范法

心理学的研究表明,模仿是儿童获得相应的社会行为的重要途径。儿童亲社会行为的获得与表现在一定程度上与模仿有密切的关系。因此,为儿童提供亲社会行为的榜样是培养其亲社会行为的最基本方法。

具体来说:(1)在教育、教养儿童的过程中,为儿童提供亲社会行为的榜样;(2)家长、教师应注意在自己的日常生活中为儿童树立良好的行为榜样;(3)教师和家长要通过故事书、电视节目等多种途径为儿童提供分享、合作、助人等良好行为的榜样。

4. 善用精神奖励

儿童亲社会行为无论是自觉的还是不自觉的,都需要得到群体的认可。儿童一旦出现了利他行为,成人和教师要及时强化,如表扬、奖励等,使儿童获得积极反馈,达到逐渐巩固的目的。

六、学前儿童攻击性行为的发展 【9年5考】

考点1 攻击性行为的概念及分类

⭐ **考频分布** 2021上单选,2020下简答

攻击性行为是一种以伤害他人或他物为目的的行为。攻击性行为最大的特点是目的性。

学前儿童的许多攻击性行为并非对对方有明确的敌意,而是为了其他目的而对他人造成伤害。研究者将这两类实质上有差别的行为称为**工具性攻击行为和敌意性攻击**

行为。

工具性攻击行为指幼儿为了获得某个物品所做出的抢夺、推搡等动作，这类攻击本身指向于一个主要的目标或某一物品的获取；敌意性攻击则是以人为指向目标，其目的在于打击、伤害他人，如嘲笑、讽刺、殴打等。

考点2　学前儿童攻击性行为的发展特点

1岁左右儿童开始出现工具性攻击行为，到2岁左右，儿童之间表现出一些明显的冲突，如打、推、咬等。幼儿期幼儿的攻击性行为在频率、表现形式和性质上发生了很大的变化。从频率上看，4岁之前，攻击性行为的数量逐渐增多，到4岁最多，之后数量就逐渐减少；从具体表现上看，多数幼儿采用身体动作的方式，如推、拉、踢等，尤其是年龄较小的幼儿。随着言语的发展，幼儿从中班开始逐渐增加了言语的攻击，而身体动作的攻击反应则逐渐减少；从攻击性质上看，以工具性攻击行为为主，但慢慢出现敌意性的攻击行为。

幼儿期攻击性行为有如下特点：（1）幼儿攻击性行为频繁，主要表现为了玩具和其他物品而争吵、打架，行为更多是直接争夺或破坏玩具和物品。（2）幼儿更多依靠身体上的攻击，而不是言语的攻击。（3）从工具性攻击向敌意性攻击转化，小班幼儿的工具性攻击行为多于敌意性攻击行为；而大班幼儿的敌意性攻击则显著多于工具性攻击。（4）幼儿的攻击性行为有着明显的性别差异，幼儿园男孩比女孩更多地怂恿和卷入攻击性事件。男孩比女孩更容易在受到攻击以后发动报复行为，碰到对方是男性比对方是女性时更容易发生攻击性行为。

考点3　学前儿童攻击性行为的影响因素

⭐ **考频分布**　2023上材料分析，2022下单选

1. 父母的惩罚

研究发现，有攻击性行为男孩的父母对他们惩罚更多，而且即使他们行为正确也经常受到惩罚。惩罚对攻击型和非攻击型的幼儿能产生不同的影响。惩罚能抑制非攻击型幼儿的攻击性，却不能抑制攻击型幼儿的攻击性，反而会加重他们的攻击性行为。因此，以惩罚作为抑制幼儿攻击性行为的方法往往给幼儿树立了攻击性行为的榜样。

2. 大众传播媒介（榜样）

大众传播媒介里的攻击性榜样会增加幼儿以后的攻击性行为，幼儿会从这些电视、

电影暴力节目中观察学习到各种具体的攻击性行为。更为重要的是,电视、电影人物的经历会使许多幼儿将武力视为解决人际冲突的有效手段,并在现实生活中实际依靠攻击性行为来解决与他人的矛盾。

3.强化

当幼儿出现攻击性行为时,父母或教师不加制止或听之任之,就等于强化了幼儿的侵犯行为。同伴之间也能学会攻击性行为,如果一个幼儿成功地运用了攻击策略来控制同伴,就可以加强和增加他以后的攻击性行为。

4.挫折

攻击性行为产生的直接原因主要是挫折。挫折是人在活动过程中遇到障碍或干扰,使自己的目的不能实现、需要不能满足时的情绪状态。研究认为,一个受挫折的幼儿很可能比一个心满意足的幼儿更具攻击性。对幼儿来说,家长或教师的不公正是挫折产生的主要原因之一。因此,教师和家长在处理问题时,要保持公正的态度并采用公正的方式。

> **记忆有妙招**
>
> 为便于考生记忆,将学前儿童攻击性行为的影响因素总结成以下口诀:**挫样逞强。挫**:挫折。**样**:榜样。**逞**:惩罚。**强**:强化。

> **真题面对面**
>
> [2022 下半年真题]有些幼儿经常看电视上的暴力镜头,其攻击行为会明显增加,这是因为电视的暴力内容对幼儿攻击行为的习惯起到(　　)
>
> A.定势作用　　　B.惩罚作用　　　C.依赖作用　　　D.榜样作用
>
> **答案**:D。

考点4　控制和减少儿童攻击性行为的方法

⭐ **考频分布**　2023 下简答

(1)创设良好环境,控制环境和传媒的影响;(2)改善亲子关系,纠正家长不正确的教育方法;(3)提高儿童的自控能力和交往技能,帮助儿童掌握解决社会性冲突的技能;(4)提高儿童的社会认知水平和移情能力;(5)引导儿童掌握合理的心理宣泄方法;(6)及时表扬和奖励儿童的亲社会行为。

第九节　学前儿童的个体差异

思维导图

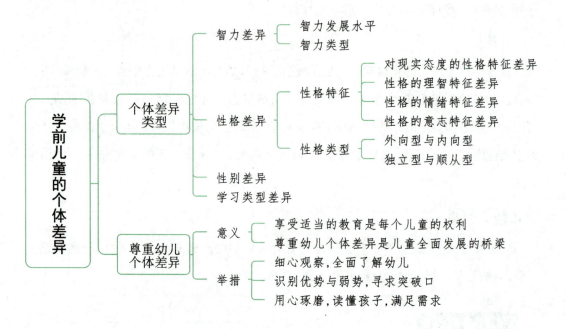

学前儿童的个体差异
- 个体差异类型
  - 智力差异
    - 智力发展水平
    - 智力类型
  - 性格差异
    - 性格特征
      - 对现实态度的性格特征差异
      - 性格的理智特征差异
      - 性格的情绪特征差异
      - 性格的意志特征差异
    - 性格类型
      - 外向型与内向型
      - 独立型与顺从型
  - 性别差异
  - 学习类型差异
- 尊重幼儿个体差异
  - 意义
    - 享受适当的教育是每个儿童的权利
    - 尊重幼儿个体差异是儿童全面发展的桥梁
  - 举措
    - 细心观察,全面了解幼儿
    - 识别优势与弱势,寻求突破口
    - 用心琢磨,读懂孩子,满足需求

考向分析

　　本节属于学前儿童发展的基础知识,要求考生在理解的基础上进行记忆。在考试中主要以单项选择题和论述题的形式考查。汇总分析 2015 年至 2023 年的真题试卷,本节知识考查情况统计如下:

知识	考点	考频	题型
个体差异类型	幼儿个体差异类型	1	单选
尊重幼儿个体差异	尊重幼儿个体差异的意义与举措	1	论述

📖 核心考点

一、个体差异的概念

个体(个别)差异一般是指个性差异,即个体之间在稳定的心理特点上的差异,包括性格、能力、兴趣等方面的差异。

个体差异

二、个体差异类型 【9年1考】

⭐ **考频分布** 2016下单选

考点1 幼儿智力差异

由于智力是个体先天禀赋和后天环境相互作用的结果,所以个体智力的发展存在明显的差异,智力的个体差异包括智力发展水平的差异和智力类型的差异。智力发展水平的差异是指个体与同龄团体智商稳定的平均数相比较所表现出的差异。智力类型差异是指个体在知觉、记忆、表象、思维和言语等活动中的特点与品质不同,智力表现形式也不同。加德纳的多元智能理论就反映了幼儿在智力类型方面的差异。

考点2 幼儿性格差异

性格的个别差异表现在性格特征差异和性格类型差异两个方面。性格特征差异表现在四个方面:(1)个体对现实态度的性格特征差异,如对社会、集体的态度,对自己的态度等;(2)个体性格的理智特征差异;(3)个体性格的情绪特征差异;(4)个体性格的意志特征差异,如自觉性、果断性等。性格类型差异是指一个人身上所有性格特征的独特结合。根据不同的划分标准,性格类型可分为外向型与内向型、独立型与顺从型等。

幼儿期是幼儿性格初步形成的时期。这时期,幼儿的性格已经表现出明显的个别差异。性格的好坏作为一种动力因素会影响幼儿学习的速度和质量,因此,我们应重视幼儿良好性格的培养,为幼儿个体全面发展打好基础。

考点3　幼儿性别差异

男女性别差异主要源于社会实践和风俗习惯的不同,取决于他们的社会地位、教育、种族和职业。两三岁的孩子,开始知道自己是男孩还是女孩,渐渐懂得男孩与女孩的区别。他们通过模仿同性别的人,逐渐出现性别角色的心理萌芽。

性别差异不仅会影响幼儿学习某种技能的速度,还会影响到幼儿的学习方式。例如,大部分女孩开口说话比男孩早,在遣词造句方面也比男孩要好些、早些。在数学方面,从童年到少年,女孩的算术比男孩稍强;可是在此之后,男孩在数学推理方面就要略显优势。在社会性学习领域,同样也存在着性别差异。

考点4　幼儿学习类型差异

学习类型是个人对学习情境的一种特殊反应倾向或习惯方式,它主要包括认知风格、学习策略、内外控制点等。学习类型具有独特性、稳定性,学习类型的差异通过个体的认知、情感、行为习惯等方面表现出来。其中,个体认知风格的差异主要表现在场独立型和场依存型、冲动型与沉思型等方面。**场依存型**的幼儿对客观事物的判断易受外界因素的影响,社会敏感性强;**场独立型**的幼儿倾向于对事物进行独立判断。**冲动型**的幼儿认识问题速度快,但错误多;**沉思型**的幼儿认识问题时,谨慎全面、错误少。

真题面对面

[2016下半年真题]教师要依据幼儿的个体差异进行教育,下列现象不属于幼儿个体差异表现的是(　　)

A. 某幼儿往常吃饭很慢,今天为了得到教师的表扬,吃得很快

B. 有的幼儿吃饭快,有的幼儿吃饭慢

C. 某幼儿动手能力很强,但语言能力弱于同龄儿童

D. 男孩通常比女孩表现出更多的身体攻击行为

答案:A。个体差异主要指个体之间在稳定的心理特点上的差异,是不同个体之间的差异,但A项是同一幼儿在不同时间的不同表现,并不是他与其他幼儿之间的差异,故本题选A项。

三、个体差异形成的原因

造成个体差异的原因很多,既有遗传素质的影响,如某种遗传性会导致儿童痴呆;也

将心注入,用双手把考生托上岸

有环境和教育方面的因素,包括家庭、幼儿园、社区等;另外,也和儿童自身的主观能动性有关。这些因素的不同会对儿童心理发展产生重大影响。

四、尊重幼儿个体差异 【9年1考】

⭐ 考频分布 **2016** 上论述

考点1 尊重幼儿个体差异的意义

1. 享受适当的教育是每个儿童的权利

作为教师,首先应从保护儿童基本权益的高度去认识尊重幼儿个体差异的必要性和重要性,要树立享受适当的教育是每个儿童的权利的理念。唯有尊重幼儿个体差异,才是真正意义上的平等教育。不难推论,随着民主化程度的推进,接受适合自己的教育的要求必然越来越强烈。这种要求也必将受到更多的关注,因而也就越来越需要"尊重幼儿个体差异"。

2. 尊重幼儿个体差异是儿童全面发展的桥梁

促进受教育者全面发展是各级教育的目标,尤其是基础教育的目标。全面发展也是每个儿童的需要,尊重幼儿个体差异的提出就是在追求最适合每个受教育者的教育。

此外,尊重幼儿个体差异也是促进社会进步和发展的阶梯。

考点2 尊重幼儿个体差异的举措

1. 细心观察,全面了解幼儿

观察是一切教学研究最基本的手段,教师通过有目的、有意识的观察,可以获得大量具体、真实的信息。要关注儿童的个体差异就需要教师细心观察,全面了解幼儿。

2. 识别优势与弱势,寻求突破口

幼儿的优势和弱势并不一定是显性的,教师应关注幼儿在活动中的表现,准确分析其行为。同时也要分析其弱势形成的原因,帮助幼儿找到擅长的领域,让幼儿乐于探索,逐渐建立良好的自我感觉和成功的体验。只有真正了解、分析幼儿成长的特点,才能找到突破口,让优势带动弱势,最终促进幼儿全面和谐的发展。

3. 用心琢磨,读懂孩子,满足需求

每个孩子来自不同的家庭,他们的个性也截然不同,教师应了解他们的个性,努力进

入孩子们的内心世界,了解他们的需求,发现他们的闪光点,通过循序渐进的教育,帮助他们树立信心。教师也要善于发现不同幼儿在不同发展领域的差异性,满足不同幼儿的兴趣需要,给予他们不同的关爱,实施不同的教育方法,让每个幼儿都能在原有的基础上得到提高。

> **真题面对面**
>
> [2016 上半年真题]试述教师尊重幼儿个体差异的意义与举措。
>
> **参考答案**:详见内文。

第十节 学前儿童发展常用的研究方法

思维导图

考向分析

本节属于学前儿童发展的基础知识,考频不高,但记忆性内容较多。在考试中主要以单项选择题和简答题的形式考查。汇总分析 2015 年至 2023 年的真题试卷,本节知识考查情况统计如下:

知识	考点	考频	题型
观察法	观察法的概念	1	单选
	教师观察幼儿行为的意义	1	简答

将心注入,用双手把考生托上岸

续表

知识	考点	考频	题型
作品分析法	作品分析法的概念	2	单选
实验法	自然实验法的概念	1	单选

一、观察法 【9年2考】

⭐ **考频分布** 2023上单选，2017上简答

观察法是研究者有目的、有计划地观察学前儿童在日常生活、游戏、学习和劳动等自然状态下的言语、表情、动作、行为等，并做详细的记录，然后分析儿童身心发展特点的方法。观察法是学前儿童发展研究最常用的一种方法。

观察法一般可分为：(1)长期观察和定期观察；(2)全面观察和重点观察；(3)群体观察和个体观察。

观察法最大的优点在于：由于被研究者处于自然状态，因此，其心理活动和表现比较自然真实，有利于研究者获得真实可靠的资料。但也正因为强调让儿童处于日常的自然状态，故无法控制刺激变量，使得观察者处于被动地位，也就是说，观察者可能得不到所需要的资料。

『知识再拔高』

教师观察幼儿行为的意义

(1)可以了解幼儿的发展水平

通过观察学前儿童行为，了解学前儿童当前的发展水平，将这一水平与特定年龄幼儿群体的发展水平进行对比，看看幼儿的发展是否遵循了一般的发展模式，认识儿童之间的差异并承认这种差异，尊重儿童个性发展。同时，密切注意落后于或是大大超前于正常水平的儿童的需要，或是不同于一般模式发展的儿童，有针对性地设计出适合他们的各种活动，在必要时给予适当的专业指导和帮助，以满足不同儿童的需要。

(2)可以使幼儿园更好地开展保教活动

通过观察了解幼儿的兴趣和爱好，创造适宜幼儿发展的环境来帮助他们健康成长。

133

给孩子自由发展的空间,不是去强迫性教学,而是用爱来呵护每一个美好的心灵。通过细心地观察和思考得出结论,将其运用在设计的游戏和区域活动中,进而形成有意义和有价值的教育教学活动。

（3）可以促进幼儿教师专业发展,提升教师专业能力和水平

观察幼儿行为的过程,本身就是教师参与研究的过程,教师参与研究是教师专业发展重要且有效的途径之一。

真题面对面

[2023上半年真题]幼儿园教师通过记录幼儿在日常生活与活动中的表现来分析其心理特点,这种研究方法是(　　)

A.观察法　　　　B.谈话法　　　　C.测验法　　　　D.实验法

答案:A。

二、谈话法

谈话法是研究者根据一定的研究目的和计划,通过和儿童交谈,以了解儿童身心发展特点的方法。研究者除记录儿童答话内容外,同时观察记录学前儿童的谈话态度、表情变化、表达能力等。通过这些客观表现,研究学前儿童心理发展规律。

进行谈话时要注意:谈话目的要明确,谈话前要编制好谈话提纲;事先要和学前儿童建立亲密关系,创设良好的谈话氛围,让幼儿有话可说、敢说、能说、会说;提出的问题要简单明了,易于学前儿童理解与回答;要把儿童的答话按照原词和语气记下,记录要及时,不能事后补记;最后对谈话记录进行整理分析并得出结论。

谈话法简单易行,但得出的结论有时带有主观片面性。

三、作品分析法　【9年2考】

⭐ **考频分布**　2022下单选,2015下单选

作品分析法又称活动产品分析法,它是通过分析学前儿童的作品来了解儿童发展状况的一种方法。儿童的作品有很多,如绘画、手工作品等。通过这些作品,可以考察学前儿童的能力、倾向、技能、情绪状态等心理活动。

作品分析时应注意:由于学前儿童在创造活动过程中,往往用语言和表情去辅助或

补充作品所不能表达的思想,因此,脱离学前儿童的创造过程来分析作品,难以充分了解其心理活动,对学前儿童的作品的分析最好是结合观察等方法进行。

> **真题面对面**
>
> [2022下半年真题]通过分析幼儿手工成果来了解其心理的方法是(　　)
>
> A.调查法　　　　B.自然观察法　　　　C.实验法　　　　D.作品分析法
>
> 答案:D。

四、实验法 【9年1考】

⭐ **考频分布**　2015上单选

实验法是研究者通过有目的地控制一定的条件以观测儿童的行为反应,从而揭示一定条件与某种行为之间关系的方法。实验法一般分为实验室实验法和自然实验法两种。

1.实验室实验法

实验室实验法是研究者在实验室里借助各种仪器设备,严格控制和改变条件,以引起儿童某种行为出现的方法。因为有先进的仪器设备,实验室实验法对儿童行为产生的原因,以及儿童的大脑生理变化和行为表现的记录分析比较精确,所以实验室实验法在研究学前儿童的感知、记忆、思维等心理过程和心理机制方面是常用的方法。

2.自然实验法

自然实验法是在正常生活中,有意识地改变或创设某些条件,以引起儿童某些行为的出现。比如,研究学前儿童观察力的发展,可在幼儿园日常的教育活动中向小、中、大班等不同年龄段的儿童提供相同的实物或图片,请他们描述,然后根据记录分析整理,从中找出各年龄阶段儿童观察力的基本特点与发展规律。

自然实验法兼有观察法和实验室实验法的优点,既可以保证儿童在实验过程中心理状态比较自然,又可以控制被试行为产生的条件。因而,自然实验法被广泛地应用于研究学前儿童的发展。

五、测验法

测验法是研究者利用一定的测验项目和量表,来了解学前儿童发展水平的方法。对学前儿童进行测验一般采用个别测验,逐个进行,不宜用团体测验。测验法是一种专业性很强的研究方法,测验人员必须接受过一定的专业训练并取得相应资格才能使用。

在实际工作中,研究学前儿童不必拘泥于某一种研究方法,可以根据不同的研究目的和课题,以及研究的具体条件,综合运用以上各种方法。

第十一节 学前儿童身心发展中的常见问题

 思维导图

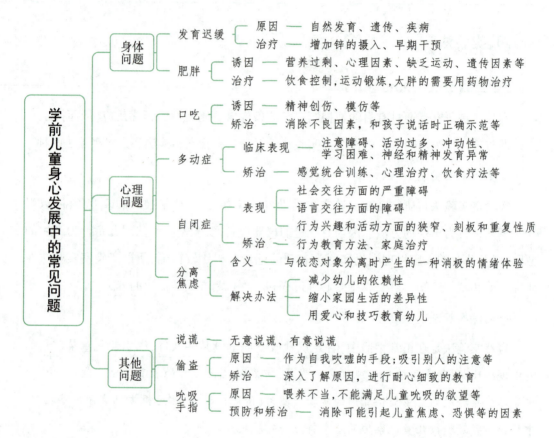

 考向分析

本节属于学前儿童发展的基础知识,考频不高,要求考生理解记忆。在考试中以单项选择题的形式考查。汇总分析 2015 年至 2023 年的真题试卷,本节知识考查情况统计如下:

知识	考点	考频	题型
幼儿的心理发展常见问题	自闭症	1	单选
	分离焦虑	1	单选

将心注入,用双手把考生托上岸

核心考点

一、幼儿的身体发展常见问题

考点1 发育迟缓

发育迟缓是指在生长发育过程中出现速度放慢或是顺序异常等现象。

1.生长发育迟缓的表现

生长发育迟缓的表现往往是多方面的。例如,体格发育、运动发育及智力发育落后,但也可以以某一方面为突出表现。如果身高、体重、头围的测量值全部都偏低的话,那就表示孩子的发育出现了全面的迟缓;如果只是身高、体重、头围的某一项指标偏低,那就表示幼儿可能出现了部分的发育迟缓。

2.幼儿发育迟缓的原因

发育迟缓的原因多种多样,有的是自然过程,有的属于遗传因素,有的则属于疾病。其中80%~90%的生长迟缓幼儿属于正常的生长变异,如家族性矮身材、体质性发育延迟以及低出生体重性矮小,这些与先天遗传因素或宫内的发育不良有关,其生长速度基本正常,也不需要特殊治疗。

另外一些原因是属于病态的,如染色体异常、代谢性疾病、骨骼疾病、慢性疾病、慢性营养不良性疾病、内分泌疾病等引起的生长发育迟缓,对于这一部分因疾病原因引起的发育迟缓,应去医院进行检查,找出生长缓慢的病因并进行治疗。

3.发育迟缓的治疗

(1)增加锌的摄入

锌是人体必需的微量元素,它是人体的"生命之花"。补锌可以有效治疗解决发育迟缓。补锌宜多食粗面粉、豆腐等大豆制品、牛肉、羊肉、鱼、瘦肉、花生、芝麻、奶制品等。

(2)早期干预

早期干预是指对发育偏离正常或可能偏离正常的幼儿在其生长发育早期进行的一种有组织、有目的、旨在纠正其异常姿势,使其尽量恢复正常的教育活动。

考点2 肥胖

幼儿肥胖症是指幼儿体内脂肪积聚过多,体重超过按身高计算的平均标准体重的

20%,或者超过按年龄计算的平均标准体重加上两个标准差。一般超过标准体重20%～30%者为轻度肥胖,超过30%～50%者为中度肥胖,超过50%者为高度肥胖。

1. 幼儿肥胖症的诱因

(1)营养过剩。营养过剩指摄入热量超过消耗量,多余的脂肪以甘油三酯的形式储存于体内导致肥胖。

(2)心理因素。心理因素在肥胖症的发展上起着重要的作用。

(3)缺乏运动。幼儿肥胖一旦形成,由于行动不便,便不愿意活动以致体重日增,形成恶性循环。

(4)遗传因素。

(5)中枢调节因素。

2. 幼儿肥胖症的治疗

幼儿肥胖症的治疗,最主要的是饮食控制,其次是运动锻炼,太胖的需要用药物治疗,关键在于自身下决心以及家长们的监督合作。

二、幼儿的心理发展常见问题 【9年2考】

考点1 口吃

口吃为常见的语言节奏障碍。口吃的发生并非因发音器官或神经系统有缺陷,而与心理状态有密切关系。口吃出现的年龄以2～4岁为多。其中,2～3岁一般是口吃开始发生的年龄,3～4岁是口吃的常见期。

口吃

1. 口吃的表现

口吃表现为正常的语言节律受阻,无法控制地重复某些字音或词句,发音延长或停顿,常伴有跺脚、摇头、挤眼、歪嘴等动作。

有口吃的儿童大都性格内向、不开朗、自卑、羞怯、退缩、情绪易急躁、冲动。

出于对口吃的恐惧心理和高度注意,越怕口吃越口吃,终成心理痼疾。

2. 引起口吃的诱因

(1)精神创伤:受惊吓;家庭破裂,失去温暖等等。

(2)模仿:幼儿喜欢模仿,觉得口吃者滑稽可笑,先模仿,而后成口吃。

(3)心理紧张:心理紧张是引起口吃的重要因素。如环境的改变导致幼儿精神紧张

过度等。

(4)成人的教养方式不当:尤其是当孩子发音不准、说话不流利的时候,成人过分的指责给孩子造成心理压力,从而导致口吃。

(5)疾病:幼儿患百日咳、流行性感冒、猩红热等传染病,或脑部受创伤后,都可造成大脑皮质功能减退而发生口吃。

3.口吃的矫治

(1)消除环境中导致幼儿心理紧张的不良因素

解除幼儿的心理紧张是矫治口吃的重要方法。特别是4岁以后,儿童已经出现了对自己语言的意识。如果对他的口吃现象加以斥责或急于要求改正,将会加剧其紧张情绪,使口吃现象出现恶性循环,甚至由此导致幼儿避免说话,或回避说出某些词,难以纠正口吃。这种情况发展下去,还将对幼儿的性格形成产生不良影响,导致孤僻等性格特征。家长、教师不要议论其口吃,更不能耻笑、责骂。

(2)正确对待幼儿说话时不流畅的现象,成人和孩子说话时要正确示范,要教给孩子正确的说话方法

成人宜用平静、从容、缓慢、轻柔的语气语调和幼儿说话,来感染他们,使他们学会说话时不着急,呼吸平稳,全身放松,特别是不去注意自己是否又结巴了。多让幼儿练习朗诵、唱歌,不强迫幼儿当众说话。和谐的家庭氛围、正确的教育方法、有规律的生活、充足的睡眠,都有助于幼儿恢复正常的语言节律。

考点2 多动症

多动症是幼儿期多动综合征的简称,又名注意缺陷与多动障碍或轻微脑功能失调。注意障碍是其主要特征,即明显的注意力不集中和注意持续时间短暂,活动过度和冲动,常伴有学习困难或品行障碍。

1.临床表现

多动症的表现多种多样,最常见的症状有以下几点:

(1)注意障碍。这是多动症的主要症状,患儿注意力不能持久,容易受到外界的干扰而分心,做事往往容易半途而废或频繁转换。

(2)活动过多。一部分患儿在婴儿期就表现为行为不规则变化、过分哭闹、饮食睡眠情况差、活动度保持高水平等。在幼儿期,则主要表现为喜欢干预每一件事,不能静坐,很早入睡或很早醒来,参加集体活动有困难。入学后活动过多更明显,课堂上小动作多,

严重者会影响到课堂秩序。另外,多动症的幼儿在任何时候说话都特别多,爱在大人讲话的时候插嘴。

(3)冲动性。多动症幼儿的行为与情绪方面都存在冲动性。做事缺乏思考,不考虑后果,情绪不稳定,出现反抗和攻击行为。

(4)学习困难。由于多动症幼儿好动,注意力有障碍,情绪波动大等,因而影响了他们课堂上的学习效果以及完成作业的质量,使得他们常伴有学习困难。

(5)神经和精神发育异常。患儿会出现感知觉和认识障碍,他们左右分辨困难,少数患儿伴有语言发育延迟、语言表达能力差等问题。患儿还可能出现动作协调困难,如翻手、对指、指鼻、系鞋带等都不灵活。平衡方面也有障碍,学骑自行车、跳绳等都存在较大困难。

2. 原因

研究表明,多动症是由多种原因引起的一组综合征,发生的原因和机理十分复杂,至今仍不完全清楚。主要有以下几个方面:

(1)遗传。多动症有家族聚集现象,但是特定的遗传基因现在还没被发现。

(2)饮食因素。医学家们发现,某些食品添加剂(如味精、某些食用色素等)以及高糖饮食都对多动症有影响。此外食入含铅、铝过多的食物(如油条、爆米花等)也可引起多动症。然而,这些关系还有待确定。

(3)心理社会因素。活动过度可能因为缺乏安全感和不稳定的家庭关系而引起。若父母患有精神病、酗酒和行为不端,将影响幼儿的行为控制。父母或学校教养方式不当、社会风气不良都有可能成为引发幼儿多动症或使其症状长期存在的原因。

(4)脑的因素。由于各种原因引起的脑损伤、额叶功能失调、脑内神经递质和有关酶的改变都有可能成为多动症的病因。

3. 矫治

对于幼儿多动症的治疗一般应以教育和心理治疗为主。

(1)感觉统合训练。患有多动症的幼儿,常在动作技能、语言、社会性等方面比一般幼儿发展迟缓,因而,需进行较多的训练。此外,还应培养多动症幼儿有规律的生活和行为。

(2)心理治疗。包括行为疗法、支持性心理治疗、认知治疗等方法。

(3)饮食疗法。近年来有人研究发现,限制西红柿、苹果、橘子、人工调味品等含甲醛、水杨酸类食品的摄入,对儿童多动症有明显疗效,可考虑试行。

（4）药物治疗。药物治疗主要用于 6 岁以上、青春期以前的学龄儿童，首选中枢兴奋剂。但现有证据显示这类药物对患儿的有利效果主要限于短期的行为改善，从长期效果来看，服用过药物的幼儿表现并不比从未服过药的幼儿好。

此外，教师还应注意把他们过多的精力引导开来，组织他们多参与各种室外体育活动，在进行活动时要注意安全，培养他们的社交能力。在课堂上，教师应帮助这类幼儿集中注意力。例如，在经过他身边时，拍拍他的肩提醒他注意听讲，并注意不要把这类幼儿的座位安排在门口或窗边，最好让这类幼儿与表现优秀的幼儿坐在一起。

考点3　自闭症

⭐ **考频分布**　**2023** 上单选

自闭症也称坎纳综合征，国内也有人译为孤独症，这是一种严重的发展障碍，会有严重的社交和言语困难。

1. 表现

（1）社会交往方面的严重障碍。自闭症的幼儿因其缺乏社会兴趣，对一切人，甚至他们的父母，都表现得很冷漠。

（2）语言交往方面的障碍。很多自闭症幼儿终身有失语症或只能说极为有限的单词，其语言应用能力也很低。患儿在语言的声调、重音、速度、节律及音调等方面均可能表现出异常。还有不少自闭症幼儿时常出现尖叫，这种情况有时能持续至五六岁或更久。

（3）行为兴趣和活动方面的狭窄、刻板和重复性质。

2. 原因

它的成因目前医学上并无定论，可能的主要因素有下列几项：

（1）遗传的因素。

（2）怀孕期间的病毒感染。怀孕期间可能因得过麻疹或有流行性感冒等病毒感染，使胎儿的脑部发育受损。

（3）新陈代谢疾病。如苯酮尿症等先天的新陈代谢障碍，造成脑细胞的功能失调和障碍，会影响脑神经信息传送的功能，而造成自闭症。

（4）脑伤。包括在怀孕期间窘迫性流产等因素而造成大脑发育不全，生产过程中早产、难产、新生儿脑伤，以及婴儿期因感染脑炎、脑膜炎等疾病造成脑部伤害等，都可能增加患自闭症的机会。

3. 矫治

（1）行为教育方法。矫治自闭症幼儿最主要并且历史最长的行为教育方法是离散单元教法，主要采用的是干预人员（一般是由专家指导的大学生、研究生或患儿的家长）与患儿的一对一训练。此外，还有自然教法、视觉教法、语言行为教育模式等。

（2）家庭治疗。孤独症幼儿在学习新的事物时，如果用不一致的方法教，孩子容易产生不适应行为，导致不好的效果，因此为建立一个适合孩子的学习环境，应给孩子进行家庭辅助。

此外，对于自闭症幼儿常用的治疗方法还有音乐疗法、感觉统合训练等

真题面对面

[2023上半年真题]自闭症儿童的典型特点不包括（   ）

A. 言语发展迟缓　　　　　　　　B. 对人缺乏兴趣

C. 胆小怕生　　　　　　　　　　D. 重复性的刻板行为

答案：C。

考点4　分离焦虑

⭐ **考频分布**　2017 上单选

分离焦虑是幼儿与其依恋对象分离时产生的一种消极的情绪体验。大部分儿童从六七个月起，就会明显表现出这种分离焦虑，随着年龄的增大，分离焦虑的强度逐渐减弱。幼儿分离焦虑的解决办法有以下几种。

（1）减少幼儿的依赖性

家长要对分离焦虑有正确的认识，应当学会控制自己的情绪，并且尽量设法使孩子感到分离不那么突然。例如，提前带孩子熟悉幼儿园，或在入园初期提前接幼儿回家，同时努力使孩子对幼儿园产生好感。当幼儿第一次去幼儿园因为不习惯离开父母，或因为惧怕陌生环境而哭闹的时候，家长不应当场恐吓或硬逼幼儿进入幼儿园，可以采用以下方法达到目的：先用置之不理的办法等幼儿停止哭闹，然后和他讲幼儿园的好处、劝说幼儿入园，暂时陪伴幼儿，让他既熟悉新环境，又没有立即和家人分离，直到习惯新环境为止。

（2）缩小家园生活的差异性

家长可以通过一些措施缩小家园生活的差异，帮助幼儿适应幼儿园集体生活的种种要求，主动配合幼儿园，培养幼儿良好的生活习惯。如幼儿在家里看电视、吃饭、起床、玩

玩具、睡觉等都应有一定的时间;让幼儿学会自己穿衣服,饭前便后自己洗手,特别是要常在休息日的时候带幼儿到亲友家做客,让幼儿和亲友家的小朋友一起玩;对幼儿的不良行为习惯,家长首先要提高认识、加以重视,并且要注意创设条件去培养孩子良好的习惯,让孩子逐渐懂得分享和秩序。

(3)用爱心和技巧教育幼儿

为了帮助幼儿克服分离焦虑,家长不但需要有足够的爱心和耐心,而且要掌握教育技巧。要耐心倾听幼儿说话,以便真正了解他们在幼儿园的活动情况和真实感受;要主动加强家园联系,掌握幼儿在幼儿园的表现,找到幼儿的优点和缺点;避免在孩子面前随意议论老师,流露对老师的不满情绪,以免影响师幼关系;当孩子感到受委屈的时候,家长应注意控制自己的情绪和态度,全面了解事情真相,并客观地分析;家长可以用生活中的具体事例对孩子晓之以理、动之以情,保证较好的效果。

真题面对面

[2017上半年真题]初入园的幼儿常有哭闹、不安等不愉快的情绪,说明幼儿表现出了(　　)

A.回避型依恋　　　　　　　　B.抗拒性格

C.分离焦虑　　　　　　　　　D.黏液质气质

答案:C。作答此题时考生要抓住题干的关键词"初入园"。产生分离焦虑正是初入园幼儿的典型表现,此时幼儿与父母刚刚分开,心理上难免会产生不安情绪,且常伴有哭闹、喊叫等行为。

三、幼儿的其他问题行为

考点1　说谎

1.无意说谎

三四岁的幼儿由于认知水平低,在思维、记忆、想象、判断等方面,往往会出现与事实不相符的情况,属于无意说谎,遇到这种情况,不该指责他们,只需要教育他们该怎么说就可以了。

2.有意说谎

有的小朋友为了得到老师的表扬、奖励或逃避责备、惩罚,故意编造谎言,属于有意说谎。对策:允许孩子犯错误,鼓励幼儿说实话,创造一种宽松的气氛。要及时揭穿谎言;大人不弄虚作假,彼此信任、坦诚,为幼儿树立榜样。

考点2　偷盗

幼儿的某种"偷盗"行为不一定是病态反应。如,幼儿饿了,不经别人同意,就拿别人的东西来吃;幼儿园的幼儿常常把自己喜欢的东西带回家,因为他认为好玩的东西应与他在一起;父母往往不在意地乱放钱,幼儿发现后未征得父母同意就拿了钱买他喜欢的东西等。幼儿在没有道德概念之前,他分不清哪些是偷,哪些不是偷。如果幼儿偷盗行为经常而持久地发生,则应该考虑到这是问题行为,及时加以注意与矫正。在教育和纠正幼儿偷盗行为之前,必须深入了解其原因。

幼儿偷盗行为的原因有:作为自我吹嘘的手段;吸引别人的注意;不公平感觉的结果;出于好奇心等。父母与教师要针对这些原因来进行耐心细致的教育,才会取得效果。

考点3　吮吸手指

婴儿吮吸手指极为常见,2～3岁以后,这种现象会明显减少。但若随年龄增长,仍保留这种幼稚动作,并成为习惯,应及时纠正。因为儿童吮吸手指的行为会受到非议,而使儿童感到紧张、害羞;还可造成手指肿胀、发炎,易引起肠道寄生虫、肠炎等疾病。若持续到六七岁换牙时期,则可导致下颌发育不良、开唇露齿,不仅妨碍面容的端正,还会影响牙齿咀嚼功能的正常发挥。

吮吸手指的原因:常因婴儿期喂养不当,不能满足儿童吮吸的欲望以及缺乏环境刺激和爱抚,导致儿童以吮吸手指来抑制饥饿或进行自我娱乐。

吮吸手指的预防和矫治:要消除儿童生活环境中可能引起儿童焦虑、恐惧等不良情绪的因素,用玩具、图片等儿童喜爱之物,或感兴趣的活动去吸引其注意力,冲淡其吮吸手指的欲望,逐渐改掉固有的不良习惯,不宜采用在手指上涂苦味药或裹住手指等强制方法。

═ 达标测评 ═

建议用时	实际用时	测评总分	实际得分
130分钟	＿＿＿分钟	180分	＿＿＿分

一、单项选择题(每小题 3 分,共 45 分)

1. 小慧在动物园里看见一只骆驼,兴奋地喊,"妈妈,看! 背着山头的马!"看到骆驼的形象,小慧对马的认识出现新的理解,这一过程属于(　　)

A. 图式　　　　　B. 同化　　　　　C. 顺应　　　　　D. 平衡

2. 3 岁半的小雨在动物园里看到梅花鹿时,问妈妈:"妈妈,如果我天天往梅花鹿头顶上浇水,那它的鹿角一定能长出树叶来的,是吧?"小雨的推理属于(　　)

A. 归纳推理　　　B. 演绎推理　　　C. 转导推理　　　D. 没有推理

3. 幼儿园小班刚入学的孩子在画画时,常常事先没有目的,即先做后想,或者是边做边想,只有当他把画画完之后才知道画的是什么。这说明(　　)

A. 这时的幼儿直观行动思维占主导地位

B. 这时的幼儿具体形象思维占主导地位

C. 这时的幼儿情绪思维占主导地位

D. 这时的幼儿创造想象占主导地位

4. 对幼儿能在阅读活动中保持安静的行为予以表扬后,幼儿在今后阅读活动中保持安静的行为增加了,这属于(　　)

A. 自我强化　　　B. 替代强化　　　C. 正强化　　　　D. 负强化

5. 大班幼儿往往对听过的故事不感兴趣,希望老师讲新故事;小班幼儿则不然,他们对"小兔乖乖""拔萝卜"等喜欢的故事百听不厌。这体现了小班幼儿(　　)的特点。

A. 想象的主题不稳定　　　　　　　B. 以想象的过程为满足

C. 想象无预定目的　　　　　　　　D. 想象的内容零散、无系统

6. "幼儿以为儿子都是小孩,爷爷奶奶都是白头发"这种现象突出表现了幼儿思维的(　　)

A. 可逆性　　　　B. 固定性　　　　C. 拟人性　　　　D. 近视性

7. 学前儿童的动作发展最先从头部和躯干的动作开始,最后发展到臂、腿等部位,最后是手的精细动作的发展,这体现了学前儿童动作发展具有的规律之一是(　　)

A. 从大到小　　　B. 由近及远　　　C. 从上到下　　　D. 从无意到有意

8. 小明今年 3 岁,有一次他不小心弄坏了自己的玩具,就难过地哭了起来,一边哭还一边抚摸着玩具说,"不疼,不疼"。这体现了小明的思维具有(　　)

A. 不守恒的特点　　　　　　　　　B. 不可逆的特点

C. 泛灵论的特点　　　　　　　　　D. 客体永久性的特点

9. 为了了解幼儿同伴交往的特点,研究者深入幼儿所在的班级,详细记录其交往过

程的语言和动作等。这一研究方法属于(　　)

　　A.访谈法　　　　　　B.观察法　　　　　　C.实验法　　　　　　D.作品分析法

10.幼儿一岁以前的触觉探究行为,呈现出的特征是(　　)

　　A.主要运用口腔对周围进行探究　　　　　　B.主要运用手对周围进行探究

　　C.主要运用脚对周围进行探究　　　　　　　D.主要运用眼睛对周围进行探究

11.冬冬边玩魔方边自己小声嘀咕:"转一下这面试试,再转这面呢?"这种言语被称为(　　)

　　A.角色言语　　　　　B.对话言语　　　　　C.外部言语　　　　　D.自我中心言语

12.老师说:"看,娟娟坐得多直!"顿时,许多幼儿都挺起腰坐直。这反映幼儿的性格特点是(　　)

　　A.活泼好动　　　　　B.好奇好问　　　　　C.模仿性强　　　　　D.自制力强

13.幼儿园教师在做动作示范时往往采用"镜面示范"的原因是(　　)

　　A.幼儿无法辨别以他人为基准的左右方位　　B.幼儿好模仿

　　C.幼儿分不清左右　　　　　　　　　　　　D.使幼儿看得更清楚

14.玲玲跳舞时,既能使自己的动作与音乐合拍,又能与同伴保持一致,还能配上适当的表情。这属于(　　)

　　A.注意的分配　　　　B.注意的广度　　　　C.注意的范围　　　　D.注意的稳定性

15.幼儿学习"曲项向天歌"时理解"曲项"——弯脖子,"向天歌"——朝天空唱歌,很快记住了这句诗,这种记忆属于(　　)

　　A.无意记忆　　　　　B.意义记忆　　　　　C.机械记忆　　　　　D.语词记忆

二、简答题(每小题 15 分,共 75 分)

1.简述影响学前儿童注意稳定性的因素。

2.简述学前儿童理解能力的发展趋势。

3.简述幼儿晚期(5~6岁)的心理特点。

4.简述幼儿自我意识的培养策略。

5.简述学前儿童言语发生发展的趋势。

三、论述题(每小题 20 分,共 40 分)

1.试述幼儿教师在实践中如何提高学前儿童的言语能力。

2.试述幼儿注意分散的原因及预防措施。

四、材料分析题(本大题共 20 分)

材料:

幼儿教师在幼儿园教学中要使用大量直观形象的教具,以帮助幼儿理解教学内容。

在给孩子讲故事时,教师讲到"大象用鼻子把狼卷起来"时,总是用手做出"卷"的动作,说到"大象把狼扔到河里去"时,又用手做出扔的样子,孩子们也学着老师的样子做出相应的动作,脸上露出会意的笑容。

问题:

(1)材料中体现了儿童思维发展的什么特点?

(2)根据该特点,教师应如何有针对性地对幼儿思维进行培养?

<h1 style="text-align:center;color:green;">参考答案及解析</h1>

一、单项选择题

1.B [解析]同化,是指个体将外部环境纳入自身已有的认知结构中;顺应则是指个体改变已有的认知结构去适应外部环境。题干中小慧把骆驼看作背着山头的马,还是在自己原有的认知结构里,把骆驼当作马,属于同化。

2.C [解析]2岁儿童已经出现转导推理。这种推理是依靠表象进行的,是超出了直接感知范围的思维活动。转导推理是从个别到个别的推理。这一类型的推理,在3~4岁儿童身上是常见的。题干中小雨的推理属于转导推理。

3.A [解析]小班幼儿在画画之前没有明确的目的和计划,往往是在活动中或活动后才去思考,说明幼儿的思维是在实际行动或直接感知中进行的,体现了幼儿直观行动思维的特点。

4.C [解析]正强化也称积极强化,是通过呈现想要的愉快刺激来增强反应频率;负强化是通过消除或终止厌恶、不愉快刺激来增强反应频率。题干中教师对幼儿能在阅读活动中保持安静的行为予以表扬属于呈现愉快刺激,最终使得幼儿在今后阅读活动中保持安静的行为增加了,故属于正强化。故答案选C项。

5.B [解析]幼儿想象往往不追求达到一定的目的,只满足想象进行的过程。例如,小班幼儿往往对某个故事百听不厌。题干的表述体现了小班幼儿以想象的过程为满足的特点。

6.B [解析]学前儿童思维的固定性是指儿童的思维缺乏灵活性,较难掌握相对性的概念,在日常生活中,儿童常常"认死理"。题干中的现象体现了思维的固定性。

7.B [解析]儿童动作的发展先从头部和躯干的动作开始,然后发展双臂和腿部的动作,再后是手的精细动作。也就是靠近中央部分(头和躯干,即脊椎)的动作先发展,然后才发展边缘部分(臂、手、腿)的动作。这种从身躯的中央部位再到远离身躯中央的边缘部位的发展规律,即"近远规律"。

8. C [解析]3~4岁的儿童认为,所有的物体都是有生命的。题干中小明在弄坏自己的玩具时,会安慰玩具,说"不疼,不疼",说明小明把玩具看成了有生命的物体,体现了小明泛灵论的思维特点。

9. B [解析]观察法是研究者有目的、有计划地观察学前儿童在日常生活、游戏、学习和劳动等自然状态下的言语、表情、动作、行为等,并做详细的记录,然后分析儿童身心发展特点的方法。题干中研究者深入幼儿所在的班级,记录其交往过程的语言和动作,从而了解幼儿同伴交往的特点,使用的是观察法。

10. A [解析]1岁前,口腔探索是婴儿最重要的学习方式,3岁之前,婴儿仍以口腔探索作为手的探索的重要补充。

11. D [解析]自我中心是指儿童把注意力集中在自己的动作和观点上的现象。在言语方面表现为讲话时不考虑自己在同谁讲话,也不在乎对方是否在听自己讲话,他或是自言自语,或是由于和一个偶然在身边的人共同活动感到愉快而说话。

12. C [解析]模仿性强是幼儿期的典型特征,小班幼儿表现尤为突出。幼儿往往没有主见,常常随外界环境影响而改变自己的意见,受暗示性强。幼儿模仿的对象可以是成人,也可以是其他小朋友。题干中许多幼儿模仿娟娟坐得直,反映了幼儿模仿性强的性格特点。

13. A [解析]幼儿3岁辨别上下方位;4岁开始辨别前后方位;5岁开始能以自身为中心辨别左右方位;6岁幼儿虽然能完全正确地辨别上下前后四个方位,但以左右方位的相对性来辨别左右仍然感到困难。而幼儿7岁才开始能够辨别以他人为基准的左右方位,以及两个物体之间的左右方位。因此,教师在音乐、体育等教学活动中要采用"镜面示范",即以幼儿的角度来做示范动作。

14. A [解析]注意的分配是指在同一时间内,将自己的注意分别分配到两种或几种不同的对象与活动上。题干中,玲玲跳舞时既能保持自己动作与音乐合拍,又能兼顾与同伴一致并配上适当表情,说明她将自己的注意很好地分配到了不同的对象上,体现了她注意的分配。

15. B [解析]意义记忆是指根据对所记材料的内容、意义及其逻辑关系的理解进行的记忆,也称为理解记忆或逻辑记忆。题干中幼儿学习时先对诗句有了理解才记住了诗句,属于意义记忆。

二、简答题(答案要点)

1.(1)对象本身的特点;

(2)活动的内容及方式;

(3)主体状态。

2.(1)从对个别事物的理解,发展到理解事物之间的关系;

(2)从主要依靠具体形象来理解,发展到依靠语言说明来理解;

(3)从对事物简单、表面的理解,发展到理解事物较复杂、深刻的含义;

(4)从理解与情感密切联系,发展到比较客观的理解;

(5)从不理解事物的相对关系,发展到逐渐能理解事物的相对关系。

3.(1)好学、好问;

(2)抽象概括能力开始发展;

(3)个性初具雏形;

(4)开始掌握认知方法。

4.(1)在日常生活中培养幼儿的自我意识;

(2)在各种活动中正确引导幼儿的自我意识;

(3)教师评价幼儿要把握分寸;

(4)教师应为幼儿提供自我评价的机会;

(5)家园配合,指导家长实施正确的教育。

5.(1)语音知觉发展在先,正确语音发展在后;

(2)理解语言发生发展在先,语言表达发生发展在后。

三、论述题(答案要点)

1.(1)有目的、有计划的幼儿园语言教育活动是发展学前儿童言语能力的重要途径。幼儿园的语言教育活动,是有目的、有计划地对学前儿童施加影响的教育活动。在幼儿园的语言活动中,要求学前儿童发音正确,用词恰当,句子完整,表达清楚、连贯,并及时帮助学前儿童纠正语音;要运用有效的教学方法,调动学前儿童说话的积极性,并给予反复练习的机会,以及做出良好的示范,促进学前儿童言语的发展和言语的规范化。

(2)创设良好的语言环境,提供学前儿童交往的机会。要组织丰富多彩的活动,使学前儿童广泛地认识周围环境,扩大眼界,丰富知识面,增长词汇。同时,要给他们提供更多的交往机会,尤其是和小朋友的交往,并重视学前儿童在交往中用词的准确和说完整的句子。当孩子"见多识广",语言自然也就丰富了。

(3)把言语活动贯穿于学前儿童的一日活动之中。幼儿园专门的语言活动时间是有限的,教师还应在日常生活中来培养学前儿童的言语能力。

(4)教师良好的言语榜样。在平时的教育活动中,教师要坚持说普通话,尽量做到吐字清晰、正确,潜移默化地去影响学前儿童的语言发展。

(5)注重个别教育。由于每个学前儿童的个性特征和智力水平都存在着差异,言语的积极性和驾驭语言的能力也不一样。因此,教师在教育活动中,不可忽视对学前儿童的个别教育。

2.(1)幼儿注意分散的原因：

①连续进行的单调活动；②缺乏严格的作息制度；③无关刺激的干扰；④注意的转移能力差；⑤无意注意和有意注意没有灵活并用；⑥目的要求不明确。

(2)防止幼儿注意分散的措施：

①防止无关刺激的干扰；②制定合理的作息制度；③养成良好的注意习惯；④适当控制幼儿的玩具和图书的数量；⑤使幼儿明确活动的目的和要求；⑥灵活地交互运用无意注意和有意注意；⑦提高教学质量；⑧对幼儿进行有意注意的训练。

四、材料分析题(答案要点)

(1)材料体现了幼儿思维发展的具体形象性的特点。具体性是指幼儿思维的内容是很具体的。幼儿思考问题总是借助于具体事物或具体事物的表象,对具体的语言容易理解,对抽象的语言则不易理解。形象性是指依靠事物的形象来思维。事物可以在眼前也可以不在眼前,但头脑中必须有事物的表象。

(2)根据幼儿思维具体形象性的特点进行教育,需要教师多采用直观、形象的方法,尽量避免抽象、空洞的说教。材料中教师讲到"大象用鼻子把狼卷起来"时,用手做出"卷"的动作,可以有助于幼儿更好地理解"卷"的意思。教师在讲到"大象把狼扔到河里去"时,又用手做出扔的样子。该教师采用具体形象的方法,让幼儿跟着学习也做出相应的动作,这样会使幼儿更好地理解教学内容,掌握教学知识。由于幼儿思维具有具体形象的特点,不善于分析事物的内在含义,不能理解语言的寓意、转义,因此,在对幼儿进行教育时,教师一定要坚持正面引导的原则,切忌讲反话,或嘲笑、讽刺幼儿。

即时反思与复盘总结

我于＿＿＿＿＿年＿＿月＿＿日完成了对本章的学习。

复盘一下,我对自己较肯定的地方是＿＿＿＿＿＿＿＿＿＿＿＿

(足够努力/心态积极/方法得当……)

我觉得自己需要改进的地方是＿＿＿＿＿＿＿＿＿＿＿＿

(懒惰懈怠/心情浮躁/方法不当……)

休息片刻,开启下一站征程!

第二章　学前教育原理

内容概要

　　本章包括学前教育概述、幼儿教育与幼儿园教育、幼儿园全面发展教育、幼儿教师与儿童、幼儿园班级管理、幼儿教育法规六节。本章内容在真题试卷中所占分值约 6 ~ 64 分，主要以单项选择题、简答题、论述题、材料分析题的形式考查。本章各节 2015—2023 年考频汇总如下：

学前教育概述　　　　　　　　————○　总考频 3 次

幼儿教育与幼儿园教育　　　　　————○　总考频 12 次

幼儿园全面发展教育　　　　　　————○　总考频 2 次

幼儿教师与儿童　　　　　　　　————○　总考频 3 次

幼儿园班级管理　　　　　　　　————○　总考频 1 次

幼儿教育法规　　　　　　　　　————○　总考频 42 次

第一节　学前教育概述

🧠 思维导图

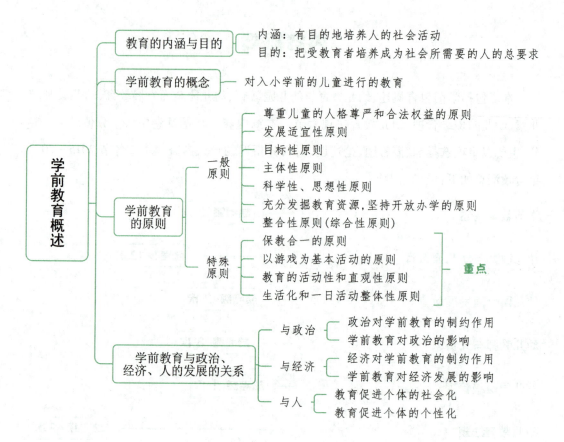

学前教育概述
- 教育的内涵与目的
  - 内涵：有目的地培养人的社会活动
  - 目的：把受教育者培养成为社会所需要的人的总要求
- 学前教育的概念——对入小学前的儿童进行的教育
- 学前教育的原则
  - 一般原则
    - 尊重儿童的人格尊严和合法权益的原则
    - 发展适宜性原则
    - 目标性原则
    - 主体性原则
    - 科学性、思想性原则
    - 充分发掘教育资源，坚持开放办学的原则
    - 整合性原则（综合性原则）
  - 特殊原则
    - 保教合一的原则
    - 以游戏为基本活动的原则
    - 教育的活动性和直观性原则
    - 生活化和一日活动整体性原则
    （重点）
- 学前教育与政治、经济、人的发展的关系
  - 与政治
    - 政治对学前教育的制约作用
    - 学前教育对政治的影响
  - 与经济
    - 经济对学前教育的制约作用
    - 学前教育对经济发展的影响
  - 与人
    - 教育促进个体的社会化
    - 教育促进个体的个性化

📝 考向分析

　　本节属于学前教育原理的基础知识，考频不高，需要考生理解记忆。在考试中主要以简答题和论述题的形式考查。汇总分析 2015 年至 2023 年的真题试卷，本节知识考查情况统计如下：

知识	考点	考频	题型
学前教育的特殊原则	保教合一、生活化和一日生活整体性	2	简答、论述
学前教育与政治、经济、人的发展的关系	学前教育与经济发展的关系	1	简答

核心考点

一、教育的内涵与目的

考点 1　教育的内涵

教育是人类有目的地培养人的一种社会活动,是传承文化、传递生产与社会生活经验的一种途径。"教育"一词最早见于《孟子·尽心上》的"得天下英才而教育之,三乐也"。

教育是在一定社会背景下发生的促使个体社会化和社会个性化的实践活动。教育是一种有目的地培养人的社会活动,这是教育区别于其他事物现象的根本特征,是教育的本质属性。

考点 2　教育目的

教育目的是把受教育者培养成为一定社会所需要的人的总要求,是学校教育所要培养的人的质量规格。它是根据一定社会的政治、经济和文化科学技术发展的要求和受教育者的身心发展规律提出来的,反映了一定社会对受教育者的要求。

教育目的的概念有广义和狭义之分。广义的教育目的是指存在于人的头脑中的对受教育者的期望和要求。狭义的教育目的是指由国家提出的教育总目的和各级各类学校的教育目标,以及课程与教学等方面对所培养的人的要求。

二、学前教育的概念

学前教育是基础教育的奠基阶段,是国民教育体系的重要组成成分。依据古往今来国内外学者、教育家对"学前教育"概念的认识,对学前教育给出如下定义:学前教育是对从胎儿至进入小学前的儿童进行的教育活动的组织和施加的影响。

三、学前教育的原则　【9年2考】

考点 1　学前教育的一般原则

1.尊重儿童的人格尊严和合法权益的原则

(1)尊重儿童的人格尊严

儿童与教师是平等的人与人之间的关系。教师要将儿童作为具有独立人格的人来对待,尊重他们的思想感情、兴趣、爱好、要求和愿望等。

(2)保障儿童的合法权益

儿童是不同于成人的、正在发展中的社会成员,他们享有不同于成人的许多特殊的权利,如生存权、受教育权、受抚养权、发展权等,这反映了人类对儿童在社会中的地位和权利的认可与尊重。

2. 发展适宜性原则

发展适宜性原则是美国幼儿教育协会1986年以后极力提倡的教育理念与实践,它当时主要是针对美国幼教界普遍出现的幼儿教育"小学化"等倾向而提出来的。

发展适宜性原则包含以下几层含义:

(1)教育设计、组织、实施既要符合儿童的现实需要,又有利于其长远发展。

(2)教育设计、组织、实施既要适合儿童的现有水平,又有一定的挑战性。

(3)教育必须促进儿童体、智、德、美诸方面全面发展。

(4)为每个儿童着想,关注个体差异,因材施教。

3. 目标性原则

教师不能任凭自己的爱好兴趣或喜怒哀乐,想怎么做就怎么做,实施教育的所有过程都必须紧紧围绕教育目标来进行。贯彻这一原则应注意:

(1)把握目标的方向性和指导性

教育目标是分层次的,有总体教育目标、阶段教育目标、具体的教育活动目标。其中,总体目标是具有方向性和指导性的,必须牢牢把握清楚准确。

(2)注重教育目标实施过程的动态管理

课程发展目标是教师制订教育计划、组织教育活动的基本依据。实施过程中要求教师不仅要注重基本目标的达成度,更要注重针对本班儿童的发展情况,及时调整目标或生成新的目标,形成以儿童发展为本的目标实施的动态过程。

4. 主体性原则

发挥主体性原则,要尊重儿童人格、尊重儿童需要、激发儿童的主动性。教师要承认学前儿童的主体地位,认识到学前儿童是学习、发展的主体,是一个独立的、完整的、成长着的、拥有极大发展潜能的主体。贯彻这一原则应注意:

(1)准确把握儿童发展的特点和现状

在教育与课程的设计、组织、实施、评价等不同环节,应以准确把握儿童发展的特点和现状为基础,充分考虑儿童的兴趣和需要,尊重儿童的学习特点、学习兴趣、学习背景、

学习意愿等,为儿童提供主动学习的机会。

(2)在活动之前还要善于激发学前儿童的学习兴趣和动机

活动中,教师不是只考虑如何教的问题,而应更多考虑儿童的实际情况,激发学前儿童学习的内部驱动力,思考如何才能充分调动儿童的积极性、主动性和创造性,让学前儿童努力探索新知识、积累新经验。

5.科学性、思想性原则

(1)教育内容应是健康、科学的

选择的教学内容应该是健康、科学的,对儿童有积极向上的引领作用,而且内容和方法都应该是正确规范的,利于学前儿童正确地感知客观事物和现象,形成正确的概念和对事物的科学的态度。

(2)教育要从实际出发,对儿童健康发展有利

要从实际出发,对儿童进行有针对性的教育;教育形式要活泼,教学方法要多样;教师和家长要以身作则,言行一致,成为学前儿童行为的表率。

(3)教育设计和实施要科学、正确

教师和家长要了解儿童的年龄特征和认识事物的规律,根据儿童的实际选择,安排相应的教学内容;教师对知识的掌握应该要准确无误,注意各学科、各知识之间的联系,选择多种教学手段和方法,科学地组织幼儿一日活动,合理安排活动时间和活动量。

6.充分发掘教育资源,坚持开放办学的原则

学前教育机构必须是"开放的",必须与家庭、社区紧密结合。这既是社会发展对学前教育提出的客观要求,又是学前教育自身发展的内部需求。贯彻这一原则要注意以下几点。

(1)与家长合作共育

家庭是儿童成长最自然的生态环境,是人的第一所学校;家长是学前儿童的第一任教师,更是重要的教育力量。对于学前教育机构的教育活动,家长参与能够大大提高儿童活动的兴趣和积极性;家长是教师最好的合作者,家园合作共育能使课程计划的可行性、课程实施的适宜性、教育的连续性和有效性都得到保证。

(2)开门办学,与社区合作

社区的积极参与能够使学前教育机构的教育变得更为生动、更富有时代气息。学前教育机构在与社区的合作中,也能直接利用社区丰富的教育资源,让儿童走进社会的大课堂。可以说无论是社区环境、社区资源,还是社区文化都能对学前教育机构的课程实

施效果产生不可忽视的影响。

（3）学前教育机构、家庭、社区一致的教育

学前教育机构、家庭、社区一致的教育就是指家庭和幼儿园或托儿所、社区在育儿理念、育儿方式等方面方向一致、积极协作、密切配合、互为补充、相互为用，形成教育合力，最终促进儿童身心健全和谐发展。否则，就会导致教育的积极影响被抵消。

7. 整合性原则（综合性原则）

整合性原则是指将学前教育看作是一个完整的系统，保证学前儿童身心整体健全、和谐的发展，综合化地整合课程的各要素实施教育。贯彻整合性原则应注意以下几点。

（1）活动目标的整合

目标的确定不能只追求知识技能的获得，而应全面考虑情感态度、习惯个性、知识经验、技能等综合素质的培养和提高，即教育活动的主要目标应是整个人的发展。

（2）活动内容的整合

它以目标的整合为前提，主要表现为使同一个领域的不同方面的内容或不同领域的内容之间产生有机的联系。内容的整合最终应落实到具体的教育活动之中。

（3）教育资源的整合

教育资源的整合是与教育内容紧密相关的，教育资源中蕴含了多种教育内容。对教育资源的整合，有利于教育内容的整合，有利于拓展学前教育的空间，丰富学前教育的方法、形式和手段。

（4）活动形式和活动过程的整合

将具有一定联系性的教学活动、游戏、日常生活等活动加以整合，将集体活动、小组活动、个别活动加以互补运用，能够使教育活动一致地对儿童的成长产生积极的、有效的影响。

记忆有妙招

为便于考生记忆，将学前教育的一般原则的内容总结成以下口诀：**尊严权益要记清，发展目标主体性，科学思想不犯错，开放办学多整合。**

尊严权益要记清：尊重儿童的人格尊严和合法权益。**发展**：发展适宜性。**目标**：目标性。**主体性**：主体性。**科学思想不犯错**：科学性、思想性。**开放办学**：充分发掘教育资源，坚持开放办学。**多整合**：整合性。

考点2 学前教育的特殊原则

1.保教合一的原则

⭐ **考频分布** **2023** 下论述

保教合一的原则,也称保教结合或保教并重,指对幼儿保育和教育要给予同等的重视,并使两者相互配合。

(1)保育和教育是幼儿园两大方面的工作

保育主要是为幼儿的生存、发展创设有利的环境和提供物质条件,给予幼儿精心的照顾和养育,帮助其身体和机能良好地发育,促进其身心健康地发展;教育则重在培养幼儿良好的行为习惯和态度,发展幼儿的认知、情感、能力,引导幼儿学习必要的知识技能等。这两方面构成了幼儿园教育的全部内容。

(2)保育和教育工作相互联系、相互渗透

幼儿园保育和教育不可分割的关系是由幼教工作的特殊性和幼儿身心发展的特点决定的。虽然保育和教育有各自的主要职能,但并不是完全分离的。教育中包含了保育的成分,保育中也渗透着教育的内容。

(3)保育和教育是在同一过程中实现的

保育和教育不是分别孤立地进行的,而是在统一的教育目标指引下,在同一教育过程中实现的。

保教结合原则

2.以游戏为基本活动的原则

游戏是学前教育机构的基本活动。游戏最符合儿童身心发展的特点,最能满足儿童的需要,能有效地促进儿童发展,具有其他活动所不能替代的教育价值。

（1）游戏是儿童最好的学习方式

对于学前儿童来说，游戏也是一种学习，是一种更重要、更适宜的学习。游戏是学前儿童身心发展的需要，是促进他们身体、智能、道德品质、情感、创造性发展以及成长的重要手段。在游戏活动中易于唤起儿童的学习兴趣，使儿童在玩中学，学中玩，学得轻松愉快。

（2）游戏是内容和形式的结合

游戏既是课程的内容，又是课程实施的背景，还是课程实施的途径。游戏所涉及的内容是与儿童的兴趣相关联的，教师要充分发挥游戏对儿童发展的作用，保证游戏的时间和空间，提供丰富的游戏材料，使儿童充分自主、愉快地游戏，通过游戏促进幼儿的身心发展。

3. 教育的活动性和直观性原则

学前儿童认知的直觉行动性与形象性的方式和特点，决定了他们不可能像中、小学生那样，主要通过课堂书本知识的学习来获得发展，而必须通过活动去接触各种事物和现象，与人交往，实际操作物体，从而逐步积累经验、获得真知。离开了活动，就没有儿童的发展。学前教育机构的教育，不能只让儿童静坐着看和听，而应该想尽各种办法，引导儿童主动活动。因为对他们来说，只有在活动中的学习才是有意义的学习，才是理解性的学习。教师应从儿童身心发展的特点和水平出发，以活动为基础开展教育过程。同时，活动形式应多样化，让儿童在多种多样的活动中得到发展。

4. 生活化和一日活动整体性原则

⭐ **考频分布**　**2017** 下简答

由于学前儿童生理、心理的特点，对儿童的教育要特别注重生活化，并发挥一日活动的整体功能。

（1）教育生活化

生活化首先是指教育生活化，也就是说要将富有教育意义的生活内容纳入课程领域。加强教育同生活的联系，将学前儿童在各种情境中的经验加以整合，不论是日常生活中学习积累的，还是在非日常生活中应该了解和认识的，都纳入课程组织结构中加以统整。

（2）生活教育化

生活化还有一种含义是指生活教育化，也就是将学前儿童日常生活中已获得的原有经验加以系统化、条理化，在生活中适时引导，促进学前儿童发展。通过帮助儿童组织已

获得的、零散的生活经验,使经验系统化、完整化。此外,活动内容的选择、活动的实施等都要注意生活化。

教育生活化和生活教育化两个概念的区分见下表:

原则	关键信息	例子
教育生活化	针对生活中有价值的内容,开展专门的教育活动进行施教	生活中发现幼儿不愿意分享,于是专门组织教育活动引导幼儿学会分享
生活教育化	在生活中进行引导	小朋友玩游戏时出现了争抢玩具的现象,老师直接进行教育

(3)发挥一日活动的整体功能

学前教育机构应充分认识和利用一日生活中各种活动的教育价值,通过合理组织、科学安排,让一日活动发挥一致的、连贯的、整体的教育功能,寓教育于一日活动之中。教师需要注意一日活动中的各种活动不可偏废,各种活动必须有机统一为一个整体。

『记忆有妙招』

为便于考生记忆,将学前教育的特殊原则的内容总结成以下口诀:**保教游戏是活动,直观生活整体性。**

保教:保教合一。**游戏是活动**:以游戏为基本活动。**直观**:教育的活动性和直观性。**生活整体性**:生活化和一日活动整体性。

真题面对面

[**2017下半年真题**]为什么幼儿园教育内容要贴近幼儿生活?

参考答案:详见内文。

四、学前教育与政治、经济、人的发展的关系 【9年1考】

考点1 学前教育与政治发展

1. 政治对学前教育的制约作用

(1)政治制约学前教育的性质。学前教育是为社会培养人的。对哪个阶级和阶层的

159

子女进行教育,进行什么样的教育,要培养他们成为什么样的人,这些有关教育和学前教育的领导权、法令、方针政策、目的任务及教育制度的问题主要由社会的政治决定。

(2)政治影响学前教育的发展规模和速度。①政治权力机关及职能部门对学前教育的重视与领导,是发展学前教育的决定条件。②政治对学前教育的财政起着重要的影响作用。一般表现为两个方面:政治决定教育经费份额的多少;政治决定教育经费的筹措。

2.学前教育对政治的影响

学前教育对政治的影响作用,主要是通过培养人来实现的。首先,学前教育能为社会培养具有一定阶级意识的后代,他们长大成人后在维护和巩固一定的政治、经济制度中发挥积极的作用。其次,学前教育机构在传播一定阶级的意识方面起着重要的作用,不仅限于在学前教育机构的婴幼儿,而且对于一个社会的风化习俗、道德面貌等方面都能产生比较大的影响。可以说,一定性质的学前教育为一定社会的政治制度所决定,同时又给予一定社会的政治制度以重要的影响作用。

考点2　学前教育与经济发展

⭐ **考频分布**　2019 下简答

1.经济对学前教育的制约作用

(1)经济的发展促进学前教育机构的产生与发展。经济最终决定、制约整个社会的发展,因而必然地决定、制约着教育的发展。生产力水平为学前教育提供了发展的可能性和必要性。

(2)经济发展水平制约学前教育发展的规模和速度。办教育需要一定的人力和物力,办多少学校,能吸收多少人受教育,学习多长的时间,必须有一定的物质条件作保证。所以学前教育发展的规模和速度必须与本国经济发展水平相适应。

(3)经济发展水平影响学前教育的内容和手段的发展。随着社会经济的发展,学前教育的任务也不断发生变化,也促进了学前教育内容的更新和学前教育手段的变化。

2.学前教育对经济发展的影响

一个国家的经济发展在很大程度上取决于科学技术和教育的发展水平,取决于劳动者的素质,这就需要通过教育来实现。学前教育是整个教育的基础,它在促进经济发展方面也承担着重要的作用。通过早期教育开发儿童巨大的学习潜能有利于提高国民素质,是促进经济和社会持续健康发展的需要。学前教育还可以减轻家长养育幼小孩子的负担,使他们有充沛的精力投入工作和学习,从而为发展经济服务。同时,学前教育的发展影响国家经济发展的状况。

考点3　学前教育与人的发展

1.教育促进个体的社会化

个体的社会化是指个体在社会环境影响下,认识社会、掌握社会规范标准,学会履行社会角色,逐步由自然人转变为社会人并不断完善发展的过程。个体的社会化主要是通过教育来实现的。教育的实质就是个体将社会成员所需要的价值及规范予以内化的过程,是通过学习知识和掌握技能来形成社会性的过程。教育主要是通过促进个体观念的社会化,促进个体智力和能力的社会化,促进个体职业和身份的社会化来完成对个体社会化的作用的。

2.教育促进个体的个性化

个性是人性在个体身上的具体表现,是个体在社会实践活动中形成的独特性,个体的个性化是当今社会的理想目标。个性化就是个体在社会活动中形成的独特性、自主性和创造性的过程。教育对人的个性化的发展作用主要体现在,促进人的主体性发展、促进人的个性特征发展和促进个体价值的实现等诸多方面。

第二节　幼儿教育与幼儿园教育

🧠 思维导图

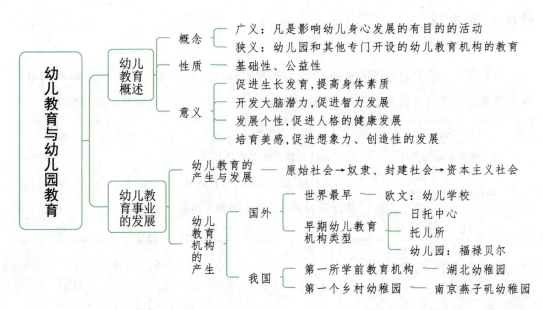

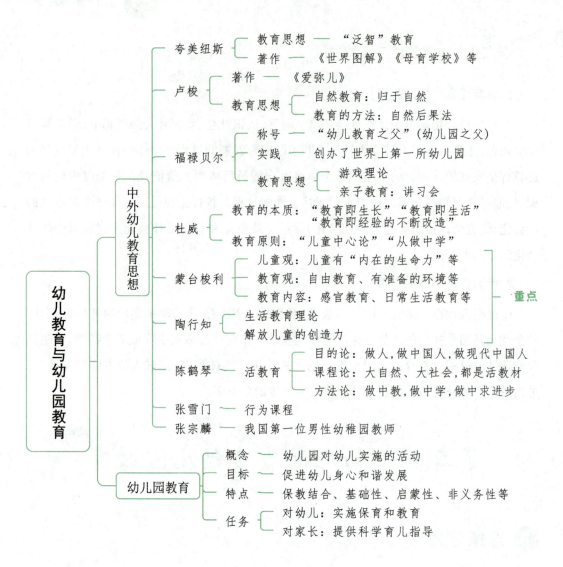

幼儿教育与幼儿园教育

- 中外幼儿教育思想
  - 夸美纽斯
    - 教育思想 —— "泛智"教育
    - 著作 —— 《世界图解》《母育学校》等
  - 卢梭
    - 著作 —— 《爱弥儿》
    - 教育思想
      - 自然教育：归于自然
      - 教育的方法：自然后果法
  - 福禄贝尔
    - 称号 —— "幼儿教育之父"（幼儿园之父）
    - 实践 —— 创办了世界上第一所幼儿园
    - 教育思想
      - 游戏理论
      - 亲子教育：讲习会
  - 杜威
    - 教育的本质："教育即生长""教育即生活""教育即经验的不断改造"
    - 教育原则："儿童中心论""从做中学"
  - 蒙台梭利 【重点】
    - 儿童观：儿童有"内在的生命力"等
    - 教育观：自由教育、有准备的环境等
    - 教育内容：感官教育、日常生活教育等
  - 陶行知
    - 生活教育理论
    - 解放儿童的创造力
  - 陈鹤琴 —— 活教育
    - 目的论：做人，做中国人，做现代中国人
    - 课程论：大自然、大社会，都是活教材
    - 方法论：做中教，做中学，做中求进步
  - 张雪门 —— 行为课程
  - 张宗麟 —— 我国第一位男性幼稚园教师
- 幼儿园教育
  - 概念 —— 幼儿园对幼儿实施的活动
  - 目标 —— 促进幼儿身心和谐发展
  - 特点 —— 保教结合、基础性、启蒙性、非义务性等
  - 任务
    - 对幼儿：实施保育和教育
    - 对家长：提供科学育儿指导

考向分析

本节属于学前教育原理的重要知识，记忆性内容较多。在考试中主要以单项选择题的形式考查。汇总分析 2015 年至 2023 年的真题试卷，本节知识考查情况统计如下：

知识	考点	考频	题型
幼儿教育事业的发展	幼儿教育机构的产生	1	单选
中外幼儿教育思想	卢梭、杜威、蒙台梭利的教育思想	4	单选
	陶行知、陈鹤琴、张雪门的教育思想	5	单选
幼儿园教育	我国幼儿园教育的任务	2	单选

 核心考点

一、幼儿教育概述

考点1 幼儿教育的概念

幼儿教育是指对3~6岁年龄阶段的幼儿所实施的教育。幼儿教育有广义和狭义两种理解。从广义上说,凡是能够影响幼儿身体成长和认知、情感、性格等方面发展的、有目的的活动,都可以说是幼儿教育。而狭义的幼儿教育则特指幼儿园和其他专门开设的幼儿教育机构的教育。

考点2 幼儿教育的性质

1. 基础性

幼儿教育对于促进个体早期的全面健康发展、巩固和提高义务教育质量与效益、提升国民素质、缩小城乡差距、促进教育和社会公平具有重要价值,这是幼儿教育基础性的体现。

2. 公益性

幼儿教育的公益性是指幼儿教育具有造福公众、让社会获益的性质。坚持教育的公益性是我国教育事业健康发展的基本要求。

考点3 幼儿教育的意义

1. 促进生长发育,提高身体素质

幼儿教育根据幼儿生长发育的特点,着眼于幼儿身体素质的提高,有计划地为幼儿创设一个使其身心愉快的环境。在培养幼儿良好性格的同时,能够合理地安排营养保健和一日生活,组织体育锻炼,培养幼儿良好的生活卫生习惯,增强其对疾病的抵抗能力和对环境变化的适应能力等,帮助幼儿增强体质、健康地成长,为将来成为体魄健壮的社会成员打下基础。

2. 开发大脑潜力,促进智力发展

幼儿期是智力发展的关键时期。在幼儿阶段开发大脑的潜力,充分发挥智力,具有

特别重要的意义。

3. 发展个性,促进人格的健康发展

在幼儿时期受到的教育和影响,常常会在一生中留下印记。不少有心理、行为问题的成人,其原因常常可以追溯到其童年时代,如经常遭受父母冷漠甚至虐待的儿童,往往有强烈的自卑感,性格孤僻,或者性格暴躁,富于攻击性;从小被溺爱的儿童,往往自我中心意识强烈、自私、不爱劳动等。而在幼儿期如果受到良好的教育,就能形成许多好习惯,如爱清洁、懂礼貌、热爱学习、热爱劳动等,形成良好的性格、个性和符合社会要求的行为规范。正是在这个意义上,幼儿教育被视为整个社会精神文明建设的重要组成部分。

4. 培育美感,促进想象力、创造性的发展

由于幼儿思维、情感的特点,他们喜欢用形象、声音、色彩、身体动作等来思考和表达。从这一特点出发,幼儿教育以美熏陶、感染幼儿,满足其爱美的天性,萌发其美感和审美情趣,激发他们表现美、创造美的欲望,发展他们的想象力、创造力,从而促进幼儿健全人格的形成。

二、幼儿教育事业的发展 【9 年 1 考】

考点 1　幼儿教育的产生与发展

1. 原始社会的幼儿教育

原始社会的生产力非常低下,社会没有多余的人力、财力专门花在教育幼儿上,只能由妇女和年老体弱的成人在驻地周围的劳动和生活过程中哺育幼儿,保证他们存活下来,并向他们传授维持生存所必需的基本知识经验。因此,在原始社会时期,幼儿教育是完全融合在生产和生活中的,其主要任务是保证幼儿的存活。

由于生产力的低下,生产资料公有,社会还没有划分为阶级,因此,教育是没有阶级性的,每个幼儿受到的教育是平等的。

2. 奴隶、封建社会的幼儿教育

随着生产力的不断提高和私有财产的出现,人类社会进入了有阶级的社会——奴隶、封建社会,教育也就出现了与原始社会不同的情况。

此时社会的统治阶级为了维护自己的统治,利用手中的权力让自己的子女接受专人教育,以便把自己的子女培养成未来的统治者和官吏。同时他们毫不留情地剥夺平民子

女受教育的权利,只允许他们跟随父母学习各种劳动知识和技能。教育的阶级性、等级性出现了。

3.资本主义社会的幼儿教育

17世纪中叶,社会生产力的发展终于冲决了封建社会的堤坝,英国爆发了资产阶级革命,资本主义制度首先在欧洲建立起来。到19世纪初,随着近代工业革命的到来,大工业机器生产在欧洲得到迅速发展,大量小农、小手工业者被迫进入大工厂做工,妇女也被迫走出家庭进入工厂,而不能在家养育孩子,于是出现了专门的幼儿教育机构。

考点2 幼儿教育机构的产生

⭐ **考频分布** 2020下单选

1.国外幼儿教育机构的产生

(1)世界上最早的幼儿教育机构

1816年,英国空想社会主义者欧文在苏格兰的纽兰纳克创办了一所招收工人子女的幼儿学校,这是英国也是世界上最早的幼儿教育机构。

真题面对面

[2020下半年真题]欧文创办的幼儿学校是世界上最早(　　)

A.使用恩物开展教学的学前教育机构

B.为工人子弟开办的学前教育机构

C.为贵族子弟开办的学前教育机构

D.为儿童提供"有准备的环境"的学前教育机构

答案:B。

---

(2)早期的幼儿教育机构类型

①日托中心

1844年,第一所日托中心在巴黎开设,目的是保护婴幼儿的身体健康,防止死亡。

②托儿所

第一个托儿所是由麦克米伦姐妹于1911年在英国建立的,她们提出让儿童学习语言、颜色、形状、阅读、书写、算术与科学。早期创办的这些托儿所大约有一半以上都附设在大专院校内。

③幼儿园

1837年,福禄贝尔在德国勃兰根堡开办了一所招收1~7岁儿童的教育机构,1840年命名为幼儿园(Kindergarten)。福禄贝尔尊重儿童,把游戏看作严肃而有意义的活动,他的思想为以后的幼儿园教育奠定了重要的基础。

2. 我国幼儿教育机构的产生

（1）我国第一所学前教育机构

清末"洋务运动"后期,两广总督张之洞宣扬"中学为体""西学为用",倡办新式教育。湖北巡抚端方于1903年在武昌创办**湖北幼稚园**,我国第一所学前儿童教育机构正式诞生。这所机构的办园方针和方式均采用日本模式,特聘请3名日本女师范生任教。湖北幼稚园后改称为蒙养院,原址现为湖北武昌幼儿师范学校附属幼儿园。

1904年,由张之洞、张百熙、荣庆共同拟定的《奏定学堂章程》,即癸卯学制,其中就包括蒙养院制度。**癸卯学制**第一次用国家学制的形式把学前教育机构的名称确定下来,把社会学前教育机构的地位固定下来,使**蒙养院**成为我国最早的学前教育机构。可以说,癸卯学制所定位的蒙养院,是我国幼儿教育史上具有划时代意义的里程碑。

（2）第一个乡村幼稚园

民国时期出现了一批学前教育家,如陶行知、陈鹤琴、张宗麟、张雪门等,他们批判封建社会主义的儿童教育,反对儿童教育的奴化和贵族化,积极提倡变革并躬行实践,创办了为平民子女服务的学前教育机构。**南京燕子矶幼稚园**是中国第一个乡村幼稚园,由陶行知主办,张宗麟、徐世璧、王荆璞主持。该园的办园宗旨是建设中国的、省钱的、平民的幼稚园。

三、中外幼儿教育思想 【9年9考】

考点1 夸美纽斯

夸美纽斯是17世纪捷克教育家,是人类教育史上里程碑式的人物,是第一个专门对学前教育提出了深刻认识并有系统论述的教育家。

1. 教育应适应自然

夸美纽斯相信教育可以使种族更新,因此,幼儿不论贫富贵贱都应接受教育。教育必须从幼年开始,而且应当适应自然。

2. "泛智"教育

夸美纽斯从"泛智主义"的思想出发,提出了普及教育思想:所有的人通过接受教育而获得广泛的、全面的知识,从而使智慧得到普遍发展。

3. 夸美纽斯的著作

(1)《大教学论》。夸美纽斯的《大教学论》是西方第一本独立形态的教育学著作,被视为系统教育理论产生的标志。

(2)《世界图解》。夸美纽斯编写了世界上第一本图文并茂的儿童读物《世界图解》,该书被誉为"儿童插图书的始祖"。

(3)《母育学校》。夸美纽斯为父母们编写的学前家庭教育指南《母育学校》,是世界上第一部论述学前教育的专著,集中体现了他的学前教育思想。

考点2　卢梭

⭐ **考频分布**　2015 上单选

卢梭,法国著名的启蒙思想家、哲学家、教育家、文学家,是 18 世纪法国大革命的思想先驱,启蒙运动最卓越的代表人物之一。卢梭的主要著作有《论人类不平等的起源和基础》《社会契约论》《爱弥儿》等。卢梭的教育思想主要集中于他的教育著作《爱弥儿》一书中。

1. 论自然教育

针对传统的封建教育压抑人性和违反自然的弊病,卢梭提出了自然教育理论,即教育要"归于自然"。卢梭自然教育的核心思想是:强调对幼儿进行教育必须遵循自然的要求,顺应幼儿的自然本性,反对成人不顾儿童的特点,强制儿童接受违反自然的教育;否定儿童天生是有罪的,认为儿童的心灵是纯真的、美好的。这可以说是第一次把儿童作为一个独立的、平等的人来看待。

从自然教育这个基本原则出发,卢梭明确提出,教育要以培养"自然人"为目的,在他看来,这种"自然人"是身心发达、体脑两健、不受传统束缚、天性发展的新人。他们不依从任何固定的社会地位和社会职业,能适应各种客观发展变化的需要。

2. 论教育年龄分期

卢梭激烈批评传统的封建教育制度不顾幼儿天性的发展,抹杀了幼儿与成人的区别。他强调应该根据幼儿的特点来进行教育。因为在万物中人类有人类的地位,在人生中幼儿有幼儿的地位,所以,必须把人当人看待,把幼儿当幼儿看待。

从自然教育理论出发,卢梭根据受教育者的年龄特征把教育阶段分成四个时期:(1)婴儿期(出生~2岁);(2)幼儿期(2~12岁);(3)少年期(12~15岁);(4)青年期(15~20岁)。

3.论幼儿教育的方法

从自然教育理论出发,卢梭还具体阐述了幼儿教育的方法。如给予行动的自由、合理的养护和锻炼、注意语言的发展、感觉教育等,其中,卢梭以自然教育理论为依据,在道德教育上提出了"**自然后果法**"。他强调对于幼儿的过失,不必加以责备和处罚,而要利用幼儿过失所造成的自然后果,使他们自食其果,从而使他们认识其过失并予以改正。

考点3 福禄贝尔

19世纪中叶,福禄贝尔在德国创办了世界上第一所幼儿园,而且创立了一整套幼儿教育理论和相应的教育方法、教材、玩具等。他推动了世界范围内的幼儿园运动的兴起和发展,因而被世人誉为"**幼儿教育之父**"(幼儿园之父)。

福禄贝尔的学前教育思想中对现今幼儿教育实践仍具有指导意义的理论主要有:

1.幼儿自我发展的原理

福禄贝尔认为,幼儿的行为是其内在生命形式的表现,是由内在的动机支配的。通过这些行为,幼儿才可以成长发展。教育者必须尊重幼儿的自主性,重视幼儿的自我活动。

2.游戏理论

福禄贝尔是教育史上第一个系统研究游戏的价值,并尝试创建游戏实践体系的教育家。他认为,游戏是儿童内部存在的自我活动的表现,是一种本能性的活动,是儿童内心世界的反映,通过游戏可以表现和发展神的本源。他制作的玩具取名为"**恩物**",意为"神恩赐之物"。"恩物"的基本形状是圆球、立方体和圆柱体。

3.协调原理

福禄贝尔说,人不是单独一人存在的,他是家族中的一员,社会的一员,也是民族的一员,是宇宙中的一分子。因此,我们应该让孩子和周围的环境、社会自然结合,协调一致。

4.亲子教育

福禄贝尔认为,要让孩子在爱中成长,首先就必须教育母亲。因此,他创立了世界上第一个为母亲们开办的"讲习会",后来还专门写了一本《母亲之歌与爱抚之歌》。

考点4　杜威

考频分布　2017上单选

1.儿童观

(1)重视儿童的本能。杜威的教育观及其教育理论是建立在其儿童观基础之上的。杜威认为儿童的本性在于他与生俱来的本能、冲动和需要。

(2)儿童具有自我生长的能力。这种能力是儿童在活动中通过与环境相互作用而获得发展的。

(3)儿童与成人在心理上存在着很大的差异。

2.关于教育本质的论述

杜威从不同的角度,多方面地论述了教育本质问题。他提出了三个重要论点来对教育本质进行概括,这就是"教育即生长""教育即生活""教育即经验的不断改造"。

(1)"教育即生长"

杜威从其生物化本能论心理学出发,认为教育就是促进儿童本能生长的过程,即教育的本质和作用就是促使儿童的本能生长。教育即生长意味着以生长论为基础,强调正确的教育必须从研究儿童心理开始,应当提供机会让儿童生动地表现自己的生命力;要求教育不是单纯的灌输,而应根据受教育者的天赋能力,使之成为儿童自身的本能、兴趣和能力的生长过程;教育方法论的中心须从教师方面转移到儿童方面。

(2)"教育即生活"

在"教育即生长"这一观点的基础上,杜威又从他的社会学观点出发,提出教育的本质即生活。他指出,儿童的本能生长总是在生活过程中展开的,或者说生活就是生长的社会性表现。他说:"生活即是发展,发展、生长即是生活。"按照他的分析,既然"教育即生长"成立,那么"教育即生活"也就容易理解了。在杜威看来,最好的教育就是从生活中学习,学校教育应该利用儿童现有的生活作为其学习的主要内容。

教育是儿童现在生活的过程,而不是未来生活的新任务。与此相对应,杜威又提出"学校即社会",教育既然是一种社会生活的过程,那么学校就是社会生活的一种形式。学校应该"成为一个小型的社会,一个雏形的社会"。

(3)"教育即经验的不断改造"

这一观点是以杜威的主观唯心主义经验论的哲学理论为基础提出来的。在杜威看来,既然经验是世界的基础,因此,教育也就是通过儿童自身的活动去获得各种直接经验的过程。教育的主要任务并不是教给儿童既有的科学知识,而是要让儿童在活动中自己去获取经验。在这里杜威把儿童的"求知"和"知识"本身混淆了,实质上就是夸大个人的主观经验,抹杀知识的客观性和真理性。于是要求在教育过程中尊重儿童的身心发展条件和水平,顾及儿童兴趣,提高儿童参与教育过程的积极性和主动性,创设有利于儿童发展的外部条件。

3. 教育原则

(1)"儿童中心论"

杜威认为教育应该把重心放在儿童的身上,以儿童为中心,即尊重儿童真正的面貌来熟悉儿童,尊重自我指导学习,尊重作为学习的刺激和中心活动。由此出发,杜威认为,学校生活组织应该是以儿童为中心,一切需要的措施都应该是为了促进儿童的生长。

(2)"从做中学"

杜威认为儿童在出生后对每一件事都是要学习的,如看、听、做等,但是他们只有对真实的活动本身产生了兴趣,才会对活动中产生的一切进行观察;然后发现问题,寻求解决问题的方法;最后解决问题,从而提高他们的思维能力。这一基本原则贯穿了杜威的整个教学领域的各个方面。

真题面对面

[2017上半年真题]对杜威"教育即生长"的正确理解是(　　　)

A. 教育以儿童的本能和能力为依据

B. 儿童的生长以教育目标为依据

C. 教育以促进教师的专业成长为基础

D. 教育应促进儿童的身体发育

答案:A。

考点5　蒙台梭利

⭐ **考频分布**　2022上单选,2018下单选

蒙台梭利于1907年在罗马贫民区创办了一所**"儿童之家"**,不按年龄分班,在一个班级里,既有大龄孩子,也有小龄孩子,在教师的指导下共同学习、游戏、开展活动。

1. 儿童观

(1)儿童存在着与生俱来的**"内在的生命力"**(或称"内在潜力")。蒙台梭利认为,生长是由于内在的生命潜力的发展而使生命力显现出来,教育的任务是激发和促进儿童的

"内在潜力"的发现,并按其自身规律获得自然的和自由的发展。她主张不应该把儿童作为物体来对待,而应作为人来对待,儿童既不是成人和教师进行灌注的容器,也不是可以任意塑造的蜡和泥。教育家、教师和父母应该仔细地观察儿童、研究儿童,了解儿童的内心世界,发现"童年的秘密",热爱儿童,尊重儿童个性,在儿童自由和自发的活动中,帮助儿童实现智力的、精神的和身体的、个性的自然发展。

（2）儿童具有"**心理胚胎期**"。蒙台梭利认为人和动物都是在适宜的环境中自然生长和发展的,但人有双重胚胎期。一个是"生理胚胎期",另一个是"心理胚胎期"。

（3）儿童具有"**吸收性心智**"。"吸收性心智"是指儿童通过与周围环境的密切接触和感情联系,获得各种印象、吸收文化传统,在此基础上形成个性和行为模式。根据蒙台梭利的观点,这种强有力的心理结构发生在 6 岁之前。因此,教育者和教育机构必须为儿童营造良好的环境,提供丰富的文化精神食粮,以供儿童吸收,进而促进儿童的自主发展。

（4）儿童发展具有**敏感期**。"敏感期"即在特定的时期内,对环境中特定的因素产生特别敏锐的感受性。蒙台梭利强调:正是这种敏感性,使儿童以一种特有的强烈态度接触外部世界。

（5）儿童发展具有**阶段性**。蒙台梭利认为,儿童发展是有阶段性的,在发展中的每个阶段,儿童均有特定的身心特点,而前一阶段的发展又为下一阶段奠定基础。

（6）儿童发展是通过"工作"实现的。蒙台梭利认为儿童的发展主要有两种形式:一是深受福禄贝尔推崇的儿童游戏,二是她所说的儿童"工作"。"工作"是儿童在"有准备的环境"中自发地选择和操作活动材料,经由专注于活动而有所发现和发展的活动,主要作用是促进儿童发展,同时兼有愉悦儿童身心的作用。

2. 教育观

（1）主张自由教育。蒙台梭利认为"儿童只有依靠爱和自由,才能获得成长的全部能量,并成为一个真正意义上的人"。在蒙台梭利教育体系中,自由、工作与纪律三者是联系在一起的。

（2）**提供有准备的环境**。蒙台梭利认为在教育上,环境所扮演的角色是相当重要的,因为孩子从环境中吸收所有的东西,并将其融入自己的生命之中。所以教师要为儿童提供一个环境,一个有准备的环境。

3. 教育内容

（1）**感官教育**。蒙台梭利认为,学前阶段的儿童处在各种感觉的敏感期,在这一时期应该进行充分的感官教育。感官教育或称感觉教育,其内容包括视觉、听觉、嗅觉、味觉和触觉的训练,其中以触觉训练为主。

（2）日常生活教育。蒙台梭利的日常生活教育是指在社会及文化传统的环境下,按照人类生长的自然规律,帮助儿童习得大小肌肉的动作、社会文明礼貌等知识,使儿童反复不断地自发学习,并以此作为完整人格形成的必要过程。

（3）读写算练习。蒙台梭利认为,3～7岁的儿童已经具备学习文化知识的能力,这种能力是与具有吸收力的儿童心理特点一致的。教育者应该尊重这种能力,为儿童提供适当的教材、教具,并进行相应的指导。

真题面对面

[2022上半年真题]下列选项中不符合蒙台梭利教育观念的是(   )

A. 儿童存在着与生俱来的"内在生命力"

B. 教育应让儿童获得自然的和自由的发展

C. 幼儿教师是揭示儿童内心世界的观察者

D. 自由游戏是儿童学习的主要方式

答案:D。

考点6　陶行知

⭐ **考频分布**　2023下单选,2018上单选,2015下单选

陶行知是我国人民教育家。陶行知高度评价学前教育的社会价值,并向社会宣传学前教育的重要性。在他的领导下,以张宗麟、徐世璧、王荆璞为基干,于1927年11月在南京郊区创办了我国第一所乡村幼稚园——**南京燕子矶幼稚园**。他还创建了乡村学前师范教育、农村幼教研究会等,并提出通过"**艺友制**",解决幼教师资的培养问题。

1. 生活教育理论

针对当时国内学前教育的三大病:外国病、花钱病、富贵病,陶行知提出要把外国的幼稚园改成中国的幼稚园,把费钱的幼稚园改成省钱的幼稚园,把富贵的幼稚园改成平民的幼稚园。因此,他提出了生活教育的三大主张"生活即教育""社会即学校""教学做合一"。

（1）生活即教育。"生活即教育"的主旨包括:生活决定教育,有什么样的生活便有与之相应的教育,教育是供人生需要、为了生活向前向上的需要的,只有在生活中求得的教育才是真正的教育,教育与生活经历同一个过程,教育离不开生活,生活离不开教育。他

坚决反对"没有生活做中心"的死教育、死学校、死书本。

（2）**社会即学校**。陶行知主张学校教育的范围不在书本，而应扩大到大自然、大社会和群众生活中去，向大自然、大社会和群众学习，使学校教育和改造自然、改造社会紧密相连，形成真正的教育。陶行知的"社会即学校"的基本主张是：要让社会的每一个角落、每一个地方、每一个生活单位都担负起学校的职能，把整个社会作为一个大学校。同时，学校必须突破围墙之限，要与整个社会联系起来，实行开放式办学，这样才能充分发挥教育的作用。

（3）**教学做合一**。"教学做合一"是陶行知生活教育理论的教学方法论，是为批判传统单一的教授法，反对教师"教死书、死教书、教书死"和学生"读死书、死读书、读书死"的传统教学模式而提出的教学方法论。

2. 解放儿童的创造力

陶行知认为，儿童有很强的创造力。发挥、加强、培养这种创造力便是教育的任务。教育虽然不创造什么，但却能启发和解放儿童的创造力。为了发挥儿童的创造力，陶行知认为教育工作者要把自己摆在儿童的队伍里，要真情实意地和小孩子站在一条战线上，加入儿童生活中去，便可发现孩子的创造力，进一步解放儿童的创造力。

（1）解放儿童的眼睛，培养儿童观察生活、观察社会的能力。

（2）解放儿童的头脑，先要把儿童的头脑从迷信、成见、曲解、幻想中解放出来，使儿童头脑解放、思想贯通，从而产生信仰、产生力量，最终使中华民族的创造力得以提高。

（3）解放儿童的双手，给幼儿动手的机会。1931年他曾经写诗勉励儿童："人生两个宝，双手和大脑。用脑不用手，快要被打倒。用手不用脑，饭也吃不饱。手脑都会用，才算开天辟地的大好佬。"

（4）解放儿童的嘴巴。只有言论得到自由，特别是问的自由，才能充分发挥儿童的创造力。

（5）解放儿童的空间，要解放儿童的活动空间，让儿童扩大认识眼界，以发挥儿童内在的创造力。

（6）解放儿童的时间，让儿童有时间去观察，有时间去思考，有时间去动手，有时间去发问，有时间去接触生活。

真题面对面

[2023下半年真题]"人生两个宝，双手与大脑。用脑不用手，快要被打倒，用手不用脑，饭也吃不饱。手脑都会用，才算开天辟地的大好佬。"这首儿童诗的作者是（ ）

A. 张宗麟　　　　B. 陈鹤琴　　　　　C. 张雪门　　　　　D. 陶行知

答案：D。

考点7　陈鹤琴

陈鹤琴是我国现代著名的学前教育家,是我国儿童教育和儿童心理研究的开拓者与奠基人,并促使家庭教育科学化、幼儿师范教育系列化,为中国学前教育事业走向现代化做出了不懈的努力。陈鹤琴自1940年在江西省立实验幼稚师范学校时开始提出"活教育"思想,经过几年的教育实验,直到1947年他在上海逐步整理出"活教育"的理论体系。其活教育理论体系包括三大纲领(目的论、课程论和方法论)以及教学原则、训育原则等。

(1)**目的论**。陈鹤琴指出活教育的目的就是教育幼儿"做人,做中国人,做现代中国人"。这样的人应具备的条件包括:第一要有强健的身体;第二要有建设的能力;第三要有创造能力;第四要有合作的态度;第五要有服务的精神。

(2)**课程论**。陈鹤琴指出"大自然、大社会,都是活教材"。陈鹤琴认为大自然、大社会才是活的书、直接的书,应该向大自然、大社会学习。课程包括五种活动,分别是指健康、社会、科学、艺术和文学,这五种活动是一个整体,如人的手指与手掌,手指只是手掌的一部分,其骨肉相连、血脉相通,因此被称为"五指活动"。

课程的实施以幼儿经验、身心发展特点和社会发展需要作为选择教材的标准,反对实行分科教学,提倡综合的单元教学,以社会自然为中心的"整个教学法",主张游戏式的教学。

(3)**方法论**。教育方法论的基本原则是"做中教,做中学,做中求进步"。主张把儿童作为幼儿园课程系统的中心,让幼儿充分与物、人接触,获得感性经验,"凡儿童自己能够做的,应当让他自己做"。

此外,陈鹤琴根据"心理学具体化,教学法大众化"的指导思想,提出了活教育的17条教学原则,并根据长期教育实践提出13条训育原则。

真题面对面

[**2021 上半年真题**]"做人,做中国人,做现代中国人"这一教育目的的提出者是(　　)

A. 张雪门　　　　B. 陶行知　　　　C. 陈鹤琴　　　　D. 张宗麟

答案:C。

考点8　张雪门

⭐ **考频分布**　2023上单选

张雪门是我国著名的幼儿教育家。早在二十世纪三十年代,他就与陈鹤琴先生有"南陈北张"之称。

张雪门提出了"**行为课程**"理论,行为课程理论的基本思想是"生活即教育""行为即课程",该课程理念受到民国时期杜威来华宣扬实用主义的影响,强调通过儿童的实际行动,获得直接经验,同时要求根据儿童的能力、兴趣和需要组织教学,主张采取单元设计的方法,打破学科界限。

1.幼稚园行为课程的组织

他认为幼稚园课程的组织与小学、中学和大学各级学校的课程不同,它有自己的特点和要求,其特点有三个:

(1)"幼稚生对于自然界和人事界没有分明的界限,他看宇宙间一切的一切,都是整个儿的。"所以编制课程时如果分得太清楚太系统,反而不能引起儿童的反应。

(2)"幼稚生时期,满足个体的需要,实甚于社会的希求。"所以编制课程时,应兼顾社会和个体两方面的需求。

(3)"幼稚园的课程,须根据儿童自己直接的经验。"虽然这种经验不如传授式般经济和整齐,但对于幼儿来说,却有重大意义。

2.幼稚园行为课程的教学方法

张雪门指出行为课程的要旨是以行为为中心,以设计为过程。只有行为没有计划、实行和检讨的设计步骤,算不得有价值的行为;只有设计没有实践的行为又是空中楼阁。所以行为课程的教学方法应当是起于活动而终于活动的有计划的设计。

行为课程的内容可以包括幼儿的工作、游戏、音乐、故事、儿歌,以及常识等学科的教材。但在实施时,则应彻底打破各学科的界限。在活动进行中,教师应在各科教材中选择与学习单元有关的材料并加以运用,适当配合幼儿实际行为的发展,使各科教材自然地融合在幼儿生活中,力求做到从生活中来,从生活中发展,也从生活中结束。

> **真题面对面**
>
> [2023上半年真题]张雪门"行为课程"的理论基础是(　　　)
>
> A.杜威实用主义哲学　　　　　B.建构主义心理学
>
> C.人本主义心理学　　　　　　D.行为主义心理学
>
> 答案:A。

考点 9 张宗麟

张宗麟是我国第一位男性幼稚园教师,他的主要著作有《幼稚教育概论》《调查江浙幼稚教育后的感想》等。张宗麟在南京鼓楼幼稚园任职期间,做了大量的观察和实验,为我国幼儿教育中国化和科学化做出了突出贡献,也开创了我国幼儿教育实践研究和实验研究的先河。

他分析了当时世界上幼儿园课程发展的历史和新趋势,概括得出幼稚园课程大致分为音乐、游戏、故事、图画、自然、识数等。他认为,幼稚园课程,应以促进幼儿的全面发展为目的;课程的内容,应来源于儿童的自发活动,来源于儿童与自然界和人类接触的经验,也来源于人类流传下来的经验。幼稚园课程制定的总原则是"生活便是经验,整个的社会便是学校"。具体要求包括:要多注意儿童动的工作;鼓励幼儿多与自然界接触,保持他们对大自然的浓厚兴趣;注意儿童个体的小社会,为儿童提供充分的自我表现机会;多注意儿童的直接经验。他总结的"中心制"课程,是我国当前提倡的综合式课程的前身。

四、幼儿园教育 【9年2考】

考点 1 幼儿园教育的概念

幼儿园教育是指由幼儿园承担的、由专职幼教工作者根据社会需求,对在园幼儿实施有目的、有计划、有组织的,以促进其身心全面发展的社会活动。

考点 2 幼儿园教育的目标

我国幼儿园教育的目标是对幼儿实施德、智、体、美等方面全面发展的教育,促进其身心和谐发展。

考点 3 幼儿园教育的基本特点

1. 保教结合

学前期是儿童生长发育十分迅速的阶段,也是身体各种器官、各个系统的机能还没有发育成熟和完善的时期。因此,对幼儿的教育要特别强调保育和教育相结合,一切教育活动都是在保育的前提下进行的。

2. 基础性

幼儿园教育的基础性指的是幼儿园在整个学制中处于基础阶段,为幼儿的发展奠定

基础。首先,幼儿园教育是个人发展的基础。其次,幼儿园教育是整个教育体系的基础。教育体系由学前教育、初等教育、中等教育和高等教育组成。在这一体系中,幼儿园教育位于教育链条的起点,是整个教育体系的基础。

3. 启蒙性

所谓启蒙性是指通过选择适合幼儿的生理特点、知识经验和认知水平的内容与方法,开启幼儿的智慧和心灵,培育他们优良的个性品质。幼儿园教育的责任就是对幼儿进行启蒙教育。具体表现有:(1)幼儿园教育的目的就是启蒙教育;(2)幼儿园教育的内容是启蒙性的;(3)幼儿园教育的方法是启蒙性的。

4. 非义务性

我国的法律没有规定幼儿必须到学前教育机构接受保育和教育,国家提供的幼儿园教育也不是义务的和免费的,它不同于义务教育具有强制、免费的性质。但非义务性并不是说幼儿园教育不重要,它对幼儿的启蒙作用具有不可替代性。

5. 直接经验性

幼儿园教育必须基于直接经验进行,在幼儿园教育中要注意为幼儿提供丰富的实物材料和真实的生活情形,帮助他们获得直接经验。

考点4 我国幼儿园教育的任务

⭐ **考频分布** 2019 上单选,2018 上单选

我国幼儿园具有为幼儿和幼儿家长服务的"双重任务"。《幼儿园工作规程》指出,幼儿园的任务之一是"贯彻国家的教育方针,按照保育与教育相结合的原则,遵循幼儿身心发展特点和规律,实施德、智、体、美等方面全面发展的教育,促进幼儿身心和谐发展";其二是"幼儿园同时面向幼儿家长提供科学育儿指导"。

1. 幼儿园为幼儿实施保育和教育

以幼儿园为代表的幼儿教育机构是我国对幼儿实施保育和教育的组织。"保教结合"是从幼儿年龄的特点出发,最深刻地反映了幼儿教育的规律与其他教育的根本区别。阐明了"保""教"两者结合的关系,相互渗透,保中有教,教中有保。因此,幼儿园通过对幼儿实施德、智、体、美等方面全面发展的教育,促进幼儿身心和谐发展。

2. 幼儿园同时面向幼儿家长提供科学育儿指导

幼儿园不仅是教育机构,也是社会福利机构,负有为在园幼儿家长服务的任务。幼儿园保护和照顾幼儿,有助于解决家长因工作、学习而无人照顾子女的问题。

此外,为基础教育打好基础也是幼儿园的重要任务。

[2019 上半年真题]幼儿园的双重任务是(　　)

A.保教幼儿和服务家长　　　　　B.看护幼儿和服务家长

C.培养习惯和传递知识　　　　　D.保育和教育幼儿

答案:A。

第三节　幼儿园全面发展教育

思维导图

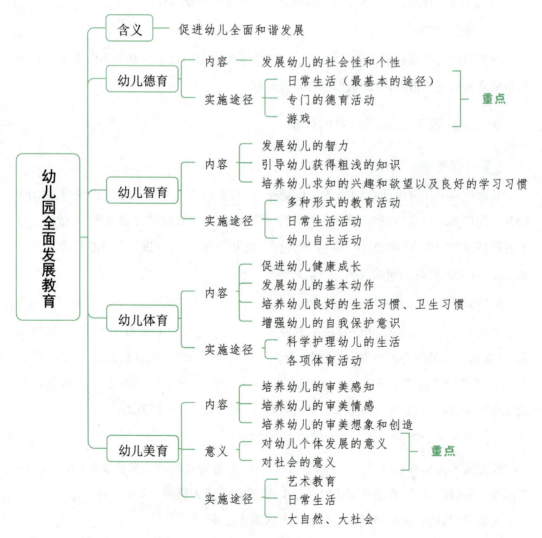

 考向分析

本节属于学前教育原理的基础知识,内容琐碎,在考试中以单项选择题和简答题的形式考查。汇总分析 2015 年至 2023 年的真题试卷,本节知识考查情况统计如下:

知识	考点	考频	题型
幼儿德育	实施幼儿德育最基本的途径	1	单选
幼儿美育	幼儿美育的意义	1	简答

核心考点

一、幼儿园全面发展教育的含义

幼儿园全面发展教育是指以幼儿身心发展的现实与可能为前提,以促进幼儿在德、智、体、美诸方面全面和谐发展为宗旨,并以适合幼儿身心发展特点的方式、方法、手段加以实施的,着眼于培养幼儿基本素质的教育。对幼儿实施全面发展教育是我国幼儿教育的基本出发点,也是我国幼儿教育法规所规定的幼儿教育的任务。

全面发展是针对片面发展而言的,偏重任何一个方面或忽视任何一个方面的发展都不是全面发展;全面发展并不意味着个体在德、智、体、美诸方面齐头并进地、平均地发展,也不意味着个体的各个发展侧面可以各自孤立地发展。因此,幼儿园的全面发展教育在保证幼儿德、智、体、美诸方面全面发展的基础上,可以允许幼儿个体在某方面突出一些。同时,应注重幼儿各方面发展的和谐与协调。

二、幼儿德育 【9 年 1 考】

考点 1　幼儿德育的概念

德育即道德教育。道德是在一定社会条件下形成与发展起来的人们共同生活的行为准则的总和,也是评价人们行为的标准。社会道德在个体身上再现为道德品质,德育实质上就是社会道德个体化的过程。

幼儿德育是道德教育的起始阶段,是根据幼儿身心发展的特点和实际情况,对幼儿

179

实施的品德教育。

考点2 幼儿德育的内容

幼儿品德教育的内容主要包括发展幼儿的社会性与发展幼儿个性两个方面。

1.发展幼儿的社会性

幼儿社会性发展是通过自身的社会化过程实现的。社会化过程是个体了解社会对他有哪些需要与期望,规定了哪些行为规范,并使自己逐步实现这些期待的过程,是个体适应社会的漫长的发展过程。

2.发展幼儿的个性

幼儿德育要培养幼儿的良好个性品质。如良好的性格,有自信心、主动性、独立性,诚实、勇敢、意志坚强等。

考点3 实施幼儿德育的途径

⭐ **考频分布** 2015 上单选

1.日常生活是实施幼儿德育最基本的途径

幼儿德育应贯穿于幼儿的日常生活之中。幼儿在日常生活中,在与同伴、成人交往的过程中,了解人与人之间、人与社会之间、人与物之间的关系,了解一定的行为准则,并且进行各种行为练习,逐步形成某些良好的行为品质。

2.专门的德育活动是实施幼儿德育的有效手段

专门的德育活动是指教师根据幼儿的年龄特征与各年龄班德育的内容与要求,结合本班幼儿的实际情况、行为表现,有目的、有计划地组织的德育活动,也就是为实现某项德育内容而组织的教育活动。

3.利用游戏培养幼儿良好的道德行为

游戏是幼儿园的基本活动,也是德育的基本形式。在游戏过程中,幼儿自发地扮演一定的社会角色,实践一定的社会行为,体验一定的社会情感,对幼儿社会性发展有着其他任何形式都难以替代的效果。

三、幼儿智育

考点1 幼儿智育的概念

幼儿智育是有目的、有计划地让幼儿获得粗浅的知识技能,发展智力,增进对周围事

物的求知兴趣,学习"如何学习",并养成良好学习习惯的教育过程。幼儿智育应当根据幼儿发展的特点来进行。

考点2 幼儿智育的内容

1.发展幼儿的智力

智力包括观察力、注意力、记忆力、思维力、想象力和创造力等要素,其中思维力是智力的核心。发展幼儿智力不仅包括促进幼儿认识能力的发展,培养其良好智力品质,还包括帮助幼儿尝试使用智力活动的方法和技能。

2.引导幼儿获得粗浅的知识

幼儿学习的知识包括与他们生活密切相关的生活常识、社会常识、自然常识,以及幼儿能够理解的科学技术知识,与国家政治生活有关的初步知识等。

3.培养幼儿求知的兴趣和欲望以及良好的学习习惯

保护幼儿的好奇心并发展为学习的兴趣和欲望是幼儿智育的重要内容,包括幼儿学习时能否集中注意力、能否积极克服困难、能否爱护文具、能否认真完成学习任务等,是幼儿获得知识、继续学习的重要条件。

考点3 实施幼儿智育的途径

1.组织多种形式的教育活动,发展幼儿智力

幼儿园应将幼儿亲自动手的实践活动作为实施智育的主要途径。根据幼儿的年龄特点和身心发展规律,引导他们从事不同水平的游戏和操作活动,让他们在实际操作中去发现问题、解决问题,从中体验丰富的感性经验,更新认知结构,发展思维能力。如在科学活动中,幼儿利用教师准备的材料,探究物品在水中的沉浮。

2.日常生活活动是实施智育的重要途径

教师可以顺水推舟,通过幼儿在日常生活中遇到的问题,增进其对周围环境的认识,发展思维能力,获得丰富的感性经验和直接知识,促进幼儿智力发展。如利用散步引导幼儿观察了解季节变化和动植物生长的关系等。

3.创设宽松、自由的环境,让幼儿自主活动

教师应当为幼儿提供良好的环境,重视建立与幼儿的和谐关系,鼓励幼儿自主活动,允许幼儿犯错误,尊重幼儿的想法和创造,让幼儿的各种能力得到充分自由的发展。

四、幼儿体育

考点1 幼儿体育的概念

幼儿体育是指幼儿园进行的,遵循幼儿身体生长发育的规律,运用科学的方法以增强幼儿的体质、保证幼儿健康为目的的一系列教育活动。幼儿体育在整个幼儿园教育中具有十分重要的意义。

考点2 幼儿体育的内容

1. 促进幼儿健康成长

幼儿园体育可以促进幼儿各方面的健康成长。为保证幼儿的健康,需要:(1)创设良好的生活环境;(2)制定、执行合理的生活制度和卫生保健制度;(3)积极锻炼幼儿的身体;(4)为幼儿提供合理的膳食;(5)重视幼儿的心理健康。

2. 发展幼儿的基本动作

基本动作主要指走、跑、跳、平衡、投掷、钻爬、攀登等。发展幼儿的基本动作可以通过游戏、体操、户外体育活动、体育课等来完成。

3. 培养幼儿良好的生活习惯、卫生习惯

幼儿良好的生活、卫生习惯的培养主要是通过日常生活中的反复训练、培养形成的。

4. 增强幼儿的自我保护意识

针对幼儿好奇、好动,对生活中的危险缺乏应对经验,自我保护能力差的特点,应对幼儿进行必要的安全教育,培养幼儿的自我保护能力。

考点3 实施幼儿体育的途径

1. 为幼儿创设良好的生活环境,科学护理幼儿的生活

(1)物质环境的创设

①合乎要求的房屋、设备和场地;②合理科学的生活制度;③完善、严格的卫生保健制度;④合理、丰富的营养和膳食。

(2)心理环境的创设

①平等、和谐的人际关系,特别是良好的师生关系;②宽松、自由、愉快的生活气氛。

2. 精心组织各项体育活动,提高幼儿的健康水平

幼儿园体育活动的组织形式有早操、体育课、户外游戏活动等。在组织幼儿开展体育活动时,要尽量减少幼儿等待、排队的时间。要注意幼儿的安全,但不要因噎废食,限制太多;要注意运动量的适宜性,避免活动不充分或过度疲劳现象的发生。幼儿户外活动时间每天不得少于 2 小时,寄宿制幼儿园不得少于 3 小时,高温、高寒地区可酌情增减。

五、幼儿美育 【9 年 1 考】

考点 1 幼儿美育的概念

幼儿美育是美育的一部分,是根据幼儿身心特点,利用美的事物和丰富的审美活动来培养幼儿感受美、表现美的情趣和能力的教育。

考点 2 幼儿美育的内容

1. 培养幼儿的审美感知

审美感知是审美活动的开端和基础。培养幼儿的审美感知就是积极引导幼儿去亲身感受和体验现实生活和周围自然环境中的美,使其对美变得敏感起来,能在平常的事物中、生活中发现美、感受美。

2. 培养幼儿的审美情感

幼儿的社会情感已经初步发展,但尚不具有分化、成熟的审美情感,只要给幼儿提供美的事物,让他们能够理解美的形式所包含的美的意义,就能激发他们的情感体验,让他们从直觉开始,产生最初的审美情感,并将此情感一直贯穿于他们整个的审美活动。

3. 培养幼儿的审美想象和创造

营造一个宽松的气氛让幼儿能自由地想象、创造,提供一个开放的环境让幼儿能开阔眼界,获得丰富的刺激,创设幼儿能充分显示自己创造能力的机会和条件,等等,都是美育的重要内容。

考点 3 幼儿美育的意义

⭐ **考频分布** 2018 下简答

1. 对幼儿个体发展的意义

(1)美育通过艺术形象的魅力,潜移默化地感染和熏陶幼儿的心灵,使幼儿在感受美的同时,发展积极向上的精神和活泼开朗的性格,产生美好的情感和情绪体验。

（2）美育帮助幼儿开阔视野、增长知识、发展智力。幼儿在艺术活动中实现着内在的认知活动和外在的表现活动的统一。

（3）美育通过艺术活动帮助幼儿借助形象化的方式认识世界,弥补了用语言和逻辑推理的方式进行学习的不足,有利于促进幼儿大脑左右半球的均衡发展。

2. 对社会的意义

（1）美育是培养人良好的精神面貌的方法之一。人高尚的道德情操和道德行为与对美的追求常常是统一在一起的。因此,美育是建立文明社会不可缺少的部分。

（2）对幼儿实施美育有利于促进幼儿形成健全的人格,这就为提高全民族的素质奠定了基础。

考点4　实施幼儿美育的途径

1. 艺术教育是幼儿美育的主要途径

幼儿园的艺术教育主要通过音乐活动、绘画活动、手工制作等来实施。在这些活动中,发展幼儿的听觉、视觉、触觉、身体感觉等的综合审美感知,让幼儿被歌曲、旋律、舞蹈、绘画、工艺品等所感染,产生情感体验,并激起表达美、创造美的欲望和行动。

2. 幼儿的日常生活是美育的重要途径

幼儿最初的美感是从日常生活开始的,因此,幼儿审美教育应当贯穿在幼儿的整个生活中,与幼儿的生活密切结合在一起,应注意引导幼儿发现、认识周围生活中平凡的人和事物的美。

3. 大自然、大社会是幼儿美育的广阔天地

引导幼儿观察和感受大自然是幼儿美育的重要途径。幼儿园尽可能地创造幼儿与自然接触的机会;利用影视、美术作品等艺术形式让幼儿去认识、感受、观赏自然中的美好事物,激发幼儿对自然美的热爱。教师要尽可能带领幼儿走出幼儿园,到现实的社会生活中去感受和接触生活中的美。如金色的稻田、雄伟的建筑、绚丽多彩的服装等,都会使人产生强烈的美感,应当引导幼儿去认识和感受,让幼儿学会分辨美丑,养成欣赏美的良好习惯。

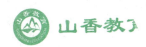

第四节 幼儿教师与儿童

思维导图

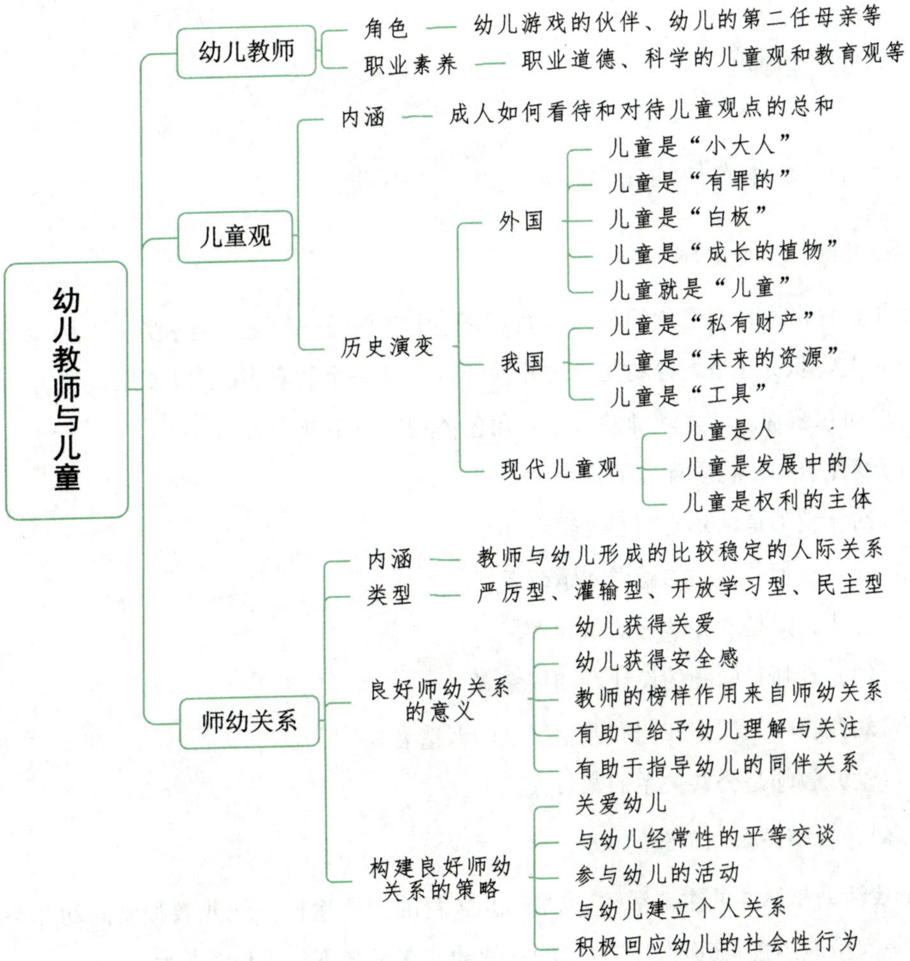
幼儿教师与儿童
幼儿教师
角色 —— 幼儿游戏的伙伴、幼儿的第二任母亲等
职业素养 —— 职业道德、科学的儿童观和教育观等
儿童观
内涵 —— 成人如何看待和对待儿童观点的总和
历史演变
外国
儿童是“小大人”
儿童是“有罪的”
儿童是“白板”
儿童是“成长的植物”
儿童就是“儿童”
我国
儿童是“私有财产”
儿童是“未来的资源”
儿童是“工具”
现代儿童观
儿童是人
儿童是发展中的人
儿童是权利的主体
师幼关系
内涵 —— 教师与幼儿形成的比较稳定的人际关系
类型 —— 严厉型、灌输型、开放学习型、民主型
良好师幼关系的意义
幼儿获得关爱
幼儿获得安全感
教师的榜样作用来自师幼关系
有助于给予幼儿理解与关注
有助于指导幼儿的同伴关系
构建良好师幼关系的策略
关爱幼儿
与幼儿经常性的平等交谈
参与幼儿的活动
与幼儿建立个人关系
积极回应幼儿的社会性行为

考向分析

本节属于学前教育原理的基础知识，内容琐碎，在考试中主要以单项选择题和论述题的形式考查。汇总分析2015年至2023年的真题试卷，本节知识考查情况统计如下：

知识	考点	考频	题型
儿童观	中外儿童观的历史演变	2	单选
师幼关系	构建良好师幼关系的意义及策略	1	论述

 核心考点

一、幼儿教师

考点1　幼儿教师的角色

1.幼儿教师是教育者

幼儿教育机构是制度化的公共教育组织,其中心任务就是教育、教导幼儿,因此,幼儿教师的主要职责还是教育幼儿。幼儿教师首先是一个教育者,所以要用教育者的标准严格要求幼儿教师。幼儿教师的教育者角色体现在以下几个方面。

(1)幼儿教师是物质环境的提供者和组织者。

(2)幼儿教师是幼儿的细心观察者和记录员。

(3)幼儿教师是幼儿的榜样和示范者。

(4)幼儿教师是幼儿学习的指导者。

(5)幼儿教师是问题的设计者和探索者。

(6)幼儿教师是教室文化和课堂气氛的营造者。

(7)幼儿教师是公共关系的调节人。

2.幼儿教师是幼儿游戏的伙伴

游戏活动是幼儿的主要活动,也是幼儿教育的主要途径。幼儿教师要同幼儿一起做游戏、一起扮演角色,在游戏中指导幼儿,使幼儿在不知不觉中接受教师的指导。

3.幼儿教师是幼儿的第二任母亲

幼儿生活经验缺乏,身心发展水平较低,对成人的依赖性还很强。幼儿教师要善于满足幼儿依赖的需要,做他们的亲人,成为他们尊敬和爱戴的长者。幼儿教师给予幼儿母爱和母亲般的照顾,有利于消除幼儿离家后的焦虑与不安,使幼儿产生"托儿所、幼儿园是我家"的感觉,这样,幼儿就能安心、愉快地在幼儿园生活和学习。

4.幼儿教师是幼儿的知心朋友

幼儿教师可以走进幼儿的内心世界,关心和洞察他们的内心世界。幼儿也可以走进

教师的生活里,与教师同喜同忧,学会观察和理解自己的老师。

5.幼儿教师是研究者和理论的建构者

幼儿教师的工作不是一成不变的,而是富有创造性的,出色的幼儿教师不仅要较好地扮演以上几种角色,还要成为学前教育的研究者。在实践中不断地反思,积极参与教育科学研究,善于以理论指导实践,同时也要能及时把经验上升到理论,使理论和实践相互促进,这样才能使自己的工作保持活力和生机,才能实现自身的专业化发展。

考点2　幼儿教师的职业素养

教师职业是由教育教学专业人员在社会分工条件下所从事的培养人的活动。幼儿教师的职业素养是幼儿教育工作对幼儿教师提出的专业化的要求,是幼儿教师开展幼儿教育工作必须具备的素质,主要包括职业道德、科学的儿童观和教育观、合理的知识结构和能力结构、良好的心理素质和身体素质。

二、儿童观　【9年2考】

考点1　儿童观的内涵

儿童观是成人如何看待和对待儿童的观点的总和。儿童观和教育观一样,属于社会意识形态,是社会存在的一种反映。它主要包括这几个方面:人们对儿童的地位和权益的看法,对儿童的特质和能力的认识程度,儿童期的意义以及儿童在其发展过程中所起的作用等。

考点2　儿童观的历史演变

1.外国儿童观的历史演变

⭐ **考频分布**　**2022** 上单选

(1)儿童是"小大人"

持有这种观点的人没有把儿童作为儿童看待,而仅仅当作氏族部落的未来成员,当作"缩小"的大人。成人要求儿童像成人一样做事情,早日独立生活。

(2)儿童是"有罪的"

持有这种观点的人认为,儿童一生下来,就充满罪恶,是有罪的"羔羊",卑贱无知,成人应该对他们严加管束、约制,使儿童能不断地进行赎罪。

（3）儿童是"白板"

持有这种观点的人认为，儿童刚生下来的时候，其心灵就像一块白板，成人可以任意塑造成各种各样的"东西"；就像是一张白纸，洁白无瑕，成人可以在上面画最新最美的图画；就像是一个空容器，成人可以任意填塞，把各种知识经验灌输进去，而不考虑儿童的需要。

（4）儿童是"成长的植物"

捷克人文主义思想家和教育家夸美纽斯提出了著名的"种子论"，认为在人的身上自然地播种有知识、道德和虔诚的种子，通过教育便可以使它们"生长"出来。

（5）儿童就是"儿童"

持有这种观点的人认为，教育应遵循儿童内在的自然法则。儿童并非生来就是"原罪"的存在，也不是"白板"，更不是"小大人"，儿童本身就具有价值，真正的教育就在于使儿童的自然本性得到发展。

2.我国儿童观的历史演变

⭐ **考频分布**　　**2019** 下单选

（1）儿童是"私有财产"

纵观古今，"老子打儿子"都被认为是天经地义的，是家庭的私事，别人无权干涉。父母可以左右儿童的命运，控制儿童的生活，决定儿童的一切事情，有权支配他们，安排他们的前途、生活。儿童被视为家庭和家族的附属品，父母的私有财产，没有独立自主的人格和地位，与其抚养人之间的关系只是一种依附关系。

（2）儿童是"未来的资源"

这种观点认为儿童是家庭和国家未来的财富和潜在力量，但并没把儿童作为独立的个体和社会群体中的成员来尊重，儿童的发展不是最终的目的，而是作为实现某种意图或政治理想的手段。

（3）儿童是"工具"

这种观点认为儿童是家族香火的延续，是光宗耀祖的希望，是传宗接代的工具。我国传统的儿童观基本上是属于工具主义，把儿童当作工具。我们的传统文化是一种成人的自我中心主义，儿童只能从属于成人，围绕成人运转。

真题面对面

[2019下半年真题]养儿防老、光宗耀祖、传宗接代等所体现的观念属于（　　　）

A. 工具主义儿童观　　　　　　　B.科学主义儿童观

C.自然主义儿童观　　　　　　　D.人文主义儿童观

答案:A。

考点3　现代儿童观

1.儿童是人

儿童是人,是具有独立个性的人;儿童有他们的尊严、秘密,有他们感知世界、思索世界的方式,有着不同于成人的独特的看法、想法和情感。而且,男女平等,不同性别的儿童应也享有均等的机会和相同的权益,受到平等的对待。

2.儿童是发展中的人

儿童不同于成人,正处于发展之中。儿童是一个全方位不断发展的"整体"的人,他们具有充分的发展潜力和可塑性,在与适当的教育与环境的相互作用下,有可能最大限度地发展儿童的潜力。我们应尊重和满足儿童各种发展的需要,尊重儿童发展的个体差异性,才能充分挖掘儿童巨大的发展潜能和被塑造与自我塑造的潜力。

3.儿童是权利的主体

儿童与成人彼此平等,具有相同的价值,法律赋予了儿童基本的人权。儿童是有能力的、积极主动的权利主体,应有主动发展自己潜能的机会,在出生、成长、发育的过程中,成为自主的行动者,能表达自己的主张和意见,充分行使自己的权利。

三、师幼关系　【9年1考】

⭐ **考频分布**　**2015** 下论述

考点1　师幼关系的内涵

师幼关系是指幼儿教师与幼儿在保教过程中形成的比较稳定的人际关系。与亲子关系的自然性不同,师幼关系是一种职务性的人际关系,但是又带有明显的情感性特征。因此,师幼关系不但影响教育教学活动的进程与效果,对幼儿的学习和幼儿园适应造成影响,而且会通过教师与幼儿之间的情感交流和行为交往对幼儿自我意识、情绪情感等身心各方面的发展产生重大影响。

考点2　师幼关系的类型

(1)严厉型。表现为师幼交往中,教师缺少对幼儿的情感支持,通常比较冷漠,批评和惩罚较多。

(2)灌输型。表现为重知识传授,很少根据幼儿的实际情况调整教育活动,在集体教育活动中总是说得多,导致儿童的自主探究减少。

(3)开放学习型。表现为重视幼儿知识的获得,经常采用鼓励幼儿自主探究、自我发现的方法。

(4)民主型。表现为更重视幼儿的全面发展,并能充分理解和尊重幼儿的兴趣和需要。

考点3　构建良好师幼关系的意义

1.幼儿从与教师的关系中获得关爱

幼儿可以从教师的爱心和保护中,获得精神需要的满足。教师对幼儿的关爱是在一定师幼关系中实现的,脱离一定的师幼关系就不可能存在对幼儿真正的关爱。

2.幼儿获得来自教师的安全感

幼儿的安全感主要是指心理上的安全感,一般情况下,这种安全感来自幼儿可信赖的成人。教师充满期待和关爱的眼神、目光、微笑、点头等都是幼儿学习和发展的动力。幼儿从良好的师幼关系中可以获得心理上的安全感。

3.教师的榜样作用来自一定的师幼关系之中

教师要发挥应有的榜样作用需要与幼儿建立平等交往的关系,教师以关怀、接纳、开放的态度与幼儿相处,可以让幼儿深深感受到教师的行为方式和态度。教师对幼儿的要求同时也是对自己的要求,对自己的要求要高于对幼儿的要求。

4.良好的师幼关系有助于教师给予幼儿更多的理解与关注

如果教师与幼儿建立了一种良好的关系,教师自然会理解孩子们的所作所为,并会对孩子们的行为做出适当的反应。比如,用语言、目光、微笑、点头及其他身体语言给幼儿以赞赏、鼓励、安慰或阻止、劝说、建议等,对幼儿的行动表示支持或不支持。

5.良好的师幼关系有助于教师指导幼儿之间的同伴关系

帮助幼儿建立良好的同伴关系是教师的职责,教师与幼儿的关系也会影响幼儿之间的同伴关系。良好的师幼关系会促进幼儿同伴之间的关系。如果教师能够经常与儿童进行面对面的、心平气和的谈话,儿童也会逐渐学会如何解决发生在同伴之间的纠纷。

考点4　构建良好师幼关系的策略

要建立良好的师幼关系,教师必须树立正确的教育观念,并且在与幼儿的交往或互动的过程中采取相应的策略。

1. 关爱幼儿

关爱幼儿是对幼儿教师的基本要求,也只有在关爱幼儿的基础上才有可能与幼儿建立良好的关系。教师对幼儿的关爱可以消除幼儿对教师的顾虑,促使幼儿敢于亲近教师、信赖教师,建立安全感。例如,幼儿入园适应过程中最常见的问题就是分离焦虑和不适应集体生活。教师的关心、爱护会使幼儿有安全感,从而获得情感上的满足,使幼儿能够接受教师,把教师当作陌生环境中可依赖的保护者,为良好师幼关系的形成奠定最初的基础。

关爱给幼儿带来自信、安全、信任感,同时也形成了幼儿对教师的依赖关系。但是,需注意的是,教师对幼儿的关爱不是体现在一时一事之中,而是体现在教师与幼儿互动的整个过程之中。

2. 与幼儿经常性的平等交谈

教师应在日常生活中就幼儿感兴趣的事物、话题与幼儿平等、亲切地交谈,这种形式的互动有利于良好师幼关系的形成。之所以强调与幼儿在日常生活中进行交谈或谈话,是为了强调交谈或谈话的随意性、自由性、平等性。因为,只有在随意、自由、平等的交谈中,才有利于师幼之间的良性互动,有利于师幼之间良好关系的形成。此外,教师面对幼儿要注意坦白诚实。

3. 参与幼儿的活动

师幼关系是以教师与幼儿之间一定的互动或交往活动为基础的,离开师幼之间的互动或交往活动,我们所说的"师幼关系"也就不复存在。教学活动固然可以说是师幼之间的一种互动或交往活动,但这只是教师主导的活动,对于形成优质的师幼关系来说是远远不够的。在幼儿园的教育活动中,有许多是幼儿自主的活动,如游戏活动、区域活动以及幼儿的个别活动等,教师应该积极地参与到幼儿自主的活动中去。这要求教师做到:(1)以普通的活动参与者心理参与;(2)积极主动地与幼儿交往;(3)对幼儿和幼儿的活动真正关注并感兴趣。

4. 与幼儿建立个人关系

教师与个别幼儿的关系,尤其是与班级里特殊幼儿的关系,常常会影响着教师与其他幼儿的关系。教师应该设法与个别幼儿建立良好的个人关系,并以个人关系影响与其他幼儿的关系。

当然,教师要能够处理好自己与个别幼儿和自己与其他大多数幼儿之间的关系,以个别关系带动与其他幼儿的普遍关系,而不能因与个别幼儿的关系损害与其他大多数幼儿的关系。

5.积极回应幼儿的社会性行为

教师应该对幼儿的行为做出适当的反应,尤其是一些良好的社会性行为,如具有合作、谦让、互助、负责、正直、友好、勇敢等特征的行为,教师更应给予积极的关注和回应。这要求教师做到:(1)理解与宽容地对待幼儿的错误;(2)帮助幼儿形成良好的同伴关系;(3)帮助幼儿摆脱不良行为习惯。

此外,教师应对幼儿一视同仁、因人施教,应做到以身作则、为人师表。

> **真题面对面**
>
> [2015 下半年真题]试述积极师幼关系的意义,并联系实际谈谈教师应如何建立积极的师幼关系。
>
> **参考答案:**详见内文。

第五节　幼儿园班级管理

思维导图

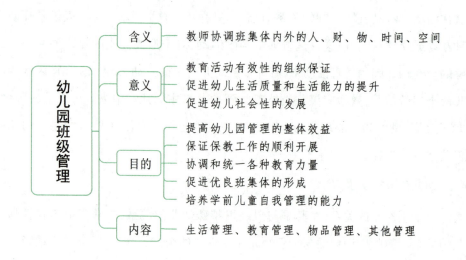

幼儿园班级管理
- 含义 —— 教师协调班集体内外的人、财、物、时间、空间
- 意义
  - 教育活动有效性的组织保证
  - 促进幼儿生活质量和生活能力的提升
  - 促进幼儿社会性的发展
- 目的
  - 提高幼儿园管理的整体效益
  - 保证保教工作的顺利开展
  - 协调和统一各种教育力量
  - 促进优良班集体的形成
  - 培养学前儿童自我管理的能力
- 内容 —— 生活管理、教育管理、物品管理、其他管理

将心注入,用双手把考生托上岸

 考向分析

　　本节属于学前教育原理的基础知识,考频不高,要求考生识记的内容不多。在考试中以论述题的形式考查。汇总分析 2015 年至 2023 年的真题试卷,本节知识考查情况统计如下:

知识	考点	考频	题型
幼儿园班级管理	幼儿园班级管理的内容	1	论述

核心考点

一、幼儿园班级管理的含义和意义

考点1　幼儿园班级管理的含义

　　幼儿园班级管理是指班级教师通过计划、组织、实施、调整等过程协调班集体内外的人、财、物、时间、空间,以达到高效率实现保育和教育目的的综合性活动。

考点2　幼儿园班级管理的意义

　　班级管理是搞好幼儿园管理的基础工程,是提高保教质量的基本保证,必须予以高度重视。

　　幼儿园班级管理的意义在于:(1)班级管理是幼儿园教育活动有效性的组织保证;(2)班级管理能促进幼儿生活质量和生活能力的提升;(3)班级管理有助于促进幼儿社会性的发展。

二、幼儿园班级管理的目的

1.提高幼儿园管理的整体效益

　　幼儿园班级管理属于最基层的管理。幼儿园班级管理的任务和目的属于幼儿园总任务和总目标的子系统,它的水平制约并影响着幼儿园的整体管理水平,只有各班级管理目标的实现,才能推动学前儿童的全面发展,保证整个幼儿园总目标的完成,促进幼儿

园整体效益的提高。

2. 保证保教工作的顺利开展

班级是幼儿园进行保育和教育工作的基本单位。班级管理水平的提高不仅使保教工作顺利进行,而且有利于高效利用幼儿园提供的各种教育资源,提高日常管理效率。

3. 协调和统一各种教育力量

家庭、幼儿园、社区是影响学前儿童发展的三种基本力量,只有三位一体,形成教育合力,才能促进学前儿童健康成长。作为班级管理者的教师,要注意积极与家长、社区进行沟通,统一三种力量于一体,共同作用于学前儿童,以保证学前儿童获得最大限度的发展。

4. 促进优良班集体的形成

班级是学前儿童群体活动和交往的主要场所,一个良好的班级能够对学前儿童产生积极的影响。有效的班级管理能够促使优秀班集体的形成,让学前儿童潜移默化地受到集体的熏陶,进而健康成长。

5. 培养学前儿童自我管理的能力

对学前儿童而言,自我管理能力主要包括生活自理能力、任务执行能力、自我控制能力和自我认识能力等。幼儿园班级管理首先要培养学前儿童生活自理能力,如整理与保管自己的物品等。其次要培养学前儿童的任务执行能力,包括时间概念的形成,完成老师指定的任务等。再次是自我控制能力的养成,主要是自我行为控制与自我情绪控制能力的培养。最后,要让学前儿童学会正确认识自我,包括了解自身的兴趣与喜好、义务与责任,并学会对自己的行为负责。

三、幼儿园班级管理的内容 【9年1考】

⭐ **考频分布** **2020** 下论述

幼儿园班级管理要求协调好班级保教人员、幼儿及其他管理要素之间的关系,明确幼儿园班级管理的内容。只有明确了班级管理工作的内容,才能对班级保教工作的有关人、财、物进行合理组织和协调。

考点 1 生活管理

幼儿园生活管理是为了保证幼儿的身体正常发育、心理健康成长,保教人员围绕幼

儿在园起居、饮食等生活活动的需要而进行的管理工作。生活管理包括睡眠、饮食、如厕、衣着等全部生活内容,是保育工作的重要内容,是教育工作的前提与基础,是班级管理的主要内容。

考点2 教育管理

幼儿园班级教育管理是指保教人员在班主任教师带领下对班级幼儿进行调查研究,对教育过程精心设计、组织,对教育效果进行细致评估的一系列工作。教育管理对于明确教育目标、优化教育方法、保证教育效果起着重要作用。

考点3 物品管理

人、财、物、时间、空间、信息是班级管理的重要因素,班级物品摆放得当,能给儿童一个整齐有序的环境,有利于儿童生活和活动,有利于儿童成长,同时也方便教师使用。班级物品包括小床、小被等生活用品,玩具、学具等学习用品以及钢琴、电视等教师教学物品。

考点4 其他管理

幼儿园班级管理除了着重进行生活、教育管理外,还有许多与之相关的其他管理。如班级间交流管理、家庭教育管理、幼儿社区活动管理等,它们也是幼儿园班级常规管理的重要组成部分。

> **真题面对面**
>
> [2020下半年真题]试述幼儿园班级管理工作的主要内容。
>
> **参考答案:**详见内文。

第六节　幼儿教育法规

思维导图

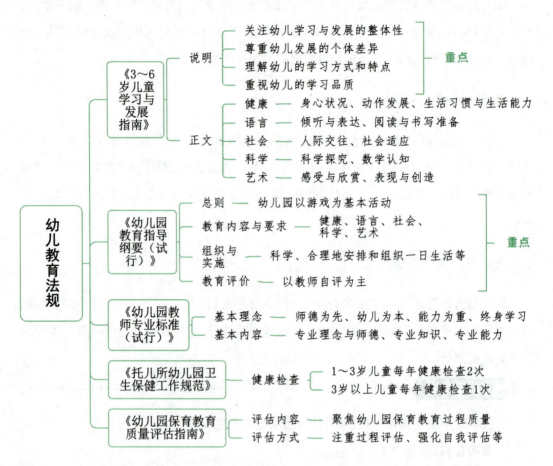

<table>
<tr><td rowspan="5">幼儿教育法规</td><td rowspan="2">《3~6岁儿童学习与发展指南》</td><td>说明</td><td>关注幼儿学习与发展的整体性
尊重幼儿发展的个体差异
理解幼儿的学习方式和特点
重视幼儿的学习品质</td><td>重点</td></tr>
<tr><td>正文</td><td>健康 —— 身心状况、动作发展、生活习惯与生活能力
语言 —— 倾听与表达、阅读与书写准备
社会 —— 人际交往、社会适应
科学 —— 科学探究、数学认知
艺术 —— 感受与欣赏、表现与创造</td><td></td></tr>
</table>

考向分析

　　本节属于学前教育原理的重要知识，识记性内容较多。在考试中主要以单项选择题、简答题、论述题和材料分析题的形式考查。汇总分析 2015 年至 2023 年的真题试卷，本节知识考查情况统计如下：

知识	考点	考频	题型
《3~6岁儿童学习与发展指南》	实施《指南》应把握的几个方面	6	单选、简答、论述
	五个领域的发展目标与教育建议	13	单选、材料分析

知识	考点	考频	题型
《幼儿园教育指导纲要（试行)》	五个领域的教育内容与要求	7	单选、简答、论述
	幼儿园教育组织与实施	6	单选、简答、材料分析
	幼儿园教育评价	2	单选
《幼儿园教师专业标准（试行)》	基本理念	2	单选、简答
	基本内容	2	论述、材料分析
《托儿所幼儿园卫生保健工作规范》	儿童健康检查	2	单选
	工作人员健康检查	1	单选
《幼儿园保育教育质量评估指南》	评估内容	1	单选

 核心考点

一、《3～6岁儿童学习与发展指南》 【9年19考】

⭐ **考频分布** 2015—2023年以单选题形式考查16次，以简答题形式考查1次，以论述题形式考查1次，以材料分析题形式考查1次

3～6岁儿童学习与发展指南

教育部

2012年10月

说明

一、为深入贯彻《国家中长期教育改革和发展规划纲要（2010～2020年）》和《国务院关于当前发展学前教育的若干意见》（国发〔2010〕41号），指导幼儿园和家庭实施科学的保育和教育，促进幼儿身心全面和谐发展，制定《3～6岁儿童学习与发展指南》（以下简称《指南》）。

二、《指南》以为幼儿后继学习和终身发展奠定良好素质基础为目标，以促进幼儿体、智、德、美各方面的协调发展为核心，通过提出3～6岁各年龄段儿童学习与发展目标和相应的教育建议，帮助幼儿园教师和家长了解3～6岁幼儿学习与发展的基本规律和特点，建立对幼儿发展的合理期望，实施科学的保育和教育，让幼儿度过快乐而有意义的童年。

三、《指南》从健康、语言、社会、科学、艺术五个领域描述幼儿的学习与发展。每个领域按照幼儿学习与发展最基本、最重要的内容划分为若干方面。每个方面由学习与发展目标和教育建议两部分组成。

目标部分分别对3~4岁、4~5岁、5~6岁三个年龄段末期幼儿应该知道什么、能做什么，大致可以达到什么发展水平提出了合理期望，指明了幼儿学习与发展的具体方向；教育建议部分列举了一些能够有效帮助和促进幼儿学习与发展的教育途径与方法。

四、实施《指南》应把握以下几个方面：

1. 关注幼儿学习与发展的整体性。儿童的发展是一个整体，要注重领域之间、目标之间的相互渗透和整合，促进幼儿身心全面协调发展，而不应片面追求某一方面或几方面的发展。

实施指南应把握的几个方面

2. 尊重幼儿发展的个体差异。幼儿的发展是一个持续、渐进的过程，同时也表现出一定的阶段性特征。每个幼儿在沿着相似进程发展的过程中，各自的发展速度和到达某一水平的时间不完全相同。要充分理解和尊重幼儿发展进程中的个别差异，支持和引导他们从原有水平向更高水平发展，按照自身的速度和方式到达《指南》所呈现的发展"阶梯"，切忌用一把"尺子"衡量所有幼儿。

3. 理解幼儿的学习方式和特点。幼儿的学习是以直接经验为基础，在游戏和日常生活中进行的。要珍视游戏和生活的独特价值，创设丰富的教育环境，合理安排一日生活，最大限度地支持和满足幼儿通过直接感知、实际操作和亲身体验获取经验的需要，严禁"拔苗助长"式的超前教育和强化训练。

4. 重视幼儿的学习品质。幼儿在活动过程中表现出的积极态度和良好行为倾向是终身学习与发展所必需的宝贵品质。要充分尊重和保护幼儿的好奇心和学习兴趣，帮助幼儿逐步养成积极主动、认真专注、不怕困难、敢于探究和尝试、乐于想象和创造等良好学习品质。忽视幼儿学习品质培养，单纯追求知识技能学习的做法是短视而有害的。

真题面对面

[2018 上半年真题]下列针对幼儿个体差异的教育观点，哪种不妥（　　　）

A. 应关注和尊重幼儿不同的学习方式和认知风格

B. 应支持幼儿富有个性和创造性的学习与探索

C. 应确保每位幼儿在同一时间达成同样目标

D. 应对有特殊需要的幼儿给予特别关注

答案:C。《指南》中明确指出,每个幼儿在沿着相似进程发展的过程中,各自的发展速度和到达某一水平的时间不完全相同,而 C 项要求幼儿在同一时间达成同样目标,是无视幼儿发展的个体差异的表现。因此该观点不妥,故选 C。

一、健康

健康是指人在身体、心理和社会适应方面的良好状态。幼儿阶段是儿童身体发育和机能发展极为迅速的时期,也是形成安全感和乐观态度的重要阶段。发育良好的身体、愉快的情绪、强健的体质、协调的动作、良好的生活习惯和基本生活能力是幼儿身心健康的重要标志,也是其他领域学习与发展的基础。

为有效促进幼儿身心健康发展,成人应为幼儿提供合理均衡的营养,保证充足的睡眠和适宜的锻炼,满足幼儿生长发育的需要;创设温馨的人际环境,让幼儿充分感受到亲情和关爱,形成积极稳定的情绪情感;帮助幼儿养成良好的生活与卫生习惯,提高自我保护能力,形成使其终身受益的生活能力和文明生活方式。

幼儿身心发育尚未成熟,需要成人的精心呵护和照顾,但不宜过度保护和包办代替,以免剥夺幼儿自主学习的机会,养成过于依赖的不良习惯,影响其主动性、独立性的发展。

(一)身心状况

目标 1　具有健康的体态

3~4 岁	4~5 岁	5~6 岁
1. 身高和体重适宜。参考标准: 男孩:身高:94.9~111.7 厘米 体重:12.7~21.2 公斤 女孩:身高:94.1~111.3 厘米 体重:12.3~21.5 公斤 2. 在提醒下能自然坐直、站直。	1. 身高和体重适宜。参考标准: 男孩:身高:100.7~119.2 厘米 体重:14.1~24.2 公斤 女孩:身高:99.9~118.9 厘米 体重:13.7~24.9 公斤 2. 在提醒下能保持正确的站、坐和行走姿势。	1. 身高和体重适宜。参考标准: 男孩:身高:106.1~125.8 厘米 体重:15.9~27.1 公斤 女孩:身高:104.9~125.4 厘米 体重:15.3~27.8 公斤 2. 经常保持正确的站、坐和行走姿势。

注:身高和体重数据来源:《2006 年世界卫生组织儿童生长标准》4、5、6 周岁儿童身高和体重的参考数据。

教育建议：

1. 为幼儿提供营养丰富、健康的饮食。如：

·参照《中国孕期、哺乳期妇女和0～6岁儿童膳食指南》，为幼儿提供谷物、蔬菜、水果、肉、奶、蛋、豆制品等多样化的食物，均衡搭配。

·烹调方式要科学，尽量少煎炸、烧烤、腌制。

2. 保证幼儿每天睡11～12小时，其中午睡一般应达到2小时左右。午睡时间可根据幼儿的年龄、季节的变化和个体差异适当减少。

3. 注意幼儿的体态，帮助他们形成正确的姿势。如：

·提醒幼儿要保持正确的站、坐、走姿势；发现有八字脚、罗圈腿、驼背等骨骼发育异常的情况，应及时就医矫治。

·桌、椅和床要合适。椅子的高度以幼儿写画时双脚能自然着地、大腿基本保持水平状为宜；桌子的高度以写画时身体能坐直，不驼背、不耸肩为宜；床不宜过软。

4. 每年为幼儿进行健康检查。

目标2　情绪安定愉快

3～4岁	4～5岁	5～6岁
1.情绪比较稳定，很少因一点小事哭闹不止。 2.有比较强烈的情绪反应时，能在成人的安抚下逐渐平静下来。	1.经常保持愉快的情绪，不高兴时能较快缓解。 2.有比较强烈情绪反应时，能在成人提醒下逐渐平静下来。 3.愿意把自己的情绪告诉亲近的人，一起分享快乐或求得安慰。	1.经常保持愉快的情绪。知道引起自己某种情绪的原因，并努力缓解。 2.表达情绪的方式比较适度，不乱发脾气。 3.能随着活动的需要转换情绪和注意。

教育建议：

1. 营造温暖、轻松的心理环境，让幼儿形成安全感和信赖感。如：

·保持良好的情绪状态，以积极、愉快的情绪影响幼儿。

·以欣赏的态度对待幼儿。注意发现幼儿的优点，接纳他们的个体差异，不简单与同伴做横向比较。

·幼儿做错事时要冷静处理，不厉声斥责，更不能打骂。

2. 帮助幼儿学会恰当表达和调控情绪。如：

·成人用恰当的方式表达情绪，为幼儿做出榜样。如生气时不乱发脾气，不迁怒于人。

·成人和幼儿一起谈论自己高兴或生气的事,鼓励幼儿与人分享自己的情绪。

·允许幼儿表达自己的情绪,并给予适当的引导。如幼儿发脾气时不硬性压制,等其平静后告诉他什么行为是可以接受的。

·发现幼儿不高兴时,主动询问情况,帮助他们化解消极情绪。

目标3　具有一定的适应能力

3~4岁	4~5岁	5~6岁
1.能在较热或较冷的户外环境中活动。 2.换新环境时情绪能较快稳定,睡眠、饮食基本正常。 3.在帮助下能较快适应集体生活。	1.能在较热或较冷的户外环境中连续活动半小时左右。 2.换新环境时较少出现身体不适。 3.能较快适应人际环境中发生的变化。如换了新老师能较快适应。	1.能在较热或较冷的户外环境中连续活动半小时以上。 2.天气变化时较少感冒,能适应车、船等交通工具造成的轻微颠簸。 3.能较快融入新的人际关系环境。如换了新的幼儿园或班级能较快适应。

教育建议:

1.保证幼儿的户外活动时间,提高幼儿适应季节变化的能力。

·幼儿每天的户外活动时间一般不少于两小时,其中体育活动时间不少于1小时,季节交替时要坚持。

·气温过热或过冷的季节或地区应因地制宜,选择温度适当的时间段开展户外活动,也可根据气温的变化和幼儿的个体差异,适当减少活动的时间。

2.经常与幼儿玩拉手转圈、秋千、转椅等游戏活动,让幼儿适应轻微的摆动、颠簸、旋转,促进其平衡机能的发展。

3.锻炼幼儿适应生活环境变化的能力。如:

·注意观察幼儿在新环境中的饮食、睡眠、游戏等方面的情况,采取相应的措施帮助他们尽快适应新环境。

·经常带幼儿接触不同的人际环境,如参加亲戚朋友聚会,多和不熟悉的小朋友玩,使幼儿较快适应新的人际关系。

（二）动作发展

目标1　具有一定的平衡能力，动作协调、灵敏

3～4岁	4～5岁	5～6岁
1. 能沿地面直线或在较窄的低矮物体上走一段距离。 2. 能双脚灵活交替上下楼梯。 3. 能身体平稳地双脚连续向前跳。 4. 分散跑时能躲避他人的碰撞。 5. 能双手向上抛球。	1. 能在较窄的低矮物体上平稳地走一段距离。 2. 能以匍匐、膝盖悬空等多种方式钻爬。 3. 能助跑跨跳过一定距离，或助跑跨跳过一定高度的物体。 4. 能与他人玩追逐、躲闪跑的游戏。 5. 能连续自抛自接球。	1. 能在斜坡、荡桥和有一定间隔的物体上较平稳地行走。 2. 能以手脚并用的方式安全地爬攀登架、网等。 3. 能连续跳绳。 4. 能躲避他人滚过来的球或扔过来的沙包。 5. 能连续拍球。

教育建议：

1. 利用多种活动发展身体平衡和协调能力。如：

· 走平衡木，或沿着地面直线、田埂行走。

· 玩跳房子、踢毽子、蒙眼走路、踩小高跷等游戏活动。

2. 发展幼儿动作的协调性和灵活性。如：

· 鼓励幼儿进行跑跳、钻爬、攀登、投掷、拍球等活动。

· 玩跳竹竿、滚铁环等传统体育游戏。

3. 对于拍球、跳绳等技能性活动，不要过于要求数量，更不能机械训练。

4. 结合活动内容对幼儿进行安全教育，注重在活动中培养幼儿的自我保护能力。

目标2　具有一定的力量和耐力

3～4岁	4～5岁	5～6岁
1. 能双手抓杠悬空吊起10秒左右。 2. 能单手将沙包向前投掷2米左右。 3. 能单脚连续向前跳2米左右。 4. 能快跑15米左右。 5. 能行走1公里左右（途中可适当停歇）。	1. 能双手抓杠悬空吊起15秒左右。 2. 能单手将沙包向前投掷4米左右。 3. 能单脚连续向前跳5米左右。 4. 能快跑20米左右。 5. 能连续行走1.5公里左右（途中可适当停歇）。	1. 能双手抓杠悬空吊起20秒左右。 2. 能单手将沙包向前投掷5米左右。 3. 能单脚连续向前跳8米左右。 4. 能快跑25米左右。 5. 能连续行走1.5公里以上（途中可适当停歇）。

教育建议:

1.开展丰富多样、适合幼儿年龄特点的各种身体活动,如走、跑、跳、攀、爬等,鼓励幼儿坚持下来,不怕累。

2.日常生活中鼓励幼儿多走路、少坐车;自己上下楼梯、自己背包。

目标3　手的动作灵活协调

3~4岁	4~5岁	5~6岁
1.能用笔涂涂画画。 2.能熟练地用勺子吃饭。 3.能用剪刀沿直线剪,边线基本吻合。	1.能沿边线较直地画出简单图形,或能边线基本对齐地折纸。 2.会用筷子吃饭。 3.能沿轮廓线剪出由直线构成的简单图形,边线吻合。	1.能根据需要画出图形,线条基本平滑。 2.能熟练使用筷子。 3.能沿轮廓线剪出由曲线构成的简单图形,边线吻合且平滑。 4.能使用简单的劳动工具或用具。

教育建议:

1.创造条件和机会,促进幼儿手的动作灵活协调。如:

· 提供画笔、剪刀、纸张、泥团等工具和材料,或充分利用各种自然、废旧材料和常见物品,让幼儿进行画、剪、折、粘等美工活动。

· 引导幼儿生活自理或参与家务劳动,发展其手的动作。如练习自己用筷子吃饭、扣扣子,帮助家人择菜叶、做面食等。

· 幼儿园在布置娃娃家、商店等活动区时,多提供原材料和半成品,让幼儿有更多机会参与制作活动。

2.引导幼儿注意活动安全。如:

· 为幼儿提供的塑料粒、珠子等活动材料要足够大,材质要安全,以免造成异物进入气管、铅中毒等伤害。提供幼儿用安全剪刀。

· 为幼儿示范拿筷子、握笔的正确姿势以及使用剪刀、锤子等工具的方法。

· 提醒幼儿不要拿剪刀等锋利工具玩耍,用完后要放回原处。

（三）生活习惯与生活能力

目标 1　具有良好的生活与卫生习惯

3~4岁	4~5岁	5~6岁
1.在提醒下，按时睡觉和起床，并能坚持午睡。	1.每天按时睡觉和起床，并能坚持午睡。	1.养成每天按时睡觉和起床的习惯。
2.喜欢参加体育活动。	2.喜欢参加体育活动。	2.能主动参加体育活动。
3.在引导下，不偏食、挑食。喜欢吃瓜果、蔬菜等新鲜食品。	3.不偏食、挑食，不暴饮暴食。喜欢吃瓜果、蔬菜等新鲜食品。	3.吃东西时细嚼慢咽。
4.愿意饮用白开水，不贪喝饮料。	4.常喝白开水，不贪喝饮料。	4.主动饮用白开水，不贪喝饮料。
5.不用脏手揉眼睛，连续看电视等不超过15分钟。	5.知道保护眼睛，不在光线过强或过暗的地方看书，连续看电视等不超过20分钟。	5.主动保护眼睛。不在光线过强或过暗的地方看书，连续看电视等不超过30分钟。
6.在提醒下，每天早晚刷牙、饭前便后洗手。	6.每天早晚刷牙、饭前便后洗手，方法基本正确。	6.每天早晚主动刷牙，饭前便后主动洗手，方法正确。

教育建议：

1.让幼儿保持有规律的生活，养成良好的作息习惯。如：早睡早起、每天午睡、按时进餐、吃好早餐等。

2.帮助幼儿养成良好的饮食习惯。如：

·合理安排餐点，帮助幼儿养成定点、定时、定量进餐的习惯。

·帮助幼儿了解食物的营养价值，引导他们不偏食不挑食、少吃或不吃不利于健康的食品；多喝白开水，少喝饮料。

·吃饭时不过分催促，提醒幼儿细嚼慢咽，不要边吃边玩。

3.帮助幼儿养成良好的个人卫生习惯。如：

·早晚刷牙、饭后漱口。

·勤为幼儿洗澡、换衣服、剪指甲。

·提醒幼儿保护五官，如不乱挖耳朵、鼻孔，看电视时保持3米左右的距离等。

4.激发幼儿参加体育活动的兴趣，养成锻炼的习惯。如：

·为幼儿准备多种体育活动材料，鼓励他选择自己喜欢的材料开展活动。

·经常和幼儿一起在户外运动和游戏，鼓励幼儿和同伴一起开展体育活动。

·和幼儿一起观看体育比赛或有关体育赛事的电视节目，培养他对体育活动的兴趣。

目标 2　具有基本的生活自理能力

3~4 岁	4~5 岁	5~6 岁
1. 在帮助下能穿脱衣服或鞋袜。 2. 能将玩具和图书放回原处。	1. 能自己穿脱衣服、鞋袜、扣纽扣。 2. 能整理自己的物品。	1. 能知道根据冷热增减衣服。 2. 会自己系鞋带。 3. 能按类别整理好自己的物品。

教育建议：

1. 鼓励幼儿做力所能及的事情,对幼儿的尝试与努力给予肯定,不因做不好或做得慢而包办代替。

2. 指导幼儿学习和掌握生活自理的基本方法,如穿脱衣服和鞋袜、洗手洗脸、擦鼻涕、擦屁股的正确方法。

3. 提供有利于幼儿生活自理的条件。如：

·提供一些纸箱、盒子,供幼儿收拾和存放自己的玩具、图书或生活用品等。

·幼儿的衣服、鞋子等要简单实用,便于自己穿脱。

目标 3　具备基本的安全知识和自我保护能力

3~4 岁	4~5 岁	5~6 岁
1. 不吃陌生人给的东西,不跟陌生人走。 2. 在提醒下能注意安全,不做危险的事。 3. 在公共场所走失时,能向警察或有关人员说出自己和家长的名字、电话号码等简单信息。	1. 知道在公共场合不远离成人的视线单独活动。 2. 认识常见的安全标志,能遵守安全规则。 3. 运动时能主动躲避危险。 4. 知道简单的求助方式。	1. 未经大人允许不给陌生人开门。 2. 能自觉遵守基本的安全规则和交通规则。 3. 运动时能注意安全,不给他人造成危险。 4. 知道一些基本的防灾知识。

教育建议：

1. 创设安全的生活环境,提供必要的保护措施。如：

·要把热水瓶、药品、火柴、刀具等物品放到幼儿够不到的地方;阳台或窗台要有安全保护措施;要使用安全的电源插座等。

·在公共场所要注意照看好幼儿;幼儿乘车、乘电梯时要有成人陪伴;不把幼儿单独留在家里或汽车里等。

2.结合生活实际对幼儿进行安全教育。如:

·外出时,提醒幼儿要紧跟成人,不远离成人的视线,不跟陌生人走,不吃陌生人给的东西;不在河边和马路边玩耍;要遵守交通规则等。

·帮助幼儿了解周围环境中不安全的事物,不做危险的事。如不动热水壶,不玩火柴或打火机,不摸电源插座,不攀爬窗户或阳台等。

·帮助幼儿认识常见的安全标识,如:小心触电、小心有毒、禁止下河游泳、紧急出口等。

·告诉幼儿不允许别人触摸自己的隐私部位。

3.教给幼儿简单的自救和求救的方法。如:

·记住自己家庭的住址、电话号码、父母的姓名和单位,一旦走失时知道向成人求助,并能提供必要信息。

·遇到火灾或其他紧急情况时,知道要拨打110、120、119等求救电话。

·可利用图书、音像等材料对幼儿进行逃生和求救方面的教育,并运用游戏方式模拟练习。

·幼儿园应定期进行火灾、地震等自然灾害的逃生演习。

二、语言

语言是交流和思维的工具。幼儿期是语言发展,特别是口语发展的重要时期。幼儿语言的发展贯穿于各个领域,也对其它领域的学习与发展有着重要的影响:幼儿在运用语言进行交流的同时,也在发展着人际交往能力、理解他人和判断交往情境的能力、组织自己思想的能力。通过语言获取信息,幼儿的学习逐步超越个体的直接感知。

幼儿的语言能力是在交流和运用的过程中发展起来的。应为幼儿创设自由、宽松的语言交往环境,鼓励和支持幼儿与成人、同伴交流,让幼儿想说、敢说、喜欢说并能得到积极回应。为幼儿提供丰富、适宜的低幼读物,经常和幼儿一起看图书、讲故事,丰富其语言表达能力,培养阅读兴趣和良好的阅读习惯,进一步拓展学习经验。

幼儿的语言学习需要相应的社会经验支持,应通过多种活动扩展幼儿的生活经验,丰富语言的内容,增强理解和表达能力。应在生活情境和阅读活动中引导幼儿自然而然地产生对文字的兴趣,用机械记忆和强化训练的方式让幼儿过早识字不符合其学习特点和接受能力。

（一）倾听与表达

目标1　认真听并能听懂常用语言

3～4岁	4～5岁	5～6岁
1.别人对自己说话时能注意听并做出回应。 2.能听懂日常会话。	1.在群体中能有意识地听与自己有关的信息。 2.能结合情境感受到不同语气、语调所表达的不同意思。 3.方言地区和少数民族幼儿能基本听懂普通话。	1.在集体中能注意听老师或其他人讲话。 2.听不懂或有疑问时能主动提问。 3.能结合情境理解一些表示因果、假设等相对复杂的句子。

真题面对面

[2017下半年真题]一般条件下,（　　）年龄段的幼儿能结合情境理解一些表示因果、假设等关系的相对复杂的句子。

A.托班　　　　　B.小班　　　　　C.中班　　　　　D.大班

答案：D。

教育建议：

1.多给幼儿提供倾听和交谈的机会。如：经常和幼儿一起谈论他感兴趣的话题,或一起看图书、讲故事。

2.引导幼儿学会认真倾听。如：

·成人要耐心倾听别人（包括幼儿）的讲话,等别人讲完再表达自己的观点。

·与幼儿交谈时,要用幼儿能听得懂的语言。

·对幼儿提要求和布置任务时要求他注意听,鼓励他主动提问。

3.对幼儿讲话时,注意结合情境使用丰富的语言,以便于幼儿理解。如：

·说话时注意语气、语调,让幼儿感受语气、语调的作用。如对幼儿的不合理要求以比较坚定的语气表示不同意;讲故事时,尽量把故事人物高兴、悲伤的心情用不同的语气、语调表现出来。

·根据幼儿的理解水平有意识地使用一些反映因果、假设、条件等关系的句子。

目标 2　愿意讲话并能清楚地表达

3～4 岁	4～5 岁	5～6 岁
1. 愿意在熟悉的人面前说话,能大方地与人打招呼。 2. 基本会说本民族或本地区的语言。 3. 愿意表达自己的需要和想法,必要时能配以手势动作。 4. 能口齿清楚地说儿歌、童谣或复述简短的故事。	1. 愿意与他人交谈,喜欢谈论自己感兴趣的话题。 2. 会说本民族或本地区的语言,基本会说普通话。少数民族聚居地区幼儿会用普通话进行日常会话。 3. 能基本完整地讲述自己的所见所闻和经历的事情。 4. 讲述比较连贯。	1. 愿意与他人讨论问题,敢在众人面前说话。 2. 会说本民族或本地区的语言和普通话,发音正确清晰。少数民族聚居地区幼儿基本会说普通话。 3. 能有序、连贯、清楚地讲述一件事情。 4. 讲述时能使用常见的形容词、同义词等,语言比较生动。

教育建议:

1. 为幼儿创造说话的机会并体验语言交往的乐趣。

·每天有足够的时间与幼儿交谈。如谈论他感兴趣的话题,询问和听取他对自己事情的意见等。

·尊重和接纳幼儿的说话方式,无论幼儿的表达水平如何,都应认真地倾听并给予积极的回应。

·鼓励和支持幼儿与同伴一起玩耍、交谈,相互讲述见闻、趣事或看过的图书、动画片等。

·方言和少数民族地区应积极为幼儿创设用普通话交流的语言环境。

2. 引导幼儿清楚地表达。如:

·和幼儿讲话时,成人自身的语言要清楚、简洁。

·当幼儿因为急于表达而说不清楚的时候,提醒他不要着急,慢慢说;同时要耐心倾听,给予必要的补充,帮助他理清思路并清晰地说出来。

将心注入,用双手把考生托上岸

目标3 具有文明的语言习惯

3~4岁	4~5岁	5~6岁
1.与别人讲话时知道眼睛要看着对方。 2.说话自然,声音大小适中。 3.能在成人的提醒下使用恰当的礼貌用语。	1.别人对自己讲话时能回应。 2.能根据场合调节自己说话声音的大小。 3.能主动使用礼貌用语,不说脏话、粗话。	1.别人讲话时能积极主动地回应。 2.能根据谈话对象和需要,调整说话的语气。 3.懂得按次序轮流讲话,不随意打断别人。 4.能依据所处情境使用恰当的语言。如在别人难过时会用恰当的语言表示安慰。

教育建议:

1.成人注意语言文明,为幼儿做出表率。如:

·与他人交谈时,认真倾听,使用礼貌用语。

·在公共场合不大声说话,不说脏话、粗话。

·幼儿表达意见时,成人可蹲下来,眼睛平视幼儿,耐心听他把话说完。

2.帮助幼儿养成良好的语言行为习惯。如:

·结合情境提醒幼儿一些必要的交流礼节。如对长辈说话要有礼貌,客人来访时要打招呼,得到帮助时要说谢谢等。

·提醒幼儿遵守集体生活的语言规则,如轮流发言,不随意打断别人讲话等。

·提醒幼儿注意公共场所的语言文明,如不大声喧哗。

(二)阅读与书写准备

目标1 喜欢听故事,看图书

3~4岁	4~5岁	5~6岁
1.主动要求成人讲故事、读图书。 2.喜欢跟读韵律感强的儿歌、童谣。 3.爱护图书,不乱撕、乱扔。	1.反复看自己喜欢的图书。 2.喜欢把听过的故事或看过的图书讲给别人听。 3.对生活中常见的标识、符号感兴趣,知道它们表示一定的意义。	1.专注地阅读图书。 2.喜欢与他人一起谈论图书和故事的有关内容。 3.对图书和生活情境中的文字符号感兴趣,知道文字表示一定的意义。

教育建议：

1. 为幼儿提供良好的阅读环境和条件。如：

·提供一定数量、符合幼儿年龄特点、富有童趣的图画书。

·提供相对安静的地方，尽量减少干扰，保证幼儿自主阅读。

2. 激发幼儿的阅读兴趣，培养阅读习惯。如：

·经常抽时间与幼儿一起看图书、讲故事。

·提供童谣、故事和诗歌等不同体裁的儿童文学作品，让幼儿自主选择和阅读。

·当幼儿遇到感兴趣的事物或问题时，和他一起查阅图书资料，让他感受图书的作用，体会通过阅读获取信息的乐趣。

3. 引导幼儿体会标识、文字符号的用途。如：

·向幼儿介绍医院、公用电话等生活中的常见标识，让他知道标识可以代表具体事物。

·结合生活实际，帮助幼儿体会文字的用途。如买来新玩具时，把说明书上的文字念给幼儿听，了解玩具的玩法。

目标2　具有初步的阅读理解能力

3~4岁	4~5岁	5~6岁
1. 能听懂短小的儿歌或故事。 2. 会看画面，能根据画面说出图中有什么，发生了什么事等。 3. 能理解图书上的文字是和画面对应的，是用来表达画面意义的。	1. 能大体讲出所听故事的主要内容。 2. 能根据连续画面提供的信息，大致说出故事的情节。 3. 能随着作品的展开产生喜悦、担忧等相应的情绪反应，体会作品所表达的情绪情感。	1. 能说出所阅读的幼儿文学作品的主要内容。 2. 能根据故事的部分情节或图书画面的线索猜想故事情节的发展，或续编、创编故事。 3. 对看过的图书、听过的故事能说出自己的看法。 4. 能初步感受文学语言的美。

教育建议：

1. 经常和幼儿一起阅读，引导他以自己的经验为基础理解图书的内容。如：

·引导幼儿仔细观察画面，结合画面讨论故事内容，学习建立画面与故事内容的联系。

·和幼儿一起讨论或回忆书中的故事情节，引导他有条理地说出故事的大致内容。

·在给幼儿读书或讲故事时，可先不告诉名字，让幼儿听完后自己命名，并说出这样命名的理由。

·鼓励幼儿自主阅读,并与他人讨论自己在阅读中的发现、体会和想法。

2.在阅读中发展幼儿的想象和创造能力。如:

·鼓励幼儿依据画面线索讲述故事,大胆推测、想象故事情节的发展,改编故事部分情节或续编故事结尾。

·鼓励幼儿用故事表演、绘画等不同的方式表达自己对图书和故事的理解。

·鼓励和支持幼儿自编故事,并为自编的故事配上图画,制成图画书。

3.引导幼儿感受文学作品的美。如:

·有意识地引导幼儿欣赏或模仿文学作品的语言节奏和韵律。

·给幼儿读书时,通过表情、动作和抑扬顿挫的声音传达书中的情绪情感,让幼儿体会作品的感染力和表现力。

目标3　具有书面表达的愿望和初步技能

3~4岁	4~5岁	5~6岁
喜欢用涂涂画画表达一定的意思。	1.愿意用图画和符号表达自己的愿望和想法。 2.在成人提醒下,写写画画时姿势正确。	1.愿意用图画和符号表现事物或故事。 2.会正确书写自己的名字。 3.写画时姿势正确。

教育建议:

1.让幼儿在写写画画的过程中体验文字符号的功能,培养书写兴趣。如:

·准备供幼儿随时取放的纸、笔等材料,也可利用沙地、树枝等自然材料,满足幼儿自由涂画的需要。

·鼓励幼儿将自己感兴趣的事情或故事画下来并讲给别人听,让幼儿体会写写画画的方式可以表达自己的想法和情感。

·把幼儿讲过的事情用文字记录下来,并念给他听,使幼儿知道说的话可以用文字记录下来,从中体会文字的用途。

2.在绘画和游戏中做必要的书写准备,如:

·通过把虚线画出的图形轮廓连成实线等游戏,促进手眼协调,同时帮助幼儿学习由上至下、由左至右的运笔技能。

·鼓励幼儿学习书写自己的名字。

·提醒幼儿写画时保持正确姿势。

三、社会

幼儿社会领域的学习与发展过程是其社会性不断完善并奠定健全人格基础的过程。人际交往和社会适应是幼儿社会学习的主要内容,也是其社会性发展的基本途径。幼儿在与成人和同伴交往的过程中,不仅学习如何与人友好相处,也在学习如何看待自己、对待他人,不断发展适应社会生活的能力。良好的社会性发展对幼儿身心健康和其它各方面的发展都具有重要影响。

家庭、幼儿园和社会应共同努力,为幼儿创设温暖、关爱、平等的家庭和集体生活氛围,建立良好的亲子关系、师生关系和同伴关系,让幼儿在积极健康的人际关系中获得安全感和信任感,发展自信和自尊,在良好的社会环境及文化的熏陶中学会遵守规则,形成基本的认同感和归属感。

幼儿的社会性主要是在日常生活和游戏中通过观察和模仿潜移默化地发展起来的。成人应注重自己言行的榜样作用,避免简单生硬的说教。

(一)人际交往

目标 1　愿意与人交往

3~4 岁	4~5 岁	5~6 岁
1. 愿意和小朋友一起游戏。 2. 愿意与熟悉的长辈一起活动。	1. 喜欢和小朋友一起游戏,有经常一起玩的小伙伴。 2. 喜欢和长辈交谈,有事愿意告诉长辈。	1. 有自己的好朋友,也喜欢结交新朋友。 2. 有问题愿意向别人请教。 3. 有高兴的或有趣的事愿意与大家分享。

教育建议:

1. 主动亲近和关心幼儿,经常和他一起游戏或活动,让幼儿感受到与成人交往的快乐,建立亲密的亲子关系和师生关系。

2. 创造交往的机会,让幼儿体会交往的乐趣。如:

· 利用走亲戚、到朋友家做客或有客人来访的时机,鼓励幼儿与他人接触和交谈。

· 鼓励幼儿参加小朋友的游戏,邀请小朋友到家里玩,感受有朋友一起玩的快乐。

· 幼儿园应多为幼儿提供自由交往和游戏的机会,鼓励他们自主选择、自由结伴开展活动。

目标 2　能与同伴友好相处

3～4 岁	4～5 岁	5～6 岁
1.想加入同伴的游戏时,能友好地提出请求。 2.在成人指导下,不争抢、不独霸玩具。 3.与同伴发生冲突时,能听从成人的劝解。	1.会运用介绍自己、交换玩具等简单技巧加入同伴游戏。 2.对大家都喜欢的东西能轮流、分享。 3.与同伴发生冲突时,能在他人帮助下和平解决。 4.活动时愿意接受同伴的意见和建议。 5.不欺负弱小。	1.能想办法吸引同伴和自己一起游戏。 2.活动时能与同伴分工合作,遇到困难能一起克服。 3.与同伴发生冲突时能自己协商解决。 4.知道别人的想法有时和自己不一样,能倾听和接受别人的意见,不能接受时会说明理由。 5.不欺负别人,也不允许别人欺负自己。

教育建议:

1.结合具体情境,指导幼儿学习交往的基本规则和技能。如:

·当幼儿不知怎样加入同伴游戏,或提出请求不被接受时,建议他拿出玩具邀请大家一起玩;或者扮成某个角色加入同伴的游戏。

·对幼儿与别人分享玩具、图书等行为给予肯定,让他对自己的表现感到高兴和满足。

·当幼儿与同伴发生矛盾或冲突时,指导他尝试用协商、交换、轮流玩、合作等方式解决冲突。

·利用相关的图书、故事,结合幼儿的交往经验,和他讨论什么样的行为受大家欢迎,想要得到别人的接纳应该怎样做。

·幼儿园应多为幼儿提供需要大家齐心协力才能完成的活动,让幼儿在具体活动中体会合作的重要性,学习分工合作。

2.结合具体情境,引导幼儿换位思考,学习理解别人。如:

·幼儿有争抢玩具等不友好行为时,引导他们想想"假如你是那个小朋友,你有什么感受?"让幼儿学习理解别人的想法和感受。

3.和幼儿一起谈谈他的好朋友,说说喜欢这个朋友的原因,引导他多发现同伴的优点、长处。

目标3   具有自尊、自信、自主的表现

3~4岁	4~5岁	5~6岁
1.能根据自己的兴趣选择游戏或其它活动。 2.为自己的好行为或活动成果感到高兴。 3.自己能做的事情愿意自己做。 4.喜欢承担一些小任务。	1.能按自己的想法进行游戏或其他活动。 2.知道自己的一些优点和长处,并对此感到满意。 3.自己的事情尽量自己做,不愿意依赖别人。 4.敢于尝试有一定难度的活动和任务。	1.能主动发起活动或在活动中出主意、想办法。 2.做了好事或取得了成功后还想做得更好。 3.自己的事情自己做,不会的愿意学。 4.主动承担任务,遇到困难能够坚持而不轻易求助。 5.与别人的看法不同时,敢于坚持自己的意见并说出理由。

教育建议:

1.关注幼儿的感受,保护其自尊心和自信心。如:

·能以平等的态度对待幼儿,使幼儿切实感受到自己被尊重。

·对幼儿好的行为表现多给予具体、有针对性的肯定和表扬,让他对自己优点和长处有所认识并感到满足和自豪。

·不要拿幼儿的不足与其他幼儿的优点作比较。

2.鼓励幼儿自主决定,独立做事,增强其自尊心和自信心。如:

·与幼儿有关的事情要征求他的意见,即使他的意见与成人不同,也要认真倾听,接受他的合理要求。

·在保证安全的情况下,支持幼儿按自己的想法做事;或提供必要的条件,帮助他实现自己的想法。

·幼儿自己的事情尽量放手让他自己做,即使做得不够好,也应鼓励并给予一定的指导,让他在做事中树立自尊和自信。

·鼓励幼儿尝试有一定难度的任务,并注意调整难度,让他感受经过努力获得的成就感。

目标4　关心尊重他人

3～4岁	4～5岁	5～6岁
1.长辈讲话时能认真听,并能听从长辈的要求。 2.身边的人生病或不开心时表示同情。 3.在提醒下能做到不打扰别人。	1.会用礼貌的方式向长辈表达自己的要求和想法。 2.能注意到别人的情绪,并有关心、体贴的表现。 3.知道父母的职业,能体会到父母为养育自己所付出的辛劳。	1.能有礼貌地与人交往。 2.能关注别人的情绪和需要,并能给予力所能及的帮助。 3.尊重为大家提供服务的人,珍惜他们的劳动成果。 4.接纳、尊重与自己的生活方式或习惯不同的人。

教育建议:

1.成人以身作则,以尊重、关心的态度对待自己的父母、长辈和其他人。如:

·经常问候父母,主动做家务。

·礼貌地对待老年人,如坐车时主动为老人让座。

·看到别人有困难能主动关心并给予一定的帮助。

2.引导幼儿尊重、关心长辈和身边的人,尊重他人劳动及成果。如:

·提醒幼儿关心身边的人,如妈妈累了,知道让她安静休息一会儿。

·借助故事、图书等给幼儿讲讲父母抚育孩子成长的经历,让幼儿理解和体会父爱与母爱。

·结合实际情境,提醒幼儿注意别人的情绪,了解他们的需要,给予适当的关心和帮助。

·利用生活机会和角色游戏,帮助幼儿了解与自己关系密切的社会服务机构及其工作,如商场、邮局、医院等,体会这些机构给大家提供的便利和服务,懂得尊重工作人员的劳动,珍惜劳动成果。

3.引导幼儿学习用平等、接纳和尊重的态度对待差异。如:

·了解每个人都有自己的兴趣、爱好和特长,可以相互学习。

·利用民间游戏、传统节日等,适当向幼儿介绍我国主要民族和世界其它国家和民族的文化,帮助幼儿感知文化的多样性和差异性,理解人们之间是平等的,应该互相尊重,友好相处。

（二）社会适应

目标1　喜欢并适应群体生活

3~4岁	4~5岁	5~6岁
1.对群体活动有兴趣。 2.对幼儿园的生活好奇,喜欢上幼儿园。	1.愿意并主动参加群体活动。 2.愿意与家长一起参加社区的一些群体活动。	1.在群体活动中积极、快乐。 2.对小学生活有好奇和向往。

教育建议:

1.经常和幼儿一起参加一些群体性的活动,让幼儿体会群体活动的乐趣。如:参加亲戚、朋友和同事间的聚会以及适合幼儿参加的社区活动等,支持幼儿和不同群体的同伴一起游戏,丰富其群体活动的经验。

2.幼儿园组织活动时,可以经常打破班级的界限,让幼儿有更多机会参加不同群体的活动。

3.带领大班幼儿参观小学,讲讲小学有趣的活动,唤起他们对小学生活的好奇和向往,为入学做好心理准备。

目标2　遵守基本的行为规范

3~4岁	4~5岁	5~6岁
1.在提醒下,能遵守游戏和公共场所的规则。 2.知道不经允许不能拿别人的东西,借别人的东西要归还。 3.在成人提醒下,爱护玩具和其他物品。	1.感受规则的意义,并能基本遵守规则。 2.不私自拿不属于自己的东西。 3.知道说谎是不对的。 4.知道接受了的任务要努力完成。 5.在提醒下,能节约粮食、水电等。	1.理解规则的意义,能与同伴协商制定游戏和活动规则。 2.爱惜物品,用别人的东西时也知道爱护。 3.做了错事敢于承认,不说谎。 4.能认真负责地完成自己所接受的任务。 5.爱护身边的环境,注意节约资源。

教育建议:

1.成人要遵守社会行为规则,为幼儿树立良好的榜样。如:答应幼儿的事一定要做到、尊老爱幼、爱护公共环境、节约水电等。

2.结合社会生活实际,帮助幼儿了解基本行为规则或其它游戏规则,体会规则的重要性,学习自觉遵守规则。如:

·经常和幼儿玩带有规则的游戏,遵守共同约定的游戏规则。

·利用实际生活情境和图书故事,向幼儿介绍一些必要的社会行为规则,以及为什么要遵守这些规则。

·在幼儿园的区域活动中,创设情境,让幼儿体会没有规则的不方便,鼓励他们讨论制定规则并自觉遵守。

·对幼儿表现出的遵守规则的行为要及时肯定,对违规行为给予纠正。如:幼儿主动为老人让座时要表扬;幼儿损害别人的物品或公共物品时要及时制止并主动赔偿。

3. 教育幼儿要诚实守信。如:

·对幼儿诚实守信的行为要及时肯定。

·允许幼儿犯错误,告诉他改了就好。不要打骂幼儿,以免他因害怕惩罚而说谎。

·小年龄幼儿经常分不清想象和现实,成人不要误认为他是在说谎。

·发现幼儿说谎时,要反思是否是因自己对幼儿的要求过高过严造成的。如果是,要及时调整自己的行为,同时要严肃地告诉幼儿说谎是不对的。

·经常给幼儿分配一些力所能及的任务,要求他完成并及时给予表扬,培养他的责任感和认真负责的态度。

目标3 具有初步的归属感

3~4岁	4~5岁	5~6岁
1. 知道和自己一起生活的家庭成员及与自己的关系,体会到自己是家庭的一员。 2. 能感受到家庭生活的温暖,爱父母,亲近与信赖长辈。 3. 能说出自己家所在街道、小区(乡镇、村)的名称。 4. 认识国旗,知道国歌。	1. 喜欢自己所在的幼儿园和班级,积极参加集体活动。 2. 能说出自己家所在地的省、市、县(区)名称,知道当地有代表性的物产或景观。 3. 知道自己是中国人。 4. 奏国歌、升国旗时能自动站好。	1. 愿意为集体做事,为集体的成绩感到高兴。 2. 能感受到家乡的发展变化并为此感到高兴。 3. 知道自己的民族,知道中国是一个多民族的大家庭,各民族之间要互相尊重,团结友爱。 4. 知道国家一些重大成就,爱祖国,为自己是中国人感到自豪。

教育建议:

1. 亲切地对待幼儿,关心幼儿,让他感到长辈是可亲、可近、可信赖的,家庭和幼儿园是温暖的。如:

·多和孩子一起游戏、谈笑,尽量在家庭和班级中营造温馨的氛围。

217

·通过和幼儿一起翻阅照片、讲幼儿成长的故事等,让幼儿感受到家庭和幼儿园的温暖,老师的和蔼可亲,对养育自己的人产生感激之情。

2.吸引和鼓励幼儿参加集体活动,萌发集体意识。如:

·幼儿园和班级里的重大事情和计划,请幼儿集体讨论决定。

·幼儿园应经常组织多种形式的集体活动,萌发幼儿的集体荣誉感。

3.运用幼儿喜闻乐见和能够理解的方式激发幼儿爱家乡、爱祖国的情感。如:

·和幼儿说一说或在地图上找一找自己家所在的省、市、县(区)名称。

·和幼儿一起外出游玩,一起看有关的电视节目或画报等;和他们一起收集有关家乡、祖国各地的风景名胜、著名的建筑、独特物产的图片等,在观看和欣赏的过程中激发幼儿的自豪感和热爱之情。

·利用电视节目或参加升旗等活动,向幼儿介绍国旗、国歌以及观看升旗、奏国歌的礼仪。

·向幼儿介绍反映中国人聪明才智的发明和创造,激发幼儿的民族自豪感。

四、科学

幼儿的科学学习是在探究具体事物和解决实际问题中,尝试发现事物间的异同和联系的过程。幼儿在对自然事物的探究和运用数学解决实际生活问题的过程中,不仅获得丰富的感性经验,充分发展形象思维,而且初步尝试归类、排序、判断、推理,逐步发展逻辑思维能力,为其它领域的深入学习奠定基础。

幼儿科学学习的核心是激发探究兴趣,体验探究过程,发展初步的探究能力。成人要善于发现和保护幼儿的好奇心,充分利用自然和实际生活机会,引导幼儿通过观察、比较、操作、实验等方法,学习发现问题、分析问题和解决问题;帮助幼儿不断积累经验,并运用于新的学习活动,形成受益终身的学习态度和能力。

幼儿的思维特点是以具体形象思维为主,应注重引导幼儿通过直接感知、亲身体验和实际操作进行科学学习,不应为追求知识和技能的掌握,对幼儿进行灌输和强化训练。

真题面对面

[2019下半年真题]下列不宜作为幼儿科学领域学习方式的是(　　　　)

A.直接感知　　　B.实际操作　　　　C.亲身体验　　　　D.概念解释

答案:D。

将心注入,用双手把考生托上岸

(一)科学探究

目标1 亲近自然，喜欢探究

3～4岁	4～5岁	5～6岁
1.喜欢接触大自然，对周围的很多事物和现象感兴趣。 2.经常问各种问题，或好奇地摆弄物品。	1.喜欢接触新事物，经常问一些与新事物有关的问题。 2.常常动手动脑探索物体和材料，并乐在其中。	1.对自己感兴趣的问题总是刨根问底。 2.能经常动手动脑寻找问题的答案。 3.探索中有所发现时感到兴奋和满足。

教育建议：

1.经常带幼儿接触大自然，激发其好奇心与探究欲望。如：

·为幼儿提供一些有趣的探究工具，用自己的好奇心和探究积极性感染和带动幼儿。

·和幼儿一起发现并分享周围新奇、有趣的事物或现象，一起寻找问题的答案。

·通过拍照和画图等方式保留和积累有趣的探索与发现。

2.真诚地接纳、多方面支持和鼓励幼儿的探索行为。如：

·认真对待幼儿的问题，引导他们猜一猜、想一想，有条件时和幼儿一起做一些简易的调查或有趣的小实验。

·容忍幼儿因探究而弄脏、弄乱、甚至破坏物品的行为，引导他们活动后做好收拾整理。

·多为幼儿选择一些能操作、多变化、多功能的玩具材料或废旧材料，在保证安全的前提下，鼓励幼儿拆装或动手自制玩具。

目标2 具有初步的探究能力

3～4岁	4～5岁	5～6岁
1.对感兴趣的事物能仔细观察，发现其明显特征。 2.能用多种感官或动作去探索物体，关注动作所产生的结果。	1.能对事物或现象进行观察比较，发现其相同与不同。 2.能根据观察结果提出问题，并大胆猜测答案。 3.能通过简单的调查收集信息。 4.能用图画或其他符号进行记录。	1.能通过观察、比较与分析，发现并描述不同种类物体的特征或某个事物前后的变化。 2.能用一定的方法验证自己的猜测。 3.在成人的帮助下能制定简单的调查计划并执行。 4.能用数字、图画、图表或其他符号记录。 5.探究中能与他人合作与交流。

教育建议：

1. 有意识地引导幼儿观察周围事物，学习观察的基本方法，培养观察与分类能力。如：

· 支持幼儿自发的观察活动，对其发现表示赞赏。

· 通过提问等方式引导幼儿思考并对事物进行比较观察和连续观察。

· 引导幼儿在观察和探索的基础上，尝试进行简单的分类、概括。如：根据运动方式给动物分类，根据生长环境给植物分类，根据外部特征给物体分类等等。

2. 支持和鼓励幼儿在探究的过程中积极动手动脑寻找答案或解决问题。如：

· 鼓励幼儿根据观察或发现提出值得继续探究的问题，或成人提出有探究意义且能激发幼儿兴趣的问题。如：皮球、轮胎、竹筒等物体滚动时都走直线吗？怎样让橡皮泥球浮在水面上？

· 支持和鼓励幼儿大胆联想、猜测问题的答案，并设法验证。如：玩风车时，鼓励幼儿猜测风车转动方向及速度快慢的原因和条件，并实际去验证。

· 支持、引导幼儿学习用适宜的方法探究和解决问题，或为自己的想法收集证据。如：想知道院子里有多少种植物，可以进行实地调查；想知道球在平地上还是在斜坡上滚得快，可以动手试一试；想证明影子的方向与太阳的位置有关，可以做个小实验进行验证等。

3. 鼓励和引导幼儿学习做简单的计划和记录，并与他人交流分享。如：

· 和幼儿共同制定调查计划，讨论调查对象、步骤和方法等，也可以和幼儿一起设法用图画、箭头等标识呈现计划。

· 鼓励幼儿用绘画、照相、做标本等办法记录观察和探究的过程与结果，注意要让记录有意义，通过记录帮助幼儿丰富观察经验、建立事物之间的联系和分享发现。

· 支持幼儿与同伴合作探究与分享交流，引导他们在交流中尝试整理、概括自己探究的成果，体验合作探究和发现的乐趣。如一起讨论和分享自己的问题与发现，一起想办法收集资料和验证猜测。

4. 帮助幼儿回顾自己探究过程，讨论自己做了什么，怎么做的，结果与计划目标是否一致，分析一下原因以及下一步要怎样做等。

目标3　在探究中认识周围事物和现象

3~4岁	4~5岁	5~6岁
1.认识常见的动植物,能注意并发现周围的动植物是多种多样的。 2.能感知和发现物体和材料的软硬、光滑和粗糙等特性。 3.能感知和体验天气对自己生活和活动的影响。 4.初步了解和体会动植物和人们生活的关系。	1.能感知和发现动植物的生长变化及其基本条件。 2.能感知和发现常见材料的溶解、传热等性质或用途。 3.能感知和发现简单物理现象,如物体形态或位置变化等。 4.能感知和发现不同季节的特点,体验季节对动植物和人的影响。 5.初步感知常用科技产品与自己生活的关系,知道科技产品有利也有弊。	1.能察觉到动植物的外形特征、习性与生存环境的适应关系。 2.能发现常见物体的结构与功能之间的关系。 3.能探索并发现常见的物理现象产生的条件或影响因素,如影子、沉浮等。 4.感知并了解季节变化的周期性,知道变化的顺序。 5.初步了解人们的生活与自然环境的密切关系,知道尊重和珍惜生命,保护环境。

真题面对面

[2018 下半年真题]小班幼儿观察植物时,下列哪条目标最符合他们的发展水平(　　)

A.能感知到周围植物的多种多样

B.会观察记录植物生长变化过程

C.能察觉到植物外形特征与生存环境的关系

D.能发现不同种类植物之间差异

答案:A。

教育建议:

1.支持幼儿在接触自然、生活事物和现象中积累有益的直接经验和感性认识。如:

·和幼儿一起通过户外活动、参观考察、种植和饲养活动,感知生物的多样性和独特性,以及生长发育、繁殖和死亡的过程。

·给幼儿提供丰富的材料和适宜的工具,支持幼儿在游戏过程中探索并感知常见物质、材料的特性和物体的结构特点。

2.引导幼儿在探究中思考,尝试进行简单的推理和分析,发现事物之间明显的关

联。如:

·引导5岁以上幼儿关注和思考动植物的外部特征、习性与生活环境对动植物生存的意义。如兔子的长耳朵具有自我保护的作用;植物种子的形状有助于其传播等。

·引导幼儿根据常见物质、材料的特性和物体的结构特点,推测和证实它们的用途。如:带轮子的物体方便移动;不同用途的车辆有不同的结构等等。

3.引导幼儿关注和了解自然、科技产品与人们生活的密切关系,逐渐懂得热爱、尊重、保护自然。如:

·结合幼儿的生活需要,引导他们体会人与自然、动植物的依赖关系。如动植物、季节变化与人们生活的关系、常见灾害性天气给人们生产和生活带来的影响等。

·和幼儿一起讨论常见科技产品的用途和弊端,如汽车等交通工具给生活带来的方便和对环境的污染等。

(二)数学认知

目标1　初步感知生活中数学的有用和有趣

3~4岁	4~5岁	5~6岁
1.感知和发现周围物体的形状是多种多样的,对不同的形状感兴趣。 2.体验和发现生活中很多地方都用到数。	1.在指导下,感知和体会有些事物可以用形状来描述。 2.在指导下,感知和体会有些事物可以用数来描述,对环境中各种数字的含义有进一步探究的兴趣。	1.能发现事物简单的排列规律,并尝试创造新的排列规律。 2.能发现生活中许多问题都可以用数学的方法来解决,体验解决问题的乐趣。

教育建议:

1.引导幼儿注意事物的形状特征,尝试用表示形状的词来描述事物,体会描述的生动形象性和趣味性。如:

·参观游览后,和幼儿一起谈论所看到的事物的形状,鼓励幼儿产生联想,并用自己的语言进行描述。如:熊猫的身体圆圆的,全身好像是一个个的圆形组成的。

·和幼儿交谈或读书讲故事时,适当地运用一些有关形状的词汇来描述事物,如看图片时,和幼儿讨论奥运会场馆的形状,体会为什么有的场馆叫"水立方",有的叫"鸟巢"。

2.引导幼儿感知和体会生活中很多地方都用到数,关注周围与自己生活密切相关的数的信息,体会数可以代表不同的意义。如:

·和幼儿一起寻找发现生活中用数字作标识的事物,如电话号码、时钟、日历和商品的价签等。

·引导幼儿了解和感受数用在不同的地方,表示的意义是不一样的。如天气预报中表示气温的数代表冷热状况;钟表上的数表明时间的早晚等。

·鼓励幼儿尝试使用数的信息进行一些简单的推理。如知道今天是星期五,能推断明天是星期六,爸爸妈妈休息。

3.引导幼儿观察发现按照一定规律排列的事物,体会其中的排列特点与规律,并尝试自己创造出新的排列规律。如:

·和幼儿一起发现和体会按一定顺序排列的队形整齐有序。

·提供具有重复性旋律和词语的音乐、儿歌和故事,或利用环境中有序排列的图案(如按颜色间隔排列的瓷砖、按形状间隔排列的珠帘等),鼓励幼儿发现和感受其中的规律。

·鼓励幼儿尝试自己设计有规律的花边图案、创编有一定规律的动作,或者按某种规律进行搭建活动。

·引导幼儿体会生活中很多事情都是有一定顺序和规律的,如一周七天的顺序是从周一到周日,一年四季按照春夏秋冬轮回等。

4.鼓励和支持幼儿发现、尝试解决日常生活中需要用到数学的问题,体会数学的用处。如:

·拍球、跳绳、跳远或投沙包时,可通过数数、测量的方法确定名次。

·讨论春游去哪里玩时,让幼儿商量想去哪里玩?每个想去的地方有多少人?根据统计结果做出决定。

·滑滑梯时,按照"先来先玩"的规则有序地排队玩。

目标2　感知和理解数、量及数量关系

3~4岁	4~5岁	5~6岁
1.能感知和区分物体的大小、多少、高矮长短等量方面的特点,并能用相应的词表示。	1.能感知和区分物体的粗细、厚薄、轻重等量方面的特点,并能用相应的词语描述。	1.初步理解量的相对性。
2.能通过一一对应的方法比较两组物体的多少。	2.能通过数数比较两组物体的多少。	2.借助实际情境和操作(如合并或拿取)理解"加"和"减"的实际意义。
3.能手口一致地点数5个以内的物体,并能说出总数。能按数取物。	3.能通过实际操作理解数与数之间的关系,如5比4多1;2和3合在一起是5。	3.能通过实物操作或其它方法进行10以内的加减运算。
4.能用数词描述事物或动作。如我有4本图书。	4.会用数词描述事物的排列顺序和位置。	4.能用简单的记录表、统计图等表示简单的数量关系。

教育建议：

1.引导幼儿感知和理解事物"量"的特征。如：

·感知常见事物的大小、多少、高矮、粗细等量的特征,学习使用相应的词汇描述这些特征。

·结合具体事物让幼儿通过多次比较逐渐理解"量"是相对的。如小亮比小明高,但比小强矮。

·收拾物品时,根据情况,鼓励幼儿按照物体量的特征分类整理。如整理图书时按照大小摆放。

2.结合日常生活,指导幼儿学习通过对应或数数的方式比较物体的多少。如：

·鼓励幼儿在一对一配对的过程中发现两组物体的多少。如在给桌子上的每个碗配上勺子时,发现碗和勺多少的不同。

·鼓励幼儿通过数数比较两样东西的多少。如数一数有多少个苹果,多少个梨,判断苹果和梨哪个多,哪个少。

3.利用生活和游戏中的实际情境,引导幼儿理解数概念。如：

·结合生活需要,和幼儿一起手口一致点数物体,得出物体的总数。

·通过点数的方式让幼儿体会物体的数量不会因排列形式、空间位置的不同而发生变化。如鼓励幼儿将一定数量的扣子以不同的形式摆放,体会扣子的数量是不变的。

·结合日常生活,为幼儿提供"按数取物"的机会,如游戏时,请幼儿按要求拿出几个球。

4.通过实物操作引导幼儿理解数与数之间的关系,并用"加"或"减"的办法来解决问题。如：

·游戏中遇到让 4 个小动物住进两间房子的问题,或生活中遇到将 5 块饼干分给两个小朋友问题时,让幼儿尝试不同的分法。

·鼓励幼儿尝试自己解决生活中的数学问题。如家里来了 5 位客人,桌子上只有 3 个杯子,还需要几个杯子等。

·购少量物品时,有意识地鼓励幼儿参与计算和付款的过程等。

真题面对面

[2018 上半年真题]在引导幼儿感知和理解事物"量"的特征时,恰当的做法是(　　)

A.引导幼儿感知常见事物的大小、高矮、粗细等

B.引导幼儿识别常见事物的形状

C.和幼儿一起手口一致地点数物体、说出总数

D.为幼儿提供"按数取物"的机会

答案:A。

目标 3　感知形状与空间关系

3～4岁	4～5岁	5～6岁
1.能注意物体较明显的形状特征,并能用自己的语言描述。 2.能感知物体基本的空间位置与方位,理解上下、前后、里外等方位词。	1.能感知物体的形体结构特征,画出或拼搭出该物体的造型。 2.能感知和发现常见几何图形的基本特征,并能进行分类。 3.能使用上下、前后、里外、中间、旁边等方位词描述物体的位置和运动方向。	1.能用常见的几何形体有创意地拼搭和画出物体的造型。 2.能按语言指示或根据简单示意图正确取放物品。 3.能辨别自己的左右。

教育建议:

1.用多种方法帮助幼儿在物体与几何形体之间建立联系。如:

·引导幼儿感受生活中各种物品的形状特征,并尝试识别和描述。如感受和识别盘子、桌子、车轮、地砖等物品的形状特征。

·鼓励和支持幼儿用积木、纸盒、拼板等各种形状材料进行建构游戏或制作活动。如用长方形的纸盒加两个圆形瓶盖制作"汽车"。

·收拾整理积木时,引导幼儿体验图形之间的转换。如两个三角形可组合成一个正方形,两个正方形可组合成一个长方形。

·引导幼儿注意观察生活物品的图形特征,鼓励他们按形状分类整理物品。

2.丰富幼儿空间方位识别的经验,引导幼儿运用空间方位经验解决问题。如:

·请幼儿取放物体时,使用他们能够理解的方位词,如把桌子下面的东西放到窗台上,把花盆放在大树旁边等。

·和幼儿一起识别熟悉场所的位置。如超市在家的旁边,邮局在幼儿园的前面。

·在体育、音乐和舞蹈活动中,引导幼儿感受空间方位和运动方向。

·和幼儿玩按指令找宝的游戏。对年龄小的幼儿要求他们按语言指令寻找,对年龄大些的幼儿可要求按照简单的示意图寻找。

五、艺术

艺术是人类感受美、表现美和创造美的重要形式,也是表达自己对周围世界的认识和情绪态度的独特方式。

每个幼儿心里都有一颗美的种子。幼儿艺术领域学习的关键在于充分创造条件和机会,在大自然和社会文化生活中萌发幼儿对美的感受和体验,丰富其想象力和创造力,引导幼儿学会用心灵去感受和发现美,用自己的方式去表现和创造美。

幼儿对事物的感受和理解不同于成人,他们表达自己认识和情感的方式也有别于成人。幼儿独特的笔触、动作和语言往往蕴含着丰富的想象和情感,成人应对幼儿的艺术表现给予充分的理解和尊重,不能用自己的审美标准去评判幼儿,更不能为追求结果的"完美"而对幼儿进行千篇一律的训练,以免扼杀其想象与创造的萌芽。

(一)感受与欣赏

目标1 喜欢自然界与生活中美的事物

3~4岁	4~5岁	5~6岁
1.喜欢观看花草树木、日月星空等大自然中美的事物。 2.容易被自然界中的鸟鸣、风声、雨声等好听的声音所吸引。	1.在欣赏自然界和生活环境中美的事物时,关注其色彩、形态等特征。 2.喜欢倾听各种好听的声音,感知声音的高低、长短、强弱等变化。	1.乐于收集美的物品或向别人介绍所发现的美的事物。 2.乐于模仿自然界和生活环境中有特点的声音,并产生相应的联想。

教育建议:

1. 和幼儿一起感受、发现和欣赏自然环境和人文景观中美的事物。如:

· 让幼儿多接触大自然,感受和欣赏美丽的景色和好听的声音。

· 经常带幼儿参观园林、名胜古迹等人文景观,讲讲有关的历史故事、传说,与幼儿一起讨论和交流对美的感受。

2. 和幼儿一起发现美的事物的特征,感受和欣赏美。如:

· 让幼儿观察常见动植物以及其它物体,引导幼儿用自己的语言、动作等描述它们美的方面,如颜色、形状、形态等。

· 让幼儿倾听和分辨各种声响,引导幼儿用自己的方式来表达他对音色、强弱、快慢的感受。

· 支持幼儿收集喜欢的物品并和他一起欣赏。

目标2 喜欢欣赏多种多样的艺术形式和作品

3~4岁	4~5岁	5~6岁
1.喜欢听音乐或观看舞蹈、戏剧等表演。 2.乐于观看绘画、泥塑或其它艺术形式的作品。	1.能够专心地观看自己喜欢的文艺演出或艺术品,有模仿和参与的愿望。 2.欣赏艺术作品时会产生相应的联想和情绪反应。	1.艺术欣赏时常常用表情、动作、语言等方式表达自己的理解。 2.愿意和别人分享、交流自己喜爱的艺术作品和美感体验。

教育建议:

1.创造条件让幼儿接触多种艺术形式和作品。如:

·经常让幼儿接触适宜的、各种形式的音乐作品,丰富幼儿对音乐的感受和体验。

·和幼儿一起用图画、手工制品等装饰和美化环境。

·带幼儿观看或共同参与传统民间艺术和地方民俗文化活动,如皮影戏、剪纸和捏面人等。

·有条件的情况下,带幼儿去剧院、美术馆、博物馆等欣赏文艺表演和艺术作品。

2.尊重幼儿的兴趣和独特感受,理解他们欣赏时的行为。如:

·理解和尊重幼儿在欣赏艺术作品时的手舞足蹈、即兴模仿等行为。

·当幼儿主动介绍自己喜爱的舞蹈、戏曲、绘画或工艺品时,要耐心倾听并给予积极回应和鼓励。

(二)表现与创造

目标1 喜欢进行艺术活动并大胆表现

3~4岁	4~5岁	5~6岁
1.经常自哼自唱或模仿有趣的动作、表情和声调。 2.经常涂涂画画、粘粘贴贴并乐在其中。	1.经常唱唱跳跳,愿意参加歌唱、律动、舞蹈、表演等活动。 2.经常用绘画、捏泥、手工制作等多种方式表现自己的所见所想。	1.积极参与艺术活动,有自己比较喜欢的活动形式。 2.能用多种工具、材料或不同的表现手法表达自己的感受和想象。 3.艺术活动中能与他人相互配合,也能独立表现。

教育建议:

1.创造机会和条件,支持幼儿自发的艺术表现和创造。如:

·提供丰富的便于幼儿取放的材料、工具或物品,支持幼儿进行自主绘画、手工、歌唱、表演等艺术活动。

·经常和幼儿一起唱歌、表演、绘画、制作,共同分享艺术活动的乐趣。

2.营造安全的心理氛围,让幼儿敢于并乐于表达表现。如:

·欣赏和回应幼儿的哼哼唱唱、模仿表演等自发的艺术活动,赞赏他独特的表现方式。

·在幼儿自主表达创作过程中,不做过多干预或把自己的意愿强加给幼儿,在幼儿需要时再给予具体的帮助。

·了解并倾听幼儿艺术表现的想法或感受,领会并尊重幼儿的创作意图,不简单用"像不像""好不好"等成人标准来评价。

·展示幼儿的作品,鼓励幼儿用自己的作品或艺术品布置环境。

目标2　具有初步的艺术表现与创造能力

3~4岁	4~5岁	5~6岁
1.能模仿学唱短小歌曲。 2.能跟随熟悉的音乐做身体动作。 3.能用声音、动作、姿态模拟自然界的事物和生活情景。 4.能用简单的线条和色彩大体画出自己想画的人或事物。	1.能用自然的、音量适中的声音基本准确地唱歌。 2.能通过即兴哼唱、即兴表演或给熟悉的歌曲编词来表达自己的心情。 3.能用拍手、踏脚等身体动作或可敲击的物品敲打节拍和基本节奏。 4.能运用绘画、手工制作等表现自己观察到或想象的事物。	1.能用基本准确的节奏和音调唱歌。 2.能用律动或简单的舞蹈动作表现自己的情绪或自然界的情景。 3.能自编自演故事,并为表演选择和搭配简单的服饰、道具或布景。 4.能用自己制作的美术作品布置环境、美化生活。

教育建议:

尊重幼儿自发的表现和创造,并给予适当的指导。如:

·鼓励幼儿在生活中细心观察、体验,为艺术活动积累经验与素材。如,观察不同树种的形态、色彩等。

·提供丰富的材料,如图书、照片、绘画或音乐作品等,让幼儿自主选择,用自己喜欢的方式去模仿或创作,成人不做过多要求。

·根据幼儿的生活经验,与幼儿共同确定艺术表达表现的主题,引导幼儿围绕主题展开想象,进行艺术表现。

·幼儿绘画时,不宜提供范画,特别不应要求幼儿完全按照范画来画。

·肯定幼儿作品的优点,用表达自己感受的方式引导其提高。如,"你的画用了这么多红颜色,感觉就像过年一样喜庆""你扮演的大灰狼声音真像,要是表情再凶一点就更好了"等。

真题面对面

[2019上半年真题]下列有关幼儿美术教育的做法中,不正确的是(　　　　)

A.支持幼儿表达自己对美术作品的独特感受

B.出示范画让幼儿模仿

C.鼓励幼儿用自己的方式表现美

D.为幼儿的美术创作提供丰富的材料

答案:B。

二、《幼儿园教育指导纲要(试行)》 【9 年 15 考】

⭐ **考频分布** 2015—2023 年以单选题形式考查 10 次,以简答题形式考查 1 次,以论述题形式考查 3 次,以材料分析题形式考查 1 次

幼儿园教育指导纲要(试行)

第一部分 总则

一、为贯彻《中华人民共和国教育法》《幼儿园管理条例》和《幼儿园工作规程》,指导幼儿园深入实施素质教育,特制定本纲要。

二、幼儿园教育是基础教育的重要组成部分,是我国学校教育和终身教育的奠基阶段。城乡各类幼儿园都应从实际出发,因地制宜地实施素质教育,为幼儿一生的发展打好基础。

三、幼儿园应与家庭、社区密切合作,与小学相互衔接,综合利用各种教育资源,共同为幼儿的发展创造良好的条件。

四、幼儿园应为幼儿提供健康、丰富的生活和活动环境,满足他们多方面发展的需要,使他们在快乐的童年生活中获得有益于身心发展的经验。

五、幼儿园教育应尊重幼儿的人格和权利,尊重幼儿身心发展的规律和学习特点,以游戏为基本活动,保教并重,关注个别差异,促进每个幼儿富有个性的发展。

第二部分 教育内容与要求

幼儿园的教育内容是全面的、启蒙性的,可以相对划分为健康、语言、社会、科学、艺术等五个领域,也可作其他不同的划分。各领域的内容相互渗透,从不同的角度促进幼儿情感、态度、能力、知识、技能等方面的发展。

一、健康

(一)目标

(1)身体健康,在集体生活中情绪安定、愉快;

(2)生活、卫生习惯良好,有基本的生活自理能力;

(3)知道必要的安全保健常识,学习保护自己;

(4)喜欢参加体育活动,动作协调、灵活。

(二)内容与要求

(1)建立良好的师生、同伴关系,让幼儿在集体生活中感到温暖,心情愉快,形成安全感、信赖感;

（2）与家长配合,根据幼儿的需要建立科学的生活常规。培养幼儿良好的饮食、睡眠、盥洗、排泄等生活习惯和生活自理能力;

（3）教育幼儿爱清洁、讲卫生,注意保持个人和生活场所的整洁和卫生;

（4）密切结合幼儿的生活进行安全、营养和保健教育,提高幼儿的自我保护意识和能力;

（5）开展丰富多彩的户外游戏和体育活动,培养幼儿参加体育活动的兴趣和习惯,增强体质,提高对环境的适应能力;

（6）用幼儿感兴趣的方式发展基本动作,提高动作的协调性、灵活性;

（7）在体育活动中,培养幼儿坚强、勇敢、不怕困难的意志品质和主动、乐观、合作的态度。

（三）指导要点

（1）幼儿园必须把保护幼儿的生命和促进幼儿的健康放在工作的首位。树立正确的健康观念,在重视幼儿身体健康的同时,要高度重视幼儿的心理健康;

（2）既要高度重视和满足幼儿受保护、受照顾的需要,又要尊重和满足他们不断增长的独立要求,避免过度保护和包办代替,鼓励并指导幼儿自理、自立的尝试;

（3）健康领域的活动要充分尊重幼儿生长发育的规律,严禁以任何名义进行有损幼儿健康的比赛、表演或训练等;

（4）培养幼儿对体育活动的兴趣是幼儿园体育的重要目标,要根据幼儿的特点组织生动有趣、形式多样的体育活动,吸引幼儿主动参与。

二、语言

（一）目标

（1）乐意与人交谈,讲话礼貌;

（2）注意倾听对方讲话,能理解日常用语;

（3）能清楚地说出自己想说的事;

（4）喜欢听故事、看图书;

（5）能听懂和会说普通话。

（二）内容与要求

（1）创造一个自由、宽松的语言交往环境,支持、鼓励、吸引幼儿与教师、同伴或其他人交谈,体验语言交流的乐趣,学习使用适当的、礼貌的语言交往;

（2）养成幼儿注意倾听的习惯,发展语言理解能力;

（3）鼓励幼儿大胆、清楚地表达自己的想法和感受,尝试说明、描述简单的事物或过

程,发展语言表达能力和思维能力;

(4)引导幼儿接触优秀的儿童文学作品,使之感受语言的丰富和优美,并通过多种活动帮助幼儿加深对作品的体验和理解;

(5)培养幼儿对生活中常见的简单标记和文字符号的兴趣;

(6)利用图书、绘画和其他多种方式,引发幼儿对书籍、阅读和书写的兴趣,培养前阅读和前书写技能;

(7)提供普通话的语言环境,帮助幼儿熟悉、听懂并学说普通话。少数民族地区还应帮助幼儿学习本民族语言。

(三)指导要点

(1)语言能力是在运用的过程中发展起来的,发展幼儿语言的关键是创设一个能使他们想说、敢说、喜欢说、有机会说并能得到积极应答的环境;

(2)幼儿语言的发展与其情感、经验、思维、社会交往能力等其他方面的发展密切相关,因此,发展幼儿语言的重要途径是通过互相渗透的各领域的教育,在丰富多彩的活动中去扩展幼儿的经验,提供促进语言发展的条件;

(3)幼儿的语言学习具有个别化的特点,教师与幼儿的个别交流、幼儿之间的自由交谈等,对幼儿语言发展具有特殊意义;

(4)对有语言障碍的儿童要给予特别关注,要与家长和有关方面密切配合,积极地帮助他们提高语言能力。

三、社会

(一)目标

(1)能主动地参与各项活动,有自信心;

(2)乐意与人交往,学习互助、合作和分享,有同情心;

(3)理解并遵守日常生活中基本的社会行为规则;

(4)能努力做好力所能及的事,不怕困难,有初步的责任感;

(5)爱父母长辈、老师和同伴,爱集体、爱家乡、爱祖国。

(二)内容与要求

(1)引导幼儿参加各种集体活动,体验与教师、同伴等共同生活的乐趣,帮助他们正确认识自己和他人,养成对他人、社会亲近、合作的态度,学习初步的人际交往技能;

(2)为每个幼儿提供表现自己长处和获得成功的机会,增强其自尊心和自信心;

(3)提供自由活动的机会,支持幼儿自主地选择、计划活动,鼓励他们通过多方面的努力解决问题,不轻易放弃克服困难的尝试;

（4）在共同的生活和活动中，以多种方式引导幼儿认识、体验并理解基本的社会行为规则，学习自律和尊重他人；

（5）教育幼儿爱护玩具和其他物品，爱护公物和公共环境；

（6）与家庭、社区合作，引导幼儿了解自己的亲人以及与自己生活有关的各行各业人们的劳动，培养其对劳动者的热爱和对劳动成果的尊重；

（7）充分利用社会资源，引导幼儿实际感受祖国文化的丰富与优秀，感受家乡的变化和发展，激发幼儿爱家乡、爱祖国的情感；

（8）适当向幼儿介绍我国各民族和世界其他国家、民族的文化，使其感知人类文化的多样性和差异性，培养理解、尊重、平等的态度。

真题面对面

[2017上半年真题]试述如何在一日生活中实现社会领域的教育目标。

参考答案：详见内文。

（三）指导要点

（1）社会领域的教育具有潜移默化的特点。幼儿社会态度和社会情感的培养尤应渗透在多种活动和一日生活的各个环节之中，要创设一个能使幼儿感受到接纳、关爱和支持的良好环境，避免单一呆板的言语说教。

（2）幼儿与成人、同伴之间的共同生活、交往、探索、游戏等，是其社会学习的重要途径。应为幼儿提供人际间相互交往和共同活动的机会和条件，并加以指导。

（3）社会学习是一个漫长的积累过程，需要幼儿园、家庭和社会密切合作，协调一致，共同促进幼儿良好社会性品质的形成。

四、科学

（一）目标

（1）对周围的事物、现象感兴趣，有好奇心和求知欲；

（2）能运用各种感官，动手动脑，探究问题；

（3）能用适当的方式表达、交流探索的过程和结果；

（4）能从生活和游戏中感受事物的数量关系并体验到数学的重要和有趣；

（5）爱护动植物，关心周围环境，亲近大自然，珍惜自然资源，有初步的环保意识。

（二）内容与要求

（1）引导幼儿对身边常见事物和现象的特点、变化规律产生兴趣和探究的欲望；

（2）为幼儿的探究活动创造宽松的环境，让每个幼儿都有机会参与尝试，支持、鼓励

他们大胆提出问题,发表不同意见,学会尊重别人的观点和经验;

(3)提供丰富的可操作的材料,为每个幼儿都能运用多种感官、多种方式进行探索提供活动的条件;

(4)通过引导幼儿积极参加小组讨论、探索等方式,培养幼儿合作学习的意识和能力,学习用多种方式表现、交流、分享探索的过程和结果;

(5)引导幼儿对周围环境中的数、量、形、时间和空间等现象产生兴趣,建构初步的数概念,并学习用简单的数学方法解决生活和游戏中某些简单的问题;

(6)从生活或媒体中幼儿熟悉的科技成果入手,引导幼儿感受科学技术对生活的影响,培养他们对科学的兴趣和对科学家的崇敬;

(7)在幼儿生活经验的基础上,帮助幼儿了解自然、环境与人类生活的关系。从身边的小事入手,培养初步的环保意识和行为。

(三)指导要点

(1)幼儿的科学教育是科学启蒙教育,重在激发幼儿的认识兴趣和探究欲望;

(2)要尽量创造条件让幼儿实际参加探究活动,使他们感受科学探究的过程和方法,体验发现的乐趣;

(3)科学教育应密切联系幼儿的实际生活进行,利用身边的事物与现象作为科学探索的对象。

五、艺术

(一)目标

(1)能初步感受并喜爱环境、生活和艺术中的美;

(2)喜欢参加艺术活动,并能大胆地表现自己的情感和体验;

(3)能用自己喜欢的方式进行艺术表现活动。

(二)内容与要求

(1)引导幼儿接触周围环境和生活中美好的人、事、物,丰富他们的感性经验和审美情趣,激发他们表现美、创造美的情趣;

(2)在艺术活动中面向全体幼儿,要针对他们的不同特点和需要,让每个幼儿都得到美的熏陶和培养。对有艺术天赋的幼儿要注意发展他们的艺术潜能;

(3)提供自由表现的机会,鼓励幼儿用不同艺术形式大胆地表达自己的情感、理解和想象,尊重每个幼儿的想法和创造,肯定和接纳他们独特的审美感受和表现方式,分享他们创造的快乐;

(4)在支持、鼓励幼儿积极参加各种艺术活动并大胆表现的同时,帮助他们提高表现的技能和能力；

（5）指导幼儿利用身边的物品或废旧材料制作玩具、手工艺品等来美化自己的生活或开展其他活动；

（6）为幼儿创设展示自己作品的条件，引导幼儿相互交流、相互欣赏、共同提高。

（三）指导要点

（1）艺术是实施美育的主要途径，应充分发挥艺术的情感教育功能，促进幼儿健全人格的形成。要避免仅仅重视表现技能或艺术活动的结果，而忽视幼儿在活动过程中的情感体验和态度的倾向；

（2）幼儿的创作过程和作品是他们表达自己的认识和情感的重要方式，应支持幼儿富有个性和创造性的表达，克服过分强调技能技巧和标准化要求的偏向；

（3）幼儿艺术活动的能力是在大胆表现的过程中逐渐发展起来的，教师的作用应主要在于激发幼儿感受美、表现美的情趣，丰富他们的审美经验，使之体验自由表达和创造的快乐。在此基础上，根据幼儿的发展状况和需要，对表现方式和技能技巧给予适时、适当的指导。

真题面对面

[**2021 下半年真题**] 在幼儿绘画活动中，教师最应该强调的是（　　）

A. 画面干净、美观　　　　　　B. 画的和教师的一样

C. 按照自己的意愿大胆表达　　D. 画得越像越好

答案：C。

第三部分　组织与实施

一、幼儿园的教育是为所有在园幼儿的健康成长服务的，要为每一个儿童，包括有特殊需要的儿童提供积极的支持和帮助。

二、幼儿园的教育活动，是教师以多种形式有目的、有计划地引导幼儿生动、活泼、主动活动的教育过程。

三、教育活动的组织与实施过程是教师创造性地开展工作的过程。教师要根据本《纲要》，从本地、本园的条件出发，结合本班幼儿的实际情况，制定切实可行的工作计划并灵活地执行。

四、教育活动目标要以《幼儿园工作规程》和本《纲要》所提出的各领域目标为指导，结合本班幼儿的发展水平、经验和需要来确定。

五、教育活动内容的选择应遵照本《纲要》第二部分的有关条款进行，同时体现以下

原则：

(1)既适合幼儿的现有水平，又有一定的挑战性；(2)既符合幼儿的现实需要，又有利于其长远发展；(3)既贴近幼儿的生活来选择幼儿感兴趣的事物和问题，又有助于拓展幼儿的经验和视野。

六、教育活动内容的组织应充分考虑幼儿的学习特点和认识规律，各领域的内容要有机联系，相互渗透，注重综合性、趣味性、活动性，寓教育于生活、游戏之中。

七、教育活动的组织形式应根据需要合理安排，因时、因地、因内容、因材料灵活地运用。

八、环境是重要的教育资源，应通过环境的创设和利用，有效地促进幼儿的发展。

(1)幼儿园的空间、设施、活动材料和常规要求等应有利于引发、支持幼儿的游戏和各种探索活动，有利于引发、支持幼儿与周围环境之间积极的相互作用。

(2)幼儿同伴群体及幼儿园教师集体是宝贵的教育资源，应充分发挥这一资源的作用。

(3)教师的态度和管理方式应有助于形成安全、温馨的心理环境；言行举止应成为幼儿学习的良好榜样。

(4)家庭是幼儿园重要的合作伙伴。应本着尊重、平等、合作的原则，争取家长的理解、支持和主动参与，并积极支持、帮助家长提高教育能力。

(5)充分利用自然环境和社区的教育资源，扩展幼儿生活和学习的空间。幼儿园同时应为社区的早期教育提供服务。

九、科学、合理地安排和组织一日生活。

(1)时间安排应有相对的稳定性与灵活性，既有利于形成秩序，又能满足幼儿的合理需要，照顾到个体差异。

(2)教师直接指导的活动和间接指导的活动相结合，保证幼儿每天有适当的自主选择和自由活动时间。教师直接指导的集体活动要能保证幼儿的积极参与，避免时间的隐性浪费。

(3)尽量减少不必要的集体行动和过渡环节，减少和消除消极等待现象。

(4)建立良好的常规，避免不必要的管理行为，逐步引导幼儿学习自我管理。

十、教师应成为幼儿学习活动的支持者、合作者、引导者。

(1)以关怀、接纳、尊重的态度与幼儿交往。耐心倾听，努力理解幼儿的想法与感受，支持、鼓励他们大胆探索与表达。

(2)善于发现幼儿感兴趣的事物、游戏和偶发事件中所隐含的教育价值，把握时机，积极引导。

（3）关注幼儿在活动中的表现和反应，敏感地察觉他们的需要，及时以适当的方式应答，形成合作探究式的师生互动。

（4）尊重幼儿在发展水平、能力、经验、学习方式等方面的个体差异，因人施教，努力使每一个幼儿都能获得满足和成功。

（5）关注幼儿的特殊需要，包括各种发展潜能和不同发展障碍，与家庭密切配合，共同促进幼儿健康成长。

十一、幼儿园教育要与0—3岁儿童的保育教育以及小学教育相互衔接。

真题面对面

[**2018下半年真题**]幼儿园教师应该是（　　　）

A. 幼儿学习的引导者、决策者和管理者

B. 幼儿学习的支持者、合作者和引导者

C. 幼儿学习的引导者、传授者和控制者

D. 幼儿学习的管理者、决策者和传授者

答案：B。

第四部分　教育评价

一、教育评价是幼儿园教育工作的重要组成部分，是了解教育的适宜性、有效性，调整和改进工作，促进每一个幼儿发展，提高教育质量的必要手段。

二、管理人员、教师、幼儿及其家长均是幼儿园教育评价工作的参与者。评价过程是各方共同参与、相互支持与合作的过程。

三、评价的过程，是教师运用专业知识审视教育实践，发现、分析、研究、解决问题的过程，也是其自我成长的重要途径。

四、幼儿园教育工作评价实行以教师自评为主，园长以及有关管理人员、其他教师和家长等参与评价的制度。

五、评价应自然地伴随着整个教育过程进行。综合采用观察、谈话、作品分析等多种方法。

六、幼儿的行为表现和发展变化具有重要的评价意义，教师应视之为重要的评价信息和改进工作的依据。

七、教育工作评价宜重点考察以下方面：

（1）教育计划和教育活动的目标是否建立在了解本班幼儿现状的基础上；（2）教育的

内容、方式、策略、环境条件是否能调动幼儿学习的积极性;(3)教育过程是否能为幼儿提供有益的学习经验,并符合其发展需要;(4)教育内容、要求能否兼顾群体需要和个体差异,使每个幼儿都能得到发展,都有成功感;(5)教师的指导是否有利于幼儿主动、有效地学习。

八、对幼儿发展状况的评估,要注意:

(1)明确评价的目的是了解幼儿的发展需要,以便提供更加适宜的帮助和指导;

(2)全面了解幼儿的发展状况,防止片面性,尤其要避免只重知识和技能,忽略情感、社会性和实际能力的倾向;

(3)在日常活动与教育教学过程中采用自然的方法进行。平时观察所获的具有典型意义的幼儿行为表现和所积累的各种作品等,是评价的重要依据;

(4)承认和关注幼儿的个体差异,避免用划一的标准评价不同的幼儿,在幼儿面前慎用横向的比较;

(5)以发展的眼光看待幼儿,既要了解现有水平,更要关注其发展的速度、特点和倾向等。

真题面对面

1.[2023 上半年真题]《幼儿园教育指导纲要(试行)》提出,幼儿园教育工作评价应当以( )

A.幼儿评价为主　　　　　　　B.家长评价为主

C.教师自评为主　　　　　　　D.专家评价为主

答案:C。

2.[2018 下半年真题]教育过程中,教师评价幼儿的适宜做法是( )

A.用统一的标准评价幼儿　　　B.根据一次测评结果评价幼儿

C.用标准化测评工具评价幼儿　D.根据日常观察所获信息评价幼儿

答案:D。

三、《幼儿园教师专业标准(试行)》 【9年4考】

⭐ **考频分布** 2023 上简答,2021 下材料分析,2021 上论述,2016 下单选

幼儿园教师专业标准(试行)(节选)

为促进幼儿园教师专业发展,建设高素质幼儿园教师队伍,根据《中华人民共和国教

师法》,特制定《幼儿园教师专业标准(试行)》(以下简称《专业标准》)。

幼儿园教师是履行幼儿园教育教学工作职责的专业人员,需要经过严格的培养与培训,具有良好的职业道德,掌握系统的专业知识和专业技能。《专业标准》是国家对合格幼儿园教师专业素质的基本要求,是幼儿园教师实施保教行为的基本规范,是引领幼儿园教师专业发展的基本准则,是幼儿园教师培养、准入、培训、考核等工作的重要依据。

一、基本理念

(一)师德为先

热爱学前教育事业,具有职业理想,践行社会主义核心价值体系,履行教师职业道德规范,依法执教。关爱幼儿,尊重幼儿人格,富有爱心、责任心、耐心和细心;为人师表,教书育人,自尊自律,做幼儿健康成长的启蒙者和引路人。

(二)幼儿为本

尊重幼儿权益,以幼儿为主体,充分调动和发挥幼儿的主动性;遵循幼儿身心发展特点和保教活动规律,提供适合的教育,保障幼儿快乐健康成长。

(三)能力为重

把学前教育理论与保教实践相结合,突出保教实践能力;研究幼儿,遵循幼儿成长规律,提升保教工作专业化水平;坚持实践、反思、再实践、再反思,不断提高专业能力。

(四)终身学习

学习先进学前教育理论,了解国内外学前教育改革与发展的经验和做法;优化知识结构,提高文化素养;具有终身学习与持续发展的意识和能力,做终身学习的典范。

> **真题面对面**
>
> [2023上半年真题]简述幼儿教师"以幼儿为本"基本理念的内涵。
>
> **参考答案:**详见内文。

二、基本内容

维度	领域	基本要求
专业理念与师德	(一)职业理解与认识	1. 贯彻党和国家教育方针政策,遵守教育法律法规。 2. 理解幼儿保教工作的意义,热爱学前教育事业,具有职业理想和敬业精神。 3. 认同幼儿园教师的专业性和独特性,注重自身专业发展。 4. 具有良好职业道德修养,为人师表。 5. 具有团队合作精神,积极开展协作与交流。

续表

维度	领域	基本要求
专业理念与师德	（二）对幼儿的态度与行为	6. 关爱幼儿，重视幼儿身心健康，将保护幼儿生命安全放在首位。 7. 尊重幼儿人格，维护幼儿合法权益，平等对待每一位幼儿。不讽刺、挖苦、歧视幼儿，不体罚或变相体罚幼儿。 8. 信任幼儿，尊重个体差异，主动了解和满足有益于幼儿身心发展的不同需求。 9. 重视生活对幼儿健康成长的重要价值，积极创造条件，让幼儿拥有快乐的幼儿园生活。
	（三）幼儿保育和教育的态度与行为	10. 注重保教结合，培育幼儿良好的意志品质，帮助幼儿养成良好的行为习惯。 11. 注重保护幼儿的好奇心，培养幼儿的想象力，发掘幼儿的兴趣爱好。 12. 重视环境和游戏对幼儿发展的独特作用，创设富有教育意义的环境氛围，将游戏作为幼儿的主要活动。 13. 重视丰富幼儿多方面的直接经验，将探索、交往等实践活动作为幼儿最重要的学习方式。 14. 重视自身日常态度言行对幼儿发展的重要影响与作用。 15. 重视幼儿园、家庭和社区的合作，综合利用各种资源。
	（四）个人修养与行为	16. 富有爱心、责任心、耐心和细心。 17. 乐观向上、热情开朗，有亲和力。 18. 善于自我调节情绪，保持平和心态。 19. 勤于学习，不断进取。 20. 衣着整洁得体，语言规范健康，举止文明礼貌。
专业知识	（五）幼儿发展知识	21. 了解关于幼儿生存、发展和保护的有关法律法规及政策规定。 22. 掌握不同年龄幼儿身心发展特点、规律和促进幼儿全面发展的策略与方法。 23. 了解幼儿在发展水平、速度与优势领域等方面的个体差异，掌握对应的策略与方法。 24. 了解幼儿发展中容易出现的问题与适宜的对策。 25. 了解有特殊需要幼儿的身心发展特点及教育策略与方法。

239

维度	领域	基本要求
专业知识	（六）幼儿保育和教育知识	26. 熟悉幼儿园教育的目标、任务、内容、要求和基本原则。 27. 掌握幼儿园各领域教育的学科特点与基本知识。 28. 掌握幼儿园环境创设、一日生活安排、游戏与教育活动、保育和班级管理的知识与方法。 29. 熟知幼儿园的安全应急预案，掌握意外事故和危险情况下幼儿安全防护与救助的基本方法。 30. 掌握观察、谈话、记录等了解幼儿的基本方法和教育心理学的基本原理和方法。 31. 了解0—3岁婴幼儿保教和幼小衔接的有关知识与基本方法。
	（七）通识性知识	32. 具有一定的自然科学和人文社会科学知识。 33. 了解中国教育基本情况。 34. 具有相应的艺术欣赏与表现知识。 35. 具有一定的现代信息技术知识。
专业能力	（八）环境的创设与利用	36. 建立良好的师幼关系，帮助幼儿建立良好的同伴关系，让幼儿感到温暖和愉悦。 37. 建立班级秩序与规则，营造良好的班级氛围，让幼儿感受到安全、舒适。 38. 创设有助于促进幼儿成长、学习、游戏的教育环境。 39. 合理利用资源，为幼儿提供和制作适合的玩教具和学习材料，引发和支持幼儿的主动活动。
	（九）一日生活的组织与保育	40. 合理安排和组织一日生活的各个环节，将教育灵活地渗透到一日生活中。 41. 科学照料幼儿日常生活，指导和协助保育员做好班级常规保育和卫生工作。 42. 充分利用各种教育契机，对幼儿进行随机教育。 43. 有效保护幼儿，及时处理幼儿的常见事故，危险情况优先救护幼儿。

维度	领域	基本要求
专业能力	（十）游戏活动的支持与引导	44. 提供符合幼儿兴趣需要、年龄特点和发展目标的游戏条件。 45. 充分利用与合理设计游戏活动空间,提供丰富、适宜的游戏材料,支持、引发和促进幼儿的游戏。 46. 鼓励幼儿自主选择游戏内容、伙伴和材料,支持幼儿主动地、创造性地开展游戏,充分体验游戏的快乐和满足。 47. 引导幼儿在游戏活动中获得身体、认知、语言和社会性等多方面的发展。
	（十一）教育活动的计划与实施	48. 制定阶段性的教育活动计划和具体活动方案。 49. 在教育活动中观察幼儿,根据幼儿的表现和需要,调整活动,给予适宜的指导。 50. 在教育活动的设计和实施中体现趣味性、综合性和生活化,灵活运用各种组织形式和适宜的教育方式。 51. 提供更多的操作探索、交流合作、表达表现的机会,支持和促进幼儿主动学习。
	（十二）激励与评价	52. 关注幼儿日常表现,及时发现和赏识每个幼儿的点滴进步,注重激发和保护幼儿的积极性、自信心。 53. 有效运用观察、谈话、家园联系、作品分析等多种方法,客观地、全面地了解和评价幼儿。 54. 有效运用评价结果,指导下一步教育活动的开展。
	（十三）沟通与合作	55. 使用符合幼儿年龄特点的语言进行保教工作。 56. 善于倾听,和蔼可亲,与幼儿进行有效沟通。 57. 与同事合作交流,分享经验和资源,共同发展。 58. 与家长进行有效沟通合作,共同促进幼儿发展。 59. 协助幼儿园与社区建立合作互助的良好关系。
	（十四）反思与发展	60. 主动收集分析相关信息,不断进行反思,改进保教工作。 61. 针对保教工作中的现实需要与问题,进行探索和研究。 62. 制定专业发展规划,积极参加专业培训,不断提高自身专业素质。

241

[2021上半年真题]幼儿园教师应具备哪些专业能力?

参考答案:详见内文。

四、《托儿所幼儿园卫生保健工作规范》 【9年3考】

⭐ 考频分布 2023上单选,2022上单选,2015上单选

托儿所幼儿园卫生保健工作规范(节选)

二〇一二年三月

第二部分 卫生保健工作内容与要求

四、健康检查

(一)儿童健康检查。

1.入园(所)健康检查

(1)儿童入托幼机构前应当经医疗卫生机构进行健康检查,合格后方可入园(所)。

(2)承担儿童入园(所)体检的医疗卫生机构及人员应当取得相应的资格,并接受相关专业技术培训。应当按照《管理办法》规定的项目开展健康检查,规范填写"儿童入园(所)健康检查表",不得违反规定擅自改变健康检查项目。

(3)儿童入园(所)体检中发现疑似传染病者应当"暂缓入园(所)",及时确诊治疗。

(4)儿童入园(所)时,托幼机构应当查验"儿童入园(所)健康检查表"、"0~6岁儿童保健手册"、"预防接种证"。

发现没有预防接种证或未依照国家免疫规划受种的儿童,应当在30日内向托幼机构所在地的接种单位或县级疾病预防控制机构报告,督促监护人带儿童到当地规定的接种单位补证或补种。托幼机构应当在儿童补证或补种后复验预防接种证。

2.定期健康检查

(1)承担儿童定期健康检查的医疗卫生机构及人员应当取得相应的资格。儿童定期健康检查项目包括:测量身长(身高)、体重,检查口腔、皮肤、心肺、肝脾、脊柱、四肢等,测查视力、听力,检测血红蛋白或血常规。

(2)1~3岁儿童每年健康检查2次,每次间隔6个月;3岁以上儿童每年健康检查1次。所有儿童每年进行1次血红蛋白或血常规检测。1~3岁儿童每年进行1次听力筛

查;4 岁以上儿童每年检查 1 次视力。体检后应当及时向家长反馈健康检查结果。

（3）儿童离开园（所）3 个月以上需重新按照入园（所）检查项目进行健康检查。

（4）转园（所）儿童持原托幼机构提供的"儿童转园（所）健康证明"、"0～6 岁儿童保健手册"可直接转园（所）。"儿童转园（所）健康证明"有效期 3 个月。

3.晨午检及全日健康观察

（1）做好每日晨间或午间入园（所）检查。检查内容包括询问儿童在家有无异常情况,观察精神状况、有无发热和皮肤异常,检查有无携带不安全物品等,发现问题及时处理。

（2）应当对儿童进行全日健康观察,内容包括饮食、睡眠、大小便、精神状况、情绪、行为等,并作好观察及处理记录。

（3）卫生保健人员每日深入班级巡视 2 次,发现患病、疑似传染病儿童应当尽快隔离并与家长联系,及时到医院诊治,并追访诊治结果。

（4）患病儿童应当离园（所）休息治疗。如果接受家长委托喂药时,应当做好药品交接和登记,并请家长签字确认。

> **真题面对面**
>
> [2023 上半年真题]《托儿所幼儿园卫生保健工作规范》规定,1～3 岁儿童每年健康检查的次数是（　　）
>
> A.1 次　　　　　B.2 次　　　　　C.3 次　　　　　D.4 次
>
> **答案**:B。

（二）工作人员健康检查。

1.上岗前健康检查

（1）托幼机构工作人员上岗前必须按照《管理办法》的规定,经县级以上人民政府卫生行政部门指定的医疗卫生机构进行健康检查,取得《托幼机构工作人员健康合格证》后方可上岗。

（2）精神病患者或者有精神病史者不得在托幼机构工作。

2.定期健康检查

（1）托幼机构在岗工作人员必须按照《管理办法》规定的项目每年进行 1 次健康检查。

（2）在岗工作人员患有精神病者，应当立即调离托幼机构。

（3）凡患有下列症状或疾病者须离岗，治愈后须持县级以上人民政府卫生行政部门指定的医疗卫生机构出具的诊断证明，并取得"托幼机构工作人员健康合格证"后，方可回园（所）工作。

1）发热、腹泻等症状；

2）流感、活动性肺结核等呼吸道传染性疾病；

3）痢疾、伤寒、甲型病毒性肝炎、戊型病毒性肝炎等消化道传染性疾病；

4）淋病、梅毒、滴虫性阴道炎、化脓性或者渗出性皮肤病等。

（4）体检过程中发现异常者，由体检的医疗卫生机构通知托幼机构的患病工作人员到相关专科进行复查和确诊，并追访诊治结果。

五、卫生与消毒

（一）环境卫生。

1.托幼机构应当建立室内外环境卫生清扫和检查制度，每周全面检查1次并记录，为儿童提供整洁、安全、舒适的环境。

2.室内应当有防蚊、蝇、鼠、虫及防暑和防寒设备，并放置在儿童接触不到的地方。集中消毒应在儿童离园（所）后进行。

3.保持室内空气清新、阳光充足。采取湿式清扫方式清洁地面。厕所做到清洁通风、无异味，每日定时打扫，保持地面干燥。便器每次用后及时清洗干净。

4.卫生洁具各班专用专放并有标记。抹布用后及时清洗干净，晾晒、干燥后存放；拖布清洗后应当晾晒或控干后存放。

5.枕席、凉席每日用温水擦拭，被褥每月曝晒1~2次，床上用品每月清洗1~2次。

6.保持玩具、图书表面的清洁卫生，每周至少进行1次玩具清洗，每2周图书翻晒1次。

（二）个人卫生。

1.儿童日常生活用品专人专用，保持清洁。要求每人每日1巾1杯专用，每人1床位1被。

2.培养儿童良好卫生习惯。饭前便后应当用肥皂、流动水洗手，早晚洗脸、刷牙，饭后漱口，做到勤洗头洗澡换衣、勤剪指（趾）甲，保持服装整洁。

3.工作人员应当保持仪表整洁，注意个人卫生。饭前便后和护理儿童前应用肥皂、

流动水洗手;上班时不戴戒指,不留长指甲;不在园(所)内吸烟。

(三)预防性消毒。

1.儿童活动室、卧室应当经常开窗通风,保持室内空气清新。每日至少开窗通风2次,每次至少10~15分钟。在不适宜开窗通风时,每日应当采取其他方法对室内空气消毒2次。

2.餐桌每餐使用前消毒。水杯每日清洗消毒,用水杯喝豆浆、牛奶等易附着于杯壁的饮品后,应当及时清洗消毒。反复使用的餐巾每次使用后消毒。擦手毛巾每日消毒1次。

3.门把手、水龙头、床围栏等儿童易触摸的物体表面每日消毒1次。坐便器每次使用后及时冲洗,接触皮肤部位及时消毒。

4.使用符合国家标准或规定的消毒器械和消毒剂。环境和物品的预防性消毒方法应当符合要求。

六、传染病预防与控制

(一)督促家长按免疫程序和要求完成儿童预防接种。配合疾病预防控制机构做好托幼机构儿童常规接种、群体性接种或应急接种工作。

(二)托幼机构应当建立传染病管理制度。托幼机构内发现传染病疫情或疑似病例后,应当立即向属地疾病预防控制机构(农村乡镇卫生院防保组)报告。

(三)班级老师每日登记本班儿童的出勤情况。对因病缺勤的儿童,应当了解儿童的患病情况和可能的原因,对疑似患传染病的,要及时报告给园(所)疫情报告人。园(所)疫情报告人接到报告后应当及时追查儿童的患病情况和可能的病因,以做到对传染病人的早发现。

(四)托幼机构内发现疑似传染病例时,应当及时设立临时隔离室,对患儿采取有效的隔离控制措施。临时隔离室内环境、物品应当便于实施随时性消毒与终末消毒,控制传染病在园(所)内暴发和续发。

(五)托幼机构应当配合当地疾病预防控制机构对被传染病病原体污染(或可疑污染)的物品和环境实施随时性消毒与终末消毒。

(六)发生传染病期间,托幼机构应当加强晨午检和全日健康观察,并采取必要的预防措施,保护易感儿童。对发生传染病的班级按要求进行医学观察,医学观察期间该班与其他班相对隔离,不办理入托和转园(所)手续。

（七）卫生保健人员应当定期对儿童及其家长开展预防接种和传染病防治知识的健康教育,提高其防护能力和意识。传染病流行期间,加强对家长的宣传工作。

（八）患传染病的儿童隔离期满后,凭医疗卫生机构出具的痊愈证明方可返回园（所）。根据需要,来自疫区或有传染病接触史的儿童,检疫期过后方可入园（所）。

五、《幼儿园保育教育质量评估指南》 【9年1考】

⭐ **考频分布** **2023** 下单选

幼儿园保育教育质量评估指南（节选）

为深入贯彻全国教育大会精神,加快建立健全教育评价制度,促进学前教育高质量发展,根据中共中央、国务院《关于学前教育深化改革规范发展的若干意见》和《深化新时代教育评价改革总体方案》精神,制定本指南。

一、总体要求

（一）指导思想

以习近平新时代中国特色社会主义思想为指导,全面贯彻党的教育方针,落实立德树人根本任务,遵循幼儿发展规律和教育规律,完善以促进幼儿身心健康发展为导向的学前教育质量评估体系,切实扭转不科学的评估导向,强化评估结果运用,推动树立科学保育教育理念,全面提高幼儿园保育教育水平,为培养德智体美劳全面发展的社会主义建设者和接班人奠定坚实基础。

（二）基本原则

1.坚持正确方向。坚持社会主义办园方向,践行为党育人、为国育才使命,树立科学评价导向,推动构建科学保育教育体系,整体提升幼儿园办园水平和保育教育质量。

2.坚持儿童为本。尊重幼儿年龄特点和成长规律,注重幼儿发展的整体性和连续性,坚持保教结合,以游戏为基本活动,有效促进幼儿身心健康发展。

3.坚持科学评估。完善评估内容,突出评估重点,改进评估方式,切实扭转"重结果轻过程、重硬件轻内涵、重他评轻自评"等倾向。

4.坚持以评促建。充分发挥评估的引导、诊断、改进和激励功能,注重过程性、发展性评估,引导办好每一所幼儿园,促进幼儿园安全优质发展。

二、评估内容

坚持以促进幼儿身心健康发展为导向,聚焦幼儿园保育教育过程质量,评估内容主

要包括办园方向、保育与安全、教育过程、环境创设、教师队伍等5个方面,共15项关键指标和48个考查要点。

(一)办园方向。包括党建工作、品德启蒙和科学理念等3项关键指标,旨在促进幼儿园全面贯彻党的教育方针,落实立德树人根本任务,强化党组织战斗堡垒作用,树立科学保育教育理念,确保正确办园方向。

(二)保育与安全。包括卫生保健、生活照料、安全防护等3项关键指标,旨在促进幼儿园加强膳食营养、疾病预防、健康检查等工作,建立合理的生活常规,强化医护保健人员配备、安全保障和制度落实,确保幼儿生命安全和身心健康。

(三)教育过程。包括活动组织、师幼互动和家园共育等3项关键指标,旨在促进幼儿园坚持以游戏为基本活动,理解尊重幼儿并支持其有意义地学习,强化家园协同育人,不断提高保育教育质量。

(四)环境创设。包括空间设施、玩具材料等2项关键指标,旨在促进幼儿园积极创设丰富适宜、富有童趣、有利于支持幼儿学习探索的教育环境,配备数量充足、种类多样的玩教具和图画书,有效支持保育教育工作科学实施。

(五)教师队伍。包括师德师风、人员配备、专业发展和激励机制等4项关键指标,旨在促进幼儿园加强教师师德工作,注重教师专业能力建设,提高园长专业领导力,采取有效措施激励教师爱岗敬业、潜心育人。

真题面对面

[2023下半年真题]幼儿园保育教育质量评估应主要聚焦( )

A.办园条件   B.保育教育过程

C.幼儿园管理   D.幼儿发展结果

答案:B。

三、评估方式

(一)注重过程评估。重点关注保育教育过程质量,关注幼儿园提升保教水平的努力程度和改进过程,严禁用直接测查幼儿能力和发展水平的方式评估幼儿园保育教育质量。

(二)强化自我评估。幼儿园应建立常态化的自我评估机制,促进教职工主动参与,通过集体诊断,反思自身教育行为,提出改进措施。同时,有效发挥外部评估的导向、激励作用,有针对性地引导幼儿园不断完善自我评估,改进保育教育工作。

(三)聚焦班级观察。通过不少于半日的连续自然观察,了解教师与幼儿互动情况,准确判断教师对促进幼儿学习与发展所做的努力与支持,全面、客观、真实地了解幼儿园保育教育过程和质量。外部评估的班级观察采取随机抽取的方式,覆盖面不少于各年龄班级总数的三分之一。

达标测评

建议用时	实际用时	测评总分	实际得分
90分钟	_____分钟	112分	_____分

一、单项选择题(每小题3分,共42分)

1.( )在教育实践中创立了生活教育理论和教、学、做合一的教育方法,并首创了中国第一所乡村幼稚园。

A.张雪门　　　　B.陶行知　　　　C.蔡元培　　　　D.陈鹤琴

2.我国幼儿园教育的任务是( )

A.教育幼儿和为幼儿入学做准备

B.保育幼儿和为幼儿入学做准备

C.保育和教育幼儿,并为家长工作提供便利

D.保育和教育幼儿,为家长提供育儿指导

3.湖北巡抚( )于1903年在武昌创办湖北幼稚园,我国第一所学前儿童教育机构正式诞生。

A.陶行知　　　　B.李鸿章　　　　C.陈鹤琴　　　　D.端方

4.提出"活教育"思想的是( )

A.陶行知　　　　B.陈鹤琴　　　　C.张宗麟　　　　D.张雪门

5.幼儿教师在语言课上只讲故事、音乐课上只教唱歌、体育课上只做游戏的做法违背了( )的教育原则。

A.启蒙性　　　　　　　　　　B.发展适宜性

C.活动性　　　　　　　　　　D.整合性

6. 张老师当众披露婷婷的缺点,还给婷婷起绰号,张老师违背了(　　)

A. 坚持开放办学原则

B. 尊重儿童人格尊严和合法权益原则

C. 目标性原则

D. 科学性、思想性原则

7. 教师在活动前要善于激发幼儿的学习兴趣和动机,这体现的是(　　)

A. 科学性、思想性原则　　　　　　　　B. 目标性原则

C. 主体性原则　　　　　　　　　　　　D. 保教合一原则

8. 以自然教育理论为依据,在道德教育上提出了自然后果法的是(　　)

A. 夸美纽斯　　　　B. 福禄贝尔　　　　C. 洛克　　　　D. 卢梭

9.《幼儿园教育指导纲要(试行)》语言领域的内容与要求指出,应培养幼儿对生活中常见的(　　)的兴趣。

A. 简单标记和图画符号

B. 简单标记和文字符号

C. 简单标记和标点

D. 简单标记和语言

10. 3～4岁幼儿喜欢自然界与生活中美的事物,这一目标的典型表现包括(　　)

A. 容易被自然界中的鸟鸣、风声、雨声等好听的声音所吸引

B. 在欣赏自然界和生活环境中美的事物时,关注其色彩、形态等特征

C. 喜欢倾听各种好听的声音,感知声音的高低、长短、强弱等变化

D. 乐于模仿自然界和生活环境中有特点的声音,并产生相应的联想

11. 对幼儿发展状况评估的目的是(　　)

A. 了解幼儿的发展需要　　　　　　　　B. 提高保教质量

C. 教师反思性成长　　　　　　　　　　D. 评估幼儿的游戏水平

12. 关于早期阅读,下列说法正确的是(　　)

A. 为幼儿提供良好的阅读环境和条件

B. 每天要有阅读量的要求

C. 阅读材料以文字为主

D. 以识字为目的

13.王老师在组织"6"的分解、组成活动时,为幼儿提供了小棒、积木和圆片等学具供其操作。王老师的做法体现的学前教育的原则是(   )

A.保教合一的原则   B.以游戏为主要活动的原则

C.教育的活动性和直观性原则   D.生活化和一日活动整体性原则

14.依据《幼儿园教师专业标准(试行)》,作为一名幼儿教师,应具备充分利用各种教育契机,对幼儿进行随机教育的能力,这一基本要求所属领域是(   )

A.沟通与合作   B.环境的创设与利用

C.激励与评价   D.一日生活的组织与保育

二、简答题(每小题15分,共30分)

1.简述陈鹤琴"活教育"理论思想中的三大纲领。

2.简述幼儿教师必备的关于幼儿保育和教育的态度与行为。

三、材料分析题(每小题20分,共40分)

1.材料:

经过长时间教育,我发现班上大部分孩子洗手的方法还是不正确,手总是洗得不干净。我们几位老师看在眼里急在心里。于是,我让孩子们相互看看、摸摸自己和别人的手,比比谁的手干净,并让孩子们总结洗手的"小诀窍"。有的孩子说:"要用肥皂搓,再用水冲干净。"有的说:"洗手时要卷起袖子,不然会把衣服弄湿的。"我搬来了娃娃家的"脸盆""肥皂""毛巾"等,请孩子们学习并练习洗手的正确步骤:先卷袖子→打开水龙头冲一下手→用肥皂搓手心和手背→用水冲干净→用毛巾擦干手上的水。为了帮助孩子们牢固地掌握正确的洗手方法,我还画了一些洗手的小图片,编上1、2、3、4、5,并附上简单的说明文字,将其贴在洗手池上方的墙上。终于,孩子们都能按正确的步骤洗手了。

问题:结合材料说说教师在活动中运用了哪些学前教育原则?

2.材料:

一次早餐时间,杜老师对孩子们说:"要好好吃饭哦!因为只有这样才能长得高,长得结实,就像植物一样每天喝水,才能长得好。"杜老师刚说完就有个声音响起来:"杜老师,植物又没有嘴巴,它是用什么喝水的呢?""对呀,对呀。"许多孩子随声附和。听到这个问题,杜老师的第一个反应是:"这个问题有意思,虽然看似简单,但却是孩子由自身经验有感而发的,且充满童趣。如果我告诉他是植物的根,他们一定又会问为什么根会喝水等许多问题,这样一来,岂不是剥夺了孩子们一次观察和探究的机会吗?我何不抓住

这个兴趣点,让他们自己寻找答案呢?"于是杜老师笑了笑说:"你们先吃饭,吃完了我就告诉你们。"饭后杜老师带着孩子们到自然角,看了许多植物的种子。说道:"你们不是很想知道植物是怎样喝水的吗?我们现在就来种一些植物吧,你们仔细观察就会得到答案的。"

问题:请用《幼儿园教育指导纲要(试行)》有关知识,分析材料中杜老师的做法。

参考答案及解析

一、单项选择题

1.B [解析]陶行知是我国伟大的人民教育家,他在教育实践中创立了生活教育理论和教、学、做合一的教育方法,并创办了中国第一所乡村幼稚园——南京燕子矶幼稚园。

2.D [解析]我国幼儿园具有为幼儿和幼儿家长服务的"双重任务"。《幼儿园工作规程》指出,幼儿园的任务其一是"贯彻国家的教育方针,按照保育与教育相结合的原则,遵循幼儿身心发展特点和规律,实施德、智、体、美等方面全面发展的教育,促进幼儿身心和谐发展";其二是"幼儿园同时面向幼儿家长提供科学育儿指导"。

3.D [解析]湖北巡抚端方于1903年在武昌创办湖北幼稚园,我国第一所学前儿童教育机构正式诞生。

4.B [解析]陈鹤琴提出了"活教育"的理论体系,包括三大纲领(目的论、课程论和方法论)以及教学原则、训育原则等。

5.D [解析]整合性原则是指将学前教育看作是一个完整的系统,保证学前儿童身心整体健全和谐的发展,综合化地整合课程的各要素实施教育。内容的整合最终应落实到具体的教育活动之中。例如,语言教育领域,不仅可以在语言教育领域内部对知识学习和能力培养进行整合,而且还可以将社会、科学、艺术等领域的学习内容整合在一起。

6.B [解析]尊重儿童人格尊严和合法权益的原则是指儿童从一出生就具有人格尊严,他们与我们是同样的社会成员,不能因为他们小而歧视他们,要杜绝对孩子随意敷衍、盲目指责、任意羞辱的粗暴行为,更不能拿儿童作为宠物玩耍,随意给他们起绰号,当众披露他们的缺陷。张老师当众披露婷婷的缺点,还给婷婷起绰号,违背了尊重儿童人格尊严和合法权益的原则。

7. C [解析]儿童是学习的主体,只有儿童积极参与、主动建构,课程才能内化为他们的学习经验,促进其身心发展。题干中,教师在活动前激发幼儿的学习兴趣与动机,说明教师遵循了以幼儿为主体的原则。

8. D [解析]以自然教育理论为依据,卢梭在道德教育上提出了"自然后果法"。他强调对于幼儿的过失,不必加以责备和处罚,而要利用幼儿过失所造成的自然后果,使他们自食其果,从而使他们认识其过失并予以改正。

9. B [解析]《幼儿园教育指导纲要(试行)》语言领域的内容与要求指出,培养幼儿对生活中常见的简单标记和文字符号的兴趣。

10. A [解析]《3~6岁儿童学习与发展指南》艺术领域"感受与欣赏"目标1"喜欢自然界与生活中美的事物"指出,3~4岁幼儿喜欢观看花草树木、日月星空等大自然中美的事物,容易被自然界中的鸟鸣、风声、雨声等好听的声音所吸引。

11. A [解析]《幼儿园教育指导纲要(试行)》第四部分教育评价第八条指出,明确评价的目的是了解幼儿的发展需要,以便提供更加适宜的帮助和指导。

12. A [解析]《3~6岁儿童学习与发展指南》语言领域"阅读与书写准备"部分中,目标1"喜欢听故事,看图书"的教育建议包括:(1)为幼儿提供良好的阅读环境和条件;(2)激发幼儿的阅读兴趣,培养阅读习惯;(3)引导幼儿体会标识、文字符号的用途。早期阅读主要是为了激发幼儿阅读兴趣,培养幼儿阅读习惯,发展幼儿的阅读理解能力,培养幼儿书面表达的愿望,并不是以识字为目的。在进行早期阅读时一定要考虑幼儿的年龄特征,针对幼儿注意力不易集中和认知发展尚未完善的特点,每天不应该有阅读量的要求,阅读材料也应该是一些简单易懂、富有童趣的图画书。故B、C、D项说法错误。答案选A项。

13. C [解析]教育的活动性和直观性原则是指学前儿童认知的直觉行动性与形象性的方式和特点,决定了他们必须通过活动去接触各种事物和现象,与人交往,实际操作物体,从而逐步积累经验、获得真知。题干中教师在组织教育教学活动时,为幼儿提供多种学具供其操作,使幼儿的学习更形象、有效,体现了学前教育的活动性和直观性原则。

14. D [解析]《幼儿园教师专业标准(试行)》指出,一日生活的组织与保育的基本要求包括:(1)合理安排和组织一日生活的各个环节,将教育灵活地渗透到一日生活中。(2)科学照料幼儿日常生活,指导和协助保育员做好班级常规保育和卫生工作。(3)充分利用各种教育契机,对幼儿进行随机教育。(4)有效保护幼儿,及时处理幼儿的常见事

故,危险情况优先救护幼儿。

二、简答题(答案要点)

1.(1)目的论。陈鹤琴指出活教育的目的就是教育幼儿"做人,做中国人,做现代中国人"。

(2)课程论。陈鹤琴指出"大自然、大社会,都是活教材"。

(3)方法论。方法论的基本原则是"做中教,做中学,做中求进步"。

2.(1)注重保教结合,培育幼儿良好的意志品质,帮助幼儿养成良好的行为习惯。

(2)注重保护幼儿的好奇心,培养幼儿的想象力,发掘幼儿的兴趣爱好。

(3)重视环境和游戏对幼儿发展的独特作用,创设富有教育意义的环境氛围,将游戏作为幼儿的主要活动。

(4)重视丰富幼儿多方面的直接经验,将探索、交往等实践活动作为幼儿最重要的学习方式。

(5)重视自身日常态度言行对幼儿发展的重要影响与作用。

(6)重视幼儿园、家庭和社区的合作,综合利用各种资源。

三、材料分析题(答案要点)

1.材料中,教师运用了保教合一的原则、教育的活动性和直观性原则、生活化和一日活动的整体性原则。

(1)材料中,教师利用幼儿日常生活教给幼儿正确的洗手方法,不仅保障了幼儿的身体健康,而且让幼儿掌握了基本的生活技能,说明教师能够针对幼儿生活进行教育,做到了保教结合,体现的是保教合一的原则;

(2)材料中,教师通过"让孩子们相互看看、摸摸自己和别人的手,比比谁的手干净""请孩子们学习并练习洗手的正确步骤""画了一些洗手的小图片"等活动使幼儿直接体验或感知洗手的正确方法,说明教师运用了教育的活动性和直观性原则;

(3)材料中,教师充分认识到了洗手活动的教育价值,通过合理组织、科学安排教学活动,使各种活动成为一个有机的整体,发挥了一日活动一致的、连贯的、整体的教育功能,说明教师运用了生活化和一日活动的整体性原则。

2.《幼儿园教育指导纲要(试行)》中指出,幼儿园的科学教育是科学启蒙教育,重在激发幼儿的认识兴趣和探究欲望。要尽量创造条件让幼儿实际参加探究活动,使他们感受科学探究的过程和方法,体验发现的乐趣。科学教育应密切联系幼儿的实际生活进

253

行,利用身边的事物与现象作为科学探索的对象。材料中,"植物用什么喝水"引起了幼儿的极大兴趣,杜老师没有直接地告诉幼儿答案,而是为幼儿创造了一个动手操作的机会,让孩子们亲自种植物并从中去观察、发现,最后得出结论。幼儿的兴趣是一切活动的根源,杜老师没有直接告诉孩子们问题的答案,而是充分激发起幼儿探索的兴趣,让他们主动地去观察、去发现,让孩子们从活动中得到最大程度的发展。

即时反思与复盘总结

我于＿＿＿＿年＿＿月＿＿日完成了对本章的学习。

复盘一下,我对自己较肯定的地方是＿＿＿＿＿＿＿＿＿＿

(足够努力/心态积极/方法得当……)

我觉得自己需要改进的地方是＿＿＿＿＿＿＿＿＿＿＿

(懒惰懈怠/心情浮躁/方法不当……)

休息片刻,开启下一站征程!

第三章 生活指导

内容概要

本章包括幼儿园日常生活活动、幼儿生活常规教育、幼儿营养与膳食、幼儿常见疾病的预防、幼儿常见意外事故的防护和急救五节。本章内容在真题试卷中所占分值约 0～20 分，主要以单项选择题、简答题、论述题的形式考查。本章各节 2015—2023 年考频汇总如下：

幼儿园日常生活活动 ——○ 总考频 3 次

幼儿生活常规教育 ——○ 总考频 1 次

幼儿营养与膳食 ——○ 总考频 1 次

幼儿常见疾病的预防 ——○ 总考频 3 次

幼儿常见意外事故的防护和急救 ——○ 总考频 5 次

第一节 幼儿园日常生活活动

思维导图

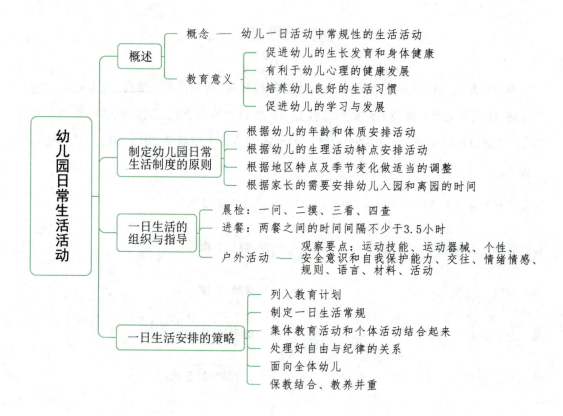

幼儿园日常生活活动
- 概述
  - 概念 —— 幼儿一日活动中常规性的生活活动
  - 教育意义
    - 促进幼儿的生长发育和身体健康
    - 有利于幼儿心理的健康发展
    - 培养幼儿良好的生活习惯
    - 促进幼儿的学习与发展
- 制定幼儿园日常生活制度的原则
  - 根据幼儿的年龄和体质安排活动
  - 根据幼儿的生理活动特点安排活动
  - 根据地区特点及季节变化做适当的调整
  - 根据家长的需要安排幼儿入园和离园的时间
- 一日生活的组织与指导
  - 晨检：一问、二摸、三看、四查
  - 进餐：两餐之间的时间间隔不少于3.5小时
  - 户外活动 —— 观察要点：运动技能、运动器械、个性、安全意识和自我保护能力、交往、情绪情感、规则、语言、材料、活动
- 一日生活安排的策略
  - 列入教育计划
  - 制定一日生活常规
  - 集体教育活动和个体活动结合起来
  - 处理好自由与纪律的关系
  - 面向全体幼儿
  - 保教结合、教养并重

考向分析

本节属于生活指导的重要知识,识记性内容较多。在考试中主要以简答题的形式考查。汇总分析2015年至2023年的真题试卷,本节知识考查情况统计如下:

知识	考点	考频	题型
制定幼儿园日常生活制度的原则	幼儿一日生活的"动静交替"原则	1	简答
幼儿园一日生活的组织与指导	户外活动	2	简答

📖 **核心考点**

一、幼儿园日常生活活动概述

考点1 幼儿园日常生活活动的概念

幼儿园日常生活活动是指幼儿一日活动中常规性的生活活动,主要包括来园、晨检、盥洗、进餐、如厕、午休、散步、离园等常规性活动。它们是幼儿一日活动的重要组成部分,也是促进幼儿社会化的必要途径。相比较集体教学活动而言,日常生活的活动过程又具有灵活性、重复性、随机性特点。

考点2 幼儿园日常生活活动的教育意义

1. 促进幼儿的生长发育和身体健康

有规律、有组织的各项活动,符合幼儿生长发育的需要,能促进幼儿身体各器官健康发育,使幼儿的生活有张有弛。幼儿一日生活的每个环节都能够为孩子们的身体健康成长提供充分的条件。

2. 有利于幼儿心理的健康发展

幼儿园合理有序的生活活动不仅能够保证对幼儿身体的照顾,还有利于促进幼儿心理的健康发展。教师精心照顾幼儿的每一个生活环节,能为幼儿创造良好的心理氛围,保持愉快的情绪,使幼儿积极地参加各项活动,增加同伴和师幼间的交往和合作,使孩子在安全愉快的环境中健康成长。

3. 培养幼儿良好的生活习惯

合理的幼儿园一日生活可以培养幼儿按一定时间和规律吃饭、活动、睡眠等良好生活习惯。良好的生活习惯是一系列良好的条件反射,这种条件反射的形成,能够令幼儿更快更好地熟悉和适应生活环境,从而达到保护幼儿身心健康的目的。

4. 促进幼儿的学习与发展

学前儿童的身心发展特点决定了"教育即生活、生活即教育"。幼儿通过一日生活与成人互动,与同伴互动,感知、接触真实的物体,体验各种情感,解决实际问题,逐步学会与自己的生存、发展密切相关的知识与技能,积累各种有益的经验,逐步形成自己的性格、习惯等。

二、制定幼儿园日常生活制度的原则 【9年1考】

⭐ **考频分布** 2015下简答

1. 根据幼儿的年龄和体质安排活动

幼儿之间存在着较大的差异性。因此,生活制度应该兼顾幼儿的个别差异,适当地加以区别对待,以适应不同幼儿的特点,满足幼儿的不同需要。

2. 根据幼儿的生理活动特点安排活动

根据神经生理学的理论,人在从事某种活动时,大脑皮层只有相应部分的神经细胞处于兴奋和工作状态,其他部分的神经细胞则处于抑制和休息状态,从而形成工作区和休息区。因此,幼儿园在制定生活制度时,应考虑到不同性质的活动轮换进行,做到劳逸结合、动静交替。(1)**动静交替原则表现在一日活动的安排中**。例如,早上入园后进行锻炼,属于"动";之后洗手、吃早餐,要播放舒缓的进餐歌曲,属于"静";接着是幼儿在各个活动区开展活动,属于"动";喝水环节,属于"静";户外活动,属于"动";午休,属于"静"……(2)动静交替原则表现在具体的教育活动中。例如,在教育活动之后,可以安排幼儿自由进行游戏活动;在室内较安静的活动之后,可以让幼儿到户外进行体育活动等。这样,既可以使幼儿大脑皮层的神经细胞以及身体各器官系统得到充分的调动和锻炼,又能得到轮流的、充分的休息,从而促进幼儿身心健康发展。

真题面对面

[2015下半年真题]举例说明如何在幼儿园实施幼儿一日生活的"动静交替"的原则。

参考答案:详见内文。

3. 根据地区特点及季节变化做适当的调整

我国地域辽阔,具有较大的南北气候差异以及东西时间差异,各园应根据本地区的具体地理特征以及本园的实际情况,制定相应的生活制度。同时,在制定生活制度时,还应考虑到不同季节的特点,对生活制度中的部分环节进行适当的调整。

4. 根据家长的需要安排幼儿入园和离园的时间

幼儿的年龄特点决定了幼儿入园以及离园都必须由家长亲自接送。因此,幼儿园在

制定生活制度时,应考虑幼儿家长的实际情况和需要,尽量与家长上下班时间相衔接,更好地为家长服务。例如,幼儿入园的时间可以根据家长的需要适当地提前,而离园的时间也可以适当地推迟;幼儿园为幼儿提供的膳食,可以由两餐两点增加到三餐两点等。

三、幼儿园一日生活的组织与指导　【9年2考】

幼儿园一日活动包括幼儿入园、早操、有组织的教育活动、间隙活动、游戏或自由活动、盥洗、进餐、睡眠、户外活动、劳动、散步、实验操作活动、离园、晚间活动等。现将上述活动的组织要求分述如下:

1.幼儿入园

(1)接待幼儿

教师要以热情、亲切的态度接待幼儿,相互问好。教师应有礼貌地向家长问好,主动向家长了解幼儿在家的情况,听取家长的要求和建议。对双方需要及时商洽的问题交换意见,做好个别幼儿的药品交接工作。教师要利用晨间接待的机会,与幼儿亲切交谈,了解幼儿在家的情况,有计划地进行个别教育,对不爱活动、性格孤僻的幼儿要具体关照,给予帮助,吸引幼儿参加集体生活。为此,教师应提前做好接待幼儿的准备工作。

(2)晨检

晨间检查可根据各园的条件,由带班教师负责,也可以由专门的护士、保健教师负责。

幼儿晨间来园时,身心状况正常才能积极参加幼儿园的活动。晨检的工作重点是"检",即检查幼儿的身心状况。检查步骤可概括为一问、二摸、三看、四查。

一问:即儿童入园时,询问家长,了解儿童在家的健康状况,如食欲、睡眠、大小便、精神等,以及有无传染病接触史。

二摸:摸儿童额部、手心是否发烫,摸腮腺及淋巴有无肿大。

三看:观察儿童的精神状态以及脸色是否正常、眼睛是否有流泪、眼结膜是否充血、皮肤是否有皮疹等。

四查:检查儿童口袋里有无不安全的东西,如小刀、弹弓、别针、小钉子、玻璃片、黄豆等。

在检查中如发现问题应及时处理。如果发现儿童有身体不适情况,应测体温。如果发现为可疑传染病者,应隔离观察。

一问　二摸　三看　四查

2. 早操(或间操)

早操以体操为主,并配以跑步、体育游戏、器械活动等,宜按年龄班组织团体活动。早操以锻炼身体,培养团体精神和对体育活动的兴趣为主要目的。

3. 有组织的教育活动

有组织的教育活动是教师从幼儿的兴趣和实际水平出发,有计划地、循序渐进地组织实施全面发展教育的活动。教师在开展有组织的教育活动时应注意以下几点:

(1)每个教育活动应有明确的、适宜的教育目的和要求;

(2)充分利用周围环境的有利条件;

(3)灵活采用集体的、小组的或个别的活动形式和多样化的方法;

(4)教育活动中要注意引导幼儿运用各种感官积极参与;

(5)促进每个幼儿在原有水平上发展进步;

(6)每次教育活动的时间可根据活动的内容、活动的方式和幼儿年龄而定,有长有短,以幼儿不过度疲劳为限;

(7)每日均应安排有组织的教育活动。

4. 间隙活动

间隙活动是使幼儿大脑获得休息,调节幼儿身心的有效方法。

在间隙活动时间里,教师要提醒幼儿上厕所、喝水。教师要保证幼儿每天喝足够的水,因为幼儿正处在生长发育最迅速的时期,活动量大,消耗水分较多,幼儿对水的生理需要相比成人要多。正确组织幼儿饮水应做好以下工作:(1)教师要根据季节变化供应冷暖适度、符合卫生标准的生活饮用水;(2)按时组织学前儿童集体喝水,每日上下午各1~2次集中喝水,1~3岁儿童喝水量50~100毫升/次,3~6岁儿童喝水量100~150毫升/次,并根据季节变化酌情调整喝水量;(3)保证学前儿童按需喝水,鼓励学前儿童随渴随喝,引导不爱喝水的学前儿童喝水;(4)注意安全,谨防热水烫伤。

5. 游戏或自由活动

上午游戏时间内,教师可以组织幼儿参与各种游戏,也可以组织户外自由活动或体育游戏。游戏活动应丰富多彩,尽量安排在户外进行,要注意动静交替。无论组织哪种活动,都要注意在饭前半小时转入安静活动,进行盥洗,而后进餐。

6. 盥洗

在饭前 10~15 分钟组织幼儿盥洗。盥洗应使用流动水,每个幼儿要用各自的毛巾,让幼儿按顺序或分组盥洗。同时,还要教会幼儿正确洗脸、洗手,正确使用肥皂、毛巾,教会小班幼儿漱口和中大班幼儿刷牙。冬季要教幼儿使用润肤霜。

7. 进餐

进餐包括早餐、午餐、晚餐和两餐之间的点心。根据幼儿身体发育的特点,幼儿园要制定正确的饮食制度,合理地安排就餐时间,幼儿进餐必须定时定量,开饭要准时,两餐之间的时间间隔不少于 3.5 小时,以 3.5~4 小时为宜;幼儿园要合理地分配食物数量,早餐食物供应要充足,晚餐不宜过多。

正确组织幼儿进餐应做好以下工作:

(1)进餐的准备:由教师带领值日生布置好餐桌,准备好餐具,为幼儿创设一个干净、安静的进餐环境。

(2)进餐过程:①要观察幼儿的食量,及时添饭,注意培养幼儿文明进餐的习惯;②教给幼儿正确的坐姿和使用餐具的方法;③教育幼儿不挑食、不偏食;④提醒幼儿细嚼慢咽,不撒饭菜,不弄脏衣服,不东张西望,不大声讲话。为保证幼儿进餐时的良好情绪,教师在幼儿进餐前后不要处理问题或批评孩子。如有的孩子打了人,做了错事,教师要等他吃完饭再做处理,以免影响幼儿的食欲。教师要保证幼儿心情愉快,绝对不能让幼儿哭、叫,以免将食物吸进气管,更不能用禁止吃饭作为体罚的手段。

(3)进餐结束:幼儿吃完最后一口饭才能离开座位,并把餐具、椅子整齐地放在指定的地方。要养成饭后擦嘴、漱口的习惯。幼儿进餐期间,工作人员不应打扫活动室,以免污染吃饭的环境。

8. 睡眠

午餐后要组织幼儿午睡,寄宿制幼儿园还要组织晚上睡觉。保证幼儿充足的睡眠,养成良好的睡眠习惯很重要。

睡眠前要组织幼儿盥洗。睡眠室内空气要新鲜,夏天要开窗睡觉,但要避免风直吹幼儿的头部。冬季在幼儿入睡前要开窗通风换气,刮大风时例外。床上用品要清洁,被褥要固定、厚薄要适宜。幼儿进入睡眠室要保持安静,不能在室内随便走动或说话,教师要提醒和检查幼儿不把玩具或其他东西带到睡眠室内。

同时,教师要做到:(1)逐步教会幼儿独立地穿脱衣服、鞋袜,并会整齐地叠放在固定的地方;(2)教给幼儿正确的睡姿(右侧卧或仰卧),并注意纠正幼儿不良的睡眠习惯;(3)掌握每个幼儿小便的习惯,注意为他们盖好被子;(4)对睡眠不安稳的幼儿要仔细观察,发现不适及时就医。

9. 户外活动

⭐ 考频分布　2023 下简答,2016 上简答

幼儿园户外活动是指在教室外组织的活动,幼儿可以凭借自己的意愿自由选择游戏材料或者游戏器械,有时教师也可以以适宜的方式组织和参与。

幼儿园户外活动的分类:(1)根据活动场地可分为园内户外活动和园外户外活动;(2)根据组织形式可分为集体活动和自由活动;(3)根据户外活动的内容,可划分为户外体育活动、户外游戏和户外文化娱乐活动。

户外活动具有以下价值:(1)在户外活动中,幼儿的肌肉和骨骼得到充分伸展,平衡感和协调感也得到锻炼,此外坚持进行户外活动的幼儿更能适应环境变化,抵御疾病的能力也更强。(2)轻松愉快的环境能够缓解幼儿的紧张情绪,使幼儿心情变得愉快,精神得到放松,获得积极的情绪体验。(3)户外活动有利于发展幼儿的独立自主性,帮助幼儿建立良好的同伴关系,激发幼儿的创造性思维能力,培养幼儿不怕困难、勇于尝试的精神。(4)幼儿除了和教师学习经验知识外,还可以自己在户外活动中摸索,获得更多经验和知识。

户外活动中除了涉及幼儿动作发展以外,还涉及幼儿对材料的选择、同伴的交往等问题。所以,在开展户外活动的时候,教师可以围绕以下几个方面进行观察与分析。

户外活动的观察与分析

观察要点	具体内容
运动技能的发展	粗大动作、力量、平衡性、协调性、灵活性等
运动器械的使用	是否掌握常规玩法;是否有创造性玩法等
个性品质	勇敢、不怕困难、自信等
安全意识和自我保护能力	—
社会交往	社会性发展水平、交往情况、交往技能、合作情况、冲突解决等
情绪情感	成功的积极体验、失败的消极体验
遵守规则的能力	任务意识、规则意识、自我控制等

将心注入,用双手把考生托上岸

观察要点	具体内容
语言表达	是否有序、连贯、清晰、生动
材料选择	高结构、低结构、非结构
活动选择	果断还是犹豫、独立还是服从、选择后坚持还是不断更换材料

真题面对面

[2023下半年真题]教师在幼儿户外活动时,应观察哪些方面?

参考答案:详见内文。

10. 劳动

劳动渗透在日常生活中,如早饭前可组织幼儿擦桌椅,下午可组织幼儿集体劳动,如大扫除、管理小菜园、修补图书、自制玩具等。教师要明确:组织幼儿劳动是为了对幼儿进行教育,培养幼儿热爱劳动、克服困难、认真完成任务的好品德,不能把它作为惩罚幼儿的手段。幼儿劳动的内容、时间、劳动量和难易程度要适合幼儿身心发展水平,要注意安全、卫生。

11. 散步

教师带领幼儿到室外长时间的步行,可以锻炼幼儿的毅力、耐力和组织性,同时教师还可利用散步引导幼儿观察社会、观察自然。

教师要和孩子们一起谈话、描述散步中的见闻。幼儿的感受是肤浅的,必须经过成人的引导才能深化。幼儿的认识具有无意性、偶然性,教师的引导、描述可以加深幼儿的认识。教师的描述要充满感情,语言要生动形象,使幼儿产生情感共鸣,更充分地体会、认识自然之美。

12. 实验操作活动

幼儿对世界的热爱、对求知的兴趣、对未知世界的探索是在大量的实验操作活动、劳动中发展起来的。

教师应准备供幼儿使用的工具,按年龄的不同分别指导工具用法,并鼓励他们多实践,逐步积累使用多种工具的经验。幼儿手指的灵活性比较差,但在幼儿期进步却相当迅速。因此,在没有危险的情况下,应该让幼儿多实践,如5岁多的幼儿可以练习锯木条(或薄木板),可以用小刀刻塑料或纸。让每个幼儿都能参加小实验,如用一只小杯子盛上水,放进木块、钉子、石块等,做沉浮的实验;喂养小动物或种植植物,通过照料、观察、记录,人人动手、个个动脑,在实践中增长才干。

13. 离园

幼儿一日或一周的集体生活结束后,要离开幼儿园转入分散的家庭生活。

教师在幼儿离园前,应引导、帮助幼儿做好清洁、整理工作。环境应该整整齐齐,个人仪表应该干干净净,并要提醒幼儿带好回家的物品。教师可组织离园前的总结性谈话,对一日或一周生活进行简单小结,表扬、鼓励幼儿的进步,提出回家的要求,让幼儿高高兴兴地回家。幼儿离园时,根据需要向家长介绍幼儿在园的情况和听取家长的意见。对暂时不能回家的幼儿要悉心照顾、妥善安排,适当组织活动,消除幼儿因等待家长而产生的急躁不安的情绪。

14. 晚间活动

晚间活动是全托幼儿园一日活动的组成部分。由于教师忙了一天,所以容易忽视晚间活动的组织领导,造成晚间活动内容单调、贫乏的倾向。但晚饭后至上床睡觉这段时间相当长,科学、合理地安排晚间活动对幼儿的身心发展是很重要的。

一般来说,晚间可以组织一些安静的、活动量小的活动。如看电视(看电视的频次每周以 1~2 次为宜,要注意保护幼儿的视力)、演木偶戏、组织幼儿欣赏音乐以及自由游戏等。

四、幼儿园一日生活安排的策略

(1)把幼儿园一日活动列入教育计划,保证幼儿身心得到全面的、充分的、主动的发展;(2)制定一日生活常规;(3)把组织的集体教育活动和分散的个体活动结合起来;(4)处理好自由与纪律的关系;(5)面向全体幼儿;(6)保教结合、教养并重。

第二节　幼儿生活常规教育

思维导图

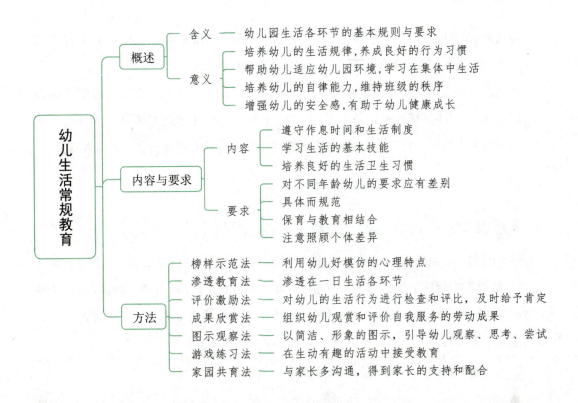

考向分析

本节属于生活指导的基础知识,需要理解记忆,在考试中以论述题的形式考查。汇总分析 2015 年至 2023 年的真题试卷,本节知识考查情况统计如下:

知识	考点	考频	题型
综合考查	幼儿生活常规的含义、意义和方法	1	论述

核心考点

一、幼儿生活常规概述

考点1　幼儿生活常规的含义

生活常规是幼儿园为了培养学前儿童良好的生活习惯和生活的基本能力,确保学前儿童健康和谐发展,制定的幼儿园生活各环节的基本规则与要求。

幼儿园生活常规对幼儿在幼儿园每天生活活动的内容、时间、程序等均有明确的规定,使幼儿的一日生活能在一定的节奏、秩序和规律中进行,有利于培养幼儿良好的生活卫生习惯和基本的生活自理能力,同时生活常规也是实现幼儿园教育目标的重要保证。

考点2　培养幼儿生活常规的意义

1.培养幼儿的生活规律,养成良好的行为习惯

幼儿园则会按照幼儿生理和心理的需要做出符合科学的合理安排,幼儿生活在其中,能逐渐养成有规律的生活习惯、明确的时间观念和有组织、有条理的办事能力,并逐步适应幼儿园的环境。如幼儿吃饭不讲话、上厕所不推挤等良好的行为习惯都是在一日活动中逐步养成的。

2.帮助幼儿适应幼儿园环境,学习在集体中生活

幼儿园一日活动虽是为满足幼儿自身需要进行的,但是在活动过程中,幼儿必须具备一定的知识技能,执行成人的要求和适应集体生活的规则,这样才能在自身需要和客观要求、主观能动性及外部条件的交互作用下,获得适应幼儿园环境的能力,并且不断学习怎么样在集体中生活。

3.培养幼儿的自律能力,维持班级的秩序

自律是指控制自己并遵守一些共同规则的能力,幼儿通过遵守一日生活中的常规可以逐渐培养这种自律能力。同时由于幼儿的这种自律能力,班级秩序得以维护,幼儿园的游戏活动和教育活动得以正常进行。

4.增强幼儿的安全感,有助于幼儿健康成长

合理的常规为幼儿创造了一种有序的、和谐的生活,使他们在心情愉快的情境中自

然地形成一种符合其身心发展水平的规则意识和规范行为,使遵守规则成为孩子们的自主行为,同时促进幼儿身心的健康发展。

二、幼儿生活常规教育的内容与要求

考点1 幼儿生活常规教育的主要内容

(1)学习有规律的生活的基本常识,能自觉遵守作息时间和生活制度。

(2)学习生活的基本技能,培养生活自理能力,包括吃饭、穿衣、刷牙、洗脸、收拾玩具和书本、铺床等生活技能。

(3)培养良好的生活卫生习惯,卫生习惯包括饭前便后洗手、定时排便、不乱扔垃圾、爱护公共卫生等,生活习惯包括讲文明、讲礼貌、不玩水、不浪费水等。

考点2 幼儿生活常规教育的实施要求

1. 对不同年龄幼儿的要求应有差别

根据不同年龄儿童身心发展的特点,教师应制定不同的生活常规要求。一般小班为最基本的生活要求,中班、大班的要求逐渐增多,难度增大。

2. 具体而规范

幼儿在幼儿园一日生活的各个环节都必须按照生活常规教育的具体要求接受培训和训练。通过日复一日的动力定型,儿童就会养成良好的生活行为和习惯。

3. 保育与教育相结合

培养幼儿生活常规需要保育和教育同时进行。幼儿年龄越小,越需要通过保育的手段使其养成良好的习惯,并在一日生活中的每一个环节接受教育。

4. 注意照顾个体差异

不同年龄、体质、气质的幼儿,生活和学习能力有明显的个体差异。尤其对于体弱多病的幼儿来说,完成生活常规要求较困难,教师更需要特别照顾,给予耐心细致的帮助。

三、幼儿生活常规教育的方法

1. 榜样示范法

(1)充分利用幼儿好模仿的心理特点。通过树立榜样,可以为幼儿示范良好的卫生习惯。成人的言行被幼儿看在眼里，记在心里，落实在行动上，因此，教师要提高个人修养，为幼儿树立好榜样。

（2）同伴间的影响力对幼儿的发展具有不可估量的作用。教师要善于抓住日常生活中的点滴小事，把握好教育时机，让幼儿向同伴学习。

（3）文艺作品中的人物形象鲜明，易于给幼儿留下深刻的印象，成为他们模仿的对象。如为教育幼儿爱惜粮食，教师向幼儿讲述了《大公鸡和漏嘴巴》的故事，再组织幼儿讨论故事中的不同角色，启发幼儿要爱惜粮食，产生了较好的教育效果。

2. 渗透教育法

教师要有足够的耐心，引导幼儿在一日生活各环节中，在参与课堂管理、为集体服务的活动中，在担任值日生、小组长、老师小帮手等角色的过程中，逐渐形成良好的生活习惯。

3. 评价激励法

定期对幼儿的生活行为进行检查和评比，如值日生检查、个人卫生评比等活动，使其逐步形成良好的生活习惯，巩固已经形成的良好习惯。对达到要求的幼儿要及时给予肯定的评价，一颗五角星、一面小红旗、一朵小红花都会让孩子们体验到成功的喜悦。

4. 成果欣赏法

成果欣赏法是指组织幼儿进行生活方面的自我服务活动，并且组织幼儿观赏和评价自我服务的劳动成果，从中获得整洁的美感以及由此带来的情绪体验。

5. 图示观察法

图示观察法是以简洁、形象、连续的图示替代传统的示范、讲解等指导方式，引导幼儿在反复观察、思考、尝试的过程中，完成新技能、新方法的学习。图示直观、形象、生动、有趣，符合幼儿的年龄特点和认识水平，容易引起幼儿注意，便于幼儿领会，利于幼儿记忆，从而能够更好地落实生活活动目标，帮助幼儿养成良好的生活习惯。

6. 游戏练习法

游戏练习法是让幼儿在生动有趣的活动中接受教育，快乐地学习，这样既符合幼儿的心理特点，又能取得良好的效果。教师可在游戏中利用图片、故事等形式来帮助幼儿掌握生活常规的要领，培养幼儿的生活自理能力。

7. 家园共育法

幼儿园每一项活动的开展都离不开家庭，幼儿良好习惯的培养仅靠幼儿园是远远不

够的,还要得到家长的支持和配合。教师应与家长多沟通,并定期召开家长会,向家长宣传良好习惯养成的重要性,帮助家长树立正确的教养观念,要求家长密切配合幼儿园、达成共识,使幼儿在幼儿园形成的行为习惯在家里得以延续和巩固。

真题面对面

[2018 下半年真题]什么是幼儿园一日生活常规? 试述培养幼儿一日生活常规的意义和方法。

参考答案:详见内文。

第三节 幼儿营养与膳食

思维导图

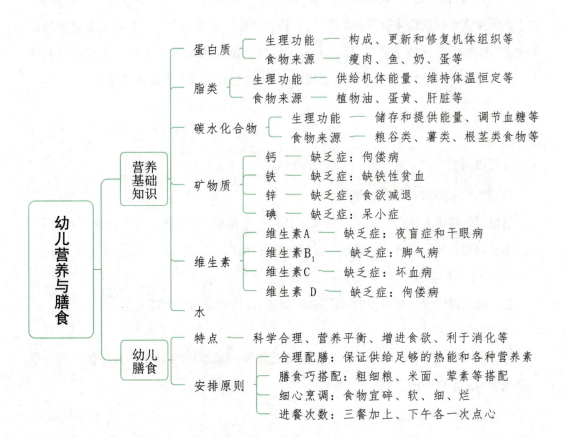

考向分析

本节属于生活指导的基础知识,内容较为琐碎,在考试中以单项选择题的形式考查。汇总分析 2015 年至 2023 年的真题试卷,本节知识考查情况统计如下:

知识	考点	考频	题型
营养基础知识	缺锌的危害	1	单选

核心考点

一、营养基础知识 【9年1考】

营养素是指食物中所含的能够维持生命和健康并促进机体生长发育的化学物质。营养素分为蛋白质、脂类、碳水化合物、矿物质、维生素和水六大类。其中,蛋白质、脂类、碳水化合物能够提供机体所需要的能量,故称为产能营养素。营养素需要量是指维持正常生理功能所需要营养素的量,而营养素供给量是指在满足机体正常生理需要的基础上,按食物生产供应情况和饮食习惯而规定的适宜数量,比营养素需要量充足。

考点1 蛋白质

1. 蛋白质的生理功能

（1）构成、更新和修复机体组织

蛋白质是构成人体组织的重要物质。任何一个细胞、组织和器官中都含有蛋白质。在人体受到损伤时,更需要蛋白质参与修复和更新组织。

（2）调节生理功能

蛋白质通过构成一些重要的物质如酶、激素、抗体等来调节生理功能。

（3）供给能量

每克蛋白质大约可提供 4kcal 的能量,幼儿需要的总能量约 15% 来源于蛋白质。但供给能量不是蛋白质的主要生理功能。

2. 蛋白质的食物来源

瘦肉、鱼、奶、蛋 4 类食物是动物性蛋白质的主要来源,豆类、坚果类和谷类是植物性

蛋白质的主要来源。其中,动物性蛋白质与大豆蛋白质所含的必需氨基酸种类比较齐全且比例适当,属于优质蛋白质。

考点2　脂类

1.脂类的构成

脂类是中性脂肪(三酰甘油)和类脂的总称,后者包括磷脂、糖脂和固醇类等。我们通常称脂类为脂肪。

2.脂类的生理功能

(1)人体组织的重要组成成分;

(2)供给机体能量;

(3)保护机体组织、器官,维持体温恒定;

(4)提供脂溶性维生素,并促进脂溶性维生素的吸收;

(5)提供必需脂肪酸;

(6)促进食欲,增加饱腹感。

3.脂类的食物来源

亚油酸在各种植物油中普遍存在;亚麻酸在豆油和紫苏油中含量较多;磷脂含量丰富的食物有蛋黄、肝脏、大豆和花生;胆固醇在动物内脏、脑组织、蛋黄中含量较多,在乳类和鱼类中含量较少。

脂肪摄入过多,容易为动脉粥样硬化埋下隐患,因此要从幼儿时期开始预防动脉硬化,适当限制胆固醇和饱和脂肪酸的摄入量。

考点3　碳水化合物

碳水化合物是一大类含有碳、氢、氧元素的化合物,又称糖类。

1.碳水化合物的生理功能

(1)储存和提供能量

每克碳水化合物可产生4kcal的热量,是人体最主要的供能物质,是人类从膳食中取得能量的最经济和最主要的来源,提供能量快而及时,氧化的最终产物为二氧化碳和水。

(2)构成组织及维持生命的物质

碳水化合物是构成机体组织的重要物质,并参与细胞组成和多种活动。

（3）有解毒作用

碳水化合物代谢可产生葡萄糖醛酸，是人体内一种重要的结合解毒剂，在肝脏中能与许多有害物质如细菌毒素、酒精、砷等结合，形成水溶性的物质，从尿中排除，从而达到解毒的作用。

（4）调节血糖

被吸收的单糖进入血液后，有的直接被组织利用，有的以糖原的形式储存在肝脏、肌肉组织。饥饿时，血糖降低，糖原分解为葡萄糖，使血糖维持在正常范围内。

（5）抗生酮作用

当体内缺乏碳水化合物时，机体要用储存的脂肪来提供能量，但机体对脂肪酸的氧化能力有一定的限度，动用脂肪过多，其分解代谢的中间产物（酮体）不能完全氧化，即产生酮体，酮体是一种较强的有机酸，在血液中达到一定浓度时就会发生代谢性酸中毒。膳食中的碳水化合物可保证这种情况不会发生，即抗生酮作用。

（6）节约蛋白质

在某些情况下，当膳食中热能供给不足时，机体首先要消耗食物和体内的蛋白质来产生热能，使蛋白质不能发挥其更重要的功能，影响机体健康。而膳食中碳水化合物供给充足时，膳食中热能也相应增加，这样就可以使蛋白质得到节省。

（7）促进消化和排泄

碳水化合物中有一种不能被人类的胃肠道中消化酶所消化的、且不被人体吸收利用的多糖称之为膳食纤维，膳食纤维虽然不能被消化吸收，供热极少，但却是人体不可缺少的营养素，它能刺激胃肠的蠕动，可以清洁消化道壁和增强消化功能，还可减缓消化速度和最快速地排泄胆固醇，降低血糖和血胆固醇，从而使血液中的血糖和胆固醇控制在最理想的水平。

2. 碳水化合物的食物来源

粮谷类、薯类、根茎类食物是碳水化合物的主要食物来源；蔬菜、水果是膳食纤维的主要食物来源。

考点4　矿物质

⭐ **考频分布**　**2019** 下单选

人体组织内发现有 20 多种元素，除碳、氢、氧、氮以有机物的形式存在外，其余各元素均为无机物，被称为无机盐或矿物质，它们是机体维持正常生理功能所必需的物质。

将心注入，用双手把考生托上岸

1.钙

钙是构成人体骨骼和牙齿的重要成分,并在维持神经和肌肉的兴奋性、血液凝固、心动节律方面发挥重要作用。幼儿时期摄入充足的钙有助于增加骨密度,从而延缓成年后发生骨质疏松的年龄。幼儿缺钙会影响骨骼和牙齿发育,容易引发佝偻病,导致骨骼变形。

钙的食物来源首选乳类及乳制品,牛奶含钙丰富,吸收率也较高。其次是豆类、豆制品和绿叶蔬菜,如小白菜、油菜、芹菜等。海产品如小虾皮、小鱼干、紫菜等也是钙的良好来源。我国学龄前儿童钙的适宜摄入量为每天800mg。

2.铁

铁是合成血红蛋白的原料,参与维持正常造血功能和人体内氧的运送。

由于谷类中的植酸和蔬菜中的草酸影响铁的吸收,植物性食品中铁的吸收率一般较低,大约在10%以下。动物性食品中的铁是血红素铁,吸收率较高,吸收率在11%～22%之间。食物中的维生素C有利于铁的吸收。铁的食物来源是猪肝、瘦肉等动物性食品。植物性食品中的黑色食品如黑木耳、黑豆、黑芝麻以及芝麻酱、黄豆等含铁量较高,但吸收率较低。乳类含铁极少,乳儿喂养必须在4～6个月及时补充铁。机体缺铁时,易患缺铁性贫血。

3.锌

锌对幼儿的生长发育、正常味觉的维持、创伤愈合和机体免疫力有重要作用。锌的缺乏会引起蛋白质合成障碍、细胞分裂减少,导致幼儿生长发育迟缓、停滞、性发育延迟、智能发育迟缓、伤口愈合不良、食欲减退,甚至发生异食癖。

高蛋白食物含锌量较高,海产品次之,蔬菜和水果普遍含锌量不高。

真题面对面

[**2019下半年真题**]缺锌会导致婴幼儿(　　　)

A.食欲减退　　　　B.夜盲症　　　　C.佝偻病　　　　D.肌无力

答案:A。

4.碘

碘是合成甲状腺素的原料。甲状腺素具有调节新陈代谢、促进神经系统发育的生理功能。碘缺乏会导致甲状腺素合成不足,造成碘缺乏病。碘缺乏的典型症状为甲状腺肿大。胎儿发育期缺碘,婴儿出生后就会生长发育迟缓、智力低下,严重者发生"**呆小症**",

即"克汀",表现为聋、哑、矮、傻。缺碘对神经系统的损害是不可逆的。

含碘丰富的食物主要是海产品,如海带、海虾、海鱼、紫菜等。

考点 5　维生素

维生素不能供给热量,也不构成机体组织,在人体内虽然含量极微,却在机体的物质和能量代谢过程中发挥重要作用。维生素种类众多,根据溶解性的不同可分为水溶性维生素和脂溶性维生素两大类,前者有 B 族维生素和维生素 C 等,后者有维生素 A、D、E、K。幼儿容易缺乏的维生素主要是维生素 A、维生素 D、维生素 B_1 和维生素 C 等。

1. 维生素 A

维生素 A 与正常视力有密切关系,是维持暗视力所必需的物质。另外,维生素 A 也是维持上皮细胞的健全、生长发育和机体的免疫力所不可缺少的物质。维生素 A 严重缺乏会造成夜盲症和干眼病。还可有皮肤干燥、粗糙,毛发干、脆,易脱落,并易于反复发生呼吸道、消化道感染。

人体从食物中获得的维生素 A 有两大类,一类来源于动物性食品中的维生素 A,主要存在于动物肝脏、鱼肝油、蛋、牛奶中;另一类来自植物性食品中的胡萝卜素,一般橙黄色、深绿色蔬菜和水果中含量较高,如胡萝卜、西兰花、菠菜、豌豆苗、芒果等,胡萝卜素在人体内可以转化为维生素 A。

2. 维生素 B_1

维生素 B_1 又称硫胺素,是一种水溶性维生素。它参与糖类的代谢,对维持神经系统的正常功能起着重要作用。同时,维生素 B_1 可以促进肠蠕动,辅助消化。维生素 B_1 缺乏常引起"脚气病",表现为乏力、肢体麻木、水肿、感觉迟钝等。维生素 B_1 广泛存在于瘦肉、动物内脏、豆类、坚果类食物中,粮谷类食物外皮中维生素 B_1 含量也很丰富,但米面碾磨过细、过分淘米或烹调中加碱,会丢失大量维生素 B_1。

3. 维生素 C

维生素 C 是水溶性维生素,又名抗坏血酸。维生素 C 可以促进胶原合成,参与胆固醇代谢,增强机体免疫力,还能促进铁的吸收和利用。维生素 C 缺乏会造成毛细血管通透性增加,导致坏血病。

维生素 C 的食物来源是各种新鲜的蔬菜和水果。猕猴桃、柑橘、鲜枣等都富含维生素 C。维生素 C 溶于水,容易在空气中氧化,烹调时,菜要现洗现切,急火快炒。

4. 维生素 D

维生素 D 能调节钙、磷代谢,维持血钙浓度稳定,在促进骨骼和牙齿的正常生长和钙化过程中起着重要作用。维生素 D 有助于预防佝偻病,又称抗佝偻病维生素。

维生素 D 可从食物中摄取,也可由皮肤合成。人体皮肤中的 7 - 脱氢胆固醇通过紫外线照射后,可转变为维生素 D,晒太阳是人体获得充足、有效的维生素 D 的最好来源。维生素 D 膳食来源主要有三个方面:普通食物、维生素 D 强化食物及维生素 D 制剂。海鱼、动物肝脏和蛋黄等动物性食品含有丰富的维生素 D。

维生素 D 中毒的症状:起先是烦躁、睡眠不安、食欲减退,继而出现恶心、呕吐,严重的可损害心、肾功能。

考点 6 水

水是维持正常生命活动不可缺少的物质。新生儿体重的 80% 是水,幼儿体重的 65% 是水,成人体重的 60% 是水。人体丢失 20% 的水就会威胁生命。

水是细胞的主要成分,促进细胞的新陈代谢,起着运输、润滑和调节体温的作用。幼儿对水的需要量相对比成人多,应让他们及时喝到符合卫生要求的水。

二、幼儿膳食

考点 1 幼儿膳食的特点

托幼机构特别是寄宿制园所内的幼儿处于集体教养的环境之中,膳食质量的优劣直接关系到幼儿的生长发育和身心健康。因此,托幼机构内幼儿的膳食应具备科学合理、营养平衡、增进食欲、清洁卫生、利于消化的特点。

1. 科学合理

幼儿在家庭里的膳食受家长的饮食习惯、家庭经济条件、家庭教养方式等条件的影响,带有较大的随意性,而托幼机构则有专门人员负责膳食计划的制订、营养素的科学搭配和餐点的制备,避免了家庭膳食中的一些不科学因素。

2. 营养平衡

膳食的营养平衡是指膳食中不仅含有满足人体需要的各种营养素,而且各营养素的数量和相互比例合适。营养素过多或过少,或比例失调,都可能影响幼儿的身心健康。

营养平衡的膳食还应做到食物多样化,发挥食物之间营养素的互补作用,其中较为重要的是产热营养素之间的比例要恰当,动物蛋白质和豆类蛋白质摄入要均衡。食物多样化还有利于矫治幼儿在家庭中养成的偏食等不良习惯。

3.增进食欲

托幼机构的膳食要能增进和保持幼儿的食欲,应做到:(1)食物多样化,讲究色、香、味、形;(2)创造良好的进餐环境;(3)养成良好的饮食习惯;(4)保持愉快的情绪,餐前和进餐时不训斥、惩罚儿童,不强迫幼儿进食,让幼儿在轻松愉快的情绪状态下用餐。

4.清洁卫生

托幼机构的膳食必须保证清洁卫生,新鲜良好。从采购、加工到制成都必须进行严格的卫生监控,做到万无一失。

5.利于消化

婴幼儿的消化系统尚未发育完善,托幼机构的膳食要根据这一特点,在烹调制备时既要尽力保持食物中的各种营养素,也要注意食物要煮熟、烧透,避免油腻、辛辣、刺激性食物,有利于幼儿的消化吸收,做到碎、细、软、烂。

考点2　安排幼儿膳食的原则

幼儿的咀嚼与胃肠道的消化功能已比婴儿成熟,但1~3岁,乳牙正陆续萌出,且正处于断奶后的饮食调整阶段,安排好这个年龄阶段的膳食,是幼儿健康成长的关键。

3~6岁是培养幼儿饮食习惯的重要时期。饮食习惯关系着健康,一旦养成良好的饮食习惯,终身受益。以下是安排幼儿膳食的具体原则:

1.合理配膳

幼儿期生长发育虽不如婴儿期快,但仍在长身体、增智慧,活动量也大于婴儿期。幼儿膳食必须精心安排,保证供给足够的热能和各种营养素。

幼儿膳食中,蛋白质供给热能应占总热能的12%~15%,脂肪所供热能应占总热能的30%~35%,糖类所供热能应占总热能的50%~60%。

每日膳食要使食物种类多样化,各类食品合理搭配。

2.膳食巧搭配

具体在配膳时,可以按以下方法进行搭配:

(1)粗细粮搭配

细粮容易消化,口感好;粗粮含维生素 B_1,丰富、耐嚼。粗细粮搭配着吃,兼顾了儿童的食欲和营养需要。

（2）米面搭配

米比面食耐嚼，多嚼有益。但面食花样多，巧做、细做，可以引起食欲。

（3）荤素搭配

动物性食品多属酸性食物，蔬菜多属碱性食物，荤素搭配不仅不腻，还可以保持体内酸碱基本平衡，有利于健康。

（4）谷类与豆类搭配

豆类蛋白质为优质蛋白质，谷类中的蛋白质营养价值较低。豆类与谷类混合食用，可起到"蛋白质的互补作用"。

（5）蔬菜五色搭配

一般"观菜色，知营养"。绿色、红色、黄色的蔬菜，所含的胡萝卜素、铁、钙等优于浅色蔬菜。浅色蔬菜可用于调剂口味，菜篮子里要以深色菜为主。

（6）干稀搭配

主食有干有稀，或有菜有汤，吃着舒服，水分也充足。

3. 细心烹调

由于幼儿咀嚼能力尚弱，肠胃消化能力尚差，食物宜碎、软、细、烂，不宜喂食粗硬的食物，如腊肉、香肠、硬豆粒等，并少吃油煎炸的食物。2 岁以后，可逐渐吃些耐嚼的食物，肉、菜可切成小丁、小片、细丝。3 岁以前，要去骨、去刺，枣去核。不宜吃刺激性强的食物，如酸、辣、麻的食品。

4. 进餐次数

1～2 岁小儿每日可进食 5 次，三餐加上、下午各一次点心。以后逐渐改为 4 次，三餐加午后点心一次。每次间隔约 3.5～4 小时。

第四节 幼儿常见疾病的预防

思维导图

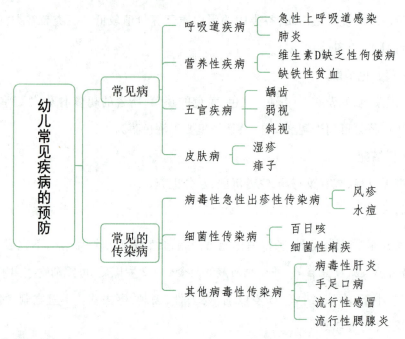

考向分析

本节属于生活指导的基础知识,内容较为琐碎,识记性内容较多。在考试中以单项选择题的形式考查。汇总分析 2015 年至 2023 年的真题试卷,本节知识考查情况统计如下:

知识	考点	考频	题型
常见的传染病及预防	风疹	1	单选
	水痘	1	单选
	流行性感冒	1	单选

将心注入,用双手把考生托上岸

核心考点

一、预防常见病

考点1　常见呼吸道疾病

常见呼吸道疾病

	急性上呼吸道感染	肺炎
概述	每人每年可发病数次，一年四季均可发生。简称"上感"	以冬、春季节及气候骤变时多见。在1~2岁以下小儿中特别多见
病因	以病毒为主的病原体的侵犯，营养不良、缺乏锻炼或过敏体质等。另外，居住拥挤、被动吸烟等也可致病	①主要由细菌或者病毒自上呼吸道、气管、支气管下降，侵入肺泡而引起；②免疫力低，更易得肺炎
症状	轻症潜伏期约1~2天，有时5~7天，主要为流水样鼻涕、鼻塞、打喷嚏、微咳、咽部不适，患儿多于3~4日内自愈。重症者在起病时即有高热，可达40℃，甚至更高，持续1周左右，高热初期可发生惊厥，患儿全身无力，食欲不振，睡眠不安，鼻涕很多，咳嗽频繁，咽部充血，颈部或耳后淋巴结肿大	起病急，发热(营养不良者体温可不高，或反而降低)，咳嗽短促，胸痛，呼吸困难，气急，烦躁不安，面色苍白，严重者鼻翼扇动，指甲或唇周青紫，听诊呼吸音粗糙或稍减低，有湿啰音。继发于上呼吸道感染者，原有的咳嗽加剧，体温突然升高。肺炎可出现心力衰竭和呼吸衰竭等严重的并发症，必须及时治疗
预防	①避免接触急性上呼吸道感染者，隔离患者；②及时为患者治疗；③加强营养，坚持"三浴"锻炼；④保持居室空气新鲜；⑤及时增减儿童所穿、盖的衣物；⑥不宜穿着过多，以防出汗后吹风受凉	①应注意学前儿童的体格锻炼，增强体质；②保持空气新鲜，改善缺氧状况；③患儿衣着要宽松，以免加重呼吸困难；④饮食应易消化且富有营养

考点 2　常见营养性疾病

常见营养性疾病

	维生素 D 缺乏性佝偻病	缺铁性贫血
病因	①紫外线照射不足； ②食物中维生素 D 摄入不足； ③生长速度过快，所需维生素 D 更多； ④其他疾病影响； ⑤某些药物的影响	①先天储铁不足； ②饮食中铁的摄入量不足（这是导致缺铁性贫血的重要原因）； ③生长发育过快； ④疾病的影响
症状	①多汗、夜惊、烦躁、睡眠不安；小儿经常因多汗摇头擦枕，致使枕秃； ②骨骼病变，如出现鸡胸、漏斗胸	①患儿常烦躁不安、精神不振、食欲减退； ②肝、脾和淋巴结轻度肿大
预防	孕妇及小儿应多做户外活动，多接触阳光，遵医嘱补充维生素 D	①应坚持母乳喂养； ②及时治疗钩虫病及各种感染性疾病； ③定期进行贫血检查

考点 3　常见五官疾病

常见五官疾病

	龋齿	弱视	斜视
病因	①口腔中细菌的破坏作用； ②牙齿牙缝中的食物残渣； ③牙齿结构上的缺陷，如牙釉质发育不良、牙齿排列不齐等	①斜视性弱视； ②屈光参差性弱视； ③形觉剥夺性弱视； ④先天性弱视	发热疾病及精神创伤常为斜视发生的诱因
症状	根据牙齿的破坏程度可以分为浅龋、中龋和深龋： ①浅龋时牙齿变色，表现出褐色和黑褐色斑点，表面粗糙但无自觉症状。 ②中龋腐蚀到牙本质，形成龋洞，遇冷、热、酸、甜等刺激，有酸痛不适感。 ③深龋腐蚀已达牙本质深层或牙髓，可致牙髓炎，因脓液积聚在髓腔内，压迫神经末梢，可引起剧烈牙痛	患弱视的儿童，不能建立双眼平视功能，难以形成立体视觉，故不能很好分辨物体的远近、深浅等，难以完成精细活动	斜视的主要症状是患儿失去双眼单视功能而视物成双，长期的斜视易导致弱视

	龋齿	弱视	斜视
预防	①从小注意口腔卫生； ②注意正确的刷牙方法； ③要根据儿童的年龄选择大小适宜的牙刷； ④多晒太阳,合理营养； ⑤定期进行口腔检查	早发现,早治疗。凡弱视者均应散瞳验光,佩戴合适的矫正眼镜,或遵医嘱采取其他矫治措施	佩戴合适矫正镜片或手术治疗

考点4 常见皮肤病

常见皮肤病

	湿疹	痱子
病因	①由小儿的遗传过敏体质引发； ②由致敏食物引起； ③由接触丝织品、人造纤维、外用药物等引起	由于汗液排泄不通畅滞留于皮内引起的汗腺周围发炎,大多发生在出汗过多时
症状	①多见于头面部,亦可能出现在身体其他部位,最初为细小的疹子,以后有液体渗出,干燥后形成黄色痂皮； ②由于患儿时感奇痒,故往往烦躁不安,脾气急躁。多数可以自愈	①发生在面部、颈部、躯干、大腿内侧、肘窝处居多； ②初起时为针头大小红色或白色丘疹,继之出现成群红色丘疹或小水泡,有发痒或烧灼感,患儿烦躁不安
预防	①应回避致敏源； ②不宜使用碱性较强的肥皂为婴幼儿洗脸、洗澡、洗衣服或洗尿布； ③乳母应多食含维生素丰富的食物	①勤洗澡,保持皮肤干燥清洁,夏季宜穿透气吸汗的纯棉衣服,多喂水、勤翻身； ②应避免在烈日下玩耍

二、常见的传染病及预防 【9年3考】

考点1 病毒性急性出疹性传染病

1. 风疹

⭐ **考频分布** 2016 下单选

（1）病因及传播途径

风疹是儿童时期常见的一种由风疹病毒引起的急性病毒性传染病,一年四季均可发病,以冬春季节为主。病原体由口、鼻及眼部的分泌物直接传给他人,或通过呼吸道飞沫传染,风疹病毒易被干燥或高热灭活,故密切接触才能感染。母亲妊娠期患风疹,病毒可经胎盘传给胎儿。

(2)症状

①潜伏期。10~23天不等,一般为16~18天。

②前驱期。此期很短,症状大多不严重,易被忽略。一般为咳嗽、打喷嚏、流涕、咽痛、头痛、结膜炎、食欲不佳、发热(体温常在38℃~39℃之间)等,这些症状出现半天至1天后,即开始发疹,可在软腭及咽部附近见到玫瑰色或出血性红点,大小如针头或稍大。

③发疹期。通常于发热后1~2天即出现特殊的斑丘疹,先见于面部,然后迅速遍及颈部、躯干和四肢,极少融合成片。出疹第一天末,全身遍布猩红色斑丘疹,第二天面部皮疹消退,很少脱皮。出疹一天后,全身症状很快消失。部分患儿可不出现皮疹;部分患儿表现为枕部、耳后和两侧颈部的淋巴结肿大。

(3)预防

①接种疫苗;平时让婴幼儿多锻炼身体,提高抵抗力;不在传染病流行的时候去人多的地方。

②孕妇在妊娠期,尤其是妊娠早期,不论以往是否患过风疹或是否接种过风疹疫苗,都应尽量避免与风疹病人接触,防止引发胎儿畸形。如果新生儿出现畸形,其母宜在3年后再生下一胎。

> **真题面对面**
>
> [2016下半年真题]风疹病毒的传播途径是(   )
>
> A.肢体接触　　　B.空气飞沫　　　C.虫媒传播　　　D.食物传播
>
> 答案:B。

2.麻疹

(1)病因及传播途径

麻疹是由麻疹病毒引起的急性呼吸道传染病。麻疹病毒存在于病人的口、鼻及眼的分泌物中,主要经飞沫传播或直接接触感染者的鼻咽分泌物传播。病后可获得终身免疫。

(2)症状

病初的症状和患感冒差不多,有发烧、咳嗽、流鼻涕、眼怕光流泪等现象;发烧后2~3天,口腔黏膜会有改变,在两侧乳磨牙旁的颊黏膜上,可以看到周围有红晕、中心发白的

小斑点,叫费-科氏斑,下唇也可有相似的斑点,这是麻疹所特有的症状;发烧后 3～4 天,开始出皮疹,皮疹先由耳后出现;出疹一般持续 3～4 天,疹子出齐后开始消退,体温逐渐恢复正常。

(3)预防

①积极进行麻疹预防知识的宣传,普遍接种麻疹疫苗,对尚未接种却已接触传染源的学前儿童,应在 5 天内进行人工被动免疫,但被动免疫的有效性只能维持 3～8 周。

②麻疹流行期间,学前儿童不宜到人群密集的场所去。患儿需隔离,并避免集中到医院就诊,争取做到"麻疹不出门"。患儿停留过的房间用紫外线照射消毒或通风半小时,其衣物应在阳光下进行日晒消毒或用肥皂水进行清洗。

3. 水痘

⭐ **考频分布** 2017 下单选

(1)病因及传播途径

水痘是一种传染性很强的出疹性传染病。病原体是水痘-带状疱疹病毒,主要通过空气飞沫经呼吸道传播,也可通过接触病人疱疹内的疱浆而感染。传染性极强,一次患病可获终身免疫。

(2)症状

在皮疹出现前常有发热等前驱症状。1～2 天后出现皮疹,皮疹特点为向心性,以躯干、头、腰及头皮处多见,四肢稀少,受压或受刺激的部位如腰、臀等处,皮疹较密集。皮疹初为红色的小点,1 天左右转为水疱,3～4 天后水疱干缩,结成痂皮。干痂脱落后,皮肤上不留瘢痕。发疹期多有发热、精神不安、食欲不振等全身症状。在发病后 1 周内,由于新的皮疹陆续出现,陈旧的皮疹已结痂,也有的正处在水疱的阶段,所以患者皮肤上可见到三种皮疹:红色小点、水疱、结痂。出疹期间,皮肤刺痒。

(3)预防

①隔离病人直至全部皮疹结痂,对接触病人的易感儿童应注意观察。室内通风换气,用紫外线对空气进行消毒。

②接种水痘减毒活疫苗,对保护易感者有较好的作用。

真题面对面

[2017 下半年真题]皮疹呈向心性分布(即躯干多,面部、四肢较少,手掌、脚掌更少)的疾病是(　　)

A. 麻疹　　　　B. 水痘　　　　C. 手足口　　　　D. 猩红热

答案:B。

考点2　细菌性传染病

1. 百日咳

（1）病因及传播途径

由百日咳杆菌引起的急性呼吸道传染病,传染性很强。大量百日咳杆菌在患儿咳嗽时随飞沫传播,因其在外界环境中生存能力较弱,故很少通过衣物、玩具、书籍等媒介物传播。

（2）症状

潜伏期一般为7～14天,最长为21天。咳嗽逐渐加重,呈典型的阵发性、痉挛性咳嗽,在阵咳终末出现深长的鸡啼样吸气性吼声,病程可长达2～3个月。婴儿和重症者易并发肺炎和脑病。

（3）预防

①隔离患儿,病人从潜伏期至发病后6周均有传染性。对密切接触的易感者检疫21天。

②按计划接种多抗原混合制剂DPT。

2. 细菌性痢疾

（1）病因及传播途径

由痢疾杆菌引起的肠道传染病,简称菌痢,学前儿童较常见。痢疾杆菌从病人或带菌者的粪便中排出,通过手、食物、饮水、苍蝇等途径,经口传播。着凉、疲劳、饥饿以及其他急性疾病都可成为诱发痢疾的因素。

（2）症状

潜伏期从数小时至8天不等,大多数病例为2～3天。以发热、腹痛、腹泻、里急后重为特征,便中带黏液及脓血。患儿一天内可腹泻10～30次,甚至更多。严重者有惊厥和休克,可导致死亡。若病程超过2个月,则称为慢性细菌性痢疾。

（3）预防

①培养学前儿童饭前便后洗手、不饮生水、不吃不洁食物、不随地大小便的卫生习惯,生吃瓜果必须洗净削皮。

②搞好环境卫生,做好水源与饮食的卫生管理工作,消灭苍蝇及其滋生地。

③早期发现、诊断、隔离及治疗病人及带菌者是控制痢疾流行的关键。

④佝偻病、营养不良等是急性痢疾转为慢性的诱因,应加强防治。

⑤做好消毒工作,食具要煮沸15分钟以上,患儿的粪便要用1%漂白粉澄清液浸泡或沸水浸泡消毒后才能入粪池或一般下水道,患儿的尿布、衬裤等也要用开水浸泡后再洗。

考点3 其他病毒性传染病

1.病毒性肝炎

病毒性肝炎是由多种肝炎病毒引起的一组传染病。病毒主要侵犯肝脏,造成肝细胞变性、坏死等病理变化,临床表现有消化道症状,有或无黄疸,肝脏大及肝功能异常。目前已知的肝炎病毒分甲型、乙型、丙型、丁型及戊型。以甲、乙型最为常见。

(1)病因及传播途径

甲型病毒性肝炎是由甲型肝炎病毒引起的肝炎,存在于粪便中的病毒污染了食物和饮水,经口造成传染。

乙型病毒性肝炎由乙型肝炎病毒所致。病毒存在于病人的血液、唾液、乳汁等体液中,可通过日常生活接触、输血、医疗器具、虫媒等途径传播。

(2)症状

肝炎分黄疸型和无黄疸型,甲型肝炎多为黄疸型肝炎,乙型肝炎多为无黄疸型肝炎。患儿主要表现有:食欲减退、恶心、乏力,或偶尔呕吐、腹泻,肝大并有压痛、肝功能异常,不喜欢吃油腻食物等。部分人有黄疸(巩膜、皮肤变黄),尿色加深,肝功能不正常,出现黄疸后2~6周,黄疸消退,食欲精神好转,肝功能逐渐恢复正常。少数儿童感染乙型肝炎后无任何症状,仅"乙型肝炎表面抗原"(或称"澳抗")呈阳性,成为不自觉的传染源。

(3)预防

急性肝炎病儿应隔离治疗,隔离时间不少于30天。出院后要遵从医嘱,注意休息,不要疲劳,适当增加一些优质蛋白质食品,少吃含脂肪的食物。

预防接种是目前预防甲肝和乙肝的最佳措施,丙肝的预防重点是管理血液和血液制品的使用安全。同时,注意个人卫生和饮食卫生,防止病从口入。

2.手足口病

(1)病因及传播途径

手足口病是由肠道病毒引起的婴幼儿常见传染病,其感染部位是包括口腔在内的整个消化道,可引起手、足、口腔等部位的疱疹,故称"手足口病"。传播途径主要为饮食传播、空气飞沫传播和接触传播。

（2）症状

①潜伏期4~6日。最先出现轻微的症状,如发烧、全身不适、咳嗽、咽痛等。

②在指(趾)的背面、侧缘、手掌、足跖,尤其是指(趾)甲的周围,有时在臀部、躯干四肢发生红色斑丘疹,很快发展为水疱。

③口腔内在舌、硬腭、颊黏膜、齿龈上发生水疱,破溃后形成潜在的糜烂,可因疼痛影响进食。

④一般于8~10天水疱干涸,病愈。

（3）预防

15字防病口诀是:勤通风、勤洗手、喝开水、食熟食、晒衣被。

3.流行性感冒

⭐ 考频分布　**2023下单选**

（1）病因及传播途径

流行性感冒又称流感,是由流感病毒引起的呼吸道传染病,传播力强,多在冬末春初流行。该病传播力强,经飞沫直接传播,飞沫污染手、用具等也可造成间接传染,病后免疫力不持久,免疫时间很短,可多次感染。

（2）症状

流感潜伏期为数小时至一两日。其表现为起病急,出现高热、寒战、头痛、咽痛、乏力、眼结膜充血等症状。以胃肠道症状为主者,可有恶心、呕吐、腹痛、腹泻等症状;以肺炎症状为主者,发病1~2天后即出现咳嗽、气促、气喘、口唇发绀等症状。部分患儿有明显的精神症状,如嗜睡、惊厥等。患儿常并发中耳炎。

（3）预防

增强体质。流感流行时,少去公共场所,减少聚会;保持室内空气新鲜;注意随天气变化增减衣服;接种流感疫苗。

真题面对面

[2023下半年真题]免疫时间较短,可多次感染的传染病是(　　)

A.流感　　　　B.水痘　　　　　　C.麻疹　　　　　　D.腮腺炎

答案:A。

4.流行性腮腺炎

（1）病因及传播途径

流行性腮腺炎是由腮腺炎病毒引起的呼吸道传染病。病儿腮腺肿大期间,唾液中有

病毒,可经飞沫传播。患病后可获终身免疫。

（2）症状

发病急,可有发烧、畏寒、头痛、食欲不振等表现。1~2天后腮腺肿大,肿大以耳垂为中心,边缘不清楚,有轻度压痛。张口或咀嚼时感到腮腺部位胀痛,吃硬的或酸的食物时疼痛加剧。一般先一侧腮腺肿大,1~2天后另一侧也肿大,经4~5天消肿。

（3）预防

患儿隔离至腮腺完全消肿为止。接触者可服板蓝根冲剂预防。可注射腮腺炎疫苗。

第五节 幼儿常见意外事故的防护和急救

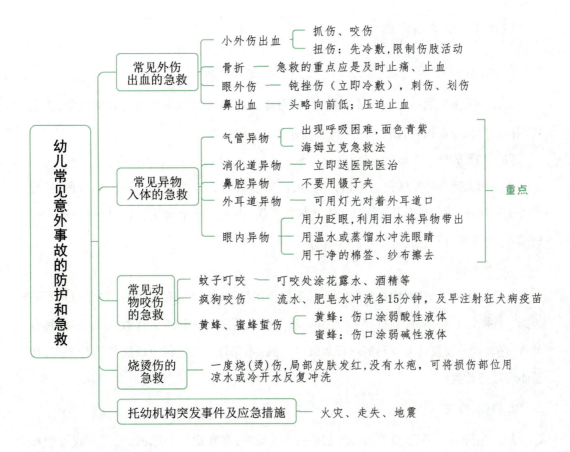

📝 **考向分析**

本节属于生活指导的基础知识,内容较为琐碎,需要识记的知识较多。在考试中以单项选择题的形式考查。汇总分析2015年至2023年的真题试卷,本节知识考查情况统计如下:

知识	考点	考频	题型
常见外伤出血的急救	扭伤	1	单选
常见异物入体的急救	气管异物、鼻腔异物、眼内异物	3	单选
常见动物咬伤的急救	黄蜂蜇伤	1	单选

 核心考点

一、常见外伤出血的急救 【9 年 1 考】

考点 1 小外伤出血

1. 划伤或割伤

幼儿做剪纸或触摸摔破的玻璃器皿,都可能出现手或其他部位被划破的现象,造成切割伤。出现切割伤时,伤口较整齐,出血量较多。

（1）处理方法

①先用无菌纱布按压伤口止血;②然后沿着伤口用 75% 的酒精由内向外消毒,最后敷上无菌纱布,用绷带包扎;③若为玻璃器皿扎伤,应先用清水清洗伤口,用镊子清除碎玻璃片,消毒后进行包扎。

（2）预防措施

①使用小剪刀等物品时,教给幼儿基本的使用技巧;②手中有利器时,教育幼儿不要奔跑、打闹、嬉戏等;③碰到打碎的物品时,教育幼儿要第一时间告诉保教人员,不要私自处理,保教人员要及时关注和清理班级破碎物品;④保教人员应将班级物品进行归类,利器不应随意放置。

2. 抓伤、咬伤

幼儿年龄小,自控能力差,在幼儿园一日活动中,有些幼儿会用抓、咬等方式处理和同伴间的矛盾。

（1）处理方法

皮肤没有破损的情况下可以轻轻按摩及用温热毛巾敷于患处;皮肤破损流血的,要用温开水或生理盐水冲洗拭干后,以碘伏或酒精消毒、止血,并送至医院做消炎及病毒防治处理。

（2）预防措施

晨检时检查幼儿指甲,确保幼儿不留长指甲。保教人员时刻关注幼儿活动,发现潜在危险及时制止。

3.挤伤

幼儿的手指经常被门或抽屉挤伤,重者甚至会造成指甲脱落,疼痛异常,应及时处理。

（1）处理方法

①若无破损,可用冷敷,起到止血和减轻痛苦的作用,不需消毒;②疼痛难忍时,可将受伤手指高举过心脏,缓解痛苦;③若有出血,应消毒、包扎;④若指甲掀开或脱落,立即去医院治疗。

（2）预防措施

每天来园后和离园前,保教人员要检查班级的门窗,保证其完好性,确保幼儿无法推动。在活动中,不要让幼儿随意搬动桌子,避免幼儿的手指被挤压。

4.扭伤

⭐ **考频分布** 2015 下单选

幼儿从高处跳下,常扭伤踝部。

（1）处理方法

首先应判断有无骨折或脱臼。①若无骨折或脱臼,宜先冷敷,限制伤肢活动,一天后改用热敷或按摩,舒筋活血;②若有骨折或脱臼,宜平稳、迅速地送往医院诊治。

（2）预防措施

①活动中加强对幼儿的安全教育,不奔跑、不争抢物品。②保教人员要时刻关注幼儿活动,一旦发现危险因素,立刻提醒或制止。③提醒家长要给幼儿穿合适的鞋子。

真题面对面

[2015 下半年真题]幼儿在户外活动中扭伤,出现充血,肿胀和疼痛,教师应对幼儿采取的措施是（　　　）

A.停止活动,冷敷扭伤处　　　　B.停止活动,热敷扭伤处

C.按摩扭伤处,继续活动　　　　D.清洁扭伤处,继续活动

答案:A。

考点2　骨折

幼儿在意外事故中使骨的完整性遭到破坏而导致骨折。折断的骨不穿破皮肤而外露的骨折,称为单纯骨折(又称闭合性骨折)。如果折断的骨刺伤局部的肌肉,骨的断端外露,神经受到伤害的骨折,称为复杂骨折(又称开放性骨折)。

骨折的处理措施:

(1)急救的重点应是及时止痛、止血,防止休克,不要盲目地搬动患儿,特别是在可能伤及患儿的脊柱和颈部时更应注意,以免加重伤势,或引起严重的并发症甚至危及生命。

(2)固定骨折,限制断骨的活动。可使用绷带和夹板,将骨折处上下关节都固定起来。上肢应采用曲肘固定,下肢应采用直肢固定。绷带不宜绑得过紧,时间不宜过长。伤肢固定时应露出指或趾尖,以观察血液循环的情况。

(3)对开放性骨折,在夹板固定前应先止血,局部消毒处理,不要将外露骨骼推入伤口,应盖上消毒纱布后再用夹板固定,送医院治疗。

考点3　眼外伤

1.钝挫伤

被弹弓子打在眼上或被足球、土块、木块击伤眼睛等,可致眼钝挫伤。眼球受到撞击,会出现视网膜震荡、出血。可立即用毛巾冷敷,减少眼内出血,速送医院。

2.刺伤、划伤

被铁丝、小刀、毛衣针、树枝等刺伤或划伤眼睛,可致眼球部分破损或完全破裂。若完全破裂,有眼内组织脱出(最常见的是深褐色的虹膜脱出)及水样物流出,可用消毒的纱布或干净的毛巾敷盖眼睛,但不必还纳已经脱出的眼内容物,否则会增加感染的机会,也不要用力压迫眼球,因为任何外力都会使眼内容物被挤出眼球,导致失明。

考点4　鼻出血

1.病因

婴幼儿鼻出血的原因很多,如鼻部外伤、某些全身性疾病、鼻黏膜干燥、鼻腔异物等都可引起鼻出血,最常见于用手抠挖鼻痂、发热及空气干燥时。鼻出血的程度不同,由短时间流几滴到长时间的大量流血。

2. 处理方法

(1)安慰儿童不要紧张,让儿童安静坐下,头略向前低,不能仰卧位,也不能头向后仰,以免血液呛入呼吸道。

(2)压迫止血。让患儿用口呼吸,并用拇指和食指捏住患儿的鼻翼,同时用湿毛巾冷敷鼻部或前额,一般压迫 5～10 分钟即可。

(3)若出血较多,用上述方法不能止血,可用 0.5% 麻黄碱或 1/1000 肾上腺素湿棉球填塞出血侧鼻孔,一定要达到出血部位。

(4)止血后,2～3 小时内不能做剧烈活动,避免再出血。

(5)若儿童有频繁的吞咽动作,一定让他把"口水"吐出来,若吐出的是鲜血,说明仍在继续出血,应尽快送医院处理。

若幼儿常发生鼻出血,应去医院做全面检查,确定是否有血液病或其他疾病。

二、常见异物入体的急救　【9 年 3 考】

考点1　气管异物

⭐ **考频分布**　**2016 上单选**

当人们在吞咽食物的时候,会厌软骨会盖住气管口,以免食物误入"歧途"进入气管。但幼儿会厌软骨的工作不如成人机灵敏感,因此当幼儿正吃东西时突然大哭、大笑,会厌软骨来不及盖住气管,就会使食物呛入气管,形成气管异物。异物以圆滑的食物最为多见。幼儿气管发育不完善,驱赶力较弱,很难将气管异物"赶走",造成异物在气管内的停留。当异物将气管完全堵住时,幼儿会出现呼吸困难,面色青紫。较小的异物还要继续下滑,常常滑入右侧支气管,导致右侧肺不能工作,也会出现呼吸困难。

海姆立克急救法是针对气管异物患者的急救方法,利用冲击腹部膈肌下软组织产生向上的压力,压迫两肺下部,从而驱使肺部残留空气形成一股气流。这股带有冲击性、方向性的长驱直入气管的气流,就能将堵住气管、喉部的食物硬块等异物冲出气道,使患者获救。儿童救治的具体操作方法如下:

(1)1 岁以下婴儿:救护者坐在椅子上,将婴儿俯卧、头低脚高位,一手托其下颌,另一手用手掌根部撞击婴儿背部两侧肩胛骨之间的区域,拍击 5 次,然后让婴儿仰卧于大腿上,用食指和中指做"挤压器",放在两乳头连线中间向下一横指的地方,迅速轻柔地向里、向上挤压 5 次,以上两种冲击法交替进行。

(2)较大儿童:救护者站在患儿身后,从背后抱住其腹部,双臂围环其腰腹部,一手握拳,拳心向内按压于受害人的肚脐和肋骨之间的部位;另一手掌捂按在拳头之上,双手急速用力向里、向上挤压,反复实施,直至阻塞物吐出为止。

考点2　消化道异物

幼儿有时候会误吞骨头、纽扣等异物,这些异物有时会卡在食道里,有时还会沿着食道进到胃里。异物若卡在食道,患儿的食道部位会有明显的疼痛,在吞咽时,疼痛更明显,致使进食困难。如果异物在食道停留时间过长,还会引起局部及附近部位发炎,严重的会导致食道壁穿孔。一旦发生食道异物,应立即送患儿到医院医治,禁止采用吃东西把异物顶到胃中的做法。

考点3　鼻腔异物

⭐ **考频分布**　2023上单选

幼儿出于好奇,有时会将纸团、小珠子、豆粒等塞入鼻孔,形成鼻腔异物。若疏于医治,可出现大量带黏液的血脓性分泌物。一旦发现幼儿将异物塞进一侧鼻孔,千万不要用镊子试图将异物夹出,尤其是圆滑的异物很难夹住,越捅越往深处走。正确的做法是:让幼儿将无异物的鼻孔按住,然后用力擤鼻;还可用羽毛、纸刺激幼儿鼻黏膜,引起喷嚏反射。如果上述方法排不出异物,则应到医院处理。

真题面对面

[2023上半年真题]下列几种意外事故,不正确的处理方式是(　　　)

A. 有小飞虫进入幼儿眼里,翻开眼皮后,用消毒棉签轻轻擦去

B. 幼儿跌倒后轻微擦伤,对伤口清洗去污,涂上消毒药水

C. 幼儿鼻内塞进了小珠子、豆粒等圆滑异物,用镊子去取

D. 幼儿被蜜蜂轻度蜇伤后,在伤口处涂淡碱水或肥皂水等弱碱性液体

答案:C。

考点4　外耳道异物

幼儿若将豆粒、小珠子等塞入耳中,或有小昆虫钻入耳中,会形成外耳道异物。幼儿会感到耳鸣,耳内有东西,听力往往也会下降。若是苍蝇、蚂蚁等小昆虫钻进耳内,爬来爬去,使幼儿感到疼痛,较易被发现。此时可用灯光对着外耳道口,利用昆虫的趋光性,

引诱它爬出来;也可将半茶匙稍加热后的食用油、甘油、酒精倒入耳内,再让患儿病耳朝下,控5~10分钟,被淹死的昆虫可随液体一道流出。

对于其他外耳道异物,最好到医院处理。因为在没有良好的照明条件、必要的机械和技术不熟练的情况下操作,易损伤幼儿的外耳道皮肤,也可能将异物推向深处,损伤鼓膜,还有可能将异物推向中耳,造成更严重的后果。

考点5 眼内异物

⭐ **考频分布** 2021下单选

眼内异物多由灰沙落入眼中所致。幼儿会因异物刺激感到疼痛、睁不开眼。处理眼内异物,不能用手或手帕揉擦,可让幼儿用力眨眼,利用泪水将异物带出;也可用温水或蒸馏水冲洗眼睛,还可翻开上、下眼睑,找到异物后用干净的棉签、纱布擦去。

真题面对面

[2021下半年真题]洗手时,东东突然叫了起来:"洗手液溅进眼睛里了!"这时老师首先应该做的是( )

A. 用流动水冲洗眼睛　　　　　B. 用干净的纸或软布擦眼睛

C. 找保健医生　　　　　　　　D. 拉开眼皮吹一吹

答案:A。

三、常见动物咬伤的急救 【9年1考】

考点1 蚊子叮咬

夏天蚊子较多,因而幼儿常常会被蚊子叮伤。蚊子叮后可出现微肿、发红、发痒,有时痒得厉害,会使幼儿变得不安,难以入眠。为了解痒,患儿只好抓搔叮咬处,常常造成此处皮肤破损,进而造成感染,产生化脓性疾病。为了减轻发痒,可在被叮咬处涂上花露水、酒精等。为了防止蚊子叮咬,夏季一定要采取防蚊措施,如在幼儿身体裸露处涂上驱蚊油等。

考点2 疯狗咬伤

疯狗一般指患了狂犬病的狗,这种狗性情突变,狂躁易怒,狂叫,变化无常,暴躁时常会咬人。被这种狗咬伤之后,狂犬病的病毒可经过伤口进入人体,沿神经传至大脑,在大脑处繁殖,经过十几天甚至半年或一年后才出现症状。一旦被疯狗咬伤,第一时间应快速彻底冲洗伤口。清洁流水冲洗15分钟,肥皂水冲洗15分钟,冲洗的水量要大,水流要急,最好对着自来水龙头急水冲洗,以最快速度把沾染在伤口上的狂犬病毒冲洗掉,并应及早注射狂犬病疫苗。

考点3　黄蜂、蜜蜂蜇伤

⭐ **考频分布**　　2015上单选

幼儿在蜂窝附近或花丛中玩耍,有可能遭蜂蜇。蜂蜇后毒物进入幼儿体内,会引起被蜇处表面皮肤红肿,并伴有剧烈疼痛,而后奇痒无比。一旦遭蜂蜇后,首先要找到并取出昆虫的毒刺,然后在蜇伤处涂些液体。黄蜂毒液呈碱性,可在伤口涂食醋等**弱酸性液体**;蜜蜂的毒液呈酸性,可在伤口涂淡碱水、肥皂水等**弱碱性液体**,以达到减轻疼痛和消除水肿的目的。若蜇伤后还伴有中毒症状,应立即送往医院。

黄蜂、蜜蜂蜇伤

『记忆有妙招』

蜜蜂蜇伤要涂弱碱性液体,可记忆为:**蜜饯**。**蜜**:蜜蜂。**饯**:弱碱性液体。

黄蜂蜇伤要涂弱酸性液体,可记忆为:**磺酸**。**磺**:黄蜂。**酸**:弱酸性液体。

真题面对面

[2015上半年真题]被黄蜂蜇伤后,正确的处理方法是(　　　)

A.涂肥皂水　　　B.用温水冲洗　　　C.涂食用醋　　　D.冷敷

答案:C。

四、烧烫伤的急救

烧伤、烫伤是幼儿园常见的意外事故之一,多由高温(如热水、蒸汽、火等)、电以及化学物质作用于幼儿的皮肤和黏膜而引起这些部位的损伤。在幼儿烧(烫)伤事故中,最常见的是开水、热汤、热粥引起的烫伤,火烧伤次之,偶有化学烧伤及电击伤。

1. 处理方法

幼儿的皮肤娇嫩,同样的刺激对幼儿的伤害比成人更严重。对烧、烫伤的急救处理可从以下几点入手:

(1)立即清除造成烧伤、烫伤的根源

如遇火焰灼伤,应迅速将幼儿带离火源,扑灭伤者身上的余火。对热汤、热粥烫伤的幼儿,应立即脱去浸湿的衣服,不易脱去时,切忌强行撕拉,可用剪刀剪破撕开,充分暴露创面。

(2)根据受伤的程度不同及时处理创面

根据烧(烫)伤的深浅不同,烧(烫)伤可分三度:一度烧(烫)伤,仅表皮受损。局部皮肤发红,感到灼痛,没有水疱。二度烧(烫)伤,损伤深及真皮。局部红肿有水疱,疼痛剧烈。三度烧(烫)伤,损伤皮肤全层,可累及肌肉。

对一度烧(烫)伤(仅伤及部分表皮,生发层健在)的患儿处理,可将损伤部位用凉水或冷开水反复冲洗,若手足灼伤可直接浸于冷水中,至疼痛缓解后去除冷水。可在伤面上涂清凉油或烫伤药膏等,一般4~5天可痊愈,不留疤痕。千万不可随意乱抹肥皂水、牙膏、酱油等。

对二、三度烧(烫)伤(伤及整个表皮和部分真皮或全层皮肤)的患儿,可用干净的纱布、毛巾等覆盖创面,或用干净的床单包裹住,不要弄破水疱,及时送医院救治。有时烧(烫)伤面积较大,患儿可能烦躁口渴,可少量、多次喝些淡盐水。

2. 防治措施

幼儿发生烧(烫)伤事故,会对其造成巨大的身心伤害。为此,我们要认真做好预防工作,避免烧(烫)伤的发生。例如,给幼儿提供的饮用水温度要适宜,不可过烫,热水瓶、热水壶等要妥善放置;进餐时,保育员要认真管理好热汤、热粥,最好是煮好后稍微晾凉些,再给幼儿分盛;等等。

五、托幼机构突发事件及应急措施

考点1 火灾事故

1. 防范措施

(1)托幼机构的园(所)长是消防安全的第一责任人,应全面负责本园(所)的消防安全工作,并根据消防法律、法规,结合实际制定托幼机构的消防安全管理制度,落实托幼机构消防安全责任制。

（2）托幼机构要成立义务消防队伍,按规定配备消防器材。后勤负责人应负责消防器材设备的维护与保养,经常检查和定期更换灭火器。要配合消防部门定期对托幼机构设施进行排查,对发现的各类火险隐情要及时排除和整改。

（3）对保教人员和儿童进行消防安全教育,普及基本消防知识。托幼机构的活动室、寝室、食堂等重点防火场所,各类消防设施、器材要完备,保证道路通畅,不堆放杂物。定期组织保教人员和儿童模拟演练,学会正确使用灭火器材,掌握扑救和逃生方法。

2. 应急措施

（1）一旦发生火险,应在第一时间扑救。如果火势失控,要指派专人向119、110报警,并告知发生火灾的位置、燃烧物种类、被困人员情况。立即启动托幼机构的火灾应急预案,并在第一时间内向所属区县教育局和当地党委、政府报告。

（2）立即切断着火楼(室)的电源。指派专人切断电源、气源,关闭供油设备。如果火灾发生在夜间,宜在人员全部撤离以后再切断电源。

（3）听到火警报告后所有工作人员应该立即进入紧急状态,按照平时消防演练逃生的路线迅速疏散儿童。如不能撤离,应迅速带领儿童进入相对安全的区域,如厕所、阳台、楼顶等有窗户的房间,把毛巾弄湿后折叠起来盖住儿童口鼻。不要随便打开窗户,以防形成冷热空气对流,加重火势或烟雾。

（4）在火灾现场的负责人要统一指挥,果断命令距离火场最近的人员首先撤离,其余人员依次疏散。将全体师幼疏散到室外安全地点并立即清点人数。在确保安全的前提下指派专人断后清场,并确认人员全部撤出。

（5）如有儿童或工作人员受伤要及时送往区级以上医院救治,及时通知家属。

（6）保护现场,配合消防部门、行政部门开展调查,有关人员写出事故报告,追究责任,维护托幼机构的利益,协助处理善后事宜。

考点2 走失

1. 防范措施

（1）除接送时间开门外,托幼机构的大门应该始终保持关闭状态,并有专人看守。

（2）儿童要牢记父母姓名、家庭住址及自己所在托幼机构的名称。

（3）儿童无论是在教室里,还是在院子里活动,都应该始终在老师的视线之中。

（4）组织儿童外出,如散步、游玩和参观等活动,要事先了解沿途的路线、目的地的环境。出发前对儿童讲清纪律要求,并反复强调。外出活动排队时,队伍前后应均有老师或保育员。一个老师领头,一个老师垫后,儿童两两手拉手排成队,老师应该随时清点人数,以便能及早发现问题。活动中,保教人员必须随时留意每一位儿童,不得自顾聊天。

活动结束后,要清点好儿童人数。

2. 应急措施

(1)一旦发生儿童走失的情况,应立即与园所领导联系,同时拨打110报警电话。

(2)园所领导要立刻组织工作人员,以儿童走失地点为中心,展开辐射式的搜寻。

(3)立即通知家长,散发儿童的照片,协助警方进行查找。

考点3 地震

1. 防范措施

(1)园(所)长一定要在思想上高度重视,做到宁可千日无震,不可一日不防,切实把保护教职工及儿童生命和国家财产安全放在首位。

(2)加强对保教人员和儿童防震抗灾知识及自救知识的宣传教育。

(3)选择合适位置作为避险区,制定好撤离疏散路线图,定期进行模拟演练。

2. 应急措施

(1)地震发生后,保教人员要沉着冷静,先看清自己所处的位置,组织儿童有序按照平时熟悉的路线逃生,迅速撤离到安全地带。

(2)如果震后不能迅速撤离或被困于室内,最安全、最有效的办法是及时躲到两面承重墙之间最小的房间,如洗手间、厕所等;也可以躲在桌、柜等下面以及房间内侧的墙角,并且注意保护好头部;千万不要去窗下躲避。

(3)如果儿童正在睡觉,叫醒儿童并有序地组织儿童躲在床底下或墙角。

(4)如被建筑物挤压,千万不要惊慌,不要盲目采取措施,要懂得发出报险信号,等待救援。

(5)如果在室外活动,把儿童集中到操场中间空旷场地。

(6)要从精神上安慰儿童,不断鼓励儿童。

≡ 达标测评 ≡

建议用时	实际用时	测评总分	实际得分
40分钟	____分钟	60分	____分

一、单项选择题(每小题3分,共30分)

1.下列食物中含维生素C最丰富的是( )

A.牛奶　　　　　B.鱼虾　　　　　C.新鲜蔬菜　　　　　D.面包

297

2.中午进餐时,欣欣不小心被热汤烫伤了手,手的表皮发红,但无水疱,教师首先对欣欣烫伤的手的处理方式应是(　　)

　　A.冷水冲洗　　　　　B.肥皂水冲洗　　　C.擦药　　　　　D.毛巾包裹

3.晨检时,保健人员发现某孩子口腔黏膜有散落疱疹,手心出现同样疱疹,初步诊断是(　　)

　　A.麻疹　　　　　　　B.风疹　　　　　　C.水痘　　　　　D.手足口病

4.小光的胳膊被狗咬伤了,教师在第一时间发现后采取的正确处理方法是(　　)

　　A.用止血药粉或者药膏涂抹在伤口上

　　B.用自来水对着伤口急水冲洗

　　C.用嘴去吸吮伤口

　　D.用牙膏、醋等非医疗物品冲洗伤口

5.幼儿园晨检工作的重点是(　　)

　　A.检查幼儿身心状况　　　　　　　　B.进行幼儿礼仪培训

　　C.提醒幼儿锻炼身体　　　　　　　　D.与家长沟通交流

6.为防止幼儿缺乏无机盐而导致疾病出现,不应做的是(　　)

　　A.适当组织幼儿进行室外活动晒太阳,以促进维生素 D 的合成,进而帮助幼儿吸收钙

　　B.适量给幼儿食用动物肝脏、蛋黄、瘦肉等,以补充铁

　　C.为让幼儿充分吸收钙,可多食用脂类食物

　　D.适量食用富含维生素 C 的水果,有利于铁的吸收

7.一只小昆虫爬进了跃跃的耳朵里,教师正确的处理方式是(　　)

　　A.用强光接近跃跃的外耳道,将小昆虫引出来

　　B.用棉签掏出来

　　C.可用倾斜头、单脚跳跃的动作,将小昆虫跳出来

　　D.用掏耳勺挖出来

8.眼睛受到外伤出血,有部分眼内组织脱出时,下列措施正确的是(　　)

　　A.用清水冲洗干净后去医院

　　B.将眼内组织送回眼睛后去医院

　　C.不可轻举妄动,用干净毛巾敷盖后去医院

　　D.用清水冲洗干净并将眼内组织送回眼睛后去医院

9.水痘是由水痘－带状病毒引起的急性传染病。它的传播途径主要是(　　)

　　A.虫媒传播　　　　　　　　　　　　B.血液传播

C. 医源性传播   D. 空气飞沫传播

10. 精英幼儿园某大班的幼儿在程老师的带领下到当地一所公园进行活动,顽皮的幼儿小明玩耍的时候不小心被一只黄蜂蜇伤,受蜇伤皮肤立刻红肿、疼痛,这时,程老师应该尽快将(　　)涂于受伤处。

A. 弱碱性溶液   B. 弱酸性溶液   C. 清水   D. 强碱性溶液

二、简答题(每小题 15 分,共 30 分)

1. 简述学前儿童缺铁性贫血的病因。

2. 简述幼儿入园晨检的具体步骤。

参考答案及解析

一、单项选择题

1. C [解析]新鲜蔬菜和水果是维生素 C 的主要来源,深色蔬菜如韭菜、菠菜、芹菜、青椒等,水果如猕猴桃、柑橘、山楂、鲜枣、柚子等,含维生素 C 较多。

2. A [解析]题干中的表述症状属于一度烫伤,只损伤皮肤表皮层。处理时可将损伤部位用凉水或冷开水反复冲洗,至疼痛缓解后去除冷水。

3. D [解析]手足口病是一种由肠道病毒引起的传染病,可引起手、足、口腔等部位发生红色斑丘疹,进而发展为疱疹。题干中幼儿口腔和手心出现散落疱疹,初步诊断应为手足口病。

4. B [解析]被狗咬伤第一时间应快速彻底冲洗伤口。清洁流水冲洗 15 分钟,肥皂水冲洗 15 分钟,冲洗的水量要大,水流要急,最好对着自来水龙头急水冲洗,以最快速度把沾染在伤口上的狂犬病毒冲洗掉,并应及早注射狂犬病疫苗。

5. A [解析]幼儿晨间来园时,身心状况正常才能积极参加幼儿园的活动。晨检的工作重点是"检",即检查幼儿的身心状况。

6. C [解析]过多摄入脂肪,可因未消化的脂肪酸与钙结合形成不溶性的钙皂,使钙自粪便排出,从而不利于钙的吸收。

7. A [解析]若是苍蝇、蚂蚁等小昆虫钻入耳内,爬来爬去,使幼儿感到疼痛,较易被发现。此时可用灯光对着外耳道口,利用昆虫的趋光性,引诱它爬出来;也可将半茶匙稍加热后的食用油、甘油、酒精倒入耳内,再让幼儿病耳朝下,控 5～10 分钟,被淹死的昆虫可随液体一道流出。

8. C [解析]有眼内组织脱出及水样物流出,应注意:(1)可用消毒的纱布或干净的毛巾敷盖眼睛,但不必还纳已经脱出的眼内容物,否则会增加感染的机会;(2)不要用力压迫眼球,因为任何外力都会使眼内容物被挤出眼球,导致失明。故 C 项正确。

9.D [解析]水痘是一种传染性很强的出疹性传染病。病原体是水痘-带状病毒,主要通过空气飞沫经呼吸道传播,也可通过接触病人疱疹内的疱浆而感染。传染性极强,一次患病可获终身免疫。

10.B [解析]幼儿在蜂窝附近或花丛中玩耍,有可能遭蜂蜇。蜂蜇后毒物进入幼儿体内,会引起被蜇处表面皮肤红肿,并伴有剧烈疼痛,而后奇痒无比。一旦遭蜂蜇后,首先要找到并取出昆虫的毒刺,然后在蜇伤处涂些液体。黄蜂毒液呈碱性,可在伤口涂食醋等弱酸性液体。若蜇伤后还伴有中毒症状,应立即送往医院。

二、简答题(答案要点)

1.(1)先天储铁不足;

(2)饮食中铁的摄入量不足;

(3)生长发育过快;

(4)疾病的影响。

2.(1)一问:即儿童入园时,询问家长,了解儿童在家的健康状况,如食欲、睡眠、大小便、精神等,以及有无传染病接触史。

(2)二摸:摸儿童额部、手心是否发烫,摸腮腺及淋巴有无肿大。

(3)三看:观察儿童的精神状态以及脸色是否正常、眼睛是否有流泪、眼结膜是否充血、皮肤是否有皮疹等。

(4)四查:检查儿童口袋里有无不安全的东西,如小刀、弹弓、别针、小钉子、玻璃片、黄豆等。

即时反思与复盘总结

我于_____年___月___日完成了对本章的学习。

复盘一下,我对自己较肯定的地方是_____

(足够努力/心态积极/方法得当……)

我觉得自己需要改进的地方是_____

(懒惰懈怠/心情浮躁/方法不当……)

休息片刻,开启下一站征程!

将心注入,用双手把考生托上岸

第四章　环境创设

内容概要

本章包括幼儿园环境创设、幼儿园活动区创设、幼儿园心理环境创设、幼儿园与家庭的合作、幼儿园与社区的合作、幼儿园与小学衔接六节。本章内容在真题试卷中所占分值约 0～35 分，主要以单项选择题、简答题、论述题、材料分析题的形式考查。本章各节2015—2023 年考频汇总如下：

幼儿园环境创设　————○　总考频 3 次

幼儿园活动区创设　——○　总考频 1 次

幼儿园心理环境创设　——○　总考频 1 次

幼儿园与家庭的合作　——○　总考频 1 次

幼儿园与社区的合作　——○　总考频 1 次

幼儿园与小学衔接　————○　总考频 4 次

第一节　幼儿园环境创设

思维导图

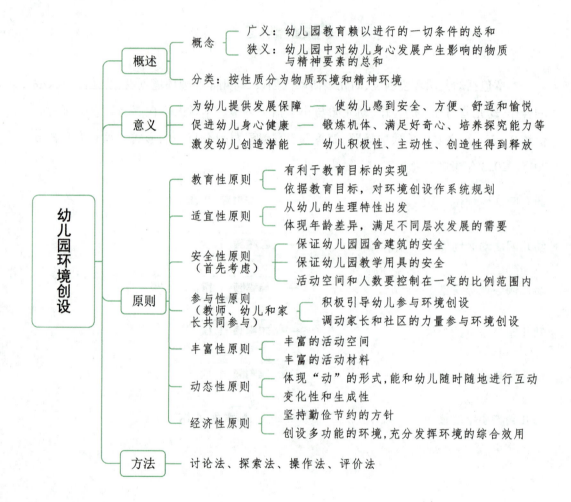

幼儿园环境创设
- 概述
  - 概念
    - 广义：幼儿园教育赖以进行的一切条件的总和
    - 狭义：幼儿园中对幼儿身心发展产生影响的物质与精神要素的总和
  - 分类：按性质分为物质环境和精神环境
- 意义
  - 为幼儿提供发展保障 —— 使幼儿感到安全、方便、舒适和愉悦
  - 促进幼儿身心健康 —— 锻炼机体、满足好奇心、培养探究能力等
  - 激发幼儿创造潜能 —— 幼儿积极性、主动性、创造性得到释放
- 原则
  - 教育性原则
    - 有利于教育目标的实现
    - 依据教育目标，对环境创设作系统规划
  - 适宜性原则
    - 从幼儿的生理特性出发
    - 体现年龄差异，满足不同层次发展的需要
  - 安全性原则（首先考虑）
    - 保证幼儿园园舍建筑的安全
    - 保证幼儿园教学用具的安全
    - 活动空间和人数控制在一定的比例范围内
  - 参与性原则（教师、幼儿和家长共同参与）
    - 积极引导幼儿参与环境创设
    - 调动家长和社区的力量参与环境创设
  - 丰富性原则
    - 丰富的活动空间
    - 丰富的活动材料
  - 动态性原则
    - 体现"动"的形式，能和幼儿随时随地进行互动
    - 变化性和生成性
  - 经济性原则
    - 坚持勤俭节约的方针
    - 创设多功能的环境，充分发挥环境的综合效用
- 方法 —— 讨论法、探索法、操作法、评价法

考向分析

　　本节属于环境创设的重要知识,需要理解记忆的内容较多。在考试中以单项选择题、论述题和材料分析题的形式考查。汇总分析2015年至2023年的真题试卷,本节知识考查情况统计如下:

知识	考点	考频	题型
幼儿园环境创设的意义	幼儿园环境创设的意义	1	论述
幼儿园环境创设的原则	幼儿园环境创设的七个原则	2	单选、材料分析

一、幼儿园环境概述

考点1　幼儿园环境的概念

对于幼儿园而言,环境分为广义和狭义两种。广义的幼儿园环境是指幼儿园教育赖以进行的一切条件的总和,包括幼儿园内部的小环境,又包括园外的家庭、社会、自然、文化等大环境。

狭义的幼儿园环境是指在幼儿园中,对幼儿身心发展产生影响的物质与精神要素的总和,即物质环境和精神环境两大类。

考点2　幼儿园环境的分类

幼儿园环境按其性质可分为物质环境和精神环境两大类。

1.物质环境

物质环境的内涵

类型	内涵	内容
广义	对幼儿园教育产生影响的一切天然环境与人工环境中物的要素的总和	自然风光、城市建筑、社区绿化、家庭物质条件、居室空间安排、室内装潢设计等
狭义	对幼儿发展有影响作用的各种物质要素的总和	园舍建筑、园内装饰、场所布置、设备条件、物理空间的设计与利用及各种材料的选择与搭配等

2.精神环境

精神环境的内涵

类型	内涵	内容
广义	对幼儿园教育产生影响的整个社会的精神因素的总和	社会的政治、经济、文化、艺术、道德、风俗习惯、生活方式、人际关系等
狭义	幼儿园内对幼儿发展产生影响的一切精神因素的总和	幼儿园人际关系、幼儿园文化氛围等

二、幼儿园环境创设的意义 【9 年 1 考】

⭐ **考频分布**　2017 下论述

幼儿园环境创设对于幼儿的发展具有重要意义，所以要重视环境的创设。主要表现在以下几个方面：

（1）为幼儿提供发展保障。幼儿要在幼儿园吃饭、睡觉、游戏等，只有具备相应功能的建筑、空间设备才能使幼儿感到安全、方便、舒适和愉悦。

（2）促进幼儿身心健康。宽敞的空间、齐全的设备器具可以使幼儿机体得到锻炼；整洁、优美的环境会给幼儿美的享受；具有探索性的环境可满足幼儿的好奇心，激发幼儿的探究热情，培养幼儿的探究能力；文明有序的集体活动环境有利于培养幼儿的适应能力；融洽和谐的人际关系可使幼儿感到宽松、自由、被尊重、被接纳，从而乐观自信。

（3）激发幼儿创造潜能。幼儿不是环境创设的消极旁观者和享用者，而是环境创设的积极参与者和互动者。在环境创设的过程中，幼儿会参与设计构思、材料搜集、动手制作和布置的全过程，激发幼儿自我发展的主人翁意识。在与环境的交互过程中，幼儿会根据自己的需要自由选择环境、探索环境、控制和驾驭环境，其积极性、主动性、创造性可以得到最大限度的释放。

> **真题面对面**
>
> [2017 下半年真题]什么是幼儿园环境？为什么幼儿园教育中要强调创设良好的幼儿园环境？请联系实际说明。
>
> **参考答案**：详见内文。

三、幼儿园环境创设的原则 【9 年 2 考】

⭐ **考频分布**　2022 下材料分析，2022 上单选

幼儿园环境创设的原则

考点 1　教育性原则

幼儿园环境是潜在的幼儿园课程。幼儿园环境的教育性就体现在环境作为一种教育影响的存在，在创设时要依据教育目标的需要，有目的、有计划、有组织地提供更多的刺激或可供幼儿模仿学习的因素，使幼儿得到全面的发展。

将心注入，用双手把考生托上岸

1. 环境创设要有利于教育目标的实现

幼儿教育目标是促进幼儿体、智、德、美等方面的全面和谐发展,所以,幼儿园环境创设要兼顾幼儿体、智、德、美各方面的发展,不能顾此失彼,更不能片面发展。

2. 依据幼儿园教育目标,对环境创设作系统规划

应把教育目标落实到月计划、周计划、日计划及每一个具体的活动中。

考点2 适宜性原则

幼儿园环境是幼儿生活与学习的环境,幼儿园环境的创设应当满足幼儿的基本需要,包括生活、游戏和学习的需要,符合幼儿身心发展的水平和特点,使每一个幼儿都能在自己的原有水平上得到发展。

1. 幼儿园空间环境的创设要从幼儿的生理特性出发

(1)幼儿的人体尺度是确定环境设施和环境景观的重要依据之一。教师必须了解幼儿身体各部分的尺度,并以此为依据确定环境设施和环境景观的尺度,以供幼儿使用。

(2)环境创设要以幼儿的视觉为中心。幼儿眼睛的视野小于成人,其头部转动的角度与视野范围的角度大致相同。幼儿头部转动的适宜范围是左右45°、上下30°,若是超出了这一范围,幼儿就会感到不适。

2. 幼儿园空间环境的创设要体现幼儿的年龄差异,满足不同层次发展的需要

一般来说,小班环境要结构简单、色彩鲜艳、富有感官刺激;中班环境在小班的基础上突出操作性;大班环境要突出探索性和实验材料的丰富性。教师在设计环境时,尽量保证所提供的材料都能够满足幼儿的不同层次和需要,让每个幼儿都能在适宜、自由、轻松的环境中找到自己爱做的事情。

考点3 安全性原则

幼儿园环境创设首先要考虑安全性。安全性原则不仅指幼儿园的园舍建筑、设施设备、活动场地、玩具教具等物质条件必须符合国家颁布的相关卫生标准和安全标准,还包括保教人员要为幼儿提供安全的心理环境,以确保幼儿在园时身体和心理两方面都没有危险和安全隐患。安全的幼儿园环境既是幼儿身心健康的基本保障,也是促进幼儿全面发展的基本条件。

1. 保证幼儿园园舍建筑的安全

幼儿园的建筑物必须坚固、安全,建筑材料必须健康、耐用。相关的配套设施如护栏、楼梯踏步、阳台、室外游戏场所等都应经常检修维护,要设置多处安全疏散通道,地面应能防止幼儿跌倒或摔跤,将安全事故的发生率降到最低。

2. 保证幼儿园教学用具的安全

园里的桌、椅、柜的角应为钝角,不同界面相交处应为圆弧形。教学中应采用坚固性比较好、不易破碎、无锐利边角、无毒、无害、无细小零件脱落的材料。教学用具要做到清洁卫生,定时清洗消毒。

3. 幼儿园的活动空间和人数要控制在一定的比例范围内

如果班级人数过多,密度太大,会为安全事故埋下隐患,给孩子造成紧张不安的心理,不利于孩子的发展。

考点4 参与性原则

参与性原则是指幼儿园环境创设需要教师、幼儿和家长共同参与。教师除了要积极创设幼儿熟悉和喜爱的环境之外,还要调动幼儿和家长的积极性,让他们主动参与到环境创设中去。

1. 积极引导幼儿参与环境创设

幼儿参与环境创设,不仅能给他们提供参与活动的机会,培养动手操作的能力,满足自我表现的愿望,还能促进学前儿童与环境、教师之间的互动,使他们更加爱护环境。

2. 调动家长和社区的力量参与环境创设

家长和社区的参与,对幼儿园环境创设具有积极意义。首先,家长和社区的参与有利于优化幼儿园教育资源配置。家长和社区成员来自社会各界,他们各有所长,可以为幼儿园环境创设提供人力资源。家庭和社区的许多废旧材料都可以运用到幼儿园环境创设中,利用这些资源可以变废为宝,提高资源的利用率。其次,家庭和社区资源的介入,还可以使幼儿园环境变得更加多元化,这种多元化的环境可以让教师获得全新的视角,幼儿也将拥有更宽广的视野。最后,家长参与幼儿园环境创设可以增强教师、家长以及幼儿之间的互动。幼儿园利用家庭资源优化物质环境时,不仅促进了人与环境之间的互动,也带动了各种角色之间的互动。

考点5 丰富性原则

丰富性原则是指幼儿园要为全体幼儿提供足够的、多种多样的能获取丰富知识信息、情感体验以及活动技能等富含教育价值的物质条件。做到"没有一处无用的环境",

只有生活在这样的教育环境中,幼儿的潜能才能得到最大程度的全面发挥。

1.丰富的活动空间

活动空间的丰富首先体现在幼儿园室内活动区和室外游戏场的设计上。室内环境应尽量提供丰富多样的活动区,室外环境应设计丰富有趣的游戏场地。

2.丰富的活动材料

活动材料的选择和投放应从多种维度进行考量:(1)材料的数量上,应提供丰富和具有广泛实践经验的材料,能满足许多幼儿同时在区域内开展游戏。(2)材料的结构上,应同时考虑高结构(成品玩具)、低结构(木材、线绳等)和无结构材料(沙、水等)不同类型材料的投放。在提供广泛经验和知识信息的材料方面,应该在活动区设置的基础上,尽可能多地提供激发幼儿兴趣和能力的材料。(3)材料的投放要有层次性,依据幼儿的兴趣和能力渐进式地投放,并随时更换和修正。

考点6　动态性原则

动态性原则是指幼儿园物质环境创设要从空间、内容、材料、规则等方面关注环境的不断变化和生成。一成不变的环境无法满足幼儿的需求,更不能和幼儿互动,怎么能称其为"第三位老师"呢?因此,在创设幼儿园物质环境时应遵循动态性原则,具体包括两个方面:一方面,幼儿园物质环境应尽量体现"动"的形式,能和幼儿随时随地进行互动;另一方面,动态性还体现在变化性和生成性两方面。

考点7　经济性原则

幼儿园物质环境的创设要坚持低成本、高效益的经济性原则,力求以最小的投入发挥最大的教育效益。

1.坚持勤俭节约的方针

幼儿园环境创设要因地制宜、就地取材,在保证清洁卫生的前提下,合理利用废旧物品制作玩教具,如纸盒、饮料瓶、果壳等,减少铺张浪费,避免过度追求高档化和形式化。

2.创设多功能的环境,充分发挥环境的综合效用

幼儿园的室内和室外空间都十分有限,多功能的环境资源开发很有必要,应有充分挖掘或开发现有环境新功能的思路。在空间无法调整和扩大的情况下,让现有环境多功能化是比较现实的方法。

[2022 上半年真题]幼儿园创设物质环境时首先应考虑的要求是(　　　　)

A.经济性　　　　　　　　　　B.安全卫生性

C.功能性　　　　　　　　　　D.美观性

答案:B。

四、幼儿园环境创设的方法

1.讨论法

讨论法是指教师引导全班幼儿通过讨论的方法,选择或确定环境创设的主题和内容以及与环境材料互动的方式等。例如,幼儿对教育活动中的某个主题活动特别感兴趣,教师就可以因势利导地引导幼儿对这一主题的内容进行讨论,派生出与之相关的活动及环境布置。

2.探索法

探索法是让幼儿自己在环境中发现问题,独立地解决问题,同时获得知识。此方法可以培养幼儿学习的内在动机,提高他们与环境、材料交往的积极性。幼儿园环境中隐藏了幼儿探索的无限"机密",幼儿可尝试用各种不同的方法,对墙饰、活动区域、材料、游戏、活动设施设备进行探索,发现事物的变化。

3.操作法

操作法是教师指导幼儿动手操作,让幼儿掌握知识,形成技能技巧和习惯的基本方法。操作法的运用依赖于操作材料。

4.评价法

幼儿园环境的评价是对环境质量的评价,包括对幼儿适应环境的评价,对幼儿环境创设和互动行为的评价,对教师环境创设效果的评价等。幼儿园环境评价贯穿环境创设的整个过程,它不仅能了解幼儿发展状况,还能了解环境与幼儿行为的相互影响。同时,环境评价对教师的行为具有明显的导向作用,评价过程的信息反馈能强化教师的教育行为,从而更好地完善和优化环境创设。

第二节 幼儿园活动区创设

🧠 思维导图

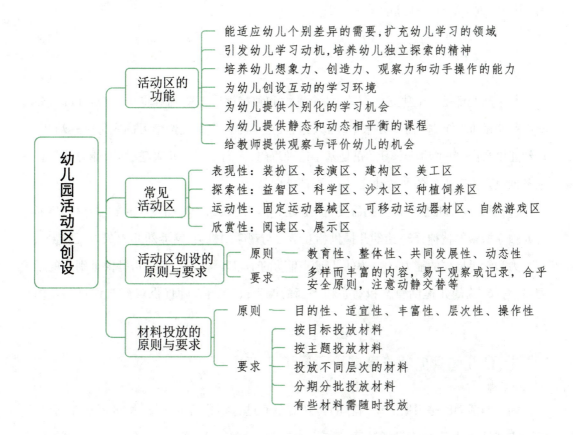

幼儿园活动区创设

- 活动区的功能
  - 能适应幼儿个别差异的需要,扩充幼儿学习的领域
  - 引发幼儿学习动机,培养幼儿独立探索的精神
  - 培养幼儿想象力、创造力、观察力和动手操作的能力
  - 为幼儿创设互动的学习环境
  - 为幼儿提供个别化的学习机会
  - 为幼儿提供静态和动态相平衡的课程
  - 给教师提供观察与评价幼儿的机会

- 常见活动区
  - 表现性:装扮区、表演区、建构区、美工区
  - 探索性:益智区、科学区、沙水区、种植饲养区
  - 运动性:固定运动器械区、可移动运动器材区、自然游戏区
  - 欣赏性:阅读区、展示区

- 活动区创设的原则与要求
  - 原则——教育性、整体性、共同发展性、动态性
  - 要求——多样而丰富的内容,易于观察或记录,合乎安全原则,注意动静交替等

- 材料投放的原则与要求
  - 原则——目的性、适宜性、丰富性、层次性、操作性
  - 要求
    - 按目标投放材料
    - 按主题投放材料
    - 投放不同层次的材料
    - 分期分批投放材料
    - 有些材料需随时投放

📝 考向分析

本节属于环境创设的重要知识,内容较为琐碎,需要理解记忆。在考试中以材料分析题的形式考查。汇总分析 2015 年至 2023 年的真题试卷,本节知识考查情况统计如下:

知识	考点	考频	题型
幼儿园活动区材料投放的原则与要求	活动区材料投放的原则	1	材料分析

 **核心考点**

一、活动区的概念

活动区就是利用活动室、睡眠室、走廊、门厅及室外场地,提供、投放相应的设施和材料,为幼儿创设的分区活动的场所。

二、活动区的功能

每个幼儿都是一个独立的个体,其个别性和独特性应该受到尊重与珍视。因此,要根据每个幼儿的兴趣、需要和水平,因人施教,把学习的权利交给学习的主体——幼儿,让幼儿更自由、更主动地学习。正是基于这种思想,人们根据幼儿兴趣、学习能力及教育任务创设并不断更换各种活动区,其主要功能包括:

(1)能适应幼儿个别差异的需要,扩充幼儿学习的领域;(2)引发幼儿学习动机,培养幼儿独立探索的精神;(3)给幼儿提供相互学习与观摩的机会,培养幼儿想象力、创造力、观察力和动手操作的能力;(4)为幼儿创设互动的学习环境;(5)为幼儿提供个别化的学习机会;(6)为幼儿提供静态和动态相平衡的课程;(7)给教师提供观察与评价幼儿的机会。

三、幼儿园常见的活动区

幼儿园活动区是根据活动内容的类别对空间进行划分后的区域,按区域功能划分,分为表现性活动区、探索性活动区、运动性活动区、欣赏性活动区。

1.表现性活动区

表现性活动区的分类及特点

活动区	特点
装扮区	幼儿开展角色游戏的场所,是幼儿最能够自由表达意愿和发挥想象力、创造力的活动区域
表演区	幼儿自发地进行故事表演和歌舞表演的游戏场所
建构区	幼儿用各种结构元件如积木、插塑等材料进行结构造型的游戏场所
美工区	幼儿自主地进行绘画和手工制作的场所

2.探索性活动区

探索性活动区的分类及特点

活动区	特点
益智区	幼儿通过手脑并用操作材料(棋牌类、拼图类)进行逻辑思维活动的游戏场所
科学区	教师通过投放各种低结构化的材料,使幼儿通过与材料的相互作用,获得物体属性和事物关系的知识,是幼儿探索发现客观世界物理经验的活动场所
沙水区	幼儿玩沙、玩水的游戏场所
种植饲养区	增长幼儿自然常识、认识生命变化的活动区域,有室内自然角和室外种植饲养园地

3.运动性活动区

运动性活动区的分类及特点

活动区	特点
固定运动器械区	幼儿在固定的大型运动器械上进行活动的场所
可移动运动器材区	幼儿用双手操纵移动性运动材料来进行游戏的场所
自然游戏区	富有野趣的自然游戏场所

4.欣赏性活动区

欣赏性活动区的分类及特点

活动区	特点
阅读区	幼儿阅读图画书的安静场所
展示区	把各种想让幼儿了解而又难以亲历的事物,以一种环境布置的方式进行展示的区域

四、幼儿园活动区的创设

考点1 活动区创设的原则

1.教育性原则

教育性原则是指要根据幼儿园的教育目标来设计活动区。教师要以教育目标和本班幼儿的实际发展水平为依据,有目的、有计划地选择合适的内容和主题,创设合适的活动环境。

2.整体性原则

一方面,将活动室的空间布局想象成一个整体。在创设区角环境时,应先有一个整体的活动室空间布局,而不仅仅指向某一个区域的环境创设。为此,活动区内的墙面设计、矮柜摆设,以及色彩、造型上应做到一致、和谐,要达到一种整体的即视感,能让幼儿在整体、舒适、有序的环境中尽情地展现童真、童趣。另一方面,幼儿的发展是连续不间断的,因而活动区的创设也应涵盖幼儿发展的每一个方面,即应包含五大领域的内容,从而满足幼儿知识与技能、过程与方法、情感态度与价值观等多方面发展的需求,各个区域相互渗透,有机地组成一个整体,这样就保障了幼儿完整的、独立的、整体发展的需求。

3.共同发展性原则

在活动区的创设上,首先,要考虑幼儿的年龄发展特点。在小、中、大班的区域环境创设中,要以幼儿的年龄特征为出发点,建构适合不同年龄幼儿发展的区域环境。与此同时,要充分尊重幼儿个体发展水平的差异。活动区的创设应以幼儿的发展水平为依据,充分尊重幼儿的身心发展规律和特点,在此基础上投放多层次、多样式的活动材料,以供不同水平的幼儿操作,从而使所设置的区域和所投放的材料既符合幼儿的发展水平,又满足幼儿个别活动的需要。

4.动态性原则

区域活动的内容和主题不是一成不变的,而是可以根据需要,随时由幼儿进行创新和演变。具体设计如下:材料的操作方式、规则的制定等都可以由幼儿自行商定,使幼儿主体性地位得到充分的发挥,而教师要做的就是根据幼儿的发展水平和活动需要随时补充、替换材料,如空间不足,要随时对空间进行展开和收拢等处理,方便幼儿与区域同伴共同学习、共同探索,从而得到更好的发展。

考点2 创设活动区的具体要求

因各园条件、教育需求的不同,各班幼儿知识经验、教育任务的不同,各园各班所设活动区的种类及各活动区的材料各有不同。但活动区的布置应符合以下基本要求:

(1)多样而丰富的内容。为适应幼儿个别差异,要根据幼儿的兴趣和身心发展水平或配合教育任务,设置多种活动区,并要经常更换活动区的内容。

(2)要易于观察或记录。无论活动区布置在室内任何角落,都必须方便教师的观察或记录。

(3)合乎安全原则。设备、材料的放置应合乎幼儿的身高,并坚固耐用。

(4)类似的活动安排在一起,注意动静交替。如将安静的图书区、自然区放在一起,以免其它活动干扰。

（5）活动时所需材料应置于附近。各种设备、材料应尽量放在幼儿伸手可及之处，刺激并便于幼儿充分利用其开展活动。切忌束之高阁，限制幼儿利用。

（6）有足够的自由活动空间。单纯追求活动区的多而全，造成每一区的活动空间和整个室内空间过于拥挤、狭小，反而影响幼儿活动的开展。如果空间有限，可根据幼儿兴趣和教育的需要轮流安排活动区，不必同时设置所有的活动区。

（7）注意活动区之间的相对封闭与分割。活动区之间形成间隔，使每个区域独成一体，有利于幼儿在区域内的活动，特别是对于一些独立操作性较强的活动区更应如此。但应注意的是，封闭的程度要以幼儿之间互不干扰活动、教师置身于活动区外又能观察到幼儿的活动为原则。对于一些独立性不太强的活动区，如美工区、建构区、角色区等，可以利用活动柜、桌椅、积木矮墙等相隔成区。当然，这种分割与封闭都是相对的，应根据本园和本班的实际，灵活掌握。

（8）注意光线的明暗。对于需要光线的活动区，如图书区、观察区，要将其安排在光线充足、照明好的位置上，使幼儿在活动的过程中，不仅在知识、技能上能得到发展，而且在健康上也能得到保障。

五、幼儿园活动区材料投放的原则与要求 【9年1考】

⭐ 考频分布　2017上材料分析

考点1　活动区材料投放的原则

1. 目的性
各种材料在运用到不同区域或者采用不同操作方式后所产生的教育价值是不同的，因此在某个区域活动中所提供的材料总是隐含着某种教育功能。教师要明确各个区域的各种材料所隐含的不同教育功能，并能在此基础上将幼儿发展目标和材料的教育功能对应起来，有目的地引导幼儿进行操作探索活动，以达到区域活动的预定教育目标。

2. 适宜性
区域活动的材料和工具要符合幼儿的年龄特点，这样容易引起幼儿操作的兴趣，幼儿也容易在操作中获得成就感。其次，区域活动材料和工具的适宜性还体现为适量和有序。活动区材料的种类和数量能满足幼儿操作需要即可，并非越多越好。所增添的区域活动材料必须是幼儿熟悉的，在幼儿懂得操作要求的基础上放置在活动区中，这样既明确体现了材料的功能性，又奠定了活动区有序的基础，有助于幼儿形成使用工具、材料的良好操作习惯。

3. 丰富性

为满足幼儿操作需要,要提供数量充足,形式、功能多样的活动区材料。如设置丰富的益智区,让幼儿借助头脑中积累的表象进行抽象思维活动,如按颜色分类、按图形分类、图形接龙等。

4. 层次性

每个幼儿都是一个独特的个体,教师提供的材料要能满足不同发展水平的幼儿的需要,满足不同幼儿自由选择的需要。在选择和投放操作材料时,要将所投放的材料与所要达成的目标之间,按照由浅入深、从易到难的要求,分解出若干个能与幼儿认知发展相吻合的层次,投放角度不同、难度不同的材料,满足幼儿个体操作和学习的需要,从而更高效地实现教育目标。

5. 操作性

幼儿喜欢操作摆弄,教师所提供的区域活动材料最好能让幼儿动手做做、摆摆,再配以说说、画画,这样有助于吸引幼儿主动地参与操作,激发创造欲望,在操作中使逻辑思维能力、动手能力以及合作能力得到发展。

考点2　活动区材料投放利用的具体要求

1. 按目标投放材料

材料是为目标服务的,需完成的目标决定着投放的材料。在投放材料时,还要考虑远期目标和近期目标的结合。即为幼儿将来具备某方面的能力,在现在提供一些操作材料使其完成一些近期目标,以实现远期目标。

2. 按主题投放材料

主题内容是由若干个相关目标构成的。例如,中班"我爱春天"的主题可分为认识春天、描绘春天、歌唱春天三部分。认识春天就可在语言区中投放春天的各种图片;描绘春天可在美工区中投放各种画笔;歌唱春天可在表演区中投放各种磁带、唱片、道具。

3. 投放不同层次的材料

由于不同年龄班幼儿的发展水平不同,同一年龄班幼儿的发展也存在着差异,因此,投放的材料要有一定的层次性。这样,材料的投放才能满足不同年龄班幼儿或是同一年龄班不同幼儿发展的需要。

4. 分期分批投放材料

材料是幼儿在活动区活动的物质支柱,是幼儿学习的基本工具。创设各个活动区时,教师都会准备很多种类不同的材料,但切勿全部投放到区域中,而应根据各个阶段的教育目标及目标的完成情况分阶段、分批、由易到难地进行投放。一个目标完成了,材料再随之进行更换和调整。

5. 有些材料需随时投放

出现随时投放材料这种情况,一方面可能是幼儿的临时需要;另一方面也可能是活动进行不下去,需要提供一种新材料以促进活动情节的发展。因此,需要教师细心观察,根据幼儿的临时需要及时投放材料或补充材料以使活动顺利进行。

第三节　幼儿园心理环境创设

思维导图

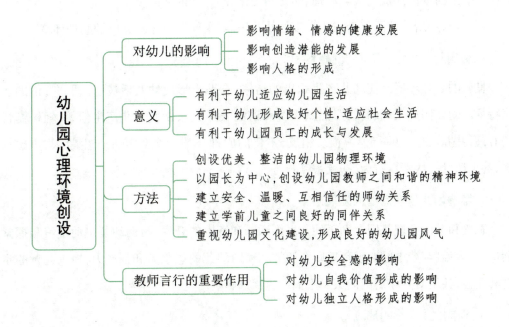

考向分析

　　本节属于环境创设的基础知识,内容较少,在考试中以简答题的形式考查。汇总分析 2015 年至 2023 年的真题试卷,本节知识考查情况统计如下:

知识	考点	考频	题型
幼儿园心理环境创设的方法	心理环境创设的具体方法	1	简答

核心考点

一、心理环境对幼儿发展的影响

　　心理环境一般指由人际关系、文化观念等因素交织在一起所形成的氛围。幼儿园精神环境即指幼儿园的心理氛围,它是一种重要的潜在课程。其范围很广,包括影响教职工和幼儿精神状态、情绪的一切因素。通常来讲,幼儿园精神环境的构成要素主要有:幼儿园在一定时期内形成的大众心理、幼儿园文化、幼儿园的人际关系。

　　可以说,一所幼儿园能否成为真正的幼儿乐园,主要取决于幼儿园的心理环境。

1. 影响幼儿情绪、情感的健康发展

　　良好的心理环境能使幼儿产生积极的情绪,有助于形成幼儿活泼、开朗和自信的性格特征。幼儿园里正确的教育理念、平等和谐的人际关系能使幼儿产生信赖、轻松愉悦的心理,并养成良好的行为习惯。相反,不良的心理环境会导致幼儿产生紧张、焦虑情绪,甚至诱发一些不良行为,如攻击性行为。

2. 影响幼儿创造潜能的发展

　　宽松和谐的心理氛围有助于幼儿思维活跃和智力的开发,帮助幼儿主动学习和探索创造。而专制与严肃的心理环境则会压抑和束缚幼儿的想象力和创造力,扼杀儿童的童真和天性,甚至对其今后的健康和幸福产生深远影响。

3. 影响幼儿人格的形成

　　不良的心理环境会影响幼儿健康,更重要的是会使幼儿形成孤僻、抑郁、胆怯、不信任等性格特征,例如,娇宠、放任的环境使人任性,专制的环境容易使人抑郁。相反的是,民主的环境则有利于幼儿活泼开朗性格的形成。

二、幼儿园心理环境创设的意义

1. 有利于幼儿适应幼儿园生活

当幼儿进入幼儿园时,意味着他们踏出了人生的第一步,这一步关键而重要,对每一个幼儿来说都是一种转折。教师要为新入园孩子做好全方位的准备,而心理上的准备又是至关重要的。教师的首要任务是用自己的爱心、耐心及宽容接纳每一个幼儿,稳定幼儿的情绪,帮助幼儿适应并喜欢幼儿园的集体生活,帮助幼儿克服第一次离开父母、家人的忧虑、紧张和不安情绪,使其形成安全感和信任感,帮助他们适应幼儿园生活。

2. 有利于幼儿形成良好个性,适应社会生活

幼儿社会化是个体社会化的初级阶段,并为个体进一步社会化奠定基础。良好的幼儿园心理环境能够为幼儿提供同伴之间共同游戏和学习的机会,尤其重视并发挥幼儿与同伴、与集体的相互关系的作用。同时,教师有意识地将幼儿置身于幼儿园的各种人际环境之中,通过幼儿易于接受的民主、科学的教育形式和方法,能够帮助幼儿理解社会行为规范,适应社会生活。同时培养孩子合群、组织性、纪律性、利他、勇敢和顽强等优良的性格特征,克服孤独、自私等不良的性格特征。

3. 有利于幼儿园员工的成长与发展

心理环境能使人在不知不觉中受到感染和熏陶。良好的心理环境,有利于形成协调的人际关系,使员工乐于从事自己的学习和工作;相反,不良的心理环境,只能使人感到处处受压抑,导致各种个性不良品质的形成,使员工情绪低落,养成消极的思想方法和行为习惯。

三、幼儿园心理环境创设的方法 【9年1考】

幼儿园心理环境创设的方法

⭐ **考频分布** 2017 上简答

1. 创设优美、整洁的幼儿园物理环境

幼儿园内设备和材料应丰富多彩,能满足不同幼儿的不同需要。幼儿在这种良好的物质环境中活动,才能产生积极向上的情感和愉悦的情绪。

2. 以园长为中心,创设幼儿园教师之间和谐的精神环境

幼儿园教师之间具有和谐的精神环境,可使教师相互尊重,愉快地合作共事。幼儿在这样的人际关系里也能耳濡目染,学会尊重、关心同伴,发展自身良好的社会交往

技能。

3. 建立安全、温暖、互相信任的师幼关系

教师要真挚地关心幼儿，积极与幼儿沟通，知道和理解幼儿的想法与感受，让幼儿在教师的关心和爱护下健康快乐地成长。教师要站在儿童的角度看待其思维和行为，公正、客观地对幼儿进行评价，并以正面激励为主，使幼儿敢想、敢说、敢探索、敢创造。

4. 建立学前儿童之间良好的同伴关系

学前儿童之间良好的同伴关系能促进幼儿个体心理的发展。教师应注意引导、鼓励和帮助幼儿参加各种活动，在活动中发展幼儿的同伴关系，并随时肯定、表扬他们的积极性和良好表现，以促进幼儿身心健康发展。

5. 重视幼儿园文化建设，形成良好的幼儿园风气

良好的幼儿园风气是指园内所有成员在工作、学习、生活和行为方面比较一致的、富有个性特点的、稳定的集中表现。它要靠全体教职员工经过长期培养才能逐渐形成，而一旦形成，则对全体成员具有潜移默化的影响作用。所以，幼儿园应重视园风的建设工作，使生活在其中的教师和幼儿身心都能和谐健康地发展。

真题面对面

[2017 上半年真题]作为幼儿教师，如何在保教活动中营造良好的心理氛围？

参考答案：详见内文。

四、教师的言行在幼儿心理环境形成中的重要作用

良好的心理环境是幼儿积极活动的基础，教师是幼儿心理环境的重要创设者。

考点1　教师的言行对幼儿安全感的影响

教师要善于发现每个幼儿的优点，并开展多种形式的活动，为每个幼儿提供平等的表现机会和获得表扬的机会。每当有幼儿与老师相对视时，应对每个幼儿报以同样的热情和亲切，让每个幼儿都能从教师微笑的面容、和善的目光中感受到教师真诚的爱，从而增强幼儿对教师的信任，使幼儿产生对生活的安全感。

考点2　教师的言行对幼儿自我价值形成的影响

教师要消除偏爱心理，如果经常对那些聪明、乖巧、漂亮的幼儿进行赞扬，就易使这

类幼儿产生骄傲情绪,形成自私、任性、以自我为中心等不良心理品质。而那些有创意、顽皮的幼儿就会感到压抑,对其他幼儿产生妒忌心理,甚至为了引起教师的注意产生攻击性行为;那些相貌、智力平平的幼儿常常会因被忽视、被训斥,逐渐觉得老师不喜欢自己,在心理上确认自己是无能的,容易建立起消极的自我概念;那些胆小、孤僻的幼儿也易认为人们之间都是不友善的,进而不愿意与人交往,加深退缩性行为。所以说,教师的言行会影响到幼儿积极情绪、情感的发展和自我价值感的形成。

考点3 教师的言行对幼儿独立人格形成的影响

教师要尊重幼儿,把幼儿看作一个独立的人,一个有表达自己情感权利的人,一个既有优点又有不足、并且有自己愿望和期待的、需要别人尊重和注意的独立个体。教师应尊重幼儿的人格,保护幼儿的自尊心。

第四节　幼儿园与家庭的合作

思维导图

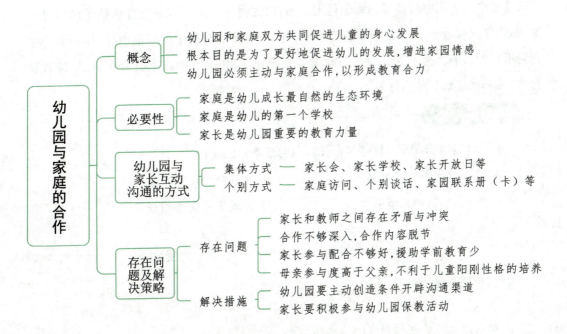

考向分析

本节属于环境创设的基础知识,内容琐碎,在考试中主要以单项选择题的形式考查。汇总分析 2015 年至 2023 年的真题试卷,本节知识考查情况统计如下:

知识	考点	考频	题型
家园合作的概念	教师与家长沟通的根本目的	1	单选

核心考点

一、家园合作的概念 【9 年 1 考】

考频分布 2021 下单选

所谓家园合作是指幼儿园和家庭都把自己当作促进儿童发展的主体,双方积极主动地相互了解、相互配合、相互支持,通过幼儿园和家庭的双向互动,共同促进儿童的身心发展。在家园合作中,幼儿园应该处于主导地位。

幼儿教师与家长沟通的根本目的是更好地促进幼儿的发展,增进家园情感。家庭教育的特点决定了家庭对孩子的影响是无处不在、无时不在的。家庭教育从孩子出生时产生,并将伴随孩子一生。幼儿园与家庭的合作,可以增加对孩子的正面引导,而不会产生任何不良的影响。为了促成幼儿的健康成长,幼儿园必须主动与家庭合作,以形成教育合力,共同推进幼儿的良好发展。

真题面对面

[2021 下半年真题]教师与家长沟通的根本目的是(　　)

A. 让家长了解幼儿在园的表现　　　B. 了解幼儿在家的表现

C. 家园合作,形成教育合力　　　D. 完成园长交给的任务

答案:C。

二、家园合作的必要性

1. 家庭是幼儿成长最自然的生态环境

人类最初的幼儿教育是由家庭承担的,随着社会生产力的发展,这一责任转移到幼

儿园。幼儿教育发展到今天,家庭的重要性又重新受到重视。幼儿园不能消亡,但却不能以幼儿园完全取代家庭。

2. 家庭是幼儿的第一个学校

父母对孩子的态度为幼儿以后对社会的态度奠定了基础。每个幼儿都从自己家庭的生活中获得不同于他人的经验、形成自己的行为习惯、发展待人处事的能力以及语言等。这一切在幼儿入园后,仍然极大地影响和制约着幼儿园教育,我国已经有研究证明,在幼儿的社会性发展方面,家庭教育的效果并不低于幼儿园。尤其引人注意的是,在城市里,尤其是父母文化水平较高的地区,家庭在幼儿认知发展中的作用还超过了幼儿园。当然,幼儿园与家庭的特点、长处各不相同,不能互相替代,但家庭对幼儿成长的重要性不能不予以高度的重视。

3. 家长是幼儿园重要的教育力量

家长与幼儿天然的联系使家长具有别人难以替代的优势,一旦家长与教师为着一个共同的目的携起手来,那教育效果就将倍增。家长作为重要的教育力量表现在:

(1)家长的参与极有利于幼儿的发展;(2)家长是教师最好的合作者,是教师了解幼儿的最好信息源;(3)家长参与幼儿在园的活动能够大大提高幼儿活动的兴趣和积极性;(4)家长与教师的配合使教育计划的可行性、幼儿园课程的适宜性、教育的连续性和有效性等都能更好地得到保证;(5)家长本身是幼儿园宝贵的教育资源。

综上所述,幼儿园与家庭的合作是提高幼儿园教育质量的必由之路,是幼儿园教育自身发展的必然选择。

三、幼儿园与家长互动沟通的方式

考点1　集体方式

1. 家长会

家长会有全园的、年级的、班级的。全园性的家长会议要求全体家长都参加,一般安排在学年(或学期)初与学年(或学期)末。如开学初幼儿园要开展课程改革,进行全园部署,就必须向家长传达课改精神,宣传教育新理念,指导家长配合,做好合作共育,共同促进儿童发展。

2. 家长学校

家长学校是幼儿园向家长进行家庭教育系统宣传和指导的主要形式。有些未办家长学校的幼儿园可适时举办家教主题讲座或报告会。举办家长学校主要是向家长系统地宣传先进的教育理念,指导家长教育孩子的正确方法,通过家长学校组织家长参与学习和活动,提高家长的学前教育认识水平和教育能力。

3. 家长开放日

家长开放日指幼儿园定期或不定期地向家长开放,届时邀请家长来园观摩和参观幼儿园的活动。

4. 家长接待日和专家咨询

家长接待日是幼儿园安排一个固定的时间,由主管领导接待家长的来访,解答家长对园所及班级保育教育、管理等方面工作的疑问,听取家长的意见和建议,或设意见箱收集家长的意见,从而更好地改进和完善园所工作,拉近家园之间的距离。**专家咨询**是幼儿园聘请一些学前教育专家定期对家长进行现场咨询,为家长提供直接有效的服务。

5. 家园联系栏

大部分幼儿园都设有家园联系栏或家教园地,有面向全体家长的,也有各班办的。面向全体家长的家园联系栏一般都是介绍有关家教新观念、家教好经验、保健小常识、季节流行病的预防、亲子游戏等。

6. 小报、小刊和学习材料提供

有条件的幼儿园可举办面向家长的定期或者不定期的小报、小刊。其内容要丰富、文章精短、生动活泼,语言朴实亲切,紧紧围绕着孩子的教育。

考点2　个别方式

1. 家庭访问

家庭访问是加强幼儿园与家庭联系的一种常用方式。做好家访,首先,要有目的有计划地进行。其次,要实事求是地、全面地向家长介绍幼儿在园的情况、幼儿的优点与缺点。再次,要与家长互相尊重、信赖,以协作的态度与家长一起研究教育问题,落实教育措施,要帮助家庭改善幼儿在家学习与生活的条件。最后,改变过去以教师为主体,幼儿、家长为客体的刻板做法。

2. 个别谈话

个别谈话是进行家长工作最简便、最经常、最及时的方法,教师可以利用家长到园接送孩子的时间与家长交谈有关孩子教育的情况,向家长反映问题,提出要求,商讨解决的

办法。

3. 家园联系册或联系卡

家园联系册是教师与家长围绕孩子的发展与教育进行书面联系与交流的形式,也可以制作成联系卡,用于教师与家长经常性的联系,简便易行,传递信息及时。

4. 书信、电话、网络等

书信多用于向留守儿童的家长汇报孩子的成长情况,这种做法不仅能密切家园联系,往往也能促使家长关注孩子的发展,起到配合教育的作用。

电话联系最快捷,最能及时与家长沟通儿童在园所的情况,迅速处理一些应急事件。通过电话联系,教师可简短地向家长反映儿童在园所的表现及生活情况,使家长放心和安心。

教师可充分利用网络这一优势,及时把新的信息在网上公布给家长,同时还可在网上设留言板,将园长信箱、班主任信箱向家长公开。家长对幼儿园的管理和班级工作的意见和建议,可直接通过电子邮箱进行反馈与交流。

5. 接送孩子时的随机交流

每天家长接送孩子时是教师和家长进行交流的良好时机,教师可适时地利用。

四、家园合作中存在的问题及解决策略

考点1　学前教育与家庭教育合作中容易出现的问题

(1)家长和教师之间存在矛盾与冲突;

(2)合作不够深入,合作内容脱节;

(3)家长参与配合不够好,援助学前教育少;

(4)母亲参与度明显高于父亲,不利于儿童阳刚性格的培养。

考点2　学前教育与家庭教育合作中存在问题的解决措施

学前教育与家庭教育合作共育过程中所产生的问题,既有学前教育机构(这里主要指幼儿园)方面的原因,也有家庭方面的原因。因此,问题的解决也是双方的事情。

1. 幼儿园要主动创造条件开辟沟通渠道

(1)教师要以诚相待,放下权威,把"支持每个家庭在学校里找到归属感和幸福感,家长和教师共同思考家庭参与的途径,不断丰富和支持家长参与学校教育"作为宗旨,实现

与家长真正意义上的沟通和交流。

（2）引导家长对自己孩子在幼儿园活动中的表现进行观察。

（3）利用现代科学技术和网络技术建立幼儿园网站，为家园双方提供相互交流的平台，加强家园交流的双向互动和信息共享。

（4）定期就儿童的家园表现进行交流。

（5）家访工作要落到实处。

（6）在家长每日接送孩子时，尽可能地和家长交流。

2. 家长要积极参与幼儿园保教活动

（1）在家园合作过程中，家长要谨记：在教育孩子的问题上，家长和教师是平等、共育、合作的关系。即使自己是高学历、高管理阶层，也不应该轻视教师，在小问题上和教师斤斤计较，偏离教育目的和教育宗旨。只有在平等、共育、合作的基础上才能建立和谐一致的家园合作关系。

（2）家长要有参与幼儿园教学的积极性和兴趣。如在幼儿园的家长活动专栏里，积极地贡献自己的育儿经验，留下自己育儿过程中出现的问题；及时同教师进行交流；利用自身的优势支持和援助幼教活动等。

第五节　幼儿园与社区的合作

🧠 思维导图

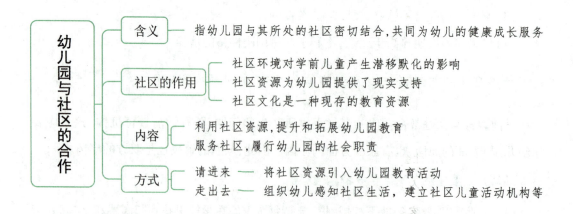

幼儿园与社区的合作
- 含义 —— 指幼儿园与其所处的社区密切结合，共同为幼儿的健康成长服务
- 社区的作用
  - 社区环境对学前儿童产生潜移默化的影响
  - 社区资源为幼儿园提供了现实支持
  - 社区文化是一种现存的教育资源
- 内容
  - 利用社区资源，提升和拓展幼儿园教育
  - 服务社区，履行幼儿园的社会职责
- 方式
  - 请进来 —— 将社区资源引入幼儿园教育活动
  - 走出去 —— 组织幼儿感知社区生活，建立社区儿童活动机构等

 考向分析

　　本节属于环境创设的基础知识,内容较少,但需要理解记忆。在考试中以简答题的形式考查。汇总分析 2015 年至 2023 年的真题试卷,本节知识考查情况统计如下:

知识	考点	考频	题型
幼儿园与社区的合作	社区在幼儿园教育中的作用	1	简答

核心考点

一、幼儿园与社区合作的含义

　　幼儿园与社区合作是指幼儿园与其所处的社区密切结合,共同为幼儿的健康成长服务。幼儿园与社区的合作是相互的、双向的。一方面,幼儿园要和所在社区沟通、合作,从社区那里获得物质、精神的支持,充分利用社区的丰富资源环境开展幼儿园的教育活动等。另一方面,社区也在合作中,从幼儿园那里获得支持,丰富社区教育和精神资源,提升社区的文明水平。

二、社区在幼儿园教育中的作用 【9 年 1 考】

　★ 考频分布　2020 下简答

　　(1)社区环境对学前儿童产生潜移默化的影响。社区环境或多或少地影响着学前儿童,一个自然环境优美的社区会让学前儿童产生美好的情感,和谐积极的社区人文环境会给学前儿童一种良好的情绪体验。具体而言,社区中的邻里关系、同伴关系、风土人情以及社区的建筑、活动设施、人文景观等都会对学前儿童产生各种各样的影响。可以说社区中的一人一景一物都具有一定的教育意义。

　　(2)社区资源为幼儿园提供了现实支持。幼儿园可以直接利用社区丰富的教育资源,让学前儿童走进社会的大课堂。如参观社区中的各种机构、设施,请社区的劳动模范、解放军战士、医务人员、警察叔叔等与学前儿童共同活动,慰问敬老院的爷爷、奶奶,或请他们到幼儿园做客等等。社区的积极参与将会使幼儿园教育变得更生动、更富有时代气息。

（3）社区文化是一种现存的教育资源。优秀的社区文化是幼儿园教育的宝贵资源。如一些少数民族地区的幼儿园会有意识地让地区文化渗透到幼儿园，使幼儿园赋予一种与汉文化不同的民族特色。无论是幼儿园的环境布置、教师的服饰，还是幼儿园的生活课程、人际交往方式等等，都反映出当地民族文化对幼儿园教育的影响。

真题面对面

[2020下半年真题]简述社区在幼儿园教育中的作用。

参考答案：详见内文。

三、幼儿园与社区合作的内容

考点1 利用社区资源，提升和拓展幼儿园教育

社区是与幼儿园紧密联系的、具体的、直接的外部环境，其中蕴藏着丰富的教育资源，能够给幼儿园提供有效的资源支持。

1. 物力资源

幼儿园可以利用社区的物、景和设施教育孩子。幼儿园可在社区寻找和利用教育所需的玩教具材料和场所，以扩大幼儿园的生活和学习空间，丰富幼儿的社会知识和自然知识。

2. 人力资源

社区是从事各行各业的人群居住的地方，其中不乏教师、科研工作者、医生等。其中，许多居民热爱教育并乐于参与教育，他们是幼儿园取之不尽的人力、智力资源。

3. 节日资源

幼儿园可以充分利用社区开展的节日活动和日常发生的事情教育幼儿，让幼儿在欢乐祥和的气氛中感知和理解民族文化传统和世界文化，了解文化的多样性和差异性，培养幼儿对他人和对社会的尊重、亲近和合作的态度，陶冶幼儿的情操。

考点2 服务社区，履行幼儿园的社会职责

幼儿园作为社区中正规的幼儿教育机构，与社区是共生共荣的关系，因此，幼儿园要与社区联手发挥自身幼儿教育优势，积极辅助和支持社区开展的各种非正规、非正式的学前教育活动，为社区内所有适龄儿童提供幼儿教育与服务。

四、幼儿园与社区合作的方式

1. 请进来的方式

即幼儿园根据自身教育的需要利用社区资源。当前,我国这种社区活动形式主要有如下几种:

(1)请社区成员参与幼儿园教育活动。①参与活动设计;②开展活动;③和社区成员互动。如在重阳节,邀请幼儿园小朋友的爷爷、奶奶来园,组织幼儿为他们表演节目,并自制礼物送给他们,同时让这些祖辈们对幼儿开展孝道的教育。

(2)将社区资源引入幼儿园教育活动。一方面,将社区资源中可移动的部分"请进"幼儿园。另一方面,对于不能移动或不便移动的,采取绘画、录音、录像等方式,将社区的影音图像带入教学情境中,从而使社区资源真正走进幼儿园的教育活动中。

(3)与社区学校合作共建。利用社区学校实践活动密切幼儿与外界的联系。幼儿园为学校提供实践基地,社区学校为幼儿提供志愿服务,学生为幼儿园教学注入新鲜的血液,丰富了幼儿的生活,使幼儿学会尊重他人、关心他人,学会竞争与合作,提高幼儿社会适应能力。

(4)邀请社区内各机构组织成立社区幼儿教育委员会,健全社区教育机构。构建一个能统筹、协调社区内各种教育因素的机构,有利于社区幼儿教育的开展。幼儿园可邀请社区内街道居委会、企事业单位以及社区内各种与幼儿园教育有密切联系的职能部门和经济实体参与,充分发挥其参教、议教、资教、助教的作用,使得社区幼儿园教育工作有计划、有步骤地进行。

(5)以社区幼儿为对象开展教育与研究活动。幼儿园通过开展关于社区幼儿的家庭教育等方面的活动和课题研究,给社区内幼儿家长教养幼儿提供专业指导,提高幼儿家庭教养水平,完善社区幼儿服务网络,为社区内所有的幼儿都能健康、茁壮成长提供有利条件,也使幼儿园教育具备良好的社区基础。

2. 走出去的方式

幼儿园与社区携手,共同为社区提供便民教育和服务。当前我国这种社区活动形式主要有如下几种:

(1)幼儿园教师主动走向社区,了解社区资源。幼儿园要利用社区资源,幼儿园教师要有主动走出去、走向社区的意识。通过接触社区的管理者、居民,掌握社区的资源情况,了解社区的文化景观、生活设施设备、人员构成、家庭情况等,为利用社区资源做准备。

（2）组织幼儿走出去，感知社区生活。幼儿对社会生活的认识，对集体生活的态度与情感，在社区生活的实际能力，都可以在幼儿园教师组织走向社区的各种活动中得到实际体验与锻炼。幼儿园充分利用社区的环境资源，如参观社区的农贸菜市场、超市，观察马路、红绿信号灯等，通过引导、组织幼儿走出去、走向社区，使他们体验大自然，在生活中体验、丰富成长的环境。

（3）建立社区儿童活动机构。如儿童玩具图书室（馆）、儿童或母子俱乐部、婴幼儿室、节假日活动室、儿童游戏室（或场），这些机构的服务对象主要是儿童。

（4）开办学前教育展览。有目的、有计划地开展学前教育宣传活动，如将幼儿园内的宣传板报移植到社区公告牌，板报内容涉及科学育儿、幼儿教育的价值、幼儿在园日常生活、有趣的游戏等，让社区居民树立科学的儿童观，增进保护幼儿的意识，提高科学育儿的方法，发挥幼儿园教育的辐射作用。另外，幼儿园组织幼儿将作品汇集，如绘画作品、手工作品，在社区开办展览供社区居民参观，不仅可以培养幼儿的自信心和自豪感，还可以锻炼幼儿与人交往能力。

（5）组织丰富多彩文化活动。如在社区开展一年一度的"家园社区亲子趣味运动会"，将社区的乐队、运动队都调动起来，为社区居民包括幼儿表演节目，家长与幼儿共同参加运动竞赛，既锻炼了幼儿身体与意志，又密切了亲子关系。

（6）开展流动学前教育服务。对城市，尤其是边远地区的农村的散居儿童，一般适于提供这种非正规的学前教育。如我国的西部地区就有流动的大篷车幼儿园，内蒙古地区草原地带有流动的蒙古包幼儿园、许多地方有巡回幼儿教育辅导站。

（7）建立家庭教育辅导站，开展指导家庭教育的活动。该机构及其开展活动的对象主要是幼儿家长。

（8）与社区机构联手，优化社区环境。该类活动尽管不直接为幼儿和幼儿家长服务，但能为幼儿的健康成长提供良好的生态环境，改善幼儿园与社区各部门、居民之间的关系。

第六节 幼儿园与小学衔接

思维导图

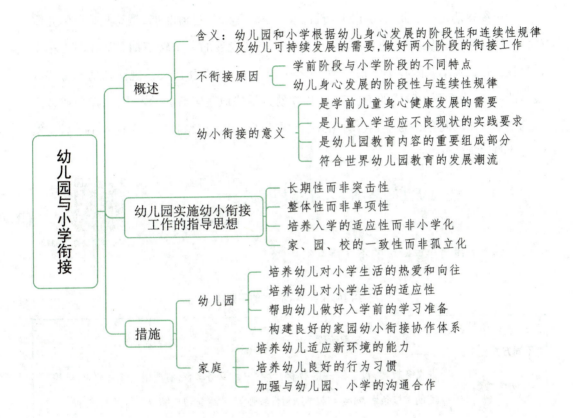

考向分析

　　本节属于环境创设的重要知识,内容较琐碎,需要理解记忆的内容多。在考试中以论述题和材料分析题的形式考查。汇总分析 2015 年至 2023 年的真题试卷,本节知识考查情况统计如下:

知识	考点	考频	题型
幼儿园与小学衔接	幼小衔接的含义与意义	2	论述、材料分析
	做好幼小衔接工作应采取的措施	2	论述

一、幼小衔接概述 【9年2考】

⭐ **考频分布** 2021下论述，2021上材料分析

幼小衔接期是指幼儿由幼儿园大班进入小学一年级的过渡时期，是幼儿结束幼儿园生活，开始接受正规小学教育的初期，也是幼儿心理发展的一个转折期。幼儿园与小学的衔接工作是指幼儿园和小学根据幼儿身心发展的阶段性和连续性规律及幼儿可持续发展的需要，做好两个阶段的衔接工作，以使幼儿尽快地适应新的学习生活，避免或减少因两个学习阶段间存在的差异给幼儿身心发展带来的负面影响，从而为其入小学后的发展及终身发展打好基础。

考点1 造成幼儿园与小学不衔接的原因

学前阶段与小学阶段的不同特点

1.学前阶段与小学阶段的不同特点

学前阶段与小学阶段的不同点

阶段 不同方面	学前阶段	小学阶段
办学性质	非义务教育，没有统一的教材，没有成套的考核条例，办学与教学随意性较强	义务教育，有严格的教育要求，学校对学生学习成绩要进行考试、检查
教学内容	与幼儿生活紧密相关的浅显知识	以符号为媒介的学科知识，其抽象水平相对较高，这种学习内容只有当学习者的思维具有一定的抽象、概括能力时才能理解和接受
教学方法	多采用归纳法，即让幼儿看到许多有关的现象，让幼儿开动脑筋，自己去归纳、发现其中的规律	多采用演绎法，即教师教学生一些规律性的知识，然后用例题来证明此规律是正确的，这一过程与幼儿阶段的学习过程正好相反

续表

阶段 不同方面	学前阶段	小学阶段
主导活动	多种多样、丰富多彩的游戏,幼儿在玩中"学",教师指导方法比较直观、灵活、多样,没有家庭作业及考试制度	各种学科文化知识的学习,以上课为主要的教学形式,教学方法相对固定、单一,有一定的家庭作业及必要的考试制度
作息制度及 生活管理	生活节奏是宽松的;一日生活中游戏活动时间较多;生活管理不带强制性,没有出勤要求;教师对幼儿在生活上的照顾比较周到和细致	生活节奏快速、紧张;作息制度非常严格,每天上课时间较长;纪律及行为规范带有强制性;教师对儿童在生活上的照料明显减少
师幼关系	教师与幼儿个别接触机会多,时间长,涉及面广,关系密切、具体	师生接触主要是在课堂上,个别接触少,涉及面较窄
环境设备的选择 与布置	教室的环境布置生动活泼,有许多活动区域,其中有丰富的玩具和材料供幼儿动手操作、摆弄,幼儿可以自由选择游戏及进行同伴交往	教室的环境布置相对严肃,成套的课桌椅排列固定,教室内没有玩具,学生自由选择活动的余地较少
社会及成人对幼儿的要求和期望	要求相对宽松,幼儿的学习压力小、自由多,没有非完成不可的社会任务	要求相对严格、具体,家长对小学生具有很高的期望,儿童的学习压力大、自由少,要负担一定的社会责任

2. 幼儿身心发展的阶段性与连续性规律

儿童的成长有一定的阶段性,但是儿童发展的各个阶段不是截然分开的,是有连续性的,发展是一个渐进的过程,在前、后两个发展阶段之间存在一个兼具两个阶段特点的交叉时期。在这一时期,幼儿既保留了上一阶段的某些特征,又拥有下一阶段刚刚出现的某些特点,这一时期在教育学上被称为过渡期。幼儿园与小学是两个根据儿童不同发展阶段的特点而设立的、具有不同教育任务的教育机构。如前所述,两类机构的巨大差异说明两类教育机构都比较重视阶段性,而忽视阶段之间的过渡,这是造成幼儿园与小学不衔接的根本原因。

具体表现在:(1)对过渡阶段幼儿的发展特点和需要认识不清,两个机构之间缺乏相互了解和沟通,不能互相配合做好过渡阶段的教育工作;(2)对处于过渡阶段的幼儿缺乏行之有效的教育方法,不能为幼儿提供有效的帮助,从而造成了许多幼儿入学后适应不良的问题。

考点2　幼小衔接的意义

幼小衔接的意义

1. 做好幼小衔接工作,是学前儿童身心健康发展的需要

尽管幼儿园和小学是两个不同性质、不同教育任务和不同教育要求的独立机构,但儿童身心发展的内在规律决定了教育应从连续性、整体性出发,为幼儿生理、心理等各方面做好充分准备,实现从一个教育阶段到另一个教育阶段的自然、顺利过渡。

2. 做好幼小衔接工作,是儿童入学适应不良现状的实践要求

幼儿园阶段和小学阶段在主导活动、生活环境、规章制度、师生关系和社会要求等方面均存在较大差异,这些差异导致儿童入学后出现诸多身体、精神、社会适应等方面的不良反应和不适应状态。这些现实决定了学前儿童从幼儿园进入小学并开始新的生活之前应接受一定的调整和准备工作,建立一系列过渡性的行为方式,以满足新的教育阶段的新要求。

3. 做好幼小衔接工作,是幼儿园教育内容的重要组成部分

做好幼儿园与小学的衔接工作,是幼儿园阶段的一项基本教育任务,是教育内容的重要组成部分。

4. 做好幼小衔接工作,符合世界幼儿园教育的发展潮流

幼儿园与小学的衔接问题,是世界性的问题。教育者加强幼小衔接工作的研究和实践,可以进一步推动这一世界性问题的解决与发展,同时也是对世界学前教育工作的一大贡献。

二、幼儿园实施幼小衔接工作的指导思想

实施幼小衔接工作的指导思想

1. 长期性而非突击性

对幼儿园来讲,在时间上要把幼小衔接工作贯穿于幼儿园教育的各个阶段,而不仅仅是大班后期;在内容上要涉及幼儿发展的各个方面,而不仅仅是知识准备;在人员上要包括幼儿园全体人员、家长及有关成人,而不仅仅是大班老师。对小学来讲,也不能仅仅把衔接工作看成幼儿园的事情,而应当遵循素质教育的精神,改革不适合幼儿发展的教育形式、方法等。总之,双方都应该立足于幼儿的终身发展,以全面提高幼儿各方面素质为教育的根本目的。只有这样,才能真正做好幼小衔接工作,为幼儿适应终身学习打下

良好的基础。

2.整体性而非单项性

幼小衔接是全面素质教育的重要组成部分,应当从幼儿体、智、德、美各方面全面进行,不应仅偏重某一方面。研究表明:健康的身体,积极的学习态度,浓厚的学习兴趣及求知欲,充足的自信心与自我控制能力,稳定的情绪,以及人际交往能力、独立性等,对幼儿顺利适应小学生活是至关重要的。幼儿入学适应困难不仅仅是在"智"的方面,更多的是由于身体、态度、习惯、意志、人际关系、交往能力、独立自理能力等方面的准备不足而造成的。要搞好幼小衔接工作,必须促进幼儿的体、智、德、美的全面发展,在全面发展教育过程中培养他们入学所必需的各种基本素质。

3.培养入学的适应性而非小学化

在幼小衔接工作中的另一误区就是小学化倾向严重。有些教师认为,要与小学搞好衔接工作就要提前用小学的教育方式对待幼儿,让幼儿园像小学。幼小衔接工作的重点应当放在培养幼儿的入学适应性上。教师要针对过渡期幼儿的特点及实际情况,着重培养幼儿适应新环境的各种素质,帮助幼儿顺利完成幼小过渡,而不是把小学的一套简单地下放到幼儿园。

4.家、园、校的一致性而非孤立化

在做幼小衔接工作的时候,幼儿园应充分发掘家庭和社区教育资源的作用,视家庭为幼儿园重要的合作伙伴,应本着尊重、平等、合作的原则,争取家长的理解、支持和主动参与,并积极支持、帮助家长提高教育能力,同时建立幼儿园与小学之间的联系,共同搞好衔接工作。

> **『记忆有妙招』**
>
> 为便于考生记忆,将幼儿园实施幼小衔接工作的指导思想总结成以下口诀:**长征十一**。**长**:长期性而非突击性。**征**:整体性而非单项性。**十**:培养入学的适应性而非小学化。**一**:家、园、校的一致性而非孤立化。

三、做好幼小衔接工作应采取的措施 【9年2考】

⭐ **考频分布** 2016 下论述,2015 上论述

考点1　幼儿园针对幼小衔接需要开展的工作

1.培养幼儿对小学生活的热爱和向往

对小学生活充满向往,有上小学的愿望,是幼儿开启小学学习生活的情感动力,也是重要的入学心理准备。

小香课堂

幼儿园针对幼小衔接需要开展的工作为高频考点。考生需要识记幼儿园应采取的各种措施。

(1)建立积极的入学期待。发现每个幼儿对小学学习生活的兴趣点,多从正面引导,减少幼儿对小学学习生活的压力和负面感受。如组织幼儿讨论、分享对小学的认识、期待和担心,通过同伴的交流和老师的针对性引导,强化入学期待,缓解入学焦虑。

(2)帮助幼儿初步了解小学生活。大班下学期,通过参观小学,与小学生面对面交流、体验小学课堂等方式,帮助幼儿初步了解小学的学习生活。

2.培养幼儿对小学生活的适应性

培养幼儿对小学生活的适应性,特别是独立性、人际交往和合作能力、规则意识和任务意识等,不仅关系着幼儿入学后的生活质量,也关系着他们在小学的学习质量,是幼小衔接的重要内容。

(1)培养幼儿的独立性

较强的生活自理能力有助于幼儿做好入学后学习和生活的自我管理和服务,增强独立性和自信心。

①指导幼儿做好个人生活管理。大班下学期,适当减少一日生活中的统一安排,帮助幼儿逐步学会根据自己的需要喝水、如厕,根据天气变化和活动需要增减衣物。

②引导幼儿学会分类整理和存放个人物品。幼儿园和家庭都应提供存放幼儿个人物品的设施设备,指导幼儿逐步学会分类整理和收纳衣物、图书、玩具、学习用品等。

③引导幼儿逐步树立时间观念。通过多种方式,引导幼儿在日常生活和游戏中感受时间,学会按时作息,养成守时、不拖沓的好习惯。

(2)发展幼儿的人际交往和合作能力

良好的交往和合作能力有利于幼儿入学后结交新朋友、认识新老师,逐步适应小学新的人际关系。

①扩展幼儿的交往范围。鼓励幼儿和不同年龄的伙伴、成人交往,认识新伙伴。如组织跨班级、跨年龄的游戏活动,创设自由交往的机会,丰富交往经验。

②丰富幼儿分工合作的经验。引导和支持幼儿合作开展活动,体验合作的重要性。鼓励幼儿认真倾听同伴的想法和建议,当意见不一致时说明理由,学习协商解决问题,达成一致。同伴遇到困难时,鼓励幼儿提供力所能及的帮助。遇到冲突时,指导幼儿尝试用协商、交换、轮流、合作等方法解决,不争抢,不欺负同伴。

③营造宽容接纳的师幼交往氛围。用尊重、接纳的态度与幼儿交流,鼓励他们表达自己的想法和需求,不用对错简单评价,肯定积极想法,满足合理需求。

(3)培养幼儿的规则意识和任务意识

具有一定的规则意识、自觉遵守各项活动规则,有利于幼儿入学后积极遵守小学的班规、校规,赢得同伴、老师的接纳和认可,较快融入新集体。而具备任务意识和执行任务的能力,则有助于幼儿适应小学学习生活的要求,逐步做到独立完成各项学习任务。

①增强规则意识,提高自觉守规的能力。在日常生活和游戏中培养规则意识,引导幼儿与同伴讨论制定游戏、班级活动规则并自觉遵守。大班下学期,指导幼儿遵守集体活动的基本规则,做到举手提问、轮流发言、别人讲话时认真倾听、不随意打断等等。

②培养诚实守信的品质。对幼儿诚实和守信的行为及时予以肯定。发现幼儿说谎、说话不算数时不要简单批评和惩罚,要耐心了解原因,积极引导,帮助幼儿做到知错就改。

③强化任务意识。大班下学期,有意识地布置一些与入学准备相关的任务,例如,准备明天要带的玩具材料和学习用品、每天自己整理小书包等,为适应小学生活做准备。

④培养独立完成任务的能力。成人要创造条件,通过持续性的任务安排,鼓励、支持幼儿独立完成任务。教师不宜将任务直接布置给家长。

(4)培养幼儿的运动习惯

喜欢运动,初步养成良好的运动习惯有利于幼儿增强体质,保持充沛精力和良好情绪,少生病、少缺勤。

①鼓励幼儿积极参加户外活动。充分保证幼儿每天的户外游戏和体育活动时间。提供方便、灵活多样的体育活动材料,开展多种形式的游戏和体育活动。鼓励、支持幼儿选择自己喜欢的活动。

②发展大肌肉动作。根据大班幼儿运动能力发展特点和个体差异,适当增加运动量和运动强度,提高动作的协调性和灵活性,增强力量和提高耐力。鼓励幼儿坚持锻炼,不叫苦、不怕累。

③锻炼精细动作。在日常生活和游戏中鼓励幼儿学会正确、熟练地扣扣子、系鞋带、使用筷子;提供画笔、剪刀、小型积塑等工具和材料,支持幼儿进行画、剪、折、撕、粘、拼等

各种活动,锻炼手部小肌肉动作。

3. 帮助幼儿做好入学前的学习准备

学习准备主要着眼于幼儿终身学习的需要,发展他们基本的学习素质,并在此过程中,帮助他们打下今后学习的基础。幼儿园大致需要做好以下三方面的工作:

(1)保护幼儿的好奇心

好奇心是终身学习的原动力。保护幼儿的好奇心,尊重幼儿好问的天性,有助于幼儿对周围世界保持持续的探究欲望,不怕困难,积极主动学习。

①保护幼儿的好奇心和主动性。接纳、鼓励幼儿对新事物的观察、提问等探究行为,避免简单打断或否定幼儿的奇思妙想。如把幼儿有浓厚兴趣的问题作为集体讨论的话题,鼓励幼儿分享自己的发现和观点,支持他们进一步的探究想法和行动。

②支持幼儿持续的探究行为。分析幼儿在探究活动中可能获得的发展,提供充足的时间、丰富的材料支持幼儿持续、深入进行探究,寻找问题的答案。

(2)培养幼儿养成良好的学习习惯

专注力、坚持性、计划性等学习习惯的养成,有助于幼儿入学后更好地胜任新的学习任务,且受益终身。

①支持幼儿专注持续地完成任务。大班下学期,有意识地增加需要一定专注力和坚持性才能完成的游戏和活动,保证幼儿有充足的活动时间能够专注地完成任务。

②鼓励幼儿独立思考。为幼儿提供充分的时间思考、讨论和表达自己的观点,接纳幼儿不同的想法。鼓励幼儿积极补充同伴的观点,并说明理由;对别人的观点有不同意见时敢于大胆质疑并陈述自己的观点。

③引导幼儿有计划地做事。在一日活动开始前向幼儿介绍当天的活动安排,鼓励他们说一说自己的活动计划,和幼儿一起回顾他们的计划和完成情况,分析原因并调整。鼓励幼儿尝试有计划地安排自己的活动,如尝试安排周末的活动或日程安排。

(3)激发幼儿的学习兴趣,培养学习能力

兴趣是最好的老师,让幼儿喜欢学习、爱上学习,具备一定的学习能力比学到多少知识更重要。幼儿具有浓厚的学习兴趣和基础学习能力,有助于入学后适应不同学科新知识、新技能的学习,更加主动、持久、投入地学习。

①为幼儿提供广泛接触自然和社会的机会。经常带领幼儿接触大自然,参加一些有意义的活动,帮助幼儿开拓视野,积累丰富的感性经验,培养广泛的兴趣。

②培养幼儿的倾听和表达能力。组织幼儿围绕生活和游戏中感兴趣的事情进行讨论,分享自己的发现以及探究的过程、方法。教师应给予充分的时间,鼓励和引导幼儿表

达,接纳幼儿不同的想法,不轻易打断幼儿讲话。

③培养幼儿的阅读兴趣和能力。根据幼儿的阅读兴趣和活动需要提供和更换图画书,并给予幼儿充足的阅读时间。鼓励幼儿自主阅读,保护他们对符号、文字的兴趣和敏感性。

④保护幼儿的前书写兴趣。大班下学期,教师有意识地运用文字和符号辅助幼儿记录和总结游戏的过程、想法,让幼儿感受文字符号在日常生活中的功能和意义。如鼓励幼儿用图画、符号、文字等方式为自己的活动区、生活活动设施等制作标识,记录游戏的过程、故事情节、愿望等。

⑤做好必要的书写准备。养成幼儿自己扣纽扣、系鞋带的习惯,锻炼手部精细动作,促进手眼协调。在绘画拼图等活动中认识上下、左右等方位,通过"跳房子""给小动物找家"等游戏,帮助幼儿认识田字格的结构。幼儿有自发书写行为时,可以示范正确的书写姿势,帮助幼儿学习由上至下、由左至右的运笔技能。

⑥引导幼儿尝试用数学的方法解决日常生活中的问题。发现和学习解决生活中和数学有关的问题,例如,通过统计每天出勤人数、测量记录身高和体重的变化、自主管理进餐和睡眠时间等方式,帮助幼儿体验运用数学方法解决问题的乐趣。

4. 构建良好的家园幼小衔接协作体系

幼儿园的幼小衔接工作离不开家长的密切配合。幼儿园应该基于幼小衔接的实际情况和家长进行沟通协作。如开展"减轻孩子入园焦虑的有效途径""正确认识幼小衔接""家长在幼小衔接工作中的做法"的主题讲座。

考点2 家庭针对幼小衔接需要开展的工作

1. 培养幼儿适应新环境的能力

首先,家长要有意识地培养幼儿的独立能力,让幼儿明白自己的事情自己去做,不要过分依赖别人。其次,家长要注意培养幼儿的基本学习能力,包括注意力、阅读、提问与回答、听讲、做作业等各方面的能力。最后,家长还需要注意培养幼儿的人际交往能力。

2. 培养幼儿良好的行为习惯

首次,家长要知道影响幼儿今后学业的因素有很多,但最为关键的是幼儿学习习惯的养成。家长应该积极地对待幼儿的提问,利用各种途径引导幼儿自主探索问题的答案,并引发幼儿对问题的思考,激发其学习知识和技能的欲望,养成乐于探索的习惯。

其次,帮助幼儿养成良好的时间观念。家长可以和幼儿共同制定作息时间表,合理安排生活和学习时间,让幼儿学会支配自己的时间。在制定时间表的过程中,家长要有意识地指导幼儿先安排学习时间,让幼儿牢固树立完成作业后才能去玩的观念。

此外,家长要及时纠正幼儿的不良习惯,注意观察幼儿的一言一行,发现有不良习惯要马上制止,并教给幼儿怎么做是正确的。

3. 加强与幼儿园、小学的沟通合作

家长要加强与幼儿园教师、小学教师的沟通与合作,了解幼儿在幼儿园或者学校的情况,有的放矢地帮助幼儿从幼儿园过渡到小学。

真题面对面

[2016 下半年真题]试述如何做好幼小衔接工作。

参考答案:详见内文。

≡ 达标测评 ≡

建议用时	实际用时	测评总分	实际得分
100 分钟	_____分钟	126 分	_____分

一、单项选择题(每小题 3 分,共 21 分)

1. 布置自然区时,让幼儿讨论,老师按照幼儿讨论的结果布置。这运用了环境创设的(   )原则。

A. 开放性   B. 参与性   C. 经济性   D. 安全性

2. 教师在小班生活区投放了各种小勺、珠子和小球,让幼儿根据自己的能力自主选择练习抓、舀动作,这体现了区域材料投放的(   )

A. 启发性   B. 层次性   C. 开放性   D. 兴趣性

3. 很多幼儿因为不能管理好自己的学习用具和生活用品,不能自己按情况穿脱衣服、不能记住喝水等,从而影响身体健康和学习,使其对小学生活感到适应困难。因此,在培养幼儿对小学生活的适应性方面,应注意培养幼儿的(   )

A. 主动性   B. 人际交往能力

C. 独立性   D. 规则意识

4. 某园固定每周一下午,由幼儿园分管领导负责解答来访家长的问题,听取家长的意见和建议。这种幼儿园与家长互动沟通的方式是(   )

A. 家长会   B. 家长学校   C. 家长开放日   D. 家长接待日

5.下列有关幼小衔接的说法,正确的是(　　)

A.幼儿入学适应难是因为幼儿园教育过于游戏化

B.幼小衔接完全是幼儿园的责任

C.幼儿园的幼小衔接工作不仅仅是在大班,小班、中班也应该开展

D.幼小衔接主要是教幼儿拼音、认字等内容

6.在幼小衔接工作中,不应把其仅仅视为两个教育阶段的过渡问题,而应把它置身于终身教育的大背景下去考虑,这体现了幼小衔接工作中(　　)的指导思想。

A.终身性　　　　　　　　　　B.适应性

C.整体性　　　　　　　　　　D.长期性而非突击性

7.有的幼儿园在课程中将社区的民族风俗、传统等作为乡土教材来利用,使幼儿园教育内容丰富而有特色。这发挥了(　　)对幼儿园教育的意义。

A.社区人际资源　　　　　　　B.社区自然环境

C.社区制度　　　　　　　　　D.社区文化

二、简答题(每小题 15 分,共 45 分)

1.简述幼儿园心理环境创设的意义。

2.简述幼儿园活动区材料投放利用的具体要求。

3.简述学前教育与家庭教育合作中容易出现的问题。

三、论述题(每小题 20 分,共 20 分)

幼小衔接是长期被教育工作者和家长所关注却一直没有得到很好的解决的难题,请论述解决这一问题有何重要意义。

四、材料分析题(每小题 20 分,共 40 分)

1.材料:

某幼儿园的活动区创设很有特色。每个班里都至少有 7~8 个区域供孩子进行分组探索活动,有小菜市场、智力活动区、科学活动区、动手操作区、表演区、音乐活动区、语言区等,内容非常丰富。但仔细看才发现:语言区里幼儿用来排图讲述的图片已经积了一层灰,而且排得过于整齐;智力活动区里的几幅塑封好的拼图无人问津,原因是这些材料太难了,该班幼儿不感兴趣。

问题:请从幼儿园环境创设的角度,评析该幼儿园区域环境创设中存在的问题并提出建议。

2.材料:

新学期开始,李老师和张老师担任幼儿园大班教师,她们认为大班幼儿马上就要进入小学学习了,为了做好幼小衔接工作,让学前儿童尽快适应小学生活,她们采取了小学化的教育模式。例如,教学内容以算术和写字为主、布置书面家庭作业等,将学前儿童所适应的以游戏为主的活动改变为以学习为主的活动,离园后还要家长帮助幼儿预习、复习功课或做作业等。

问题:请运用相关理论分析该大班两位老师的做法。

参考答案及解析

一、单项选择题

1.B [解析]参与性原则是指幼儿园环境创设需要教师、幼儿和家长共同参与。教师除了要积极创设幼儿熟悉和喜爱的环境之外,还要调动幼儿和家长的积极性,让他们主动参与到环境创设中去。题干中教师在布置自然区时能够听取幼儿的意见与建议,按照幼儿讨论的结果布置,说明教师尊重了幼儿的意愿和想法,体现了幼儿参与性的原则。

2.B [解析]区域材料投放的层次性是指每个幼儿都是一个独特的个体,教师提供的材料要能满足不同发展水平的幼儿的需要,满足不同幼儿自由选择的需要。题干中教师投放小勺、珠子和小球,投放难度不同的材料,让幼儿根据自己的能力自主选择练习抓、舀的动作,体现了层次性原则。

3.C [解析]题干的表述说明幼儿的独立性、生活自理能力对入学后的适应影响很大。在培养幼儿对小学生活的适应性方面,应注意培养幼儿的独立性。

4.D [解析]家长接待日是幼儿园安排一个固定的时间,由主管领导接待家长的来访,解答家长对园所及班级保育教育、管理等方面工作的疑问,听取家长的意见和建议,或设意见箱收集家长的意见,从而更好地改进和完善园所工作,拉近家园之间的距离。

5.C [解析]对幼儿园来讲,在时间上要把幼小衔接工作贯穿于幼儿园教育的各个阶段,而不仅仅是大班后期;在内容上要涉及幼儿发展的各个方面,而不仅仅是知识准备;在人员上要包括幼儿园全体人员、家长及有关成人,而不仅仅是大班老师。

6.D [解析]长期性而非突击性是指对幼儿园来讲,在时间上要把幼小衔接工作贯穿于幼儿园教育的各个阶段,而不仅仅是大班后期;在内容上要涉及幼儿发展的各个方面,而不仅仅是知识准备;在人员上要包括幼儿园全体人员、家长及有关成人,而不仅仅是大班老师。对小学来讲,也不能仅仅把衔接工作看成幼儿园的事情,而应当遵循素质教育的精神,改革不适合幼儿发展的教育形式、方法等。总之,双方都应该立足于幼儿的终身发展,以全面提高幼儿各方面素质为教育的根本目的。

7. D [解析]优秀的社区文化是幼儿园教育的宝贵资源。如一些少数民族地区的幼儿园会有意识地让地区文化渗透到幼儿园,使幼儿园赋予一种与汉文化不同的民族特色。无论是幼儿园的环境布置、教师的服饰,还是幼儿园的生活课程、人际交往方式等等,都反映出当地民族文化对幼儿园教育的影响。

二、简答题(答案要点)

1.(1)有利于幼儿适应幼儿园生活;(2)有利于幼儿形成良好个性,适应社会生活;(3)有利于幼儿园员工的成长与发展。

2.(1)按目标投放材料;(2)按主题投放材料;(3)投放不同层次的材料;(4)分期分批投放材料;(5)有些材料需随时投放。

3.(1)家长和教师之间存在矛盾与冲突;(2)合作不够深入,合作内容脱节;(3)家长参与配合不够好,援助学前教育少;(4)母亲参与度明显高于父亲,不利于儿童阳刚性格的培养。

三、论述题(答案要点)

(1)做好幼小衔接工作,是学前儿童身心健康发展的需要。尽管幼儿园和小学是两个不同性质、不同教育任务和不同教育要求的独立机构,但儿童身心发展的内在规律决定了教育应从连续性、整体性出发,为幼儿生理、心理等各方面做好充分准备,实现从一个教育阶段到另一个教育阶段的自然、顺利过渡。

(2)做好幼小衔接工作,是儿童入学适应不良现状的实践要求。幼儿园阶段和小学阶段在主导活动、生活环境、规章制度、师生关系和社会要求等方面均存在较大差异,这些差异导致儿童入学后出现诸多身体、精神、社会适应等方面的不良反应和不适应状态。这些现实决定了学前儿童从幼儿园进入小学并开始新的生活之前应接受一定的调整和准备工作,建立一系列过渡性的行为方式,以满足新的教育阶段的新要求。

(3)做好幼小衔接工作,是幼儿园教育内容的重要组成部分。做好幼儿园与小学的衔接工作,是幼儿园阶段的一项基本教育任务,是教育内容的重要组成部分。

(4)做好幼小衔接工作,符合世界幼儿园教育的发展潮流。幼儿园与小学的衔接问题,是世界性的问题。教育者加强幼小衔接工作的研究和实践,可以进一步推动这一世界性问题的解决与发展,同时也是对世界学前教育工作的一大贡献。

四、材料分析题(答案要点)

1.(1)存在的主要问题是:

①区域设置过多过满,容易影响活动选择并引发纠纷。材料中每个班都至少设置了7~8个区域,内容过多,会影响幼儿的选择。②部分活动区域内容材料更换不及时,影响了孩子的活动积极性。材料中语言区的图片已经积了一层灰,智力区的拼图无人问津,这些材料对该班的幼儿没有起到实质性的作用,却没有及时被换掉,对幼儿的活动有一

定的影响。③部分区域提供的活动材料过难,影响了孩子的活动兴趣。

(2)建议:

①将班上的区域进行整合,数量控制在6个左右;②及时根据幼儿活动进度和教育内容需要更换调整语言区的图片;③智力活动区内提供的拼图要符合本班大部分孩子的认知程度,避免因过难而影响幼儿操作的成就感。

2.材料中两位老师的做法是不完全正确的。

(1)幼儿园实施幼小衔接工作的指导思想是长期性而非突击性。新学期开学时,教师们就开始准备幼小衔接工作,是值得肯定的。

(2)幼小衔接工作具有整体性而非单项性。幼小衔接是全面素质教育的重要组成部分,应当从幼儿德、智、体、美各方面全面进行,不应仅仅偏重某一方面。材料中的教师以算术和写字作为主要的教学内容,而对于德、体、美及生活各方面的全面准备重视不够。要搞好幼小衔接工作,必须促进幼儿的德、智、体、美的全面发展,在全面发展教育过程中培养他们入学所必需的各种基本素质。

(3)幼小衔接是培养幼儿入学的适应性而非小学化。在幼小衔接工作中的另一误区就是小学化倾向严重。材料中的教师错误认为,要与小学搞好衔接工作就要提前用小学的教育方式对待幼儿,让幼儿园像小学。幼小衔接工作的重点应当放在培养幼儿的入学适应性上。教师要针对过渡期幼儿的特点及实际情况,着重培养幼儿适应新环境的各种素质,帮助幼儿顺利完成幼小过渡,而不是把小学的一套简单地下放到幼儿园。

(4)幼小衔接要遵循家、园、校的一致性而非孤立化的原则。材料中教师在幼儿离园后还要让家长帮助幼儿预习、复习功课或做作业。虽然体现了家园合作,但这些方法是不可取的。

即时反思与复盘总结

我于_____年___月___日完成了对本章的学习。

复盘一下,我对自己较肯定的地方是_____

(足够努力/心态积极/方法得当……)

我觉得自己需要改进的地方是_____

(懒惰懈怠/心情浮躁/方法不当……)

休息片刻,开启下一站征程!

将心注入,用双手把考生托上岸

第五章 游戏活动的指导

内容概要

本章包括幼儿游戏概述、幼儿游戏的条件创设、幼儿游戏的指导三节。本章内容在真题试卷中所占分值约 0～40 分，主要以单项选择题、简答题、论述题、材料分析题的形式考查。本章各节 2015—2023 年考频汇总如下：

幼儿游戏概述 ──────○ 总考频 10 次

幼儿游戏的条件创设 总考频 0 次

幼儿游戏的指导 ──────○ 总考频 10 次

第一节　幼儿游戏概述

思维导图

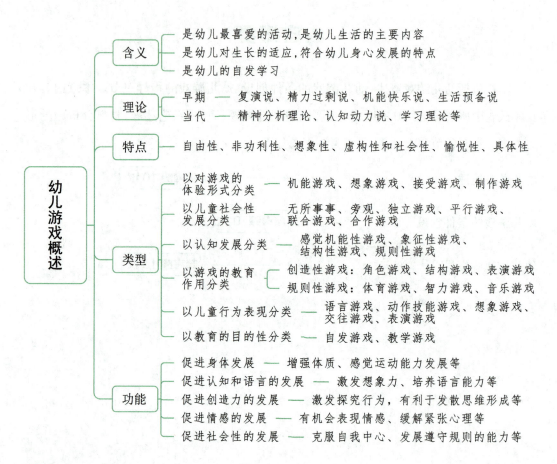

幼儿游戏概述
- 含义
  - 是幼儿最喜爱的活动,是幼儿生活的主要内容
  - 是幼儿对生长的适应,符合幼儿身心发展的特点
  - 是幼儿的自发学习
- 理论
  - 早期 —— 复演说、精力过剩说、机能快乐说、生活预备说
  - 当代 —— 精神分析理论、认知动力说、学习理论等
- 特点
  - 自由性、非功利性、想象性、虚构性和社会性、愉悦性、具体性
- 类型
  - 以对游戏的体验形式分类 —— 机能游戏、想象游戏、接受游戏、制作游戏
  - 以儿童社会性发展分类 —— 无所事事、旁观、独立游戏、平行游戏、联合游戏、合作游戏
  - 以认知发展分类 —— 感觉机能性游戏、象征性游戏、结构性游戏、规则性游戏
  - 以游戏的教育作用分类
    - 创造性游戏:角色游戏、结构游戏、表演游戏
    - 规则性游戏:体育游戏、智力游戏、音乐游戏
  - 以儿童行为表现分类 —— 语言游戏、动作技能游戏、想象游戏、交往游戏、表演游戏
  - 以教育的目的性分类 —— 自发游戏、教学游戏
- 功能
  - 促进身体发展 —— 增强体质、感觉运动能力发展等
  - 促进认知和语言的发展 —— 激发想象力、培养语言能力等
  - 促进创造力的发展 —— 激发探究行为,有利于发散思维形成等
  - 促进情感的发展 —— 有机会表现情感、缓解紧张心理等
  - 促进社会性的发展 —— 克服自我中心、发展遵守规则的能力等

考向分析

本节属于游戏活动的指导的重要知识,识记性内容较多。在考试中以单项选择题、简答题、论述题和材料分析题的形式考查。汇总分析 2015 年至 2023 年的真题试卷,本节知识考查情况统计如下:

知识	考点	考频	题型
幼儿游戏的含义	游戏的含义	1	论述
幼儿游戏的类型	以儿童社会性发展为依据的分类	1	材料分析
	以认知发展为依据的分类	2	单选
	以游戏的教育作用为依据的分类	1	单选
	以儿童行为表现为依据的分类	1	单选
	以教育的目的性为依据的分类	1	单选
幼儿游戏的功能	幼儿从游戏中可获得的经验	3	简答、材料分析

一、幼儿游戏的含义 【9年1考】

⭐ **考频分布** 2019 上论述

1. 游戏是幼儿最喜爱的活动,是幼儿生活的主要内容

游戏是一种主动、自愿、愉快、假想的社会性活动,是学前儿童获得知识的最有效手段。

在一日生活中,除了吃饭、睡觉等生活活动外,幼儿绝大多数的时间都在游戏。而且相比其他活动,游戏的次数也很多。

2. 游戏是幼儿对生长的适应,符合幼儿身心发展的特点

幼儿身心发展的水平较低,但发展的速度却很快。幼儿身心的快速发展是以幼儿的多种需要——运动的需要、交往的需要、操作和探索的需要等的满足为前提的。由于幼儿的年龄小,实践能力还较差,这些需要很难在真实生活中得到充分满足,为解决身心发展及其需要在现实中与实际能力之间的矛盾,幼儿需创造并参与游戏,到游戏中去满足需要,适应生长。

幼儿身心发展的水平决定了幼儿游戏的水平,幼儿游戏的内容、形式等与其实际身心发展水平也是相一致的。因此,可以说游戏是与幼儿身心发展水平相适应的主要活动。

3. 游戏是幼儿的自发学习

对幼儿来说,游戏不仅仅是一种消遣,还是主要的学习方式。那种认为游戏与学习完全对立,甚至认为游戏是"不正经的事"的观念是错误的。幼儿在游戏中学习,在游戏中健康成长。

幼儿在游戏中的学习是一种自发的学习,这种学习与其他形式的学习相比,具有以下三个特点:

(1)学习的目标是隐含的;

(2)学习的方式是潜移默化的;

(3)学习的动力来自幼儿内部。

二、幼儿游戏理论

考点1 早期的传统理论

早期幼儿游戏理论的代表人物及其观点

理论	代表人物	观点
复演说	霍尔	远古时代人类祖先的生活特征在幼儿身上的重演
精力过剩说	席勒、斯宾塞	把游戏看作幼儿借以发泄体内过剩精力的一种方式
机能快乐说	彪勒	游戏是幼儿从行动中获得机体愉快的手段
生活预备说	格罗斯	游戏是幼儿对未来生活的无意识的准备

考点2 当代的游戏理论

当代幼儿游戏理论的代表人物及其观点

理论	代表人物	观点
精神分析理论	弗洛伊德、埃里克森	①游戏是补偿现实生活中不能满足的愿望和控制创伤性事件的手段; ②在游戏中,幼儿可以"复活"他们的快乐经验,也能修复自己的精神创伤
认知动力说	皮亚杰	①游戏是幼儿认识新的复杂客体和事件的方法,是巩固和扩大概念、技能的方法,是使思维和行动结合起来的方法; ②幼儿在游戏时并不发展新的认知结构,而是努力使自己的经验适合于先前存在的结构,即同化; ③幼儿认知发展的阶段性决定了幼儿特定时期的游戏方式
学习理论	桑代克	游戏也是一种学习行为,遵循效果律和练习律,受到社会文化和教育要求的影响
—	中国学者	①游戏具有社会性; ②游戏是想象与现实生活的一种独特结合; ③游戏是幼儿主动参与的、伴有愉悦体验的活动

三、幼儿游戏的特点

1. 游戏是儿童自主自愿的活动（自由性）

学前儿童正处在身心迅速发展的时期，3 岁后，幼儿的体质日趋强健，基本动作有一定的发展，能进行手的操作活动；思维和想象力有一定发展，并能使用语言进行交往；独立活动的能力增强，具有参加活动的需要。游戏不要求务必达到外在的任务和要求，没有严格的程序和方式，儿童完全可以自由自在地进行游戏，玩什么、怎么玩，均由儿童自己决定。在游戏中，儿童是出于自己的兴趣和愿望、自发自愿自主地进行游戏，而不是在外在的强制下进行游戏，他们可以自由表达自己的内心，显露自己的潜力。所以，幼儿乐于从事游戏，游戏是儿童自主自愿的活动。

2. 儿童重视的是游戏的过程，而非游戏的结果，无强制性的外在目的（非功利性）

儿童游戏没有任何功利的目的，既没有外部目标，也没有内在约定。儿童参加游戏就是为了享受游戏的过程，而非追求游戏的结果。一旦儿童的游戏活动被设定为达到某个目标，就会给儿童带来无形的压力，儿童就难以享受无拘无束的游戏过程了，这样的活动也将被儿童贴上"非游戏"的标签。因此，成人在评价儿童的游戏时，应着重于儿童参与游戏过程的情况，而非最终的成果或结果。当然，成人在设计、指导儿童游戏时，仍然可以给游戏外加一定的目的，如通过在游戏中扮演警察培养儿童遵守规则的意识；扮演医生培养儿童关心他人等。但这并不需要儿童在游戏中明确这个目的，追求实现这个目的，儿童的兴趣仍然在于游戏的过程。事实上，儿童游戏活动所实现的目的不是靠人为的设定和要求达到的，而是随着游戏活动过程的展开自然而然实现的。

3. 游戏是充满想象和创造的活动（想象性）

儿童在游戏过程中能够充分发挥其想象力，创造不同的玩法。如儿童在玩沙、玩泥的时候，会想出不同的玩法，并且玩得津津有味。儿童的游戏以模仿现实生活的某一个侧面为基础，但又不是照样模仿，而是加入了儿童的想象活动。儿童可以依靠想象不断变换物体的功能，不断变换人物的角色，不断变换游戏的情节，儿童在想象中把狭小的游戏场所变成无比广阔的天地。可以说，正是儿童的想象和创造性才使游戏的方式千变万化、多姿多彩，富有趣味性。

4. 游戏具有假想成分，是在假想的情景中反映社会生活，是虚构和现实统一的活动（虚构性和社会性）

游戏是在假想的情景中反映真实的生活，是虚构和现实的统一。游戏的假想性是指儿童的游戏是想象与现实的结合,是儿童在假想的情景中对生活经验的创造性反映。儿童对游戏的假想表现在:(1)对游戏角色的假想(以人代人);(2)对游戏材料的假想(以物代物);(3)对游戏情景的假想(情景转换)。但儿童的游戏并不是主观臆断或者空想,而是以客观现实为依据,是周围生活的反映和写照。

游戏的主题内容、角色情节、游戏规则以及行为方式都具有社会性,是对现实世界的反映,是儿童渴望参与成人社会生活的反映。幼儿之所以选择角色游戏主题的一个重要原因就是这些主题是幼儿所熟悉的内容,比较了解其中人物的活动。但儿童的游戏也不是对周围生活的机械模仿,而是通过想象将日常生活中的表象形成新的形象,用新的动作方式重演别人的活动。所以,游戏是虚构与现实相统一的活动。

5. 游戏是能给儿童带来积极情感体验的活动(愉悦性)

游戏是儿童快乐的源泉。在游戏中,儿童能控制所处的环境,表现自己的能力和实现自己的愿望,因而能够获得愉悦感、胜任感和满足感。儿童的游戏活动没有强制的目标,因而降低了为达到目标而产生的紧张感,耗费精力小,也使儿童感到轻松、愉快。事实上儿童总是在情绪积极时才做游戏,游戏又给儿童带来积极的情绪。

6. 游戏是具体的活动(具体性)

游戏是非常具体、形象的活动。每个游戏都有具体的内容、情节、角色、动作、实际的玩具和游戏材料,游戏角色之间还有对话。所有这一切,会不断引起儿童的表象活动。在这些表象的引导之下,儿童的游戏变得兴趣盎然,其乐无穷。

四、幼儿游戏的类型 【9 年 6 考】

考点 1 以幼儿对游戏的体验形式为依据的分类

这种分类以心理学家比勒的观点为代表。比勒认为游戏是儿童全面发展的一个手段,他从儿童对游戏的体验形式的角度将游戏分为四类。

(1)机能游戏。针对婴幼儿好动、好奇、爱听音乐等特点,以刺激婴幼儿各种感官、机能的发展为主的游戏形式。

(2)想象游戏。再现成人的生活,如开火车、过家家等,这种游戏中占优势的心理成分是模仿与想象。

(3)接受游戏。儿童处于"观众"地位,愉快地欣赏所见所闻,如听故事、看画册、参观动物园等。

（4）制作游戏。儿童主动地创造与建构,如折纸、搭积木等。

考点2　以儿童社会性发展为依据的分类

⭐ **考频分布**　**2023 下材料分析**

这种分类以帕登的研究为代表。帕登认为儿童之间的社会性互动随着年龄的增长而增加,他把游戏分为以下六种。

（1）无所事事。儿童不是在玩、也不是在游戏,而是在东游西逛,或者是玩弄自己的身体,或是从椅子上爬上爬下,或是注视着某些突然发生的有趣的事情或是在发呆。

（2）旁观。儿童关注着其他小朋友的活动(几乎在整个游戏时间),偶尔也搭几句话或是提些问题,但始终不加入游戏中。

（3）独立游戏。儿童自己一个人玩玩具,兴趣全部集中在自己的活动上,不在意周围其他伙伴的活动。

（4）平行游戏。两个或两个以上的儿童在一起玩,他们操作同样的或相似的玩具,开展同样的或相似的游戏,他们不设法影响或改变同伴的游戏活动,各玩各的。有时儿童相互模仿,但相互间没有任何联系,无意去支配别人的游戏活动,没有合作行为,没有一起玩的倾向,主要表现为相互模仿、给取玩具、微笑、搭话。儿童看似在一块儿玩,但仍是单独做游戏,各自玩着自己的玩具,彼此没有交流。他们察觉到其他儿童的存在,偶尔会望一下别的儿童,但接着又会把注意力集中到自己的游戏中。这种游戏在 2～3 岁时常见,是儿童初步学习社交的机会。

（5）联合游戏。儿童与同伴一起游戏。他们谈论共同的话题,活动中偶尔有借东西的,出现相互追随模仿的行为,但没能围绕具体目标进行组织,每个儿童仍是依个人的愿望游戏,是凑在一起玩。

（6）合作游戏。儿童形成小组做游戏。游戏中有分工和协作,有共同的目的和达到目的的方法。小组通常由一两个领头的孩子组织指挥。

根据帕登的研究,2 岁儿童一般只从事独立游戏或平行游戏,或站在一旁观看。4 岁儿童一直从事平行游戏,但与 2 岁儿童相比,在相互作用和从事合作游戏的方面表现得更加多一点。

考点3　以认知发展为依据的分类

⭐ **考频分布**　**2020 下单选,2015 上单选**

以认知发展为依据的游戏分类主要以皮亚杰的理论为代表。皮亚杰根据游戏与认知发展的关系,把游戏分为练习性游戏、象征性游戏和规则游戏等三种相互之间呈等级关系的游戏类型。

皮亚杰认为结构性游戏不是一种独立的、具有可明确划分发展阶段的游戏类型(如同练习性游戏、象征性游戏和规则游戏一样)。但是也有研究者提出了不同的看法。例如,以色列心理学家史密兰斯基认为结构游戏是幼儿游戏的一个重要类型,应包括在认知型游戏的系列中。巴特勒等也认为结构游戏在2~4岁时最为普遍。

1. 感觉机能性游戏

感觉机能性游戏又称为练习性游戏或机械性游戏。它是儿童发展中最早出现的一种游戏形式,其动因来自感觉器官所获得的快感,由简单的重复运动所组成。例如,奔跑、跳跃、攀登、摇拨浪鼓、骑木马、敲打和摆弄物体等。这类游戏往往以独自游戏或各自游戏的形式发生,随着儿童年龄的增长,这类游戏的比例逐渐下降。

2. 象征性游戏

象征性游戏是处于前运算阶段(2~7岁)的儿童常进行的一类游戏。它是把知觉到的事物用它的替代物来象征的一种游戏形式。儿童将某物体作为一种信号物来代替现实的客体,这就是象征性游戏的开始。象征性游戏的初级阶段就是从物品的替代中获得乐趣。随着儿童年龄的增长和知识经验的不断丰富,儿童的象征功能也在不断发展,他们会通过使用替代物并扮演角色来模仿真实生活。这时的象征性游戏就进入角色游戏阶段,最常见的"过家家""医院""商店""公共汽车"等游戏,都是借助一些替代物品通过扮演角色反映种种社会生活、场景和人物。象征性游戏是学前儿童最典型的游戏形式,对儿童人格和情绪的发展都能发挥一定的功效。基于它的这一功效,现代的游戏治疗也是通过这种游戏形式得以实现的。

3. 结构性游戏

结构性游戏又称建构游戏或造型游戏,是指儿童运用积木、积塑、金属材料、泥、沙等各种材料进行建构或构造,从而创造性地反映现实生活的游戏。这类游戏有三个基本特点:(1)以造型为基本活动,往往以搭建某一建筑物或物品为动因,如搭一座公园的大门、建一个汽车的模型等;(2)活动成果是具体的造型物品,如门楼、飞机、坦克、卡通形象等;(3)与角色游戏存在着相互转化的密切关系。

一般认为结构游戏的发展呈现出如下的顺序:1.5岁左右,儿童开始简单堆叠物体;2~3岁时,儿童往往先动手后构思,主题不明,成果简单、粗略、轮廓化;3~4岁儿童逐渐

能预设主题,成果的结构相对复杂,细节相对精细;5岁以后儿童结构游戏中的计划性有所增强,并可以多人分工、合作完成大型的建构;5~8岁时,结构性游戏的比例达到了顶峰。

4. 规则性游戏

规则性游戏是一种由两人以上参加的,按一定规则从事的游戏。规则可以是由成人事先制定的,也可以是按照故事情节要求的,还可以是儿童按他们假设的情节自己规定的。这类游戏一般是4~5岁以后发展起来的。幼儿中晚期经常开展的体育游戏、运动竞赛、智力竞赛等都属于规则性游戏,这类游戏可以一直延续到成年。规则游戏是儿童游戏的高级发展形式。

真题面对面

[2020下半年真题]幼儿赛跑、下棋一般属于(　　)

A. 表演游戏　　　B. 建构游戏　　　C. 角色游戏　　　D. 规则游戏

答案:D。

考点4　以游戏的教育作用为依据的分类

⭐ **考频分布**　2015下单选

长期以来,我国幼儿园已习惯于把游戏分为创造性游戏和规则性游戏,它有利于教师理解游戏的教育作用,教师可以根据需要灵活选用。

1. 创造性游戏

创造性游戏包括角色游戏、结构游戏、表演游戏,这些游戏对于幼儿的创造性发展起到了显著的作用。

(1)角色游戏。角色游戏是指学前儿童以模仿和想象,通过扮演角色,创造性地反映周围现实生活的一种游戏,又称想象性游戏。

(2)结构游戏。儿童利用积木、积塑、泥、沙等结构材料进行建造的游戏。

(3)表演游戏。儿童扮演童话、故事等文学作品中的角色,用动作、语言、表情等对童话、故事的内容进行创造性的表演的游戏。

2. 规则性游戏

规则性游戏是为发展幼儿的能力而编制的、有明确规则的游戏,主要包括体育游戏、智力游戏、音乐游戏。

（1）体育游戏。以身体练习为主要内容，以发展基本动作为目的的游戏活动。

（2）智力游戏。以生动、新颖、有趣的游戏形式，使儿童在轻松愉快的活动中，增进知识、发展智力的游戏。

（3）音乐游戏。在歌曲或乐曲伴奏下进行的游戏。

考点5　以儿童行为表现为依据的分类

⭐ **考频分布**　**2021** 上单选

从儿童游戏所倚重的行为表现可分为：语言游戏、动作技能游戏、想象游戏、交往游戏、表演游戏。

1. 语言游戏

语言游戏指儿童时期运用语音、语调、词语、字形而开展的游戏，如合着语音、节奏的变化而展开的拍手游戏、绕口令、接龙等。随着儿童对语言规则以及语义的理解，儿童会有意运用同音、谐音、多义、相关等语言技巧娱乐。这些游戏是以一定的语言元认知为前提的，既是一种游戏，也是一种元语言活动。

2. 动作技能游戏

动作技能游戏指通过手脚和身体其他部位的运动而获得快乐的游戏活动，既可以是一种户外进行的身体大幅度的运动，如相互追逐、荡秋千、滑滑梯、骑三轮车、攀登等，也可以是在室内桌面上进行的串珠、夹弹珠、弹弹珠、挑游戏棒、拍纸牌等相对精细的活动。这类游戏可以有简单的规则，也有纯机能性的，纯粹满足动作机能的快感。

3. 想象游戏

想象游戏又被称为象征游戏、假装游戏、假想游戏。这类游戏的主要特征是：（1）儿童将事物的某些方面做象征性的转换，如以玩具或玩物代表实物（用一块积木代表电话、将小板凳当火车等）；（2）以某个动作代表真实的动作（张开双臂跑代表飞机在飞、双脚并拢往前跳代表小兔子在跳）；（3）以儿童自己或其他儿童代表现实或虚构的角色（扮演妈妈、医生、司机、营业员、小白兔、卡通人物等）。

想象游戏以儿童的想象为转移。随着儿童生活经验和想象力的丰富，社会生活中的各种角色都可能成为儿童游戏中所扮演的角色。

4. 交往游戏

交往游戏指两个以上的儿童以遵守某些共同规则为前提而开展的社会性游戏。这类游戏以参与者之间的行为互动为其特点。在使用游戏材料方面采用协商分配或轮换

的形式。交往游戏按交往的性质可分为合作游戏和竞争游戏,对于指导儿童与他人交往方面有很重要的价值。在游戏中儿童常遇到自己与他人的需要或情感相冲突的局面,因而可以发展他们的言语和非言语的沟通技能,还可以培养负责任、耐心、愿意分享、合作等品质。

5.表演游戏

表演游戏又称为戏剧游戏,它是以故事或童话情节为表演内容的一种游戏形式。在表演游戏中,儿童扮演故事或童话中的人物,并以故事中人物的语言、动作和表情进行活动。这种游戏也是以想象为基础的,但与想象游戏不同的是,在表演游戏中,儿童的想象必须受故事情节的约束,不能过于主观随意。

表演游戏和角色游戏有其相同点,即都是幼儿扮演角色的游戏,以表演角色的活动为满足。二者的区别在于表演游戏中,幼儿扮演的角色以一定的故事或童话为依据,情节内容也是对故事或童话情节内容的反映;而在角色游戏中,幼儿扮演的角色既是生活印象的再现,又是幼儿自由创造的表现。

真题面对面

[2021上半年真题]幼儿通过塑造角色表现文艺作品内容的游戏是(　　)

A.角色游戏　　　B.结构游戏　　　C.智力游戏　　　D.表演游戏

答案:D。

考点6　以教育的目的性为依据的分类

⭐ **考频分布**　2022 上单选

游戏可以是儿童自发、自愿的活动,没有任何的功利和目的,但同时,游戏也可以成为一种有效的教育手段,利用游戏的手段达到教育的目的和功效。因此,依据游戏中的教育目的性成分,可以将儿童的游戏分成自发游戏和教学游戏。

1.自发游戏

自发游戏是儿童自己发起的、自愿参加的、自主支配的游戏。它一方面反映了儿童的认知特点和社会性等方面的发展水平,另一方面也反映了儿童的兴趣爱好。儿童的自发游戏对于儿童创造性的发展是极有价值的。游戏的主题、材料、规则都是儿童自己规定、自己确立的,这些都源于儿童创造性的萌芽和发展。儿童的自发游戏是儿童的权利,应得到尊重。当然儿童的自发游戏有时也需要成人加以适当的引导,使游戏的题材和内容更加健康、有趣、积极。

2. 教学游戏

教学游戏是指在幼儿园中,游戏被作为一种教育手段和教育组织形式而加以运用,是根据幼儿园教育大纲和课程的要求,有目的、有计划地进行设计和开展的游戏。

它是以预先编好了主题情节、预先规定了规则的形式介绍给儿童的,追求一定的教育目的。教学游戏一般包括四部分,即游戏的目的、玩法、规则和结果。游戏的目的是完成一定的教学任务或发展儿童某方面的能力;游戏的玩法是指在游戏中对儿童的要求,玩法要紧密围绕和服从游戏的目的,同时要有趣味性并能吸引儿童;游戏的规则是游戏中关于被允许和被禁止的规定和说明;游戏的结果是儿童在游戏中努力达到的目标。幼儿园的教学游戏有智力游戏、体育游戏和音乐游戏等。幼儿园在运用教学游戏时,应注意维护游戏的纯正性和趣味性,同时不应剥夺儿童自发游戏的权利和机会。

关于学前儿童游戏的分类还有很多种,无论哪一种分类,都有一定的标准和依据,以上游戏的分类并不是绝对的,它们之间可能是相互包容的。

真题面对面

[2022上半年真题]下列选项中关于自发性游戏的观点,正确的是(　　　)

A. 幼儿园游戏不包括自发性游戏

B. 自发性游戏不需要教师指导

C. 教师组织的游戏比自发性游戏有价值

D. 自发性游戏具有多种教育价值

答案:D。

五、幼儿游戏的功能 【9年3考】

⭐ **考频分布** 2022下简答,2019下材料分析,2018下材料分析

游戏是学前儿童主动学习的重要方式,游戏对学前儿童智力、社会性、情感等的发展有促进作用。

1. 游戏促进儿童身体发展

游戏对学前儿童来说意味着行动与操作,学前儿童的许多游戏都含有生理活动,能

够促进幼儿正常的生长发育,增强幼儿的体质。当学前儿童在进行行走、奔跑、跳跃、平衡、投掷、钻爬、攀登、挖掘等方面的游戏时,他们四肢肌肉的协调性和灵活性就会有所提高。当学前儿童玩玩具时,他的手部肌肉就得到了训练,手指活动变得越来越精确。通过游戏,学前儿童的感觉运动能力得到发展。另外,游戏还有助于学前儿童对身体机能的认识。在游戏中,学前儿童能逐渐意识到自己的身体能做什么事情,自己喜欢做什么事情等。例如,儿童通过玩"洗衣机"的游戏(当听到"洗衣机开了"的指令时,让他先向左转一圈,后向右转一圈,依次循环;当听到"洗衣机关了"的指令时,儿童原地不动;当听到"用衣架晒衣服了"的指令时,儿童往上跳、下蹲、站直、伸胳膊、踢踢腿),就能知道自己的身体能够做出各种不同的姿势和动作。

2. 游戏促进儿童认知和语言的发展

通过游戏,儿童开始认识世界和了解事物之间的关系,知识、技能、能力等方面都得到了相应的发展。

(1)游戏提高了儿童的感知能力

儿童对于客观世界的了解是通过探索和操作实现的。而游戏恰好强调了探索和操作的过程,儿童在游戏中通过使用材料能更好地认识物体的颜色、形状、大小等特性,习得了许多关于周围世界的基本知识和主要概念。例如,通过玩积木,儿童学会了"相等"的概念,知道两块小的积木放在一起等于一块大的积木;通过玩开汽车,在公路上开,在桥下开,在隧道中开,儿童了解了"上""下""穿过"等概念。

(2)游戏激发了儿童的想象力

游戏的特征之一就是具有想象性或假想性。因此,游戏过程中儿童可以充分发挥想象力,充分表现自己的创造性。儿童在游戏中要进行想象,把一个物体想象成另外一个物体,把一个人想象成另外一个人,在此过程中,儿童的想象力就得到了发展。例如,儿童把小竹竿当马骑,把小椅子当作汽车开,在"医院"游戏中,儿童用"冰激凌棍"来代替"注射器",给"病人"打针;在"幼儿园"游戏中,学前儿童扮演"教师",给"小朋友"讲故事,这种以物代物、以人代人的活动,是学前儿童想象力发展的重要标志。

(3)游戏发展了儿童的思维能力

在游戏中,儿童要对自己的行为做出决定:玩什么,怎么玩,和谁一起玩,用什么样的游戏材料和玩具来玩,使儿童有机会去进行分析、判断、推理、概括和总结,发展抽象逻辑思维能力。例如,在"娃娃家"游戏中,"妈妈"要给"宝宝"(玩具娃娃)包好小包被,带"宝宝"出去看国庆灯展,可"妈妈"怎么也包不好这个小包被,因为横着包,长度不够,而竖着包,宽度又不够。"妈妈"多次尝试,终于想出了一个好办法——用对角线,斜着包。

（4）游戏培养了儿童的语言能力

儿童的语言表达能力是在活动和交往中发展的，又是在活动和交往中体现出来的，因此，活动和交往是儿童语言发展和提高的基础和源泉。游戏是儿童最为喜欢的活动和交往方式，伴随游戏，儿童彼此交流思想、表达情感，学会处理人与人之间的关系，扩大了词汇量，加深了对词义的理解，语言表达能力得到了训练和提高。

3. 游戏促进儿童创造力的发展

游戏是幼儿园的基本活动，也是培养儿童创新精神与创新意识的主要方式。在游戏中，儿童能够无拘无束地玩耍，产生许多新颖的想法和独特的行为，进一步发展创造力。

（1）游戏为儿童提供了宽松的心理氛围

儿童的创造性只有在自由、轻松、愉快的气氛中才能产生，而游戏则为儿童提供了这种心理氛围。在游戏中，儿童的神思遐想、奇异行为，不但不会受到教师批评与指责，反而还能得到接纳与赞赏，而这又会成为一种信息反馈，强化儿童的创造思想和行为。

（2）游戏激发了儿童的探究行为，有利于儿童发散性思维的形成

在游戏中，儿童能变换各种方式来对待物体，通过对同一游戏材料做出不同的设想和行为，或对不同的物体做出同一种思考和动作，扩大了儿童与游戏材料相互作用的范围，增加了相互作用的频率，使求异思维得到充分的训练。例如，在积木游戏中，儿童用长方形积木来当"娃娃家"的"床"、"加油站"的"加油筒"、"医院"的"袋装药"、"快餐店"的"托盘"等；在玩沙游戏中，当面临"没有卡车运沙"这一问题时，儿童能用"豆腐盒""花篮""石块""饮料瓶"等多种物体来代替。

4. 游戏促进儿童情感的发展

游戏在儿童的情感发展中有重要作用，它不仅能满足儿童表达自己情感的需要，而且还能使儿童的良好情感发扬光大，不良情感得到控制和矫正。

（1）游戏使儿童有机会表现自己的情感。儿童的喜、怒、哀、乐等各种情感，都能在游戏中完全、妥当地表现出来。

（2）游戏能使儿童充分体验到快乐之情。儿童喜欢游戏，游戏是由快乐原则所支配的，游戏能给儿童带来极大的欢愉。

（3）游戏能起到缓解儿童的紧张心理、降低儿童的惧怕情绪的作用，从而减少儿童的心理压力，使儿童的心理处于健康状态。

（4）游戏能使儿童进行情感宣泄。"游戏治疗"的理论和实践已经表明，游戏是儿童发泄自己不良情感的一种重要形式，游戏使儿童的情绪变得平静、缓和，有利于抑制、降

低消极情绪的负面作用。

5. 游戏促进儿童社会性的发展

游戏是儿童的主要活动,它是儿童社会交往的主要形式,尤其是集体性游戏,体现着人与人之间的关系和态度,对儿童社会性的发展有重大影响。通过游戏,儿童可以提高自我意识;理解和体验人们之间的平等友好的关系,增强与同伴的协作精神;学会如何遵守规则,如何发展自己的力量和技能;学会如何尊重别人、服从领导;学会如何共同努力完成任务;等等。

(1)游戏有助于克服儿童的自我中心

自我中心是儿童的一种非社会行为,有效地控制这种行为是儿童与同伴进行交往的基础。在游戏过程中,儿童学会了认识自己,了解自己的行动会带来什么样的后果,同伴会对自己的行为作出什么样的反应,从而迫使儿童站在同伴的角度去思考问题,从自我中心中解放出来,否则,游戏就无法进行下去。

(2)游戏培养了儿童的合群行为

有些儿童比较孤僻,不喜欢参加集体活动,不爱与别人交往,喜欢独自一个人进行活动,显得不合群。游戏能为儿童提供与别人相互作用的机会,使儿童感受到"大家一起玩"真开心,用集体的欢乐来温暖孤独的心,使之变得合群起来,为将来的学习和生活创造良好的条件。可见,游戏扩大了儿童的社交范围,增加了儿童的社交频率,使儿童掌握了与人交往的技能和艺术,社交能力也得到不断的提高。此外,游戏还能为儿童在满足自己的需要和同伴的需要之间以及在学会分享、给予和索取之间找到平衡。

(3)游戏发展了儿童遵守规则的能力

在游戏中,儿童作为集体的一员,要受到集体规则的制约,按照集体的意志去行动,否则,他就会被这个游戏集体所淘汰。例如,在儿童开展角色游戏之前,需要对角色进行分配,有的角色很有吸引力,人人都想扮演,而有的角色却没什么吸引力,没人想去扮演,那么,究竟应该如何来分配这些角色呢?于是大家都同意用一个公正的办法——石头剪刀布来决定胜负,胜者先挑选角色,败者后挑选角色,如果哪个儿童失败了,即使剩下的角色不喜欢,他也得去扮演,如果不想扮演,同伴就不会让他参加游戏。为了能与别人一起游戏,儿童不得不克制自己,遵守集体的规则。

『记忆有妙招』

为便于考生记忆,将游戏的功能总结成以下口诀:**体质创青社**。**体**:身体。**质**:认知和语言。**创**:创造力。**青**:情感。**社**:社会性。

第二节　幼儿游戏的条件创设

思维导图

幼儿游戏的条件创设
- 时间
  - 充足的时间是游戏的前提
  - 减少过渡环节,提高单位时间内游戏的有效时间
- 环境与材料
  - 环境
    - 空间环境:户外游戏场地、室内游戏场地
    - 心理环境:宽松、自由、和谐
  - 材料——提供足够的材料、根据年龄特点提供等
- 幼儿的自主
  - 自主是幼儿游戏的条件
  - 幼儿在自主游戏中得到主动发展

考向分析

　　本节属于游戏活动的指导中的基础知识,内容繁杂,是考纲要求掌握的内容,但在历年考试中基本不考查,考生可根据自身情况有选择地学习。

核心考点

一、游戏的时间

1.充足的时间是幼儿游戏的前提

　　时间是开展游戏活动的重要保证,教师要在幼儿的一日活动中安排出游戏的时间,"专项专用",以保证游戏得以顺利进行而不至于被其他活动所侵占,为此,教师应注意以下几点:(1)巧妙利用各种时间进行游戏;(2)力争每次有较长的时间进行游戏;(3)使室内游戏时间与室外游戏时间基本均等;(4)合理安排集体游戏、小组游戏和个人游戏的时间。

2.减少过渡环节,提高单位时间内幼儿游戏的有效时间

　　教师要在观念上打破桌椅板凳排排坐的"上课"模式,同时要在活动室的布置上动脑筋想办法,创设相对固定的游戏场地,以提高单位时间内幼儿游戏的有效时间。

二、游戏的环境与材料

考点1　游戏的环境

1.游戏的空间环境

（1）户外游戏场地

户外游戏场地是幼儿在户外游戏的空间。幼儿园室外可以规划自然区、玩沙区、玩水区、运动区、休闲区和活动材料区等游戏场地。游戏场地中要放置数量适宜的大型设备和用具，设备、器械的数量与场地面积要保持合理的比例，以不妨碍幼儿奔跑、活动为原则。

（2）室内游戏场地

室内游戏场地主要指活动室。活动室是幼儿在室内进行游戏活动的主要场所。游戏活动空间的安排通常分为中心式和区隔式。这两种空间的安排对幼儿的游戏有着不同的影响。中心式，便于幼儿开展集体性规则游戏、平行游戏和大动作游戏；区隔式，根据游戏活动的不同类别，将游戏区分隔为若干个不同的区域，这样的空间便于幼儿开展合作性游戏和探索性游戏。

2.游戏的心理环境

要开展内容充实、丰富多彩的游戏，除了为幼儿创设科学合理的物质环境外，还要为幼儿创设宽松、自由、和谐，符合幼儿年龄特征的心理环境。由于幼儿情绪情感易受感染，因此游戏心理环境的创设关键取决于教师：（1）教师应建立与幼儿民主、亲切、平等、和谐的关系；（2）建立互助、友爱的伙伴关系；（3）教师之间的真诚相待、友好合作，是幼儿最好的榜样。

考点2　游戏的材料

1.为幼儿提供足够的游戏材料

在游戏中为幼儿提供多种材料，有利于幼儿通过探索接受丰富的感官刺激，利用不同的材料去替代和想象，在与材料的互动中促进发散性思维的发展。当游戏材料的品种多样化时，可促进幼儿发散性思维的发展；不同种类和数量的游戏材料摆放在一起，会影响幼儿游戏的主题和性质。

2. 根据幼儿的年龄特点提供游戏材料

教师应根据各个年龄班幼儿游戏活动发展的特点,分别提供适宜种类和数量的材料。游戏材料和幼儿的年龄之间存在交叉关系,较小幼儿在游戏时需要同类的游戏材料要多一些,年龄较大的幼儿在游戏时需要不同种类的游戏材料要多一些。例如,幼儿园小班幼儿大都处于平行游戏或独自游戏的阶段,教师就应多准备一些相同种类的玩具和其他材料。而到了中、大班以后,则应更多地为他们准备、提供适宜于发展合作性游戏的活动材料。

3. 提供与阶段教育目标、内容相匹配的游戏材料

教师要根据幼儿不同年龄特点,制定适合本班幼儿整体发展水平的阶段教育目标和内容,根据阶段教育目标和教育内容的要求,在不同的活动区,有计划、有目的地投放与之相适应、相匹配的游戏材料,以最大限度和最大效益地促进幼儿的发展。

4. 尽量提供无固定功能的游戏材料

游戏材料功能固定单一,只能引发幼儿的一种行为,游戏情节的发展会受到限制,而无固定功能的游戏材料,往往可以使幼儿按照自己的想象创造出游戏的多种玩法。

5. 多提供中等熟悉和中等复杂程度的游戏材料

当游戏材料对幼儿来说完全陌生和比较复杂时,可引发他们的探究性行为;当游戏材料对幼儿来说是中等熟悉和中等复杂程度时,可引起幼儿的象征性游戏和练习性游戏。根据幼儿的年龄特点,可以多为其提供中等熟悉和中等复杂程度的游戏材料。

6. 将游戏材料放在可见位置

放在中央位置的游戏材料使用率较高,并容易引起幼儿彼此相互作用的游戏。因此,教师在投放游戏材料时,应将其放在中央位置或幼儿能直接看到的位置上。

三、幼儿的自主

1. 自主是幼儿游戏的重要条件

自主是幼儿游戏的重要条件,游戏的形式、材料以及游戏的开始、结束都应由幼儿自己掌握,按照他们自己的意愿、体力、智力来进行。如果游戏失去了自主性这一特征,而是由教师精心安排和"导演"的,幼儿只是在不得已的情况下,被动地参加游戏,担任某一角色,从表面上看,幼儿是在参加游戏,实际上幼儿并没有真正地玩游戏,他们认为是在完成教师布置的任务,也就失去了游戏的积极性。

2. 幼儿在自主游戏中得到主动发展

自主游戏为幼儿提供了表现与创造的机会,使幼儿摆脱了对教师的依赖,能进行充分的想象、发现和创造,探索和解决问题的能力得到很大提高。在游戏中,幼儿的各种活动几乎没有什么限制,他们可以自由地充分活动,从中得到快乐并获得发展。

第三节　幼儿游戏的指导

思维导图

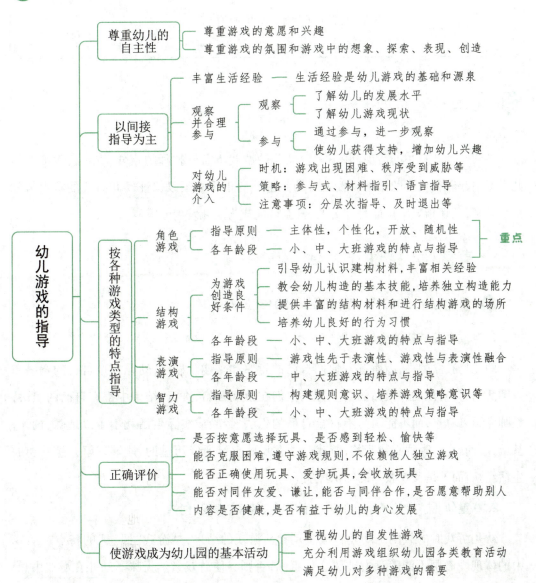

幼儿游戏的指导

- 尊重幼儿的自主性
  - 尊重游戏的意愿和兴趣
  - 尊重游戏的氛围和游戏中的想象、探索、表现、创造
- 以间接指导为主
  - 丰富生活经验 —— 生活经验是幼儿游戏的基础和源泉
  - 观察并合理参与
    - 观察
      - 了解幼儿的发展水平
      - 了解幼儿游戏现状
    - 参与
      - 通过参与,进一步观察
      - 使幼儿获得支持,增加幼儿兴趣
  - 对幼儿游戏的介入
    - 时机:游戏出现困难、秩序受到威胁等
    - 策略:参与式、材料指引、语言指导
    - 注意事项:分层次指导、及时退出等
- 按各种游戏类型的特点指导
  - 角色游戏
    - 指导原则 —— 主体性,个性化,开放、随机性 【重点】
    - 各年龄段 —— 小、中、大班游戏的特点与指导
  - 结构游戏
    - 为游戏创造良好条件
      - 引导幼儿认识建构材料,丰富相关经验
      - 教会幼儿构造的基本技能,培养独立构造能力
      - 提供丰富的结构材料和进行结构游戏的场所
      - 培养幼儿良好的行为习惯
    - 各年龄段 —— 小、中、大班游戏的特点与指导
  - 表演游戏
    - 指导原则 —— 游戏性先于表演性、游戏性与表演性融合
    - 各年龄段 —— 中、大班游戏的特点与指导
  - 智力游戏
    - 指导原则 —— 构建规则意识、培养游戏策略意识等
    - 各年龄段 —— 小、中、大班游戏的特点与指导
- 正确评价
  - 是否按意愿选择玩具、是否感到轻松、愉快等
  - 能否克服困难,遵守游戏规则,不依赖他人独立游戏
  - 能否正确使用玩具、爱护玩具,会收放玩具
  - 能否对同伴友爱、谦让,能否与同伴合作,是否愿意帮助别人
  - 内容是否健康,是否有益于幼儿的身心发展
- 使游戏成为幼儿园的基本活动
  - 重视幼儿的自发性游戏
  - 充分利用游戏组织幼儿园各类教育活动
  - 满足幼儿对多种游戏的需要

 考向分析

本节属于游戏活动的指导中的重要知识,识记性内容较多。在考试中以单项选择题、简答题和材料分析题的形式考查。汇总分析 2015 年至 2023 年的真题试卷,本节知识考查情况统计如下:

知识	考点	考频	题型
尊重幼儿游戏的自主性	尊重幼儿游戏的意愿	2	单选、材料分析
按各种游戏类型的特点指导游戏	角色游戏、结构游戏的指导	6	单选、简答、材料分析
综合考查	结合材料分析教师在游戏中的指导是否适宜	2	材料分析

核心考点

游戏是幼儿自主的活动,并不是说幼儿的游戏不需要教师的指导。相反,教师在幼儿游戏中起着很重要的作用。教师对幼儿游戏的指导必须以保证幼儿游戏的特点为前提。否则,一切指导都可能是徒劳的,甚至可能成为幼儿发展的障碍。

一、尊重幼儿游戏的自主性 【9 年 2 考】

⭐ **考频分布** 2017 下材料分析,2016 上单选

1. 尊重幼儿游戏的意愿和兴趣

幼儿是独立的人,因而有着他们自己的意愿和兴趣。显然,幼儿在按自己的意愿和兴趣活动时,对活动有很高的自主性。他们在游戏开始、进行、结束中都有自己的想法,教师应予以尊重,而不能因为不符合自己的想法、经验或实际生活就不予以理睬、批评,甚至强行制止。教师必须清楚,游戏是幼儿反映自己所经历过的、能够理解并感兴趣的生活经验,而不是反映教师的知识经验。

2. 尊重幼儿游戏的氛围和游戏中的想象、探索、表现、创造

幼儿游戏时的氛围是幼儿积极主动参与游戏的结果,是游戏"假想"的特点在游戏中的体现。教师不能随意去破坏这种氛围,否则会使游戏索然无味。幼儿在游戏中想

象、探索、表现、创造的时候,也是幼儿自主性得到极大提高和体现的时候,是游戏功能正在实现的时候,所以教师应予以尊重、鼓励。

真题面对面

[2016上半年真题] 为了让幼儿在户外运动中一物多玩,最适宜的做法是(   )

A. 教师集体示范　　　　　B. 幼儿自主探究

C. 教师分组讲解　　　　　D. 教师逐一训练

答案:B。为了让幼儿在游戏中实现一物多玩,就要让他们充分发挥自主性,让他们自己去体验和探索玩具玩法的多种可能。如果教师一味地限制幼儿,则无法达到让幼儿一物多玩的目的。

二、以间接指导为主

考点 1　丰富幼儿的生活经验

幼儿的游戏是对幼儿生活的反映,其生活经验是幼儿游戏的基础和源泉。教师要善于利用幼儿园的各种活动,如上课、参观、观察、劳动、娱乐、看书、讲故事等,丰富幼儿的知识经验,充实幼儿的日常生活,使幼儿在每天的生活中有新的收获。同时,教师也要指导家长,利用家庭中个别教育的优势丰富幼儿的生活经验。

考点 2　观察并合理参与幼儿游戏

教师对幼儿游戏的观察不仅是为幼儿创设游戏环境、进行游戏准备的基础,而且还是教师参与幼儿游戏、进行游戏指导的前提。

(1)通过细致的观察,可以了解幼儿的发展水平,并以此作为教育的依据;

(2)通过观察,可以进一步了解幼儿游戏现状(如发现何时需要增加游戏时间、地点、材料和经验等),从而使教师的参与、指导更有效益。

教师应该有观察幼儿游戏的意识,重视对幼儿游戏的观察。观察时,应对幼儿的游戏行为进行思考,幼儿的某一个行为表示什么、意味着什么、为什么会做出这个反应、对幼儿的发展有什么价值等。同时,应观察幼儿对游戏的需要和兴趣,观察幼儿在游戏过程中的自制性和创造性,观察幼儿在游戏过程中体现出来的社会性发展水平、交往水平,观察幼儿在游戏过程中使用玩具的情况等。

在观察的基础上,教师应参与幼儿的游戏。

(1)通过参与幼儿的游戏,可以进一步观察、了解幼儿;

(2)可以使幼儿获得心理上的支持,增加幼儿对游戏的兴趣,促进游戏的发展。研究表明,成人在场可以抚慰幼儿,并让幼儿感到他们的游戏是有价值的活动。此外,幼儿还可以通过观察成人的游戏学会新玩法,让游戏活动能持续得更长久。

考点3 教师对幼儿游戏的介入

1.介入的角色定位

根据教师对游戏介入程度的高低,可将教师的角色分为以下两类。

(1)非支持性角色

①不参与者

在幼儿园里我们经常看到,当幼儿游戏时,一些教师会利用这段时间忙其他的事。在没有成人参与的情况下,幼儿游戏往往类型单一,社会性水平不高,情节简单,且常常十分吵闹。

②导演者

如果教师以导演角色介入游戏中,告诉幼儿在游戏中应该做什么、不应该做什么,完全控制幼儿游戏,就很可能破坏幼儿的游戏,变成"游戏幼儿"而不是"幼儿游戏"。

(2)支持性角色

①旁观者

教师在一旁观察幼儿游戏,并用语言或非语言信号(如点头、微笑)来表示对幼儿游戏的关注,让幼儿感受到来自教师的支持和赞同。

②舞台管理者

教师不参与游戏,但积极地帮助幼儿为游戏做准备,并随时为正在进行的游戏提供帮助,如回应幼儿关于材料的要求,协助幼儿布置环境,提出适当的建议以延伸幼儿的游戏等。

③共同游戏者

教师作为孩子们的平等游戏伙伴积极地参与到幼儿游戏中,通常扮演小角色,并通过一些策略进行暗示,间接对游戏产生影响。这时教师一般遵循游戏的原有进程,让幼儿主宰游戏。

④游戏带头人

通常在幼儿很难自己开展游戏或正在进行的游戏难以进行下去的时候,教师积

364

将心注入,用双手把考生托上岸

极地参与幼儿游戏,通过提议新的游戏主题、介绍新的道具或情节元素以扩展已有主题等方式,对幼儿游戏施加更多的影响。

2.介入的时机

教师对游戏干预时机的选择主要取决于两个因素:第一,幼儿客观的需要,即看幼儿的游戏行为是否自然顺畅,是否需要帮助;第二,教师的主观心态和状况,即教师希望幼儿在游戏中表现出的水平、态度和情绪体验,也包括教师是否具备投入幼儿游戏的热情和精力。在介入之前,教师一定要仔细观察,选择适宜的时机再介入。

(1)当幼儿游戏出现困难时介入

当幼儿不知道自己该做什么游戏、如何去游戏时,教师的介入是引导幼儿开始游戏的关键。

(2)当必要的游戏秩序受到威胁时介入

当必要的游戏秩序受到威胁时,教师可用游戏口吻自然地制止幼儿的干扰行为,并提出活动建议。

(3)当幼儿对游戏失去兴趣或准备放弃时介入

这时教师的介入可以帮助幼儿拓展游戏内容,提高游戏技能,进一步激发幼儿的游戏兴趣。

(4)在游戏内容发展或技能方面发生困难时介入

在这种情况下,教师可以作为游戏同伴介入游戏给予幼儿示范,或者让幼儿相互启发、相互影响,以帮助幼儿克服困难,拓展游戏。

3.介入的方式

教师介入游戏的方式主要有以下两种:

(1)外部干预

外部干预是指教师并不直接参与游戏,而是以一个外在的角色,引导、说明、建议、鼓励游戏中幼儿的行为。

(2)内部干预

内部干预是指教师以游戏中的角色身份参与幼儿的游戏,以游戏情节需要的角色动作和语言来引导幼儿的游戏行为。

4.介入的策略

教师可以采用参与式介入、材料指引介入和语言指导介入等方法,介入幼儿游戏过程。

（1）参与式介入

参与式介入是教师以游戏者的身份，介入幼儿游戏。一般采用的有平行式介入法、交叉式介入法。平行式介入法指教师在幼儿附近，和幼儿玩相同的或不同材料和情节的游戏，目的在于引导幼儿模仿，教师起着暗示指导作用。教师一般以平行角色的身份或教师的身份来参与游戏。交叉式介入法是指教师以角色的身份参与游戏，以游戏情节需要的动作、语言来引导幼儿游戏的发展。

（2）材料指引介入

材料指引是通过教师为幼儿提供材料，引发游戏的兴趣，促进游戏的延续和提升的方法。

（3）语言指导介入

语言指导是教师通过运用"询问式""建议式""鼓励式""澄清式""邀请式""角色式""指令式"等不同形式的语言指导幼儿游戏的方法。其中，"指令式"的方式很容易破坏幼儿的游戏氛围，一般情况下不宜多用。"鼓励式"的言语有时能潜移默化着幼儿的行为，最终帮助幼儿根据游戏的需要自主地对游戏的内容进行调整以顺应游戏的发展。

5. 介入的注意事项

（1）分层次指导

不同年龄段，幼儿游戏的发展水平各不相同，教师指导的侧重点也应有所不同。

（2）慎扮"现实代言人"角色

当幼儿游戏与现实不太吻合时，成人往往会介入提出一些现实性的问题，或试图加入教育因素，即扮演"现实代言人"角色。这种成人以现实为导向的评议和提问有时不会严重影响幼儿的游戏，但有时会严重破坏假想类游戏的"框架"，致使幼儿停止游戏，因此要慎用。

（3）及时退出

无论采用何种干预方式，一旦幼儿开始表现出所期望的游戏行为，教师就应转而扮演无指导性的共同游戏者，或完全从游戏中退出，以便让幼儿重新控制游戏，从而培养幼儿的独立性和自信心。

三、按各种游戏类型的特点指导游戏 【9 年 6 考】

考点 1　角色游戏的指导

⭐ **考频分布**　2018 下单选，2018 上单选，2017 下单选，2016 上材料分析，2015 上简答

1.角色游戏组织与指导的原则

(1)主体性原则,允许幼儿自由选择游戏及游戏中的角色;(2)个性化原则,体现层次性,满足幼儿的发展需要;(3)开放、随机性原则,适时介入给予指导。

2.各年龄段角色游戏的特点与指导要点

幼儿的游戏水平具有年龄差异性。在角色游戏中,小班幼儿以模仿为主,大班幼儿则以创造为主。教师应针对幼儿的年龄特点和游戏水平,有针对性地进行指导。

各年龄段幼儿角色游戏的特点与指导要点

小班	特点	①幼儿处于独自游戏、平行游戏的高峰期; ②角色意识不强,对操作游戏材料或模仿成人动作较感兴趣; ③游戏主题单一、情节简单
	指导要点	①教师为幼儿提供的玩具种类不宜过多,但同类玩具应供应充足,避免幼儿因相互模仿而争抢玩具,满足幼儿平行游戏的需要; ②教师以游戏者的身份介入游戏,引导、培养幼儿的规则意识; ③通过游戏评价不断丰富游戏经验
中班	特点	①游戏的内容与情节较小班不断丰富; ②处于联合游戏阶段,游戏主题丰富,但不稳定; ③希望与别人交往,但欠缺交往技能; ④角色意识较强,能够按照自己选定的角色开展游戏
	指导要点	①为幼儿提供丰富且富有变化的游戏材料,鼓励幼儿不断丰富游戏主题; ②以游戏者的身份介入游戏,指导游戏; ③通过幼儿讨论等形式展开游戏评价; ④指导幼儿在游戏中逐渐掌握社会规则和交往技能,逐渐学会独立解决问题
大班	特点	①游戏经验丰富,主题新颖,内容丰富,游戏所反映的人际关系较为复杂; ②处于合作游戏阶段,喜欢与伙伴共同游戏; ③能按照自己的愿望主动选择游戏主题,并有计划地开展游戏; ④在游戏中独立解决问题的能力增强
	指导要点	①与幼儿一起准备游戏环境,侧重语言引导; ②给幼儿提供必要的条件和机会以及适当的引导; ③允许并鼓励幼儿在游戏中进行创造; ④通过多种形式开展游戏讲评

[2017下半年真题]当教师以"病人"身份进入小班"医院"时,有六位"小医生"同时上来询问病情,每个孩子都积极地为教师看病,打针,忙得不亦乐乎。结果,老师一共被打了六针。对小班幼儿这种游戏行为最恰当的理解是(   )

A.过于重视教师的身份　　　　B.角色游戏呈现合作游戏的特点

C.在游戏角色的定位上出现混乱　　D.角色游戏呈现平行游戏的特点

答案:D。题干中小班"医院"存在六位"小医生",他们都积极地为老师看病、打针,忙着自己的工作,但他们并没有意识到彼此的角色和行为都是重复的,并没有进行很好的沟通与合作,说明他们仍处于平行游戏的状态。

考点2　结构游戏的指导

⭐ **考频分布**　2015上材料分析

1.为游戏创造良好的条件

(1)引导幼儿认识建构材料,丰富幼儿相关经验

引导幼儿认识建构材料的形状、颜色、大小等特征,熟悉材料的操作方法,会选用建构材料去构造物体,会灵活使用材料。教师在日常生活中注意丰富幼儿的生活经验,积极培养幼儿仔细观察周围事物的习惯。

(2)教会幼儿构造的基本技能,培养他们的独立构造能力

结构游戏的基本技能有以下几个方面:

①会运用排列与组合、接插与镶嵌、黏合、螺丝旋转等方法构造物体;

②会灵活选用结构元件和辅助材料表现物体的基本特征;

③会设计结构方案,能按计划有目的、有步骤地进行构造活动,并能在实践中修改、补充方案;

④会根据实物和平面图进行构造;

⑤会在集体建造活动中分工合作,建筑较复杂的建筑物等。

(3)提供丰富的结构材料和进行结构游戏的场所

材料和环境的准备是幼儿进行结构游戏的基础,教师应保证游戏时间,提供丰富的结构材料和进行结构游戏的场所,在物质条件上满足幼儿进行结构游戏的需求。

(4)培养幼儿良好的行为习惯

通过结构游戏,教师要注意培养幼儿认真、耐心、细致的工作态度和爱护玩具、爱整洁、爱劳动的良好习惯。

2. 各年龄段结构游戏的特点与指导要点

各年龄段幼儿结构游戏的特点与指导要点

小班	特点	①结构游戏缺乏目的性和计划性； ②选用结构材料盲目、简单； ③建构技能简单、重复； ④对游戏的坚持性较差
	指导要点	①引导幼儿认识结构材料； ②带领幼儿参观中、大班幼儿的建构活动,引起幼儿对建构活动的兴趣； ③为幼儿安排场地,准备足够数量的结构玩具； ④指导幼儿学习基本的构造技能,建构简单的物体； ⑤建立结构游戏简单的规则； ⑥教给幼儿整理和保管玩具的简单方法
中班	特点	①目的比较明确,能初步了解结构游戏的计划； ②对操作过程有浓厚的兴趣,关心结构成果； ③能围绕结构物开展游戏,会按主题进行构建； ④能独立地整理玩具
	指导要点	①丰富幼儿的生活经验； ②引导幼儿学习设计结构方案,有目的地选材； ③指导幼儿掌握结构技能并会应用技能塑造物体； ④鼓励幼儿独立地进行创造性的建构活动； ⑤组织结构活动小组(3~4 人)进行集体建构活动； ⑥组织幼儿评议结构成果
大班	特点	①结构游戏的目的性、计划性和持久性增强,建构内容丰富,使用材料增多,有一定的独立构造能力； ②能合作选取丰富多样的材料,围绕主题进行较复杂的建构； ③希望自己的作品有新意,追求结构的逼真和完美
	指导要点	①丰富幼儿的结构造型知识和生活印象； ②指导幼儿学习表现物体的细节和特征； ③指导幼儿制订计划； ④重点指导幼儿掌握并应用新的技能； ⑤教育幼儿重视结构成果； ⑥引导幼儿开展参加人数多、持续时间长的大型结构活动

考点 3 表演游戏的指导

1. 表演游戏的指导原则

(1)游戏性先于表演性,要确保所组织的活动是"游戏"而不是单纯的表演;

(2)游戏性与表演性应当很好地融合、交织在一起。

2. 中、大班幼儿表演游戏的特点与指导要点

中、大班幼儿表演游戏的特点与指导要点

中班	特点	①可以自行分配角色,但角色更换意识不强; ②游戏的目的性、计划性差,以一般性表现为主,以动作为主要表现手段
	指导要点	①教师应为幼儿提供适宜的游戏时间; ②为幼儿准备封闭或半封闭的空间; ③为幼儿提供的材料要简单易搭,以2~4种为宜; ④游戏最初开展阶段,教师要帮助幼儿做好分组工作,讲解角色更换原则; ⑤不要过多干预幼儿的游戏,不要急于示范,要耐心等待幼儿协商、讨论,提醒幼儿坚持游戏主题; ⑥在游戏展开阶段,教师应帮助幼儿提高角色表现意识,可以参与游戏,为幼儿提供适当的示范
大班	特点	①能独立完成角色分配任务,有很强的角色更换意识; ②游戏的目的性、计划性较强,能自觉表现故事内容; ③具有一定的表演意识,但尚待提高; ④具备一定的表演技巧,能灵活运用多种表现手段,但表演水平尚待提高
	指导要点	①教师可以为幼儿提供种类较多的游戏材料,以鼓励和支持他们进行多样化探索; ②在游戏的最初阶段,教师除了提供时间、空间和基本材料外,应尽可能少地干预幼儿; ③随着游戏的展开,教师应及时为幼儿提供反馈,反馈重点是如何塑造角色

考点 4 智力游戏的指导

1. 智力游戏的组织与指导原则

(1)选择和编制合适的智力游戏;(2)帮助幼儿构建规则意识;(3)培养幼儿的游戏策略意识,而不是教给幼儿游戏的策略。

2. 各年龄段智力游戏的特点与指导要点

各年龄段幼儿智力游戏的特点与指导要点

小班	特点	①游戏任务容易理解,易于完成; ②游戏方法明确具体; ③游戏规则要求低,通常只有一个规则; ④游戏趣味性大于实际操作性,启发性大于知识性; ⑤游戏注重幼儿的兴趣及参与意识的培养
	指导要点	①游戏所涉及的知识要适应幼儿的接受能力; ②要选择规则简单、趣味性较强的游戏; ③教师应熟悉智力游戏的目的、难点、重点、规则和游戏中的相关知识,以发挥其开发智力的作用
中班	特点	①游戏任务知识性大于娱乐性,注重趣味性及幼儿实际操作能力的培养; ②游戏方法复杂多样; ③游戏规则带有更多控制性,要求相对提高; ④注重幼儿在完成游戏任务的同时,遵守规则,并在游戏中给幼儿一定的知识概念
	指导要点	①使幼儿在智力游戏中产生愉快的情绪,注意激发幼儿学习的积极性; ②注意培养幼儿动手动脑的习惯; ③应考虑幼儿的生活经验与接受能力,难度适当; ④要循序渐进,由易到难,激发幼儿思考;
大班	特点	①知识性大于娱乐性,创造性增强; ②游戏任务较为复杂,有时一个游戏多项任务; ③游戏方法多且难度较大; ④游戏规则可以改变,幼儿可以在活动中通过协商制定新的规则
	指导要点	①应注意游戏本身的趣味性和吸引力; ②内容应有一定的难度,幼儿通过动脑思考后能完成游戏任务; ③教师主要依靠语言讲解游戏,并要求幼儿独立开展游戏; ④教师对幼儿游戏的引导应多于指导; ⑤幼儿在智力游戏活动中应遵守规则,同时允许幼儿制定新规则

考点 5　音乐游戏的指导

1. 音乐游戏的指导原则

(1)"漫不经心的娱乐"原则:强调幼儿自身的参与和感受,从幼儿身心特点出发,让幼儿在亲身参与和感受中体会音乐的魅力和内涵。

(2)"幼儿主体、教师引导"原则:①在了解幼儿的基础上,以促进幼儿的发展为目的来设计游戏,确定游戏主题。②充分发挥幼儿的想象力,与他们共同设计音乐游戏。教师应细心地观察孩子的表现,使游戏活动更具指导性。教师还要分享幼儿音乐游戏的快乐,而不是单纯地指导他们如何进行游戏。③要以幼儿为主体,帮助幼儿建立规则意识。当幼儿没有兴趣继续进行游戏时,教师可以参与到游戏中去,通过一些示范活动与鼓励重新激发起幼儿游戏的兴趣。此外,教师还要在音乐游戏中扮演多种角色,灵活处理突发事件。

2. 音乐游戏的指导内容

(1)自娱性音乐游戏的指导。自娱性音乐游戏的特点是"自发性、趣味性、随机性",这决定了教师的指导应当少之又少,基本上只提供游戏材料或者间接指导,尽量不干涉幼儿游戏。教师应创设丰富的音乐环境,提供自娱性音乐游戏的平台。音乐环境一般包括小舞台和音乐区,教师要用心布置该区域,调动幼儿积极性。

(2)教学性音乐游戏的指导。教师要通过选择合适的、有趣的内容,通过教师的感染力来激发幼儿游戏的兴趣。注重游戏过程中的音乐体验,给幼儿充分地表现自我的机会。

考点 6　体育游戏的指导

1. 幼儿体育游戏的指导原则

(1)经常化原则。避免"三天打鱼,两天晒网";

(2)适量的运动负荷原则。通过合理安排及注意调节幼儿练习时身体和心理所承受的负荷量,保证幼儿在运动后取得超量恢复的最佳效果;

(3)多样化原则。灵活运用多种途径、多种组织形式和方法进行体育活动;

(4)全面发展原则。保证体育游戏既能促进幼儿身心发展,又能使身体各部位、各器官系统得到全面协调的发展。

2.幼儿体育游戏常用的指导方法

常用的指导方法有讲解法、示范法、练习法(重复练习法、条件练习法、完整练习法、分解练习法、循环练习法)、语言提示和具体帮助法、游戏法(比赛法、领做法、信号法)。

"按各种游戏类型的特点指导游戏"在考试中主要以材料分析题的形式考查,考查方式多为给出一个教师指导幼儿游戏的案例,让考生评析材料中教师的指导行为是否适宜及原因,并提出改进建议。考生可根据不同年龄阶段幼儿游戏发展的特点并结合各类型游戏的特点分析教师的行为,根据各类型游戏的指导要点并结合材料对教师提出适宜建议。

四、正确评价幼儿的游戏

评价游戏对儿童发展的教育作用是否得以实现或儿童通过游戏是否得到教育,是评价儿童游戏成功与否的关键。而评价游戏教育作用的大小或游戏是否成功的根本出发点就是儿童是否是游戏的主人。具体来讲,可从以下几方面来衡量游戏是否成功:

(1)幼儿是否按意愿选择玩具做游戏,幼儿在游戏中是否感到轻松、愉快,是否发挥了创造性;

(2)幼儿在游戏中能否克服困难,遵守游戏规则,不依赖他人独立游戏;

(3)幼儿能否正确使用玩具、爱护玩具,会收放玩具;

(4)幼儿在游戏中能否对同伴友爱、谦让,能否与同伴合作,愿意帮助别人、不妨碍别人;

(5)游戏内容是否健康,是否有益于幼儿的身心发展。

五、使游戏成为幼儿园的基本活动

1.重视幼儿的自发性游戏

自发性游戏是指幼儿自己想出来的、自己发起的游戏,这种游戏完全符合游戏的特点,最贴近游戏的本质,也是幼儿最愿意玩的游戏。自发性游戏除具有上面所讲的功能外,还特别有利于培养幼儿的自主性、独立性和创造性。幼儿只有有了一定的自主性,才可能成为自己活动的真正主体,才可能使以自主性为显著特征的游戏成为幼儿的基本活动。作为幼儿教师,应充分认识自发性游戏对幼儿的重要作用,应准许、支持并鼓励幼儿进行自发性游戏。

2. 充分利用游戏组织幼儿园各类教育活动

为了达到幼儿园的保教目标,促进幼儿身心和谐发展,教师除让幼儿进行各种游戏活动以外,还要有目的、有计划、有系统地组织幼儿进行各种教育活动,如劳动、参观、上课等。为了既保证教育的计划性,又保证游戏成为幼儿的基本活动,教师必须充分利用游戏组织各类教育教学活动。

3. 满足幼儿对多种游戏的需要

幼儿对游戏的需要是多种多样的,他们想玩各种各样的游戏,加上幼儿之间存在着很大的个体差异,即使是同一种游戏,幼儿关注的重点、感兴趣的侧面也有不同。各种游戏并无好坏、高低之分,任何一种游戏都具有其自身独特的作用。所以,教师应为幼儿提供各种各样的游戏,注意到幼儿的个体差异,满足幼儿的需要。

≡ 达标测评 ≡

建议用时	实际用时	测评总分	实际得分
75 分钟	_____分钟	94 分	_____分

一、单项选择题(每小题 3 分,共 24 分)

1. 做泥工游戏时,幼儿将橡皮泥捏成小人,这属于(　　)游戏。

A. 练习性　　　　　B. 规则性　　　　　C. 结构性　　　　　D. 象征性

2. 教师要求幼儿按"抱娃娃—喂娃娃—哄娃娃睡觉"的流程图玩娃娃家游戏,这种做法违背了游戏的(　　)

A. 现实性特征　　　　　　　　　B. 娱乐性特征

C. 假想性特征　　　　　　　　　D. 自主自愿特征

3. 儿童根据故事、童话的内容,运用动作、表情、语言,通过扮演角色,进行创造性游戏,属于(　　)

A. 表演游戏　　　B. 角色游戏　　　C. 结构游戏　　　D. 智力游戏

4. 教师不参与游戏,但积极地帮助幼儿为游戏做准备,并随时为正在进行的游戏提供帮助。这说明教师在游戏中扮演了(　　)角色。

A. 不参与者　　　B. 导演者　　　C. 旁观者　　　D. 舞台管理者

5.游戏活动中,班上的男孩儿们最喜欢用插塑积木拼搭各种手枪、宝剑,然后打斗玩耍。看到这种情况,你认为该如何介入(　　)

A.和幼儿一起讨论"怎样玩更合适",并为幼儿的游戏提供支持

B.把幼儿拼搭好的手枪、宝剑拆掉,制止打斗游戏

C.不予干预,继续让幼儿玩打斗游戏

D.直接把插塑积木拿走

6.在建构区中,幼儿需要思考"搭建什么东西？用什么搭？怎样搭才像？"等一系列问题。这一过程说明游戏对幼儿认知发展的作用是(　　)

A.可以让儿童在潜移默化中学到知识

B.培养儿童的注意力和观察力

C.激发儿童的创造力和思考力

D.培养儿童解决问题的能力

7.小乐双手拿着一个圆形的塑料盘左右旋转说:"妈妈,火车来了,快让开。"小乐玩的是(　　)

A.感觉运动游戏　　　　　　　　B.建构性游戏

C.规则性游戏　　　　　　　　　D.象征性游戏

8.规则性游戏主要包括(　　)

A.智力游戏、角色游戏、音乐游戏　　B.智力游戏、体育游戏、音乐游戏

C.表演游戏、体育游戏、音乐游戏　　D.智力游戏、音乐游戏、民间游戏

二、简答题(每小题 15 分,共 30 分)

1.简述幼儿游戏的特点。

2.简述游戏促进幼儿社会性的发展的主要表现。

三、材料分析题(每小题 20 分,共 40 分)

1.材料:

某老师在语言活动"小乌龟开店"的基础上,组织一次表演游戏。教师一一出示早已准备好的道具,介绍完道具,配班老师带领全班幼儿"开火车"离开活动室去"剧场"看表演。主班老师忙着在活动室里布置场景:一家花店,一家书店,一家气球店。场地布置好了,幼儿在配班老师的带领下进入"剧场"。主班老师提问:"谁愿意上来表演？"几十只小手举了起来,老师挑了五个没有举手而上次语言活动表现又不好的幼儿上来表演。表演时,老师不停地提示孩子们对话、做动作。第二轮,老师请了五个"做得好的孩子"上来表演,五个孩子表演同一个角色。老师还是不时地按照故事情节规范孩子们的语言,纠正动作。好多孩子忙着摆弄有趣的道具,忘了表演,老师又不停地提醒。

问题：

请根据幼儿游戏的特点,试分析材料中的活动是不是真正意义上的游戏活动。

2. 材料:

在进行建构游戏时,瑞瑞说:"我想搭宝塔。"萱萱说:"我想搭围墙。"卉卉说:"我想搭小桥。"李老师说:"那你们一起搭个公园,怎么样?"孩子们想了一下说:"好吧。"于是他们为搭建公园忙碌了起来。约二十分钟后,他们铺好了路,建好了桥。搭好了二层宝塔,在搭第三层的时候,由于身高原因,无法盖顶,孩子们反复尝试都没有成功,大家很沮丧,正要放弃时,李老师问:"有什么工具可以让我们变高呢?"卉卉一听立刻说:"我们可以用梯子。"于是他们迅速找了人字梯,盖好第三层之后,又搭起了第四层,这时李老师走过来悄悄扶着梯子,笑眯眯地看着大家。

问题:

(1)结合材料,分析李老师三次介入幼儿游戏的时机是否适合,并说明原因。

(2)结合实践,分析教师应如何适时介入幼儿的游戏活动。

参考答案及解析

一、单项选择题

1. C　[解析]结构性游戏又称建构游戏或造型游戏,是指儿童运用积木、积塑、金属材料、泥、沙等各种材料进行建构或构造,从而创造性地反映现实生活的游戏。

2. D　[解析]游戏是儿童自主自愿的活动。在游戏中,儿童是出于自己的兴趣和愿望、自发自愿自主地进行游戏,而不是在外在的强制下进行游戏,他们可以自由表达自己的内心,显露自己的潜力。题干中教师要求幼儿按照流程图来玩游戏,违背了游戏的自主自愿特征。

3. A　[解析]表演游戏是儿童根据故事、童话的内容,运用动作、表情、语言,通过扮演角色,进行创造性表演的游戏。

4. D　[解析]舞台管理者是指教师不参与游戏,但积极地帮助幼儿为游戏做准备,并随时为正在进行的游戏提供帮助,如回应幼儿关于材料的要求,协助幼儿布置环境,提出适当的建议以延伸幼儿的游戏等。

5. A　[解析]"和幼儿一起讨论'怎样玩更合适',并为幼儿的游戏提供支持"既避免了幼儿因打斗玩耍而出现的危险行为,又充分满足了幼儿继续游戏的心理需求。A项符合题意。B项中仅仅制止打斗,不能彻底解决幼儿的争斗问题,且将幼儿拼搭好的手枪、宝剑拆掉,容易使幼儿丧失游戏兴趣,打击幼儿游戏的积极性。C项的做法是教师不负

责的表现,且容易造成意外事故。D项的做法没有尊重幼儿的游戏意愿,且没有支持幼儿的游戏。

6.C [解析]游戏能激发学前儿童的创造力。游戏是幼儿园的基本活动,也是培养儿童创新精神与创新意识的主要方式。在游戏中,儿童能够无拘无束地玩耍,产生许多新颖的想法和独特的行为,进一步发展创造力。题干中幼儿思考的一系列问题表明游戏促进了幼儿的创造力和思考力。

7.D [解析]象征性游戏是处于前运算阶段(2~7岁)的儿童常进行的一类游戏。它是把知觉到的事物用它的替代物来象征的一种游戏形式。儿童将某一物体作为一种信号物来代替现实的客体,这就是象征游戏的开始。

8.B [解析]规则性游戏是为发展幼儿的能力而编制的、有明确规则的游戏,主要包括体育游戏、智力游戏、音乐游戏。

二、简答题(答案要点)

1.(1)游戏是儿童自主自愿的活动(自由性);

(2)儿童重视的是游戏的过程,而非游戏的结果,无强制性的外在目的(非功利性);

(3)游戏是充满想象和创造的活动(想象性);

(4)游戏具有假想成分,是在假想的情景中反映社会生活,是虚构和现实统一的活动(虚构性和社会性);

(5)游戏是能给儿童带来积极情感体验的活动(愉悦性);

(6)游戏是具体的活动。

2.(1)游戏有助于克服儿童的自我中心;(2)游戏培养了儿童的合群行为;(3)游戏发展了儿童遵守规则的能力。

三、材料分析题(答案要点)

1.游戏是学前儿童的基本活动,是学前儿童喜爱的、主动的活动,是学前儿童反映现实生活的活动。儿童的游戏具有以下特点:(1)游戏是儿童自主自愿的活动(自由性);(2)儿童重视的是游戏的过程,而非游戏的结果,无强制性的外在目的(非功利性);(3)游戏是充满想象和创造的活动(想象性);(4)游戏具有假想成分,是在假想的情景中反映社会生活,是虚构和现实统一的活动(虚构性和社会性);(5)游戏是能给儿童带来积极情感体验的活动(愉悦性);(6)游戏是具体的活动(具体性)。

材料中的教师没有尊重幼儿的意愿,强制要求幼儿上台表演,违背了自主自愿的特点;材料中的教师不时地按照故事情节规范语言,纠正孩子们的动作,使得幼儿失去了创造的机会,也不会给幼儿带来愉悦性。

综上所述,该材料中的老师组织的所谓“游戏”活动并不是真正的游戏,违背了游戏的本质特点。教师在组织儿童进行游戏的时候,应当充分尊重儿童游戏的兴趣和意愿,根据儿童的身心特点及生活经验进行游戏环境的创设,在儿童游戏的过程中,用心观察儿童在游戏中的表现,鼓励幼儿的自主性和创造性,在幼儿园中为幼儿提供他们感兴趣的游戏材料和游戏环境。

2.(1)李老师在幼儿游戏时的三次介入是合适的,理由如下:

①当幼儿因为建构主题而争论不休,导致建构游戏迟迟无法开始时,教师进行了第一次介入,帮助幼儿确立了建构主题,保证了游戏顺利开始。

②当幼儿在游戏过程中遇到困难,准备放弃时,教师进行了第二次介入,用提示性的语言帮助幼儿克服游戏困难,使得游戏能顺利开展下去。

③当幼儿在教师的启发下借助梯子进行游戏时,教师进行了第三次介入,悄悄扶着梯子,确保了幼儿游戏过程的安全。

(2)①当幼儿游戏出现困难时介入。当幼儿不知道自己该做什么游戏、如何去游戏时,教师的介入是引导幼儿开始游戏的关键。

②当必要的游戏秩序受到威胁时介入。当必要的游戏秩序受到威胁时,教师可用游戏口吻自然地制止幼儿的干扰行为,并提出活动建议。

③当幼儿对游戏失去兴趣或准备放弃时介入。这时教师的介入可以帮助幼儿拓展游戏内容,提高游戏技能,进一步激发幼儿的游戏兴趣。

④在游戏内容发展或技能方面发生困难时介入。在这种情况下,教师可以作为游戏同伴介入游戏给予幼儿示范,或者让幼儿相互启发,相互影响,以帮助幼儿克服困难,拓展游戏。

即时反思与复盘总结

我于_____年___月___日完成了对本章的学习。

复盘一下,我对自己较肯定的地方是_____

(足够努力/心态积极/方法得当……)

我觉得自己需要改进的地方是_____

(懒惰懈怠/心情浮躁/方法不当……)

休息片刻,开启下一站征程!

第六章　教育活动的组织与实施

内容概要

　　本章包括幼儿园教育活动概述、幼儿园主题活动的设计、幼儿园健康教育活动的设计、幼儿园语言教育活动的设计、幼儿园社会教育活动的设计、幼儿园科学教育活动的设计、幼儿园数学教育活动的设计、幼儿园音乐教育活动的设计、幼儿园美术教育活动的设计、幼儿园其他形式活动的设计十节。本章内容在真题试卷中所占分值约 30~50 分,主要以单项选择题、简答题、论述题、材料分析题、活动设计题的形式考查。本章各节 2015—2023 年考频汇总如下:

幼儿园教育活动概述　——————○　**总考频 5 次**

幼儿园主题活动的设计　—————○　**总考频 8 次**

幼儿园健康教育活动的设计　————○　**总考频 2 次**

幼儿园语言教育活动的设计　———○　**总考频 1 次**

幼儿园社会教育活动的设计　———○　**总考频 4 次**

幼儿园科学教育活动的设计　———○　**总考频 2 次**

幼儿园数学教育活动的设计　——○　**总考频 1 次**

幼儿园音乐教育活动的设计　　**总考频 0 次**

幼儿园美术教育活动的设计　—○　**总考频 2 次**

幼儿园其他形式活动的设计　—○　**总考频 1 次**

第一节　幼儿园教育活动概述

思维导图

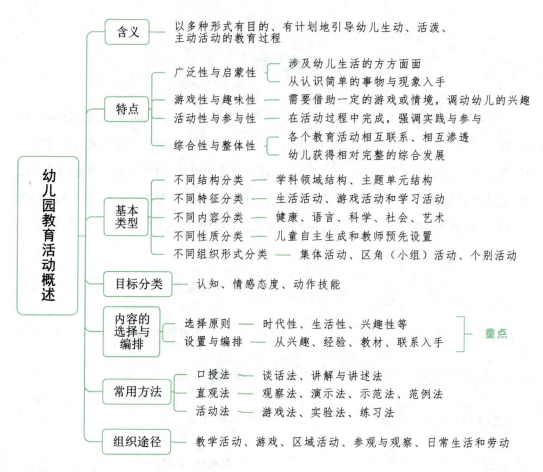

幼儿园教育活动概述

- 含义 —— 以多种形式有目的、有计划地引导幼儿生动、活泼、主动活动的教育过程

- 特点
  - 广泛性与启蒙性
    - 涉及幼儿生活的方方面面
    - 从认识简单的事物与现象入手
  - 游戏性与趣味性 —— 需要借助一定的游戏或情境，调动幼儿的兴趣
  - 活动性与参与性 —— 在活动过程中完成，强调实践与参与
  - 综合性与整体性
    - 各个教育活动相互联系、相互渗透
    - 幼儿获得相对完整的综合发展

- 基本类型
  - 不同结构分类 —— 学科领域结构、主题单元结构
  - 不同特征分类 —— 生活活动、游戏活动和学习活动
  - 不同内容分类 —— 健康、语言、科学、社会、艺术
  - 不同性质分类 —— 儿童自主生成和教师预先设置
  - 不同组织形式分类 —— 集体活动、区角（小组）活动、个别活动

- 目标分类 —— 认知、情感态度、动作技能

- 内容的选择与编排【重点】
  - 选择原则 —— 时代性、生活性、兴趣性等
  - 设置与编排 —— 从兴趣、经验、教材、联系入手

- 常用方法
  - 口授法 —— 谈话法、讲解与讲述法
  - 直观法 —— 观察法、演示法、示范法、范例法
  - 活动法 —— 游戏法、实验法、练习法

- 组织途径 —— 教学活动、游戏、区域活动、参观与观察、日常生活和劳动

考向分析

本节属于幼儿园教育活动的基础知识，内容琐碎，识记性内容较多。在考试中以单项选择题、简答题和论述题的形式考查。汇总分析 2015 年至 2023 年的真题试卷，本节知识考查情况统计如下：

知识	考点	考频	题型
幼儿园教育活动目标的分类	布卢姆的教育目标分类	1	单选
幼儿园教育活动内容的选择与编排	幼儿园教育活动内容选择的原则	3	单选、简答、论述
幼儿园教育活动的常用方法	观察法	1	单选

 核心考点

一、幼儿园教育活动的含义

《幼儿园教育指导纲要(试行)》指出,幼儿园的教育活动,是教师以多种形式有目的、有计划地引导幼儿生动、活泼、主动活动的教育过程。作为幼儿园教育的基本形式以及幼儿园课程的实施载体,它是以幼儿为主体,在教师创设的以适合幼儿身心发展需要和特点的多种形式的活动与环境材料的互动过程中,引发幼儿积极参与、主动探索并大胆表现的教育活动,旨在促进幼儿健康、全面、和谐地发展。

二、幼儿园教育活动的特点

1.广泛性与启蒙性

幼儿园教育活动的内容、教育过程涉及幼儿生活的方方面面,可按照幼儿学习活动的范畴相对划分为健康、社会、科学、语言、艺术五个领域。各领域的内容都应有利于发展幼儿的知识、技能、能力、情感、态度等。

根据幼儿的认知水平和年龄特点,其所能接受的内容是初步的、粗浅的,应从认识简单的事物与现象入手,引导幼儿认识事物之间的关系,运用幼儿已有的生活经验,获得粗浅的知识。如幼儿科学教育的内容十分广泛,我们可以把选择范围确定在幼儿广泛的日常生活方面,如"好玩的水""各种各样的线团""有趣的滚动"等,这些内容来源于幼儿生活,能帮助幼儿理解和接受;也可以在广泛的学科知识方面,按知识领域确定内容,如认识植物可以从"不一样的小草""有趣的叶子""好吃的蔬菜"等开始,启发幼儿探索、获取有关植物方面的粗浅知识。

2.游戏性与趣味性

幼儿的思维具有直觉行动性和具体形象性的特点,教师在教育活动时需要借助一定的游戏或情境,调动幼儿的兴趣,吸引他们在游戏的情境中积极地交往与想象,主动地探索与交流。如"好玩的水",让幼儿在玩的过程中发现水的秘密。

3.活动性与参与性

幼儿主要是在与人、物相互作用的过程中获得经验,他们的学习是以直接经验为基础。所以,幼儿园教育活动是在幼儿积极、主动的活动过程中完成的,强调每个幼儿的实践与参与。

4.综合性与整体性

(1)幼儿园各类(或各个)教育活动相互联系、相互渗透,综合构成一个整体,各类(或各个)教育活动都是整体的一个部分,它们综合发挥作用,共同促进幼儿的全面发展。

(2)幼儿园教育活动的目标、内容、过程、措施、评价以及环境、教材、设备、材料等因素相互联系、相互制约,共同构成教育活动的整体结构。

(3)幼儿园教育活动作为幼儿发展的基础和重要源泉,能使幼儿在活动中产生认知、技能、情感、态度等方面的整体反应,在教育过程中应依据幼儿已有经验和学习的兴趣与特点,灵活、综合地组织和安排各方面的教育内容,使幼儿获得相对完整的综合发展。

三、幼儿园教育活动的基本类型

幼儿园教育活动的主体是儿童,但活动的对象多种多样,构成因素也各不相同,这也就形成了不同类型的教育活动,一般可以将幼儿园教育活动分为以下几种基本类型:

1.从幼儿园教育活动的结构出发

根据幼儿园教育活动的不同结构,可以分为学科领域结构的教育活动(它通常包括语言活动、数学活动、科学活动、音乐活动、美术活动和体育活动六种类型)和主题单元结构的教育活动两大类。

2.从幼儿园教育活动的特征出发

根据幼儿园教育活动的特征不同,可以分为生活活动、游戏活动和学习活动。幼儿园教育活动具有三方面的特征:(1)计划性、目的性;(2)儿童的主体性、教师的主导性;(3)形式的丰富性、多样性。因此,从广义的角度来说,在幼儿园的一日活动中凡是符合以上三个基本特征的活动都可以理解为幼儿园教育活动,而不是狭窄地将其仅仅界定为作业(或学习、学科)类的活动。

3.从幼儿园教育活动的内容领域出发

根据幼儿园教育活动的不同内容,可以分为健康领域教育活动、语言领域教育活动、科学领域教育活动、社会领域教育活动和艺术领域教育活动五类。当然,幼儿园的教育内容应当是全面的、启蒙性的和相互渗透的,这种划分只是相对性的。

4.从幼儿园教育活动的性质出发

根据幼儿园教育活动的不同性质,可以分为由儿童自主生成的教育活动和由教师预

382
将心注入,用双手把考生托上岸

先设置的教育活动两类。前者更关注儿童的兴趣、儿童的学习需要,是在儿童偶发性的探究和兴趣的支配下产生内部动机的需要从而生成的某个主题的活动;而后者更强调教师的计划组织和直接指导,是教师设定教育活动目标、提供活动环境和材料并有计划地实施指导的活动。

5.从幼儿园教育活动的组织形式出发

根据幼儿园教育活动的不同组织形式,可以分为:

(1)**集体活动**:是由教师有目的、有计划地组织全班幼儿在同一时间、同一空间下所进行的统一的活动。此类活动一般计划性较强,组织比较严密,时间比较固定。

(2)**区角(小组)活动**:是由教师创设一定的环境,提供相应的材料并给予一定的间接影响的教育活动类型。儿童可以在同一时间单元里选择不同的活动内容,一般组织比较宽松,时间相对自由,儿童可以相互合作,也可以个别操作。

(3)**个别活动**:是根据个别儿童的特殊需要安排和进行的教育活动,一般包括具有特殊才能或发展障碍儿童的个别教育以及部分供儿童自由选择的区域活动。

四、幼儿园教育活动目标的分类 【9年1考】

⭐ **考频分布** **2019** 上单选

美国著名教育心理学家布卢姆等人在《教育目标分类学》中曾以儿童身心发展的整体结构为框架,为教育目标的建立提供了一个比较规范、清晰的形式标准,这个框架下教育目标可分为认知、情感态度、动作技能三大类:

(1)认知领域,主要包括知识的掌握、理解或回忆、再认,以及认知能力的形成、发展等方面的目标。

(2)情感态度领域,主要包括兴趣、态度、习惯和价值观等方面的形成、发展的目标。

(3)动作技能领域,主要包括神经肌肉协调的操作技能、动作技能和行动等方面的目标。

每一领域又按其性质由易到难、由简到繁、由低级到高级分为若干层次,如认知领域分为知识、领会、应用、分析、综合和评价六个层次;情感领域分为接受、反应、评价、组织和性格化五个层次;动作领域则分为反射动作、基础动作、技巧动作、知觉能力和体能(耐力、力量、韧性、敏捷性)五个层次。

布卢姆等人的教育目标分类学标准体现了对儿童全面发展价值的关注。

五、幼儿园教育活动内容的选择与编排 【9 年 3 考】

考点 1　幼儿园教育活动内容选择的原则

⭐ **考频分布**　2022 上论述,2019 上简答,2018 下单选

教育活动内容的选择是一项复杂的工作。选择时要考虑多重因素,兼顾社会发展、幼儿园工作、儿童、家长等各方面的需要,以保证活动内容的科学性和适宜性。

1. 时代性原则

幼儿园教育应不断吸收、补充或更新教育内容,以适应时代发展变化的要求。而且现在的孩子无论是知识经验的储备,还是技能的发展,都比以前的幼儿有更大的变化和提高,这也要求教师在选择教育活动的内容时,要突破已有教材或内容的限制,选取反映现代幼儿特点的内容,这样才能培养出符合教育目标和社会发展的未来人才。

2. 生活性原则

幼儿教育与幼儿的生活是紧密联系在一起的。因此,幼儿园教育活动内容应该主要来源于现实生活,教育活动应该是促进幼儿美好生活的有效途径。衡量幼儿发展最核心的依据是幼儿在现实生活中的表现。幼儿园教育活动内容的选择必须以儿童的生活经验为基础,遵循各年龄段儿童在认知、情感态度、能力、个性和社会性发展方面的一般规律,提出既与儿童原有经验相适应又有利于儿童主动建构的活动内容,同时,要协调好社会生活经验与儿童个体生活经验之间的矛盾。

3. 兴趣性原则

幼儿的年龄特征决定了兴趣是直接支配他们学习的最大内在动力。有了兴趣,幼儿就有了主动参与活动的愿望和积极的态度。首先,要关注幼儿的兴趣,从他们感兴趣的事物中选择教育价值丰富的内容。活动内容的兴趣性增强,可以更好地引发幼儿主动学习、快乐发展,使学习活动变得轻松、愉快,让儿童在自觉自愿、积极主动中获得健康发展。其次,教师要将必要的活动内容转化为幼儿的兴趣,有些活动内容从幼儿长远的发展来看是必要的,但不见得所有的孩子都感兴趣,这就需要教师尽量把它们转化为幼儿的兴趣。

4. 内容和目标相一致的原则

活动内容是实现活动目标的手段。活动目标一旦确定,就要求选择与之相符的内容来保证它的实现。教师在选择内容时首先要考虑选择这个内容是为了实现哪一个或哪几个目标,这个内容是否与目标有关联,是什么样的关联,是否还有关联更密切的内容等。其次,教育内容与目标并非一一对应的关系。一项活动目标往往需要多项活动内容才能实现。因此,在确立目标时,教师要善于统整各项教育活动,围绕一个目标协调各种教育活动为它服务;同时也要最大限度地发挥某一活动的教育功效,使一项活动能实现多方面的教育任务。

5. 因地制宜原则

幼儿园在选择教育活动内容时,应尽量选取那些能反映幼儿园周围环境和社区特点的,能充分利用当地的各种教育资源和条件,使教育活动的内容区域化、本土化。同时,教师也要善于从所在地区的自然环境、历史背景、社会设施及资源中挖掘与选择教育活动内容和材料,体现地方性、乡土性、民族性。

考点2 幼儿园教育活动内容的设置与编排

作为以促进儿童发展为目的的幼儿园教育活动,活动内容的选定和设置是影响教育活动效果和儿童发展的重要因素之一,因此,关于教育活动内容的设置和编排也就成为教育实践者和教师工作的核心任务之一。

1. 从兴趣入手

儿童、情境以及师幼互动交往的动态使得幼儿园教育活动过程充满了变化的因素,充满了无法预知的衍生性和创造性,因此,教育活动从本质上说是动态的、发展变化的,是根据儿童的兴趣需要而设置的。生成性是教育活动的本质价值,而儿童的兴趣正是生成的前提和基础。

2. 从经验入手

作为一个主动的学习者，儿童是在与周围环境相互作用的过程中获得经验的，儿童的学习离不开他们的经验基础。因此，教育活动内容的设置和编选也必须考虑到儿童的经验，所设定的活动内容应贴近他们的生活经验范围。只有来自儿童生活经验的内容才能引发他们的探究兴趣，符合他们的认知水平，唤起他们表达、表现的欲望，进而获得可能的发展。

3. 从教材入手

教材能够提供给教师一个内容范围以及教育活动的具体内容，提供给教师不同的主题素材和活动提示，但教师要把它真正变为适合儿童需要、促进儿童发展的活动内容，还需要再次筛选、加工和设计。因此，从教材内容的呈现来看，教师必须通过自己的"工作"将教材内容所蕴含的意义、背景和内在关系转变为儿童的学习需要和学习过程。

教师从教材入手进行教育活动内容的设置和编排时应注意以下两点：(1)对一个活动内容或作品素材尽量从不同的层面进行挖掘和内容设计。如在小班的"娃娃家"主题中，教材提供了一个儿歌作品的素材（"布娃娃，布娃娃，大大的眼睛黑头发，我来抱抱你，做你的好妈妈"），教师设计活动内容时，不仅应当挖掘儿歌作品本身在语言方面的价值，而且应当从作品所能蕴含的积极情感体验和人际交往方面的价值出发综合设计相应的教育活动内容。(2)从幼儿的视角出发，分析教材内容所蕴含的核心经验，从而设计出幼儿所需要的活动内容。如教育活动"有营养的水果"，若从成人的角度出发，活动的内容设计重点就会安排在认识各种水果以及它们各自的营养价值；如果从儿童的角度出发，教师就可能会把重点安排在"买水果"或"制作水果拼盘"等方面，因为这样的内容更能够体现儿童的兴趣。

4. 从联系入手

在设置和编排教育活动内容时，从联系入手包括两层含义：(1)关注活动内容中所涉及的概念之间纵向发展的联系，确保由已知到未知，由整体到部分，由一般到个别，不断分化。(2)注意教育活动内容之间的横向联系，从横向方面加强活动内容所涉及的相关概念之间的联系，以及知识、技能、情感各部分内容之间的协调衔接，以促进儿童融会贯通地学习，并保证儿童的协调发展。

将心注入，用双手把考生托上岸

六、幼儿园教育活动的常用方法 　【9 年 1 考】

考点 1　口授法

这是一种运用语言进行教学的方法。幼儿园常用的方法有谈话法、讲解与讲述法等。

1. 谈话法

谈话法是教师和幼儿双方围绕某一个问题或主题,自由地发表自己的想法和意见,表达自己的感受和体验,相互交流、相互学习的方法。这种方法有助于幼儿将所获得的知识系统化,同时还能提高幼儿的语言表达能力。

2. 讲解与讲述法

讲解是运用口头语言向幼儿说明、解释事物或事情。讲述则是运用语言向幼儿叙述事实材料或描绘所讲的对象。在教学中,很少单独使用讲解或讲述的方法,因为幼儿注意力难以持久,不可能长时间聚精会神地听讲,而且他们的语言理解能力也有限,如果将讲解或讲述的方法与其他方法结合起来运用,可以获得较好的效果。

考点 2　直观法

⭐ **考频分布**　2021 上单选

直观法是幼儿园教学的主要方法。它是教师在教育过程中配合讲述、讲解向幼儿展示实物、教具或作示范性实验和表演,借以说明和印证所讲授知识的一种方法。幼儿园常用的直观法主要有观察法、演示法、示范法、范例法。

1. 观察法

观察法是指教师有目的、有计划地引导幼儿运用视觉、听觉、味觉、嗅觉等多种感官去感知所选定的客观事物与现象,使之获得感性经验,并在此基础上逐步形成概念的方法。观察法包括个别物体观察、比较性观察、长期系统性观察等形式。这种方法是科学领域和美术领域教学的主要方法。

2. 演示法

演示是指教师向幼儿展示各种实物、直观教具或做实验,引导幼儿通过观察获得感性认识的方法。按不同的演示材料可分为实物、标本、模型、图片、实验、音像演示等;按演示的内容和特点可分为单个物体或现象的演示、事物发展过程的演示等。

3. 示范法

示范法是指教师通过自己的实例为幼儿提供具体模仿的范例。在语言活动、科学活动的教学中，教师应经常运用语言示范，发展幼儿叙述、描写、创造性讲述及朗诵能力；在美工、音乐、体育教学中则通过动作示范帮助幼儿掌握学习内容和动作。示范法包括完整示范、部分示范、分解示范、不同方向示范等多种形式。

4. 范例法

范例法是指向幼儿出示的各种样品，如绘画、纸工、泥工样品等，供幼儿观察、模仿学习。这种方法多用于美术、美工的教学。范例包括图片、模型、玩具、画册、实物标本以及教师做的图画、手工和贴绒样品等。

真题面对面

[2021 上半年真题]在科学活动《奇妙的气味》中，教师分别准备了装有水、食醋、酱油等液体的瓶子，请幼儿看一看，闻一闻。教师在活动中使用了（　　）的方法。

A. 实验　　　　　B. 参观　　　　　C. 观察　　　　　D. 讲述

答案：C。

考点 3　活动法

活动法是指教师在教育教学活动中，创设多种以幼儿为主体的实践活动，训练幼儿的各种感官，并帮助幼儿进一步理解知识、巩固技能、加深记忆的一种教学方法。幼儿园常用的活动法主要是游戏法、实验法、练习法。

1. 游戏法

游戏法是指教师以游戏的口吻或用有规则游戏组织教学的方法。游戏法是深受幼儿欢迎的一种教学方式，也是幼儿园教学的特点之一。游戏法包括智力游戏、体育游戏、音乐游戏、语言游戏、综合游戏等形式。

2. 实验法

实验法是幼儿在教师指导下，运用一定的材料、设备进行动手操作，观察和研究这种操作所引起的现象和过程，验证自己的设想，以获取知识的教学方法。这种方法较多运用在科学活动中。

3. 练习法

练习法是指幼儿在教师的指导下,通过多次实践练习而巩固和掌握知识与技能的方法。它是巩固新知识,形成技能技巧和习惯的基本方法。练习法按性质和特点分为运用技能练习、道德行为练习、心智技能练习等。如教师以猫妈妈带着猫宝宝找老鼠的口吻,指导幼儿在草地上做爬行练习,通过模拟各种动物的叫声来练习发音等。

七、幼儿园教育活动的组织途径

1. 教学活动是组织和实施幼儿园教育活动的重要途径

教学活动,即传统意义上的上课。但这一活动形式在观念上已不同于传统的填鸭式教学方式,强调教学作为一种师生互动的双边活动,两者互为主客体。在这种教学观念的指导下,教学活动已不再是一味地强调教师在活动中的主导作用,而是强调将教师的主导作用与幼儿在活动中的主动性和积极性有机地结合起来,强调让幼儿通过自身的实践活动去达成教育活动的目标,获得自身的发展。

2. 游戏是组织和实施幼儿园教育活动的最佳途径

游戏是幼儿期儿童特有的主导活动,也是幼儿最基本、最喜欢的一种活动形式。从幼儿园组织教育活动的现实状况来分析,各幼儿园不仅重视组织幼儿开展丰富多样的各类游戏活动,而且提倡在各类教学活动中贯彻教学游戏化原则。

3. 区域活动是组织和实施幼儿园教育活动最重要的非正规性途径

区域活动又称活动区活动。按活动得以展开的地点来划分,通常可分为室外区域活动和室内区域活动两大类。其设置的方法是:在室内或室外按活动的需要和要求,将可供幼儿活动的空间隐性或显性地划分成若干个区域,在每个区域固定或不固定地设置各种可供幼儿操作的各类材料或器械。

区域活动作为组织和实施幼儿园教育活动的最重要的非正规性途径,不仅自身具有重要的发展幼儿体智的价值,而且也是幼儿园正规性教育活动得以延伸和补充的重要途径。它具有其他活动途径所不能替代的作用和意义。

4. 参观与观察是组织和实施幼儿园教育活动必不可少的途径

参观和观察是教师有目的的、有计划地组织和引导幼儿用感官去了解周围生活中的自然和社会现象(如社会活动、社会设置等)的一种知觉活动。它不仅丰富了幼儿园教育活动的内容,而且还有利于幼儿园充分利用幼儿周围的自然和社会教育资源,组织丰富多样的教育活动,加强幼儿与自然和社会的联结,激发幼儿对自然和社会的情感。因此,这种活动形式是组织和实施幼儿园教育活动必不可少的途径。

5. 日常的生活和劳动也是组织和实施幼儿园教育活动的途径之一

一日生活皆教育,教师应利用幼儿在幼儿园生活中的每一个环节开展对幼儿的教育,其中包括习惯的养成、生活经验的丰富等,教师要学会抓住每个教育幼儿的契机。幼儿的一日活动还包括日常的生活活动和劳动。从广义上理解,幼儿在园的一日活动都是教育活动。

第二节 幼儿园主题活动的设计

 思维导图

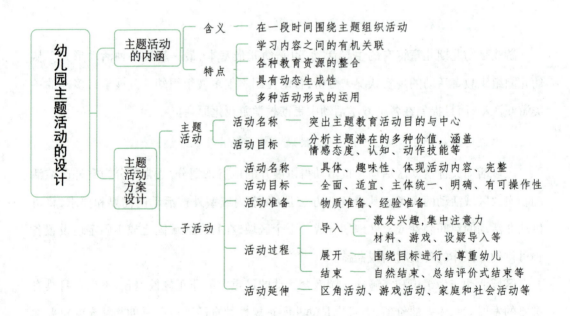

📝 考向分析

本节主要介绍幼儿园主题活动的内涵和幼儿园主题活动方案设计的相关知识,需要考生理解记忆。在考试中主要以活动设计题的形式考查。汇总分析 2015 年至 2023 年的真题试卷,本节知识考查情况统计如下:

将心注入,用双手把考生托上岸

知识	考点	考频	题型
幼儿园主题活动方案设计	理解整合各领域教育的意义和方法，能够综合地设计并开展教育活动	8	活动设计

 核心考点

一、幼儿园主题活动的内涵

考点1 幼儿园主题活动的含义

幼儿园主题活动是指在一段时间围绕贴近幼儿生活的一个中心内容（即主题）作为组织课程内容的主线来组织教育教学的活动。

主题活动是幼儿园综合课程的表现形式之一。主题活动打破学科之间的界限，根据主题的中心内容确定主题展开的基本线索，依据这些基本线索确定主题的基本内容，并创设相应的教育环境，组织开展一系列教育教学活动，让幼儿通过对主题的学习，获得与主题有关的较为完整的知识和经验。

考点2 幼儿园主题活动的特点

1. 学习内容之间的有机关联

主题活动强调从幼儿的认知水平、经验和兴趣出发，加强学科、领域之间的横向联系。例如，"秋天到了"的主题，就是以秋天为中心，然后扩展到秋天的天气、衣服、果实、树叶等。其中可涉及语言、健康、科学等多个领域。

主题活动中的学科、领域的横向联系，表现为一种有机联系下的内容的有机渗透，而不是一些学科内容机械地等分与组合。

2. 各种教育资源的整合

幼儿园主题活动的开展，需要充分开发和利用幼儿身边的一切资源，如人力资源、环境资源、人文资源等。人力资源包括教师、幼儿、家长等；环境资源包括幼儿园园内与主题相关的区域环境、主题墙饰，还包括园外的自然环境及社会环境，如社区的一些公共设施、场所等；人文资源包括本地区的人文风俗、文化古迹等。

3.活动具有动态生成性

从主题活动的目标及内容来看,除了有教师预设的目标与内容,也有随活动开展生成的目标与内容。不断动态生成的主题活动目标与不断丰富的活动内容赋予了主题活动动态生成的特性。

4.多种活动形式的运用

主题活动的形式丰富多样,有集体教学、区域活动、生活活动、游戏活动、亲子活动、参观游览、表演、汇报等。

二、幼儿园主题活动方案设计 【9年8考】

⭐ **考频分布** 2015—2023年,以活动设计题的形式考查8次

考点1 主题活动名称与活动目标

1.主题活动名称

适宜的主题产生以后,要用能够突出主题教育活动目的与中心的名字来命名。名称应是幼儿喜欢、熟悉、易记的,能够引发幼儿的探索与体验。除此之外,主题活动名称的前面要附上年龄班,如"大班主题活动《我要上小学》"。

2.活动目标

(1)主题活动的总目标

总目标统领主题活动探索的方向,有助于教师清晰地选择、合理地设计有助于达成目标的各种活动,形成基本的活动框架。

制定总目标时,首先需要分析主题潜在的多种价值,包括教育价值和发展价值。如"美丽的春天"这个主题,至少包含语言、科学、艺术等多方面的教育价值。其次,制定总目标时应注意涵盖情感态度、认知、动作技能三个维度。具体来说,在情感态度方面,包括兴趣、爱好、态度、习惯的养成和好奇心、价值观的培养等;在认

小香课堂

在表述主题活动总目标时要注意以下几点:①总目标相对于子活动目标要具有一定的概括性;②总目标尽量涵盖多个领域;③总目标必须包含情感态度、认知、动作技能三个维度。

知方面,包括对知识的理解、记忆、掌握等;在技能方面,包括操作、表达、交往、创造等能力的形成。最后,在制定总目标时要注意考虑主题的内容、幼儿身心发展的状况等影响

教育活动实施的其他因素。

（2）具体活动目标

一个个具体的活动是构成主题活动的要素,如教学活动、参观活动等。在一段时间内,通过多个活动的相互作用达成总目标。需要注意的是,具体活动都有重点领域,也有每个领域的重点发展目标。

考点2 子活动

1.活动名称

子活动的活动名称有别于主题活动名称,它指的是单个教育活动的题目,更加具体。其表述要符合以下要求:(1)活动名称尽量具有趣味性,符合儿童化的特点,直接切入主题;(2)活动名称要体现教育活动的内容,反映活动目标;(3)活动名称表述要完整。一个完整的活动名称包括年龄班、教育活动领域、具体名称三个部分。如"大班科学活动《吹泡泡》""小班健康活动《洗小手》"等。对于主题活动中的子活动名称而言,可以不再标明年龄班,以免重复。

2.活动目标

（1）目标内容要全面

每一个教育活动的目标原则上都应该包括情感态度目标、认知目标、动作技能目标三个方面的内容,并且在制定活动目标时一般将情感态度目标放在第一位,以突出教师对培养幼儿情感、态度、习惯的重视。

（2）目标难度要适宜

目标的制定要符合幼儿的年龄特点和认识规律,要求不能太高,否则易流于形式;也不能太低,否则对幼儿的发展起不到促进作用。

（3）目标主体要统一

主题活动总目标与子活动目标的区别:①主题活动总目标更具总括性,子活动目标更加具体、细化;②主题活动总目标涵盖多个领域,子活动目标根据子活动内容有所侧重。

为了使教师对教育活动的关注点更多地放在幼儿的"学"和幼儿的"发展"上,活动目标应尽量从幼儿学习的角度出发,体现幼儿的主体地位。如"了解兔子的外形特征和生活习性"要比"让幼儿了解兔子的外形特征和生活习性"更能体现"幼儿是学习的主人"这一理念。除此之外,在同一活动中,目标的行为主体表述要一致。

（4）目标表述要明确,具有可操作性

教育活动目标要以具体明确的方式说明幼儿完成活动之后能够达到的程度,因此要避免活动目标过大、过空。如果目标的可操作性很差,目标就失去了它的指导作用。

3. 活动准备

活动准备是教育活动实施的前提,直接影响着教育活动的进程和效果。活动准备主要包括物质准备和经验准备两大方面。

（1）物质准备

教师开展教育教学活动离不开一系列教具、学具等活动材料,物质准备就是要明确活动材料的投放,如活动材料的类型、活动材料的数量等。

（2）经验准备

教育教学活动的开展必须以幼儿已有的知识经验为基础,即教师要了解本班幼儿已有的经验水平,从而考虑开展教育教学活动之前需要为幼儿提供哪些方面的经验准备,如何做好这些经验准备。

4. 活动过程

活动目标确定后,教师在活动设计中要思考可以通过哪些具体的活动内容和形式来达成目标。活动过程一般包括开始部分、基本部分、结束部分,即活动导入、活动展开、活动结束。

（1）活动导入

活动导入是引导幼儿活动的第一步,主要激发幼儿对学习的兴趣与求知欲,集中幼儿的注意力。常用的活动导入方式如下:

①材料导入。教师出示图片、视频、实物等引起幼儿兴趣。如大班社会活动"中国丝绸"中,活动开始,教师便让幼儿观察、感受丝绸的柔软和爽滑。

②游戏导入。即以游戏的形式引发幼儿的学习兴趣。如大班主题活动"小鬼当家",在活动开始时,教师组织幼儿玩"小鬼当家"的角色游戏,幼儿自愿结合,进行一系列家庭活动的角色模拟活动。

③设疑导入。疑问可以由教师直接提出,也可以用谜语、儿歌的形式间接提出。大班常用这种形式,它有利于激发幼儿积极的思维和探究欲望。如在科学活动"电动玩具"中,教师提出疑问:"这个玩具不会动了,到底怎么回事呢?"

④前经验导入。利用幼儿已有的知识经验或幼儿熟悉的事例来进入活动,引出新的教学内容。如教师在活动开始时,让幼儿回忆:"小朋友,我们上次唱过的'小树叶'歌曲中,都唱了什么呀?"

教师应根据活动目标、内容和幼儿的年龄,恰当设计导入部分,要求简短、有效、有针对性。

（2）活动展开

活动展开是教师引导幼儿进行感知和学习的过程，是教育活动的主体部分，承载着主要的教育内容。

活动展开需要教师考虑以下几个问题：①活动大体分为几个步骤；②每个步骤采用何种教育方法，完成哪些内容；③哪个步骤是重点或难点，应如何突破；④每个步骤如何进行，提什么问题，有什么要求；⑤每个步骤之间采用何种方式过渡。

教师的教学过程应始终围绕目标进行，最终能实现目标。除此之外，教师要注意活动的生成性，尊重幼儿的愿望，适当调整教学环节。

（3）活动结束

一个好的活动结束，不仅能对活动起到总结、提升的作用，还能给幼儿留下回味，激发幼儿继续学习、探索的欲望。以下呈现几种活动结束的方式：①自然结束。教师直接告知幼儿活动结束了，并带领幼儿收拾整理活动材料，引导幼儿自然过渡到下一环节。②总结评价式结束。教师用简洁、精练的语言对活动的关键或核心问题进行总结或概述，当然也可以是评价幼儿在活动中的表现。③后续延伸式结束。教师根据活动的重点再次设置疑问，激发幼儿继续学习的欲望。

5. 活动延伸

活动延伸是指在具体活动结束以后，教师为巩固幼儿所学内容，更好实现教育目标而继续设计的一些与主题相关的辅助活动。活动延伸的形式可以是区角活动、游戏活动，也可以是后续的集体教学活动、环境创设等，同时也可以延伸到家庭和社会活动当中。

第三节　幼儿园健康教育活动的设计

思维导图

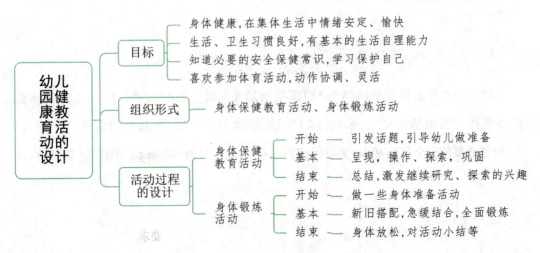

 考向分析

本节主要介绍幼儿园健康教育的含义、目标、组织形式和健康教育活动过程的设计等相关知识,需要考生理解记忆。在考试中主要以简答题和活动设计题的形式考查。汇总分析 2015 年至 2023 年的真题试卷,本节知识考查情况统计如下:

知识	考点	考频	题型
幼儿园健康教育的组织形式	体育运动中幼儿运动量的判断指标	1	简答
幼儿园健康教育活动的设计	能根据幼儿园健康教育的相关知识设计活动方案	1	活动设计

核心考点

一、幼儿园健康教育的含义

幼儿园健康教育主要是指,在幼儿园中,根据儿童身心发展特点,以提高儿童健康认识、改善儿童健康态度、培养儿童健康行为、保持和促进儿童健康为目的的系统的教育活动。幼儿园健康教育活动涉及的内容很广,包括身心保健和身体锻炼两大方面的内容。

二、幼儿园健康教育的目标

考点 1 幼儿园健康教育的总目标

《幼儿园教育指导纲要(试行)》明确指出幼儿园健康教育的总目标是:(1)身体健康,在集体生活中情绪安定、愉快;(2)生活、卫生习惯良好,有基本的生活自理能力;(3)知道必要的安全保健常识,学习保护自己;(4)喜欢参加体育活动,动作协调、灵活。

考点2　幼儿园健康教育的年龄阶段目标

各年龄段幼儿健康教育的目标

年龄班	目标
小班	①了解盥洗的顺序,初步掌握洗手、刷牙的基本方法;学习穿脱衣服;会使用手帕或纸巾;养成坐、站、行、睡的正确姿势;能及时排便;有良好的作息习惯。 ②进餐时保持愉快的情绪,愿意独立进餐;认识最常见的食物,爱吃各种食物,主动饮水。 ③了解身体的外形结构,认识并学习保护五官;能积极配合疾病预防与治疗。 ④知道过马路、乘坐交通工具、玩大型运动器械时要注意安全,了解日常生活中的安全常识。 ⑤知道自己的性别。 ⑥喜欢并愿意参加体育活动;能自然地走、跑、跳、爬、投掷;学习听口令和信号做出相应动作;玩滑梯、攀登架、转椅等大型体育活动器械时能注意安全;能合作收拾小型体育器材
中班	①初步学会穿脱衣服、整理衣服;学习整理活动用具,能保持玩具清洁;有初步的生活自理能力。 ②结合品尝经验,进一步认识各类常见食物,爱吃各类食物的同时,懂得要科学合理地进食,逐步形成良好的饮食习惯。 ③进一步认识身体的主要器官,逐步形成接受疾病预防与治疗的积极态度和行为;在成人帮助下学习处理常见外伤的最简单的方法,知道快乐有益于健康。 ④认识有关安全标志,能够在成人提醒下遵守交通规则;不接触危险物品;遇到危险时能告诉成人,有初步的自我保护意识。 ⑤愿与父母分床而眠。 ⑥喜欢并较积极地参加体育活动;能听信号按节奏协调地走和跑;按要求跳、投掷、抛接,能左右手拍球;能随音乐节奏做徒手操和轻器械操;能注意活动中的安全与合作,爱护公物,能及时收拾小型体育器材
大班	①保持个人卫生,关心周围环境的卫生;进一步提高独立生活能力,初步形成良好的学习习惯。 ②初步理解不同的食物有不同的营养,身体需要各种营养;会使用筷子;进一步养成独立进餐的习惯。 ③进一步认识身体的主要器官及重要功能,并懂得简单的保护方法;了解有关预防龋齿及换牙的知识;注意用眼卫生。 ④获得应对意外事故(如火灾、雷击、地震、台风等)的常识,具有粗浅的求生技能。 ⑤知道男女厕所,初步理解性别角色期待。 ⑥喜欢锻炼身体并感到体育活动的有趣;能轻松自如地走、跑、跳、攀登、滚翻;会肩上挥臂投掷轻物并投准目标,能抛接高球;能熟练地听各种口令和信号并做出相应的动作;能随音乐节奏有精神地做徒手操和轻器械操,动作有力、到位;能注意安全,自觉遵守体育活动的规则,合作谦让;体验到克服困难取得胜利的愉悦;能独立收拾各种小型体育器材

三、幼儿园健康教育的组织形式 【9年1考】

⭐ **考频分布** 2021上简答

1.身体保健教育的组织形式

幼儿园健康教育必须通过集体教学形式,传播健康知识、培养健康态度、训练健康行为、解决幼儿普遍存在的健康问题。此外,还可以通过日常教育形式对幼儿进行健康教育。

2.身体锻炼的组织形式

最常见的幼儿身体锻炼的组织形式是幼儿体育教学、幼儿早操活动和幼儿户外体育活动。幼儿体育教学是一种有目的、有计划、有组织的体育活动。幼儿早操活动内容丰富多样,包括幼儿做操和开展晨间及其他身体锻炼活动。幼儿户外体育活动是非正规性教育活动,是指除幼儿早操活动外的其他户外体育活动形式。除了上述三种最常见、最基本的幼儿身体锻炼的组织形式外,幼儿园还可以开展幼儿体育活动区活动、幼儿室内体育活动、幼儿运动会、幼儿远足或短途游览等其他形式的活动。

┌─ **知识再拔高** ─

体育运动中幼儿运动量的判断指标

幼儿教师可从儿童表现的症状判断运动量是否合适,具体可参考下表:

体育运动中幼儿运动量的判断指标

时间	表现	适度疲劳	中度疲劳	非常疲劳
运动中	面色	稍红	相当红	十分红或苍白
	汗量	不多	较多	大量出汗
	呼吸	中速、较快	显著加快加深	呼吸急促、表浅、节奏紊乱
	动作	动作协调、准确,步态轻稳	协调性、准确性和速度均降低	动作失调、步态不稳,用力颤抖
	注意力和反应力	注意力集中,反应正常	能集中注意力,不够稳定,反应减弱	注意力分散,反应迟钝
	精神状态	情绪愉快	略有倦意	精神疲乏
运动后	食欲	饮食良好,食欲增加	食欲一般,有时略有降低	食欲降低,进食量减少,甚至有恶心、呕吐现象
	睡眠	入睡较快,睡眠良好	入睡较慢或睡眠一般	很难入眠,睡眠不安
	精神状态	精神爽快,情绪好,状态稳定	精神略有不振,情绪一般	精神恍惚,心悸,厌倦练习

将心注入,用双手把考生托上岸

真题面对面

[2021上半年真题]体育活动中与活动后,教师分别可以从哪些方面判断幼儿的活动量是否合适?

参考答案:详见内文。

四、幼儿园健康教育活动过程的设计 【9年1考】

考点1 身体保健教育活动过程的设计

幼儿身体保健教育活动的过程一般由导入(开始)环节、基本环节和结束环节构成。

幼儿园身体保健教育活动过程设计的步骤及要点

步骤		设计要点
开始环节		目的在于引发话题,引导幼儿在认知和心理上对将要开展的活动有充分的准备,激发幼儿参与的兴趣;了解幼儿的生活经验、能力水平、态度和兴趣,教师考虑下面环节的内容及难易程度、组织方式等是否需要调整
基本环节	呈现	通过问题、实物、动作、画面、情境等的呈现,使幼儿从模糊走向清晰,从疑问走向理解
	操作	是幼儿自主学习、建构知识的重要环节。教师应根据不同内容的需要来设计不同形式的操作、探索活动
	巩固	帮助幼儿加深对学习内容的印象,或者使幼儿能迁移、运用所学知识解决问题
结束环节		对教学活动总结、提升,激发幼儿继续研究、探索的兴趣

考点2 身体锻炼活动过程的设计

⭐ **考频分布** 2015下活动设计

依据人体机能能力变化的规律,常见的幼儿身体锻炼活动的过程包含以下三部分:

幼儿园身体锻炼活动过程设计的步骤及要点

步骤	设计要点
开始部分	迅速将幼儿组织起来,集中幼儿注意力,做一些必要的身体准备活动,并从心理上调动幼儿参与活动的积极性和愿望

399

步骤	设计要点
基本部分	完成此次集体教学活动的教育、教学任务,应注意新旧搭配,急缓结合,全面锻炼幼儿的身体
结束部分	缓解幼儿身心高度兴奋或紧张的状态,包括做一些身体放松的活动或动作,以及对本次活动的简单小结,收拾和整理器材等

第四节　幼儿园语言教育活动的设计

思维导图

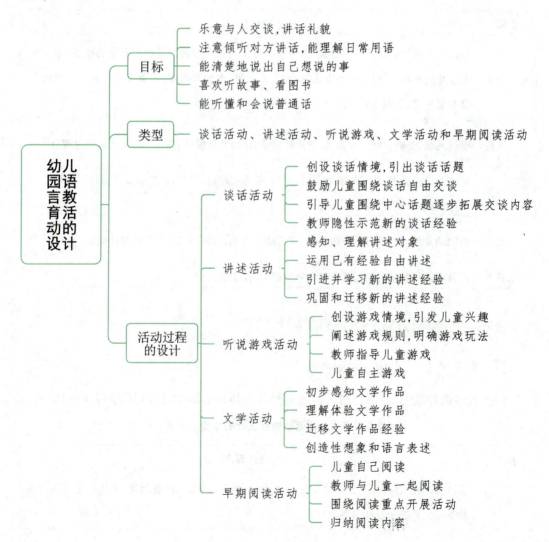

 考向分析

　　本节主要介绍幼儿园语言教育的含义、目标、语言教育活动过程的设计等相关知识，需要考生理解记忆。在考试中主要以活动设计题的形式考查。汇总分析 2015 年至 2023 年的真题试卷，本节知识考查情况统计如下：

知识	考点	考频	题型
幼儿园语言教育活动的设计	能根据幼儿园语言教育的相关知识设计活动方案	1	活动设计

核心考点

一、幼儿园语言教育的含义

　　幼儿园语言教育活动，是指在幼儿园中开展的以幼儿为主体，以语言为客体的一种有目的、有计划的活动过程。语言教育活动是实现语言教育目标的有效途径，是组织和传递语言教育内容的实施环节，也是落实语言教育任务的具体手段。

　　幼儿园语言教育活动主要包括谈话活动、讲述活动、听说游戏、文学作品学习活动和早期阅读活动五种基本形式。

二、幼儿园语言教育的目标

考点 1　幼儿园语言教育总目标（终期目标）

　　幼儿园语言教育的终期目标有时也称为学前语言教育总目标。它是语言教育所期望的最终结果，是学前阶段语言教育任务要求的总和。《幼儿园教育指导纲要（试行）》明确指出幼儿园语言教育的总目标是：(1)乐意与人交谈，讲话礼貌；(2)注意倾听对方讲话，能理解日常用语；(3)能清楚地说出自己想说的事；(4)喜欢听故事、看图书；(5)能听懂和会说普通话。

考点 2　幼儿园语言教育年龄阶段目标

1.小班

(1)谈话活动

①学会安静地听同伴说话，不随便插嘴；

②喜欢与同伴交谈,愿意在集体面前讲话;

③能听懂并愿意说普通话;

④在教师的引导下,学习围绕主题谈话,能用短句表达自己的意思;

⑤初步学习常见的交往语言和礼貌用语。

(2)讲述活动

①能够运用各种感官,按照要求去感知讲述内容;

②理解内容简单、特征鲜明的实物、图片和情境;

③愿意在众人面前讲述;

④能正确地讲述内容的主要特征或主要事件;

⑤能安静地听老师或同伴讲述,并用眼睛注视讲述者。

(3)听说游戏

①乐于参加游戏活动,在游戏中大胆地说话;

②发准某些难发的音,初步掌握方位词及人称代词,学习正确运用动词;

③在游戏中尝试按照规则运用简单句说话;

④养成在集体活动中倾听别人讲话的习惯,能听懂并理解较简单的语言游戏规则。

(4)文学作品学习活动

①喜欢欣赏文学作品,愿意参加文学活动,对文学作品的语言感兴趣;

②能初步感受文学作品的语言美,了解故事、诗歌和散文是不同体裁的文学作品;

③学习理解文学作品的情节内容或画面情景,能用语言、动作、表情等方式表达自己对文学作品的理解;

④在文学作品原有的基础上扩展想象,仿编诗歌、散文中的一句或续编故事结尾。

(5)早期阅读活动

①喜欢阅读,了解阅读的基本方法,能初步看懂单页单幅儿童图画书的主要内容;

②能用口头语言将儿童图画书的主要内容说出来,开始感受语言和其他符号的转换关系;

③对文字感兴趣,能在成人的启发下认读最简单的文字;

④在活动中以描画图形的方式练习基本笔画。

2. 中班

(1)谈话活动

①能集中注意力,耐心地倾听别人谈话,不打断别人的话;

②乐意与同伴交流,能大方地在集体面前说话;

③能说普通话,较连贯地表达自己的意思;

④学会围绕一定的话题谈话,不跑题;

⑤学会用轮流的方式谈话,不抢话、不乱插嘴;

⑥继续学习交往语言,提高语言交往能力。

(2)讲述活动

①养成先仔细观察,后表达的习惯;

②逐步学会理解图片和情境中展示的事件顺序;

③能主动地在众人面前讲述,声音响亮、句式完整;

④学习按照一定的顺序讲述实物、图片和情境的内容;

⑤能积极地倾听别人的讲述内容,善于发现异同,并从中学习好的讲述方法。

(3)听说游戏

①在游戏中巩固练习发音,正确运用代词、方位词、副词、动词、连词和介词等;

②能说简单而完整的合成句;

③能听懂并理解多种游戏规则;

④学习较迅速地领悟游戏中的语言规则,并能及时做出相应的反应。

(4)文学作品学习活动

①喜欢欣赏不同形式的文学作品,主动积极地参加文学活动;

②了解文学作品语言与日常生活语言的不同,进一步感受文学作品的语言美;

③学习理解文学作品的人物形象,感受作品的情感基调,能运用较恰当的语言、动作、绘画形式表达自己的理解;

④能根据文学作品提供的线索,扩展想象,仿编或续编一个情节或一幅画面。

(5)早期阅读活动

①能仔细观察图画书画面的人物情节、看懂单页多幅的儿童图画书的内容,增长预知故事情节发展和结局的能力;

②懂得爱护图书,知道图书的构成,有兴趣模仿制作图画书;

③在阅读过程中初步了解汉字的由来和简单的汉字认读规律,并有主动探索汉字的愿望;

④喜欢描画图形,尝试用有趣的方式练习汉字的基本笔画。

3. 大班

(1)谈话活动

①能主动、积极、专注地倾听别人谈话,迅速掌握别人谈话的主要内容,并从中获取

有用的信息;

②能主动地用普通话与同伴交流,态度自然大方;

③能围绕话题谈话,会用轮流的方式交谈,并用恰当的语言表达自己的情感,与同伴分享感受;

④逐步学会用修补的方法延续谈话,进一步提高语言交往水平。

（2）讲述活动

①通过观察,理解图片、情境中蕴含的主要人物关系和思想感情倾向;

②有重点地讲述实物、图片和情境的内容,突出讲述的重点;

③在众人面前讲话态度自然大方,能根据场合的需要调节自己讲话的音量和语速;

④讲话时语言表达流畅,不停顿,用词、用句较为准确。

（3）听说游戏

①在游戏中学习正确运用反义词、量词和连词等,并能说完整的合成句;

②养成积极倾听的习惯,迅速把握和理解游戏中较复杂的多重指令;

③不断提高倾听的精确程度,准确掌握和传递有细微差别的信息;

④在游戏中按照规则迅速调动个人已有的语言经验编码,并进行迅速的语言表达。

（4）文学作品学习活动

①乐意欣赏不同体裁、不同风格的文学作品,在文学活动中积累文学语言,并尝试在适当场合运用;

②在理解文学作品人物、情节或画面情景的基础上,学习理解作品的主题或感受作品的情感脉络;

③初步感知文学作品语言和结构的艺术表现特点,开始接触文学作品的艺术语言构成方式;

④依据文学作品提供的想象线索,联系个人已有经验扩展想象,并创造性地进行表述。

（5）早期阅读活动

①能与同伴合作制作图画书,进一步了解图画书的构成;

②清楚图画书中画面与文字的对应关系,开始有兴趣阅读图画书中简单的文字;

③积极学认常见的汉字,进一步了解汉字认读的规律,提高观察模拟的能力,并注意在生活中运用已获得的书面语言;

④掌握基本的书写姿势,在有趣的图形练习中做好写字的准备。

三、幼儿园语言教育活动过程的设计 【9年1考】

考点1 谈话活动过程的设计

⭐ **考频分布** 2022上活动设计

幼儿园谈话活动设计的步骤及要点

步骤	设计要点
创设谈话情境,引出谈话话题	可以通过实物或直观教具、语言、游戏或表演的形式营造一个宽松自由的谈话氛围
鼓励儿童围绕话题自由交谈	①应当放手让儿童围绕话题进行自由的交谈; ②鼓励每位儿童积极参与谈话,真正形成双向的或多向的交流; ③适当增加儿童做动作的机会; ④注意自由交谈中的个别差异
引导儿童围绕中心话题逐步拓展交谈内容	这是谈话活动的重点内容和核心。要适时地将儿童集中起来,以提问或启发的方式帮助儿童学习新的谈话技能和谈话规则,掌握正确的谈话思路和方法
教师隐性示范新的谈话经验	通过隐性示范向儿童提供谈话范例,帮助儿童掌握新的谈话经验,使儿童的谈话水平进一步提高

考点2 讲述活动过程的设计

幼儿园讲述活动过程设计的步骤及要点

步骤	设计要点
感知、理解讲述对象	主要是通过观察的途径进行
运用已有经验自由讲述	指导儿童运用已有的经验进行讲述。尽量放手让儿童自由讲述,给他们充分的机会、充足的时间
引进并学习新的讲述经验	根据本次活动目标的要求,帮助儿童学习新的经验。新的讲述经验主要是指讲述思路和讲述方式
巩固和迁移新的讲述经验	给幼儿提供实际操练新经验的机会,以利于他们更好地获得这些经验

考点3 听说游戏活动过程的设计

幼儿园听说游戏活动过程设计的步骤及要点

步骤	设计要点
创设游戏情境,引发儿童兴趣	可用物品、动作或语言创设游戏情境
阐述游戏规则,明确游戏玩法	在阐述游戏规则的时候需要注意: ①用简洁明了的语言讲解; ②讲清楚听说游戏的规则要点和游戏的开展顺序; ③用较慢的语速进行讲解和示范
教师指导儿童游戏	有利于儿童在活动过程中熟悉游戏规则,进一步明确和掌握游戏的玩法,掌握在游戏中运用语言交往的基本思路,从而为独立开展听说游戏做好充分准备
儿童自主游戏	要注意对个别不熟悉规则的儿童进行及时的指导点拨,帮助这些儿童尽快地加入游戏的队伍,真正成为游戏活动的一员。同时,也需要注意观察儿童在游戏过程中可能出现的矛盾与纠纷,及时予以解决,以免因角色分配不当或其他问题影响游戏顺利进行

考点4 文学活动过程的设计

幼儿园文学活动过程设计的步骤及要点

步骤	设计要点
初步感知文学作品	通过创设情境引出文学作品,根据作品的难易程度、本班幼儿的实际水平以及活动环境与材料利用的便利与否,采取不同的方式来组织教学
理解体验文学作品	可以围绕作品内容设计和组织 1~2 个相关的活动,让幼儿通过亲身感受去体验作品中所展示的人物的情感历程和心理世界
迁移文学作品经验	进一步组织一些与作品重点内容相关的活动,帮助幼儿将作品的间接经验与幼儿的直接经验联系起来
创造性想象和语言表述	通过开展创编、续编、仿编、谈话等活动,让幼儿扩展自己的想象,创造性地运用语言去表达自己的认识和想象

【知识再拔高】

围绕故事开展系列创造性语言活动

在幼儿故事活动的设计中,为帮助儿童理解、掌握故事,教师可以在延伸环节安排活动,如故事表演、复述故事、创编故事、续编故事等。

由于儿童编故事需要一定的生活知识经验作基础和一定的语言表达能力,更需要儿童具有充分的艺术想象力和思维能力以及对故事图示结构的理解能力,因此,不同年龄的儿童编构故事的能力存在差异,进而导致儿童故事续编具有年龄班特点。

(1)小班:编结局,即儿童根据个人对故事语言、情节、人物、主题的理解,在故事即将结束时为故事想象、编构一个结局。

(2)中班:编高潮和结局,即编"有趣情节"。教师在讲述故事时,到高潮部分戛然而止,提醒儿童想象可能编构的部分。

(3)大班:编完整故事。由于大班已经比较普遍地掌握了故事编构的情节开展方式,所以大班儿童可以编构完整故事,只要儿童编构的故事基本具有语言、情节、人物和主题等构成要素即可。教师应给儿童提供一些背景材料,以助于儿童编构故事。

创编和续编虽然对儿童的创造想象有共同的促进作用,但创编的难度更大,对儿童知识、能力的要求更高,故在儿童故事编构教学中,小、中班应以续编为主,大班以创编为主。

考点5 早期阅读活动过程的设计

幼儿园早期阅读活动过程设计的步骤及要点

步骤	设计要点
儿童自己阅读	创造让儿童自己阅读的机会,让儿童自由地"接近"阅读活动的内容,观察认识阅读对象,获得有关的信息
教师与儿童一起阅读	可视具体情况选择小组或集体的形式,带领儿童一起阅读
围绕阅读重点开展活动	通过多种形式组织儿童围绕阅读重点开展活动,如讨论、表演、游戏、再创造等,着重帮助儿童深入地掌握学习内容和正确的学习方式,加深对所学内容的印象
归纳阅读内容	总结性的活动环节,它的主要作用在于帮助儿童巩固、消化所学的内容

第五节 幼儿园社会教育活动的设计

 思维导图

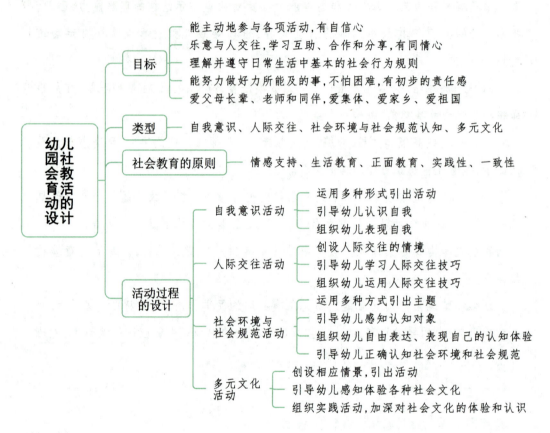

幼儿园社会教育活动的设计

- 目标
  - 能主动地参与各项活动,有自信心
  - 乐意与人交往,学习互助、合作和分享,有同情心
  - 理解并遵守日常生活中基本的社会行为规则
  - 能努力做好力所能及的事,不怕困难,有初步的责任感
  - 爱父母长辈、老师和同伴,爱集体、爱家乡、爱祖国
- 类型 —— 自我意识、人际交往、社会环境与社会规范认知、多元文化
- 社会教育的原则 —— 情感支持、生活教育、正面教育、实践性、一致性
- 活动过程的设计
  - 自我意识活动
    - 运用多种形式引出活动
    - 引导幼儿认识自我
    - 组织幼儿表现自我
  - 人际交往活动
    - 创设人际交往的情境
    - 引导幼儿学习人际交往技巧
    - 组织幼儿运用人际交往技巧
  - 社会环境与社会规范活动
    - 运用多种方式引出主题
    - 引导幼儿感知认知对象
    - 组织幼儿自由表达、表现自己的认知体验
    - 引导幼儿正确认知社会环境和社会规范
  - 多元文化活动
    - 创设相应情景,引出活动
    - 引导幼儿感知体验各种社会文化
    - 组织实践活动,加深对社会文化的体验和认识

考向分析

本节主要介绍幼儿园社会教育的含义、目标、社会教育的原则、社会教育活动过程的设计等相关知识,知识较零碎,需要考生理解记忆。在考试中以单项选择题和活动设计题的形式考查。汇总分析 2015 年至 2023 年的真题试卷,本节知识考查情况统计如下:

知识	考点	考频	题型
幼儿园社会教育的原则	正面教育原则	2	单选
幼儿园社会教育活动的设计	能根据幼儿园社会教育的相关知识设计活动方案	2	活动设计

 核心考点

一、幼儿园社会教育的含义

幼儿园社会教育是教师按照国家的教育目标和一定的社会价值取向,针对不同年龄儿童的发展特点,通过有目的、有计划、有组织的实施教育影响,以发展儿童的社会认知、社会情感和社会行为的教育。

幼儿园社会教育的内容分为四个相互联系的方面,即自我意识、人际交往、社会环境与社会规范认知、多元文化。

二、幼儿园社会教育的目标

考点1 幼儿园社会教育的总目标

《幼儿园教育指导纲要(试行)》明确指出幼儿园社会教育的总目标是:

(1)能主动地参与各项活动,有自信心;

(2)乐意与人交往,学习互助、合作和分享,有同情心;

(3)理解并遵守日常生活中基本的社会行为规则;

(4)能努力做好力所能及的事,不怕困难,有初步的责任感;

(5)爱父母长辈、老师和同伴,爱集体、爱家乡、爱祖国。

考点2 幼儿园社会教育的年龄阶段目标

1. 小班

(1)初步了解自己身体主要部位的特征和功能,初步懂得自我保护;

(2)知道自己是幼儿园的小朋友,初步培养独立性和最基本的自我控制能力;

(3)逐步熟悉集体生活环境,认识集体中的同伴与成人,初步了解他们与自己的关系,使儿童初步适应集体生活;

(4)保持愉快的情绪,不爱哭、不怕生,愿意与他人交往,积极参与集体生活;

(5)初步掌握日常生活中常用的礼貌用语,初步学会有礼貌地同他人交往,见了老师和长辈会问好;

（6）初步了解和掌握基本的卫生要求，养成初步的卫生习惯；

（7）初步懂得主要的交通安全常识；

（8）培养初步的学习习惯，遵守最基本的学习活动规则；

（9）激发从事简单的自我服务劳动的兴趣，初步了解父母和老师的劳动；

（10）初步懂得不提无理要求、不无故发脾气；

（11）懂得与同伴共同活动时，不争夺或独占玩具。

2. 中班

（1）能初步认识自己与他人的异同；

（2）能初步了解自己与他人的情绪，初步懂得同情和关心他人；

（3）培养最基本的自我控制能力，初步懂得不伤害同伴；

（4）初步了解周围主要的社会机构、设施，初步知道它们与人们生活的关系，萌发最初的爱家乡的情感；

（5）初步了解重大的节日，并使儿童感受节日的快乐；

（6）初步激发与他人交往的愿望，引导儿童在与同伴及成人交往中，能初步准确地使用礼貌用语；

（7）初步懂得与他人合作，初步懂得分享和谦让；

（8）了解周围成人的劳动，鼓励儿童学做一些力所能及的事，初步养成爱劳动、爱惜劳动成果的习惯；

（9）大胆表达自己的见解，初步克服困难，完成任务，能有始有终地做一件事；

（10）初步学会评价自己与同伴，能初步承认错误，改正缺点；

（11）初步养成诚实、守纪律等良好的品德行为；

（12）初步感受民间艺术及我国的传统文化精品。

3. 大班

（1）初步了解自己的成长及成人为此付出的劳动，激发儿童爱父母和老师及其他长辈的情感；

（2）初步学会控制自己的情绪和行为，初步学会紧急情况下的应变办法；

（3）了解自己所在的集体，初步懂得应做对集体有益的事，培养儿童初步的集体荣誉感和责任感；

（4）主动、准确地使用礼貌用语，能以恰当的方式与他人交往，和同伴友好相处；

（5）主动照顾、关心小班和中班的小朋友；

(6)了解周围的社会生活,初步了解社会机构、社会成员和他们的劳动及其与人们生活的关系,引发尊敬、热爱劳动者的情感;

(7)初步了解我国的民族及丰富的物产,萌发爱祖国的情感;

(8)初步了解国家间的友好往来,萌发爱好和平的情感;

(9)初步学会分辨是非,初步懂得应向好的榜样学习,萌发初步的爱憎感;

(10)喜欢从事力所能及的劳动,初步懂得爱惜劳动成果,爱惜公物;

(11)初步感知家乡的自然和人文景观,初步了解我国主要的自然、人文景观,萌发对民族文化的喜爱及保护自然社会环境的初步意识;

(12)初步感知世界著名的人文景观及优秀艺术精品,萌发对世界文化的兴趣。

三、学前儿童社会教育的原则 【9年2考】

⭐ **考频分布** 2021下单选,2017下单选

1. 情感支持原则

情感支持原则是指在教育过程中教师应通过爱与关心来建立教师与学前儿童之间的双向接纳关系,为学前儿童的社会性发展营造良好的情感氛围,促进学前儿童的社会性发展。坚持这一原则是因为学前儿童的社会学习具有强烈的情感驱动性。教师要投入积极的情感,营造良好的情感氛围,以激发学前儿童良好的社会情感。

2. 生活教育原则

生活教育原则是指教师要将学前儿童还原到真实的生活中开展社会教育。社会教育是在日常生活中,借助于日常生活,并且为了日常生活而进行的。坚持这一原则是因为学前儿童社会学习是在生活中随时进行的,具有长期性与反复性。这就要求教师要善于抓住生活中的细节,并长期一贯地坚持。

3. 正面教育原则

由于学前儿童正处于个性,尤其是自我意识形成的最初时期,他们的知识经验少,辨别是非能力差,他们常常通过观察来学习,他们的社会性发展是在熏染和生成中完成的,对各种影响容易接受或模仿,更多依赖外部评价来评价自我,因此更需要成人从正面加以引导。具体来看,可以从以下几个方面入手:

(1)对学前儿童提出正确要求

希望学前儿童表现出某种举动的时候,教师要直接告诉学前儿童具体如何去做和做什么,而不是告诉他们不要去做什么。

（2）创设积极的环境

积极的环境应具有以下几个因素：第一，在物质上是丰富和多样的；第二，在气氛上是宽容和接纳的，意味着只有最低限度的强制性和必然性；第三，在制度上是明确的和必要的；第四，在设计上是具有某种倾向性或暗示性的。

（3）树立良好的榜样

幼儿园社会教育具有价值导向性，从模仿开始，用学前儿童的同伴、成人及象征性人物作为榜样，为他们提供积极的行为模式。

（4）以鼓励表扬为主

教师对学前儿童的优点与进步要及时给予肯定和表扬，帮助他们明辨是非，增强自信。

4. 实践性原则

实践性原则是指在社会教育过程中，教师创设和利用各种情景，组织多种多样的活动，让学前儿童参与其中。活动、交往与体验是幼儿社会学习的重要方法。教育者要为学前儿童创造实践活动的机会，引导学前儿童学习并掌握正确且具体的行为方式，允许学前儿童犯错。

5. 一致性原则

一致性原则是指教育者要尽力为学前儿童的社会学习营造一个连续与统一的影响环境。这个环境既包括教育者自身影响的连续性和统一性，也包括各方面力量的连续性与统一性。学前儿童社会学习是一个长期的过程。这就要求教育者自身要做到言行一致，能够协调统一幼儿园内部的力量，并且努力协调幼儿园与家庭和社区之间的力量。

真题面对面

[2021 下半年真题]下列选项中属于实施正面教育原则方法的是（　　　）

A. 树立榜样　　　　　　　　　B. 只表扬不批评

C. 纠正错误　　　　　　　　　D. 对幼儿的错误不予理睬

答案：A。

四、幼儿园社会教育活动过程的设计　【9 年 2 考】

⭐ **考频分布**　2021 上活动设计，2019 下活动设计

考点1　自我意识活动过程的设计

幼儿园自我意识活动过程设计的步骤及要点

步骤	设计要点
运用多种形式引出活动	此环节即活动的导入部分,目的在于引出活动内容,激起幼儿的兴趣,调动幼儿学习的积极性与主动性
引导幼儿认识自我	①在活动的组织过程中,应运用多种方法使幼儿了解自我,形成对自我的正确认识和体验; ②要善于通过启发性提问引导幼儿思考,深化幼儿对自我的认知
组织幼儿表现自我	提供机会,让幼儿表达和表现自己,加深幼儿的自我认识和体验,培养幼儿的自信心,提高自我调控能力

考点2　人际交往活动过程的设计

幼儿园人际交往活动过程设计的步骤及要点

步骤	设计要点
创设人际交往的情境	激发幼儿的兴趣,引出人际交往的主题
引导幼儿学习人际交往技巧	①直接呈现法,让幼儿直接接触人际交往,并让幼儿感受到这种交往技巧能够给人带来快乐; ②间接呈现法,通过呈现一些反面事例,让幼儿进行思考讨论,逐步引出人际交往的技巧
组织幼儿运用人际交往技巧	提供各种条件和机会,让幼儿学习使用这些人际交往技巧,帮助幼儿掌握所学的人际交往技巧的具体运用

考点3　社会环境与社会规范活动过程的设计

幼儿园社会环境与社会规范活动过程设计的步骤及要点

步骤	设计要点
运用多种方式引出主题	可以采用多种方式引出主题,可以是直接告知幼儿,也可以通过观看图片、讲故事等方式来激发幼儿的兴趣
引导幼儿感知认知对象	引导幼儿对新的认知对象进行初步的认知,形成对新的认知对象的初步印象。其中,观察是幼儿认知社会环境和社会规范的重要方式
组织幼儿自由表达、表现自己的认知体验	提供机会和条件,让幼儿自由表达和交流自己对新的社会环境和社会规范的认知体验

步骤	设计要点
引导幼儿正确认知社会环境和社会规范	①用符合时代要求的社会规范来引导幼儿; ②当幼儿对社会环境和社会规范的认知发生冲突时,教师应对幼儿进行合理而积极的引导

考点4 多元文化活动过程的设计

幼儿园多元文化活动过程设计的步骤及要点

步骤	设计要点
创设相应情景,引出活动	可通过布置场景、创设情境等直观方式直接导入
引导幼儿感知体验各种社会文化	目的是引导幼儿了解各种文化,对相关社会文化有一个初步的认知
组织实践活动引导幼儿感受乐趣,加深对社会文化的体验和认识	在感知社会文化的基础上,通过实践活动引导幼儿感受乐趣,加深对社会文化的体验和认识

第六节　幼儿园科学教育活动的设计

🧠 思维导图

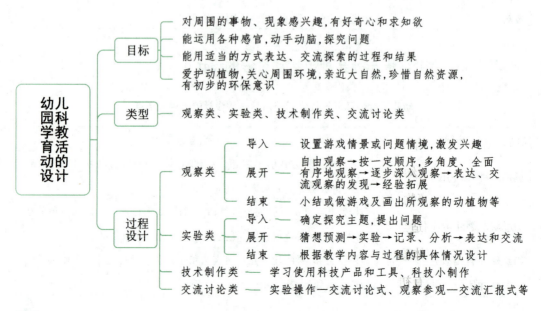

 考向分析

本节主要介绍幼儿园科学教育的含义、目标、科学教育活动过程的设计等相关知识，较为零碎，需要考生理解记忆。在考试中以活动设计题的形式考查。汇总分析 2015 年至 2023 年的真题试卷，本节知识考查情况统计如下：

知识	考点	考频	题型
幼儿园科学教育活动的设计	能根据幼儿园科学教育的相关知识设计活动方案	2	活动设计

核心考点

一、幼儿园科学教育的含义

幼儿园科学教育是指幼儿在教师的指导下，通过自身的活动，对周围的自然界进行感知、观察、操作、发现，以及提出问题、寻找答案，从而获得有关周围物质世界及其关系的经验的探索过程。

幼儿园科学教育活动包括观察类科学活动、实验类科学活动、技术制作类科学活动和交流讨论类科学活动。

二、幼儿园科学教育的目标

考点1　幼儿园科学教育的总目标

幼儿园科学教育的总目标是学前阶段科学教育总的任务要求，它原则性地指出在学前阶段进行科学教育的范围和方向，是科学教育所期望的最终结果，具有较强的特殊性和相对的独立性。《幼儿园教育指导纲要（试行）》明确提出了幼儿园科学领域的目标：

（1）对周围的事物、现象感兴趣，有好奇心和求知欲；（2）能运用各种感官，动手动脑，探究问题；（3）能用适当的方式表达、交流探索的过程和结果；（4）能从生活和游戏中感受事物的数量关系并体验到数学的重要和有趣；（5）爱护动植物，关心周围环境，亲近大自然，珍惜自然资源，有初步的环保意识。

上述五条目标中的第四条是关于幼儿园数学教育的,这里暂不做讨论,其余四条就是现在幼儿园科学教育的总目标。

考点2 幼儿园科学教育的年龄阶段目标

1.小班

(1)知识方面

①观察周围常见的个别自然物(动植物和无生命物质等)的特征,获取粗浅的科学经验,初步了解它们与儿童生活、周围环境的具体关系;

②观察周围常见自然现象的明显特征,获取粗浅的科学经验,并感受它们和儿童生活的关系;

③观察日常生活中直接接触的部分科技产品的特征及用途,获取粗浅的科学经验,感受它们给生活带来的便利。

(2)方法技能方面

①学习正确使用各种感官感知的方法,发展感知能力;

②掌握根据一个或两个特征从一组物体中挑选出物体并归为一类的分类方法;

③学会通过目测等简单方法比较物体的形体大小和数量的差别;

④用词语或简单的句子描述事物的特征或自己的发现,与同伴、教师交流;

⑤学习使用他们日常生活中常用科技产品的简单方法,参与简单的制作活动。

(3)情感方面

①激发对周围事物的好奇心,乐意感知和摆弄他们能够直接接触到的自然物和人造物;

②萌发探索自然现象和参与制作活动的兴趣;

③喜爱动、植物和周围环境,并能在成人的感染下表现出关心、爱护周围事物的情感。

2.中班

(1)知识方面

①获取有关自然环境中有生命物质、无生命物质及其与人类关系的具体经验,了解不同环境中个别动植物的形态特征和生活习性;

②了解四季的特征及其与人们生活的关系,观察简单的自然现象,获取感性经验;

③获取周围生活中常见科技产品的具体知识和经验,初步了解它们在生活中的

运用。

（2）方法技能方面

①学会综合运用多种感官感知事物特征,发展观察力;

②学会按照特定的标准,对物体进行简单分类;

③学习运用简单的工具进行测量的方法;

④用自己的语言描述发现,并与同伴、教师交流;

⑤指导儿童学习常见科技产品的使用方法,运用简单工具进行制作活动。

（3）情感方面

①激发好奇心,积极探究周围生活中常见的自然现象、自然物和人造物,愿意参加制作活动;

②培养关心、爱护动植物和周围环境的情感和行为。

3.大班

（1）知识方面

①初步了解不同环境中的动植物及其与环境的相互关系;

②了解周围生活中的环境污染现象和人们保护生态环境的活动;

③获取有关季节、人类、动植物与环境等关系的感性经验,形成四季的初步概念;

④探索周围生活中常见的自然现象,获取有关的科学经验;

⑤接触周围生活中的现代科学技术及其在生活中的运用。

（2）方法技能方面

①能主动运用多种感官观察事物,学会观察的方法,发展观察力;

②能按照自己规定的不同标准对物体进行分类;

③学习使用各种工具进行测量,掌握正确的测量方法;

④用完整、连贯的语言与同伴、教师交流自己的探索过程和结果,表达愿望、提出问题和参与讨论;

⑤学习使用常见科技产品的方法,运用简单工具和多种材料进行制作活动,能够发现物品和材料的多种特性和功能,并能表现出一定的创造性。

（3）情感方面

①激发和培养好奇、好问、好探索的态度;

②激发对自然环境和现代社会生活中的科技产品的广泛兴趣,能自己发现问题、提出问题、寻求答案;

③喜欢并能主动参与、集中于自己的科学探索活动和制作活动;

④主动关心、爱护周围环境的情感和行为。

以上所述各年龄班科学教育目标仅代表一般的情况,不能机械地、绝对化地理解。儿童的发展是一个连续的过程,不同年龄班的教育目标既要体现年龄的差异,也应体现连续性。教师可根据具体情况加以灵活调整。

三、幼儿园科学教育活动过程的设计　【9 年 2 考】

⭐ **考频分布**　2023 上活动设计,2016 上活动设计

考点 1　观察类科学活动过程的设计

幼儿园观察类科学教育活动,是教师有目的、有计划地组织和启发幼儿运用多种感官,去感知客观世界的事物与现象,发展幼儿的科学认知、培养科学情感、形成科学态度、训练科学方法的一种科学启蒙教育活动。一般观察活动过程的设计思路是:出示观察对象→幼儿自由观察→表达交流→教师引导观察→表达交流→经验拓展→活动结束→活动延伸。

幼儿园观察类科学活动过程设计的步骤及要点

步骤	设计要点
活动导入	设置游戏情景或问题情境,激发幼儿观察的兴趣和热情;也可以用简短的语言直接引出观察对象,明确观察的目的
活动展开	①先让幼儿自由观察; ②引导幼儿按一定顺序,多角度、全面有序地观察; ③善于运用提问,引导幼儿的观察逐步深入进行; ④鼓励幼儿善于运用语言表达、交流观察之后的发现; ⑤经验拓展
活动结束	①在幼儿表达、交流信息的基础上做出小结,巩固加深幼儿获得的印象; ②采用做游戏及画出所观察的动植物,或朗诵儿歌、诗歌及猜谜语,或以唱歌、跳舞等方式结束

考点 2　实验类科学活动过程的设计

幼儿科学实验是指教师或幼儿在人为控制的条件下,利用一些材料,通过简单的演示或操作,引起某种自然现象的产生和变化,帮助幼儿观察、发现某一现象产生的原因,了解事物间的联系,学习科学的一种方法。一个完整的科学探究活动一般要经历五个阶

段:提出问题→猜想预测→设计并进行实验→记录分析信息→表达交流。

幼儿园实验类科学活动过程设计的步骤及要点

步骤	设计要点
活动导入	确定探究主题,提出问题
活动展开	①进行猜想预测; ②进行实验; ③记录、分析信息; ④表达和交流
活动结束	没有固定的格式和规定,根据教学内容与过程的具体情况来进行设计

考点3 技术制作类科学活动过程的设计

技术制作类活动是指学习制作产品、使用科技产品或掌握某些工具的操作方法、技能的科学活动。技术制作活动可分为两大类:(1)学习使用科技产品和工具;(2)科技小制作。

幼儿园技术制作类科学活动过程设计的步骤及要点

种类		设计要点
学习使用科技产品和工具		讲解产品的用途→示范操作使用步骤→幼儿尝试操作→共同讨论交流→正确操作
科技小制作	模仿—制作式	出示成品、进行演示→示范讲解操作步骤→幼儿按固定程序操作→讨论交流→展示分享
	设计—制作式	出示成品、进行演示→幼儿观察、思考如何制作→幼儿探索制作→检验效果、进行修改→展示、交流分享

考点4 交流讨论类科学活动过程的设计

交流讨论科学教育活动不同于操作性的科学探究活动,它是建立在幼儿直接或间接经验的基础上的科学交流学习活动。因此按照幼儿知识经验准备的途径不同,可以把交流讨论类活动过程的设计思路大致分为以下四种。

幼儿园交流讨论类科学活动过程设计的步骤及要点

种类	设计要点
实验操作—交流讨论式	要求幼儿在亲自动手实验操作的过程中,用尽可能多的词语,尽可能准确的语言来表达真实的探究过程

419

种类	设计要点
观察参观—交流汇报式	让幼儿观察探究对象,或外出参观获取直接经验,在此基础上再进行汇报交流,分享经验
收集资料—共同分享式	幼儿通过收集资料的方式积累间接知识经验,教师也可提供一些收集资料的途径和方法,建议幼儿在家长的指导下通过网络查找有关资料,然后在集体活动中和大家分享
设疑提问—集中研讨式	让幼儿对感兴趣的问题进行个别探究,提出自己的看法和理由,并在此基础上再进行集中深入讨论,使不同的观点进行"碰撞"

第七节　幼儿园数学教育活动的设计

思维导图

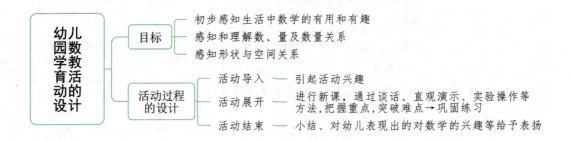

考向分析

本节主要介绍幼儿园数学教育的含义、目标、数学教育活动过程的设计等相关知识。在考试中主要以活动设计题的形式考查。汇总分析 2015 年至 2023 年的真题试卷,本节知识考查情况统计如下:

知识	考点	考频	题型
幼儿园数学教育活动的设计	能根据幼儿园数学教育的相关知识设计活动方案	1	活动设计

一、幼儿园数学教育的含义

幼儿园数学教育是儿童全面发展教育的一个重要组成部分。它是将儿童探索周围世界的数量关系、空间形式等需求纳入有目标、有计划的教育程序,通过儿童自身的操作和建构活动,以促进他们在认知、情感、态度、习惯等方面整体、和谐的发展。

二、幼儿园数学教育的目标

考点 1　幼儿园数学教育的总目标

(1)初步感知生活中数学的有用和有趣。能发现事物简单的排列规律,并尝试创造新的排列规律;能发现生活中许多问题都可以用数学的方法来解决,体验解决问题的乐趣。

(2)感知和理解数、量及数量关系。初步理解量的相对性;借助实际情境和操作(如合并或拿取)理解"加"和"减"的实际意义;能通过实物操作或其他方法进行 10 以内的加减运算;能用简单的记录表、统计图等表示简单的数量关系。

(3)感知形状与空间关系。能用常见的几何形体有创意地拼搭和画出物体的造型;能按语言指示或根据简单示意图正确取放物品;能辨别自己的左右。

考点 2　幼儿园数学教育的年龄阶段目标

各年龄阶段幼儿园数学教育的目标

年龄班	目标
小班	①愿意参加数学活动,喜欢摆弄、操作数学活动材料,能在教师的帮助下按要求取放操作材料和进行活动; ②对生活中常见的各种物品的大小、形状、数量有兴趣,能感知 5 以内物体的数量; ③能按物体的外部特征进行分类

年龄班	目标
中班	①能专心地进行数学操作活动,对自己的活动成果感兴趣;愿意并学会用适当的方式表达、交流自己操作和探索的过程和结果; ②能自己选择数学活动内容和按规则进行活动; ③能按物体的某一特征和数量进行分类; ④能注意和发现周围环境中物体的数量、形状、量的差异,以及它们在空间的位置等; ⑤能比较、判断10以内物体数量的多少;感受10以内相邻两数的大小关系; ⑥认识一些常见的平面图形
大班	①能积极、主动地参加数学活动,遵守活动规则,会有条理地摆放、整理活动材料; ②能用适当的方式表达、交流数学操作活动的过程和结果; ③能在教师帮助下归纳、概括有关的数学经验,感受生活和游戏中事物的数量关系; ④能运用对应、比较、类推、分类统计等简单的数学方法解决生活和游戏中的某些问题; ⑤能按物体两个以上特征或从事物的多个角度进行分类; ⑥认识一些常见的立体图形

三、幼儿园数学教育活动过程的设计 【9 年 1 考】

⭐ **考频分布** 2022 下活动设计

幼儿园数学教育活动过程设计的步骤及要点

步骤	设计要点
活动导入	引起幼儿活动的兴趣,如谈话、谜语、故事、游戏
活动展开	①进行新课。根据知识的内在联系及幼儿的认知规律,采用各种有效的教学方法,通过谈话、直观演示、实验操作等方法,逐步使幼儿把握重点,突破难点,形成概念或经验。 ②巩固练习。通过游戏、实验等活动,巩固幼儿在"进行新课"中所学习的知识经验,并要把幼儿的困惑、疑难之处诱发出来,及时公开并加以解决
活动结束	可以采取多种方式结束活动,如简单的小结、传递某些幼儿不可能通过自己探索得到的知识等,总结本节课中幼儿的表现,对幼儿表现出的对数学的兴趣、做事坚持性、助人为乐等优秀的品质给予表扬

第八节　幼儿园音乐教育活动的设计

思维导图

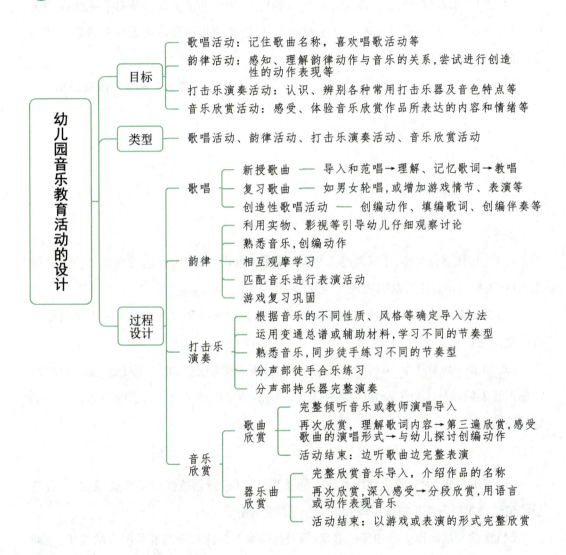

幼儿园音乐教育活动的设计
- 目标
  - 歌唱活动：记住歌曲名称，喜欢唱歌活动等
  - 韵律活动：感知、理解韵律动作与音乐的关系,尝试进行创造性的动作表现等
  - 打击乐演奏活动：认识、辨别各种常用打击乐器及音色特点等
  - 音乐欣赏活动：感受、体验音乐欣赏作品所表达的内容和情绪等
- 类型
  - 歌唱活动、韵律活动、打击乐演奏活动、音乐欣赏活动
- 过程设计
  - 歌唱
    - 新授歌曲 —— 导入和范唱→理解、记忆歌词→教唱
    - 复习歌曲 —— 如男女轮唱,或增加游戏情节、表演等
    - 创造性歌唱活动 —— 创编动作、填编歌词、创编伴奏等
  - 韵律
    - 利用实物、影视等引导幼儿仔细观察讨论
    - 熟悉音乐,创编动作
    - 相互观摩学习
    - 匹配音乐进行表演活动
    - 游戏复习巩固
  - 打击乐演奏
    - 根据音乐的不同性质、风格等确定导入方法
    - 运用变通总谱或辅助材料,学习不同的节奏型
    - 熟悉音乐,同步徒手练习不同的节奏型
    - 分声部徒手合乐练习
    - 分声部持乐器完整演奏
  - 音乐欣赏
    - 歌曲欣赏
      - 完整倾听音乐或教师演唱导入
      - 再次欣赏,理解歌词内容→第三遍欣赏,感受歌曲的演唱形式→与幼儿探讨创编动作
      - 活动结束：边听歌曲边完整表演
    - 器乐曲欣赏
      - 完整欣赏音乐导入,介绍作品的名称
      - 再次欣赏,深入感受→分段欣赏,用语言或动作表现音乐
      - 活动结束：以游戏或表演的形式完整欣赏

考向分析

本节主要介绍学前儿童音乐教育活动的含义、目标、音乐教育活动过程的设计等相关知识,是考纲要求掌握的内容,但在历年考试中基本不考查,考生可根据自身情况有选择地学习。

 **核心考点**

一、幼儿园音乐教育活动的含义

幼儿园音乐教育是指根据幼儿身心发展的特点,以注重幼儿对生活和音乐作品中美的感知,增强幼儿运用多种音乐表现方式的能力,培养幼儿的音乐敏感性及音乐表现力和创造力为核心目标而开展的一系列教育活动。

幼儿园音乐教育活动包括歌唱活动、韵律活动、打击乐演奏活动和音乐欣赏活动。

二、幼儿园音乐教育的目标

考点1 幼儿园音乐教育的总目标

1. 歌唱活动

(1)能记住歌曲名称;正确地感知、理解歌曲中歌词、曲调所表达的内容、情感;并能用自然、美好的声音进行歌唱表现。

(2)喜欢唱歌活动;积极地体验参与歌唱活动的快乐以及追求用歌唱的方式与他人进行交往的快乐。

(3)掌握一些最基本、最初步的歌唱技能,能够正确地咬字、吐字和呼吸;能较自然地运用声音表情和身体动作表情;能够在集体歌唱活动中控制和调节自己的声音使之与集体相协调。

2. 韵律活动

(1)能够感知、理解韵律动作与音乐的关系,尝试进行创造性的动作表现;能符合音乐的情绪要求以及音乐表现手段和表情作用来做动作。

(2)喜欢参加韵律活动和音乐游戏;积极体验参与韵律活动和音乐游戏的快乐;主动地追求用身体动作探索、表达音乐以及与他人合作表演的乐趣。

(3)能够较自如地运用和控制自己的身体动作;能够掌握运用较简单的道具;能够在合作性的韵律活动中运用动作和表情与他人交流、配合。

3. 打击乐演奏活动

(1)能够认识、辨别各种常用打击乐器及音色特点;掌握一些简单的节奏型;了解有

关打击乐器的一些基本知识;能够理解指挥的手势含义并与指挥相配合。

（2）喜欢参与打击乐演奏活动;乐意探索乐器的不同演奏方法和尝试创造性的表现;积极体验并享受与他人合作演奏的快乐。

（3）熟练掌握一些常用打击乐器的演奏方法;能够在集体的演奏活动中有意识地控制、调节自己奏出的音色,使其与集体的演奏相协调;能够学习并掌握使用、整理和保护乐器的一些简单规则。

4. 音乐欣赏活动

（1）能够感受、体验音乐欣赏作品所表达的内容和情绪;能够理解音乐作品最基本的表现手段;能够再认和区分已欣赏过的音乐作品。

（2）乐意参与音乐欣赏活动,有积极的欣赏态度;体验并享受音乐欣赏过程的快乐。

（3）初步学习运用文学、美术、韵律动作等各种艺术表现手段表达自己对音乐作品的想象和情感体验;能够在音乐欣赏的过程中尝试与同伴交流和配合,共同协作来表达对音乐的感受和理解。

考点2 幼儿园音乐教育的年龄阶段目标

1. 小班

（1）歌唱活动

①学习用正确的姿势、自然的声音歌唱,并基本做到吐字清楚、唱准曲调和节奏;

②能跟着歌曲的前奏整齐地开始和结束;

③在有伴奏的情况下,能独立地、基本完整地唱熟悉的歌曲;

④能初步理解和表现歌曲的形象、内容和情感;

⑤在教师的帮助、引导下,能够为熟悉、短小、工整而多重复的简单歌曲增编新的歌词;

⑥喜欢自己歌唱,也喜欢与同伴一起歌唱,并能注意使自己的歌声与集体相一致。

（2）韵律活动

①能跟随音乐的节奏做简单的基本动作和模仿动作;

②喜欢参加集体的韵律活动和音乐游戏;

③学习一些较简单的集体舞;

④初步尝试和体验用动作、表情和姿态与他人交流的方法和乐趣。

（3）打击乐演奏活动

①学习并掌握几种最常用的打击乐器（如碰铃、串铃、铃鼓等）的演奏方法；

②喜欢操弄打击乐器，喜欢参加集体的打击乐演奏活动；

③能够为简单、短小的二拍子和四拍子的歌曲、乐曲伴奏；

④初步学会识别指挥开始和结束演奏；

⑤了解并遵守集体的打击乐演奏活动中的一些基本规则，如乐器取放的恰当位置等。

（4）音乐欣赏活动

①能初步感受性质鲜明、结构短小的歌曲或有标题的器乐曲的形象、内容和情感，并产生一定的外部动作反应；

②喜欢倾听周围生活中的各种声音，并用自己喜欢的方式（嗓音、动作等）来表达；

③乐意参与集体的音乐欣赏活动，并积极尝试和体验音乐欣赏过程的快乐。

2. 中班

（1）歌唱活动

①能用正确的姿势、自然的声音歌唱，并做到吐字清楚、唱准曲调和节奏；

②在有伴奏的情况下，能独立而完整地演唱，并初步学会接唱和对唱；

③在集体的歌唱活动中能够注意控制自己的音色，使自己的歌声与集体的声音相协调；

④能学习用不同的速度、力度和音色变化来表现歌曲的形象、内容和情感；

⑤能够为熟悉、短小、工整而多重复的简单歌曲增编新的歌词，并能尝试独立地将新编的歌词填入曲调中唱出；

⑥喜欢自己歌唱，也喜欢在集体中歌唱，并能大胆地、独立地在集体面前表演。

（2）韵律活动

①能跟随音乐的节奏做简单的基本动作、模仿动作和舞蹈动作；

②喜欢参加集体的韵律活动和音乐游戏；

③学习一些基本的舞蹈动作和集体舞；

④享受并体验用动作、表情和姿态与他人交流的方法和乐趣，初步尝试用创造性的动作自发地随音乐自由舞蹈；

⑤能够在动作表演过程中学习使用一些简单的道具。

（3）打击乐演奏活动

①进一步学习并掌握一些打击乐器（如木鱼、响板、沙球等）的演奏方法；

②喜欢操弄打击乐器,喜欢参加集体的打击乐演奏活动;

③能够用乐器为二拍子、三拍子、四拍子的歌曲和乐曲配不同的简单伴奏;

④进一步学会看指挥开始、结束和变化演奏;

⑤能初步尝试部分地参与打击乐演奏配器方案的讨论;

⑥能较自觉地遵守集体的打击乐演奏活动中的一些常规,养成爱护乐器的态度和习惯。

(4)音乐欣赏活动

①能感受性质鲜明、结构短小的歌曲或器乐曲的形象、内容、情感,并产生一定的联想,用外部的动作加以反应;

②能初步了解并辨别进行曲、舞曲、摇篮曲等不同风格音乐的基本性质;

③喜欢倾听周围生活中的各种声音,并能大胆地用自己喜欢的方式(嗓音、动作等)来表达;

④乐意参与集体的音乐欣赏活动,并积极尝试和体验音乐欣赏过程的快乐;

⑤初步学习运用不同的艺术表演形式(如文学、美术、韵律动作等)表达对音乐的感受和理解。

3.大班

(1)歌唱活动

①能用正确的姿势、自然美好的声音歌唱,并能正确地表现歌曲的节奏、旋律和歌词;

②在没有伴奏的情况下,也能独立而完整地演唱,并初步学会领唱、齐唱、轮唱和简单的两声部合唱;

③能用不同的速度、力度和音色变化来表现歌曲的形象、内容和情感,能注意到歌曲的字、词及乐句的变化,较恰当地表现不同性质、不同风格歌曲的意境;

④能够为熟悉而多重复的歌曲增编新的歌词,并能即兴地、独立地将新编的歌词填入曲调中唱出;

⑤喜欢歌唱,能大胆地、独立地在集体面前进行歌唱表演,并能在集体中尝试以不同的合作表演形式歌唱。

(2)韵律活动

①能跟随音乐的节奏较准确地做各种稍复杂的基本动作、模仿动作和舞蹈动作组合;

②喜欢参加集体的韵律活动和音乐游戏,喜欢自发地随音乐自由舞蹈;

③进一步丰富舞蹈动作语汇,在掌握一些基本的舞蹈动作和集体舞的基础上,学习一些含有创造性成分的稍复杂的舞蹈组合;

④能够积极体验用动作、表情和姿态与他人交流的方法和乐趣,并在合作表演的过程中尝试用创造性的动作大胆、主动地表现;

⑤能够在动作表演过程中学习选择并较熟练地使用一些简单的道具。

(3)打击乐演奏活动

①进一步学习并掌握更多打击乐器(如三角铁、双响筒、钹等)的演奏方法;

②喜欢并积极参与集体的打击乐演奏活动,能部分地参与打击乐演奏配器方案的设计;

③能正确地根据指挥的手势开始、结束和变化演奏;

④能在集体的打击乐演奏中有意识地注意在音色、音量和表情上与集体相协调一致;

⑤能自觉地遵守集体的打击乐演奏活动中的一些常规,养成爱护乐器的态度和习惯。

(4)音乐欣赏活动

①能较准确地感受性质鲜明、结构适中的歌曲或器乐曲的形象、内容和情感,并产生一定的联想,用外部的动作加以反应;

②能进一步丰富并加深对进行曲、舞曲、摇篮曲等不同风格、不同性质的音乐的认识;

③喜欢倾听周围生活中的各种声音,并能用嗓音和动作等表现方式进行创造性的表达;

④能主动、积极地参与集体的音乐欣赏活动,享受并体验音乐欣赏过程的快乐;

⑤能够运用不同的艺术表演形式(如文学、美术、韵律动作等)大胆表达对音乐的感受和理解。

三、幼儿园音乐教育活动过程的设计

考点1 歌唱活动过程的设计

歌唱能力的发展主要包括:歌词、音域、节奏、音准、呼吸、情感体验与表达、独立性、合作性以及创造性等九个方面。理想的歌唱活动能够全面地促进这些方面的发展,使儿童能够舒适地、有理解力地和有感情地歌唱。

幼儿园歌唱活动过程包括新授歌曲、复习歌曲、创造性歌唱活动几个主要步骤,其设计与指导如下。

幼儿园歌唱活动过程设计的步骤及要点

步骤	设计要点
新授歌曲	一般分为三个步骤:①新歌导入和范唱;②帮助幼儿理解、记忆歌词;③教唱新歌。 教唱新歌一般采用整体教唱和分句教唱两种方法。 整体教唱法:教师范唱后,幼儿从头至尾学唱整首歌曲; 分句教唱法:教师范唱一句,幼儿跟学一句
复习歌曲	采用各种方式方法帮助幼儿完全地掌握歌曲,如男女轮唱,或增加游戏情节、表演,或采取接唱、对唱
创造性歌唱活动	①可以为歌曲内容创编动作; ②可以为歌曲填编歌词; ③可以为歌曲创编伴奏; ④可以为歌曲创编丰富的演唱形式

考点2 韵律活动过程的设计与组织

韵律活动能力的发展主要包括:身体运动能力、运动合乐能力、独立性、合作性以及创造性等五个方面。理想的韵律活动能够全面地促进这些方面的发展,使儿童能够自如地舞蹈和舒适地与其他人共同舞蹈。

幼儿园韵律活动过程设计的步骤及要点

步骤	设计要点
观察讨论导入	可充分利用实物、影视或图片引导幼儿仔细观察讨论,从观察对象的形状、动态、发展变化等方面进行深入细致的探讨,并引导幼儿用肢体动作进行形象的模仿表现
熟悉音乐,创编动作	可以引导幼儿一边倾听音乐,一边进行联想想象,将肢体动作、音乐与观察进行匹配,可以从"像什么""做什么""怎么做"入手,随音乐的变化逐一进行创编
相互观摩学习	请幼儿表达自己的想法和表演自己创造的动作和形象,树立幼儿的自信心,幼儿之间也可以相互借鉴、相互学习
匹配音乐进行表演活动	可以从幼儿创编的零散动作中,进行提炼加工,组成一组或几组与音乐吻合的完整的律动动作,并带领幼儿完整表演
游戏复习巩固	可以创设一个有一定情节、趣味性较强的游戏环节,引导幼儿边玩游戏边复习巩固律动动作

考点3　打击乐演奏活动过程的设计与组织

打击乐演奏能力的发展主要包括:操作乐器的能力、合乐性、合作性以及创造性等四个方面。理想的打击乐演奏活动能够全面地促进这些方面的发展,使儿童能够掌握最基本的应用打击乐器与音乐交流、与他人交流的意识和能力。

幼儿园打击乐演奏活动过程设计的步骤及要点

步骤	设计要点
活动导入	根据音乐的不同性质、风格、表现不同的形象来确定导入的方法,如可以采用图谱导入、动作总谱导入或语音总谱导入,也可以组织幼儿创编节奏型导入等
运用变通总谱或辅助材料,帮助幼儿学习不同的节奏型	幼儿学习最好先从单一节奏型开始,教师可以将整首音乐的节奏型根据乐曲的前后顺序分解成各个部分,逐一带领全班幼儿学习、练习。也可以借助变通总谱从动作、图形总谱逐一练习,增加幼儿学习的趣味
熟悉音乐,同步徒手练习不同的节奏型	运用各种方法帮助幼儿熟悉、感受、理解音乐的内容、情绪、性质、风格、曲式结构及节奏、节拍、旋律等基本要素。在欣赏音乐的同时,根据变通总谱的学习过渡到节奏型的练习中来,组织幼儿用拍手的形式一边感知音乐,一边练习相应的节奏型
分声部徒手合乐练习	可以根据幼儿的座位,进行分声部徒手合乐练习。可以一边用指挥手势一边用哼唱的方法去顺应幼儿,速度可以稍慢些,待幼儿比较熟练后再用正常速度合乐练习
分声部持乐器完整演奏	①先教幼儿记住乐器的名称,辨认乐器的外形特征和音色特点,掌握乐器的使用方法; ②要求幼儿必须认真倾听音乐,结合看教师的指挥,还要注意倾听演奏的音响效果

考点4　音乐欣赏活动过程的设计与组织

音乐欣赏能力包括:倾听、理解、创造性表达和个人音乐趣味倾向等四个方面。理想的音乐欣赏活动能够全面促进这些方面的发展,使儿童能够形成有关的初步意识和能力。其中,倾听是儿童必须具备的一个非常重要的基本技能。它是对儿童实施音乐教育的基本出发点,也是开展音乐欣赏的前提和基础。

1. 歌曲欣赏

幼儿园歌曲欣赏活动过程设计的步骤及要点

步骤	设计要点
活动导入	完整倾听音乐或教师演唱导入,让幼儿感受歌曲的性质,也可以以谈话、故事、儿歌等其他方式导入
活动展开	①再次欣赏,运用直观教具,帮助幼儿理解歌词内容; ②第三遍欣赏,感受歌曲的演唱形式; ③与幼儿探讨创编动作
活动结束	引导幼儿边听歌曲边完整表演

2. 器乐曲欣赏

幼儿园器乐曲欣赏活动过程设计的步骤及要点

步骤	设计要点
活动导入	完整欣赏音乐导入,引导幼儿初步了解作品的主要内容和情绪性质,并向幼儿介绍作品的名称即可
活动展开	①再次完整欣赏音乐,运用直观教具帮助幼儿深入理解感受音乐作品; ②分段欣赏。一般按乐曲的结构逐段欣赏,引导幼儿用语言或动作表现音乐
活动结束	以游戏或表演的形式完整欣赏。教师可以向幼儿介绍作曲家相关的故事,并运用游戏、表演引导幼儿感受理解音乐,使幼儿在愉快的欣赏活动中自然结束

第九节 幼儿园美术教育活动的设计

思维导图

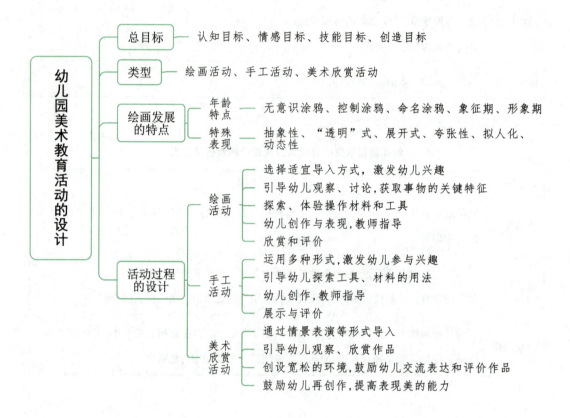

幼儿园美术教育活动的设计
- 总目标 —— 认知目标、情感目标、技能目标、创造目标
- 类型 —— 绘画活动、手工活动、美术欣赏活动
- 绘画发展的特点
  - 年龄特点 —— 无意识涂鸦、控制涂鸦、命名涂鸦、象征期、形象期
  - 特殊表现 —— 抽象性、"透明"式、展开式、夸张性、拟人化、动态性
- 活动过程的设计
  - 绘画活动
    - 选择适宜导入方式,激发幼儿兴趣
    - 引导幼儿观察、讨论,获取事物的关键特征
    - 探索、体验操作材料和工具
    - 幼儿创作与表现,教师指导
    - 欣赏和评价
  - 手工活动
    - 运用多种形式,激发幼儿参与兴趣
    - 引导幼儿探索工具、材料的用法
    - 幼儿创作,教师指导
    - 展示与评价
  - 美术欣赏活动
    - 通过情景表演等形式导入
    - 引导幼儿观察、欣赏作品
    - 创设宽松的环境,鼓励幼儿交流表达和评价作品
    - 鼓励幼儿再创作,提高表现美的能力

考向分析

本节主要介绍幼儿园美术教育的含义、目标、学前儿童绘画发展的特点、美术教育活动过程的设计等相关知识,需要考生理解记忆。在考试中以单项选择题和材料分析题的形式考查。汇总分析2015年至2023年的真题试卷,本节知识考查情况统计如下:

知识	考点	考频	题型
学前儿童绘画发展的特点	学前儿童绘画的年龄特点	1	材料分析
	学前儿童绘画中的特殊表现	1	单选

一、幼儿园美术教育的含义

幼儿园美术教育是指教师有组织、有目的、有计划地借助美术手段,根据美术规则对幼儿美术活动进行适时适宜的干预和指导,使幼儿在愉悦的氛围中学会感受美、表现美、创造美、建立和遵守美的规则,发展美感,开启心智和创造意识的系统教育活动。

幼儿园美术教育活动包括绘画活动、手工活动和美术欣赏活动。

二、幼儿园美术教育的目标

考点1　幼儿园美术教育的总目标

1.认知目标

(1)知道不同的材料、技巧以及活动过程之间的差异性;

(2)知道不同的材料、技巧以及活动过程会产生不同的效果;

(3)知道运用美术媒介和技巧,通过活动过程与人交流思想、表达情感;

(4)知道以安全和适当的方式使用材料和工具;

(5)懂得视觉形象特征之间的差异,知道美术具有表达想法的功能;

(6)能够初步理解不同的表达特征和组织方式是如何导致不同的结果的;

(7)知道从美术作品中能获得各种经验,能享受到视觉艺术的美;

(8)知道视觉艺术与各种文化之间存在着历史的或其他特殊的联系。

2.情感目标

(1)喜欢用"美术语言"表达自己的想法和感受;

(2)能体验美术作品的线条、形状、色彩、质地等;

(3)对美术活动感兴趣,并积极投入创作、欣赏和评价活动;

(4)能产生与美术作品含义相一致的感受,并能表达这种感受;

(5)喜欢各种不同风格的美术作品。

3.技能目标

(1)能选择材料和象征性符号表达自己的思想和情感;

（2）能初步学会运用线条、形状表现力度、节奏与和谐；

（3）能初步掌握一定的秩序和变化规律进行美术创作；

（4）能初步感受和欣赏到美术作品中形象的美学特征；

（5）能对自己或他人的美术作品作粗浅的美学评价。

4. 创造目标

（1）能根据自己的意愿，自由地进行美术创作；

（2）能使用各种象征性符号，并加以组合和变化，创造与众不同的艺术形象；

（3）能使用色彩自由表现自己的情感和幻想；

（4）能综合运用多种美术媒介进行美术创作；

（5）在欣赏和评价自己或他人的美术作品时，能讲述自己独特的观点。

考点2　幼儿园美术教育的年龄阶段目标

1. 小班

（1）绘画活动

①参加绘画活动，体验绘画活动的快乐，培养对绘画活动的兴趣，并养成大胆作画的习惯。

②认识油画棒、蜡笔、水彩笔、水粉画笔和纸等基本的绘画工具和材料，掌握基本使用方法，养成正确的握笔方法和作画姿态。

③学会画线条（直线、曲线、折线）和简单形状（圆形、方形等），并用于表现日常生活中熟悉的、简单物体的轮廓特征。

④学会认识红、黄、蓝、橙、绿、棕、黑、白等颜色并选用多种颜色作画。

⑤学习区分并尝试画出主体色和背景色，培养对使用颜色的兴趣。

⑥学会在画面的中心位置安排主要形象，并把它画大些。

（2）手工活动

①参加手工活动，体验手工活动的快乐，培养对手工活动的兴趣并愿意尝试各种手工工具和材料，培养儿童安全、卫生、整洁的手工活动习惯。

②学习用胶棒、胶水等粘贴沙子、种子等点状材料。

③体验泥的可塑性，学习用搓、捏圆、压扁、粘合的方法塑造简单的立体物象。

（3）美术欣赏活动

①参加美术欣赏活动，体验美术欣赏活动的快乐，培养集中注意力欣赏的习惯。

②欣赏具有鲜明色彩和简单造型的物品和美术作品,能对这类形象感兴趣。

③欣赏同伴的美术作品。

2. 中班

(1)绘画活动

①在小班的基础上进一步学习多种绘画方法(如蜡笔画、水粉画、水墨画等),体验绘画的快乐。

②学习用各种线条和形状表现感受过的物体的基本结构和主要特征。

③学习认识 12 种颜色并学会辨别同种色的深浅,学习用较丰富的颜色作画。

④初步学习在画面上安排物体的上下、左右关系。

⑤学习在规则的形纸(长方形、正方形)和生活用品纸上用简单的花纹(如小圆圈、小花朵、小叶片、小动物等)进行装饰,并能用对比色涂出鲜艳、美丽的画面。

(2)手工活动

①正确使用多种手工工具和材料,使他们喜爱各种手工活动。

②用比小班丰富、复杂的点状材料(如木屑、纸屑、泡沫屑等)粘贴出简单的物象。

③在小班的基础上学习用纸折出(按中心线折、双正方折、双三角折)并剪贴出简单的物象。

④在小班的基础上学习用捏的方法塑造简单的立体物象,并能用泥塑造平面的物象。

⑤初步学习用其他点状、线状、面状和块状的自然物和废旧材料制作玩具。

(3)美术欣赏活动

①欣赏与他们的生活经验有关的、能理解的成人美术作品、同伴美术作品、日常生活中的玩具、生活物品、节日装饰、环境布置等,产生与作品等相一致的感觉和情感,培养关注具有美感的事物。

②欣赏并初步理解作品形象和作品主题的意义,使其知道美术作品能反映现实生活和人的思想感情。

③初步欣赏并感受作品中形象的造型美、色彩的变化与统一美、构图的对称与均衡美。

3. 大班

(1)绘画活动

①学习利用多种绘画工具和材料,运用不同技法表现自己独特的思想和感受,体验

创造的快乐。

②学习完整地表现感受过的或想象中的物体的动态结构和简单情节。

③学习深浅、冷暖颜色的搭配,并初步学习根据画面的需要,恰当地使用颜色表现自己的情感。

④学习表现前后、远近等简单的空间关系及主体与背景的关系。

⑤学习在各种几何形纸(如圆形、三角形、菱形等)和生活用品纸上,用一些简单的、具有民族特色的花纹有规律地进行装饰,能用同类色或近似色装饰画面,使画面层次清楚、色彩和谐。

(2)手工活动

①较熟练地使用和选择手工工具和材料,创造性地表现自己的意愿。

②学习用多种点状材料拼贴物象,表现简单的情节。

③学习用多种技法将纸折出物体的各个部分,组合成整体物象。

④学习用目测的方法将纸等面状材料分块剪、折叠剪来拼贴平面的物象或制作立体的物象。

⑤学习用伸拉的方法并配合其他泥工技法塑造结构较复杂的物象,表现主要特征和简单细节。

⑥综合运用各种工具、材料和技法制作教具、玩具、礼品、服饰、道具等布置环境,并注意装饰美。

(3)美术欣赏活动

①学习欣赏感兴趣的绘画、工艺、雕塑、建筑等艺术作品,培养初步发现周围环境和美术作品中美的能力。

②了解作品简单的背景知识,进一步感受和理解作品的形象和主题意义,知道美术作品如何反映现实生活和人的思想感情。

③欣赏并感受作品中形象的造型美、色彩的色调及其情感表现性,构图的对称、均衡、韵律与和谐美。

④积极主动参与美术欣赏活动,学习用语言、动作、表情等表达自己对作品的感受和联想。

三、学前儿童绘画发展的特点 【9年2考】

考点1 学前儿童绘画的年龄特点

⭐ **考频分布** 2016下材料分析

1.5~3岁的儿童基本处于"涂鸦期"。1岁半左右,当儿童一接触笔和纸,他就会在

纸上画断断续续、弯弯曲曲的不规则线条,这是一些未分化的、毫无秩序的东西,是一种不受或少受控制的纯肌肉运动。这时期称为**无意识涂鸦**。

2 岁左右,当儿童经过练习掌握了使用纸、笔的经验后,他就开始逐步掌握手的动作,并注意手、眼之间的联系,以致能在纸上画出上、下、左、右有一定规则的线条,并会在纸上重复地画圆圈,且能交替使用两种不同颜色的笔。这种控制动作的经验,显示出向更复杂动作的意志行动发展的倾向。这时期称为**控制涂鸦**。

2 岁以后,在儿童的涂鸦中开始出现简单的命题。这时,儿童虽不能画出简单真实的形象,但已具有明显的表达意图,并常用圆形物代表所要表达的物体。这阶段称为**命名涂鸦**。

3 岁半左右的儿童开始进入"象征期"。他们尝试利用涂鸦期时掌握的简单形状进行表现,有意性增强,可以用简单的线条去表现自己的意愿,但构思不稳定,往往先动笔后有主题,易受他人影响,绘画内容容易转移。其绘画一般都非常简单、抽象,带有强烈的主观倾向性,往往夸大所画对象的某些部分,而忽略其他部分。

4 岁左右的儿童开始进入"形象期"。他们对表现自己的经验、情感和想象有明确的目的,能用简单形状逐渐深入地表现越来越多的事物。

5 岁以后的儿童逐步认识到事物之间的一些简单关系和联系,对于事件、情节的表现成为他们美术活动的突出特点。能够比较完整地画出对象的主要部分,而不必借助语言的说明。

考点 2 学前儿童绘画中的特殊表现

⭐ **考频分布** 2016 上单选

1. 抽象性

儿童的绘画,一般不能如实地模拟客观物体形象,而是舍弃了客观对象在形体上许多具体的特征,仅仅保留了对象最基本的形体特征,它是属于一种抽象性质的艺术形象。儿童无论画人、画物或画景,通常都是用最简单的抽象线条去描绘客观对象。如,儿童开始学画人的全身像时,一般是在"介"字上面画个圆圈;或者是在"大"字上面画个圆圈;或者是在"才"字上面画个圆圈。画得具体一些的,就是在大圆圈里边画两个小圆圈,表示人的眼睛。

儿童绘画所表现的这种抽象,实质上就是对描述对象作了一些简化、概括和夸张,是无意识的,也是儿童在绘画上力不从心的表现。随着儿童年龄的增长、知识的丰富、技能的提高,儿童绘画上的抽象性会逐渐减弱,他们会画得愈来愈具体、生动、形象。

2."透明"式

"透明"式指儿童在画外界各种物体形象时,往往把从外面看不见的,而里面有的东西也画出来,全然不考虑透视的绘画现象。如,画小朋友睡觉,要把被子里面的身体画出来;画坦克,要把里面坐的驾驶员也画出来等。这种透明式的画法,像 X 光一样穿透任何东西,所以也称"X 光画法"。

3.展开式

展开式又称求全式,指儿童作画时,往往把从不同角度看到的东西,生活中知道的东西,头脑中想到的东西,无所顾虑地统统摆到画面上,既不肯缺画某个部分,也不能让两部分重叠。如,画侧视的汽车,一定要画出四个车轱辘;画桌子,一定要把四条腿都画上,而且一样长。

4.夸张性

夸张性又称稚拙性,指儿童在绘画中常常不自觉地把自己关心的事物,或认为重要的事物画得很仔细、很突出,而没注意到事物的整体结构的现象。如,画人时,一般头部画得比较大,整个身体却画得比较矮小,不合比例;画人跑时,把两条腿画得很长。

儿童绘画中的简化、概括与夸张,并不是儿童已掌握了艺术创作上的表现手法,而是儿童认识事物不完善,表现能力不足和幼稚的缘故。

5.拟人化

拟人化指儿童把无生命的物体或有生命的动植物画得和人一样,不仅赋予它们以生命,而且赋予它们一切人所具有的特点和本领的绘画现象。如,给太阳画上眼睛、鼻子和嘴巴,使之成为"太阳公公";将几个小动物之间建立了联系,如鸡妈妈和鸡爸爸带着小鸡们在散步、做游戏等。

6.动态性

在儿童绘画的各种题材中,儿童最喜欢画活动的对象。如飞机、汽车、火车、坦克、各种动物等。他们画火车时,就一边画,一边模仿火车"轰隆隆! 轰隆隆!"的声音;画猴子时,就会模仿猴子的动作。儿童在绘画时的这些举动,与儿童的身心特点有密切的关系,成人应该理解,而不要加以限制。

真题面对面

[2016上半年真题]一名幼儿画小朋友放风筝,将小朋友的手画得很长,几乎比身体长了3倍。这说明了幼儿绘画的特点具有(　　　)

A.形象性　　　　　B.抽象性　　　　　C.象征性　　　　　D.夸张性

答案:D。题干中的幼儿将小朋友的手画得比身体长了3倍,明显脱离现实生活,体现了幼儿绘画的夸张性。

四、幼儿园美术教育活动过程的设计

考点1　绘画活动过程的设计

幼儿园绘画活动过程设计的步骤及要点

步骤	设计要点
选择适宜的导入方式,激发幼儿的兴趣	根据幼儿的兴趣和需要巧妙而精当地设计好导入的方式,使幼儿迅速地投入到活动中去,并产生强烈的创作欲望
引导幼儿观察、讨论,获取事物的关键特征或者形式要素	①可以通过讨论的形式,帮助幼儿仔细观察事物的关键特征或者形式要素,丰富表象经验; ②借助直观材料,引导幼儿进行有目的的观察
探索、体验操作材料和工具	是对美术操作技法或各种工具材料特性及使用方法的探究与尝试,要为幼儿提供各种材料,并鼓励幼儿动手尝试,让幼儿在操作中发现问题、分析问题、解决问题
幼儿创作与表现,教师指导	幼儿将自己的经验、想法或情绪情感用艺术的手段表达出来,先是进行艺术构思,然后是操作,最后是装饰
欣赏和评价	是幼儿对自己和同伴作品的欣赏、评价的过程。应以幼儿的自我介绍及同伴间的互相评说和欣赏为主

考点2 手工活动过程的设计

幼儿园手工活动过程设计的步骤及要点

步骤	设计要点
运用多种形式,激发幼儿参与手工活动的兴趣	任务是吸引幼儿的注意力,激起幼儿参与活动的兴趣
引导幼儿探索工具、材料的用法	①给幼儿充足的时间摆弄工具和材料,了解其性质和使用方法; ②用儿歌帮助幼儿理解、掌握技法
幼儿创作,教师指导	幼儿在制作过程中遇到困难时,教师需要有意识地进行指导,使幼儿走出困境并能更好地进行创作
展示与评价	评价主要有幼儿自我评价、教师评价和家长评价三种

考点3 美术欣赏活动过程的设计

幼儿园美术欣赏活动过程设计的步骤及要点

步骤	设计要点
活动导入	通过情景表演、配乐欣赏、诗歌朗诵等生动活泼、灵活多样的形式引导幼儿参与活动,以达到欣赏的目的
引导幼儿观察、欣赏作品	①选择幼儿感兴趣的又有新鲜感的事物作为观察欣赏的对象; ②可以采用根据作品内容创编故事、幼儿对美术作品进行交流、游戏操作等灵活的组织形式引导幼儿欣赏,还可充分利用多媒体,调动幼儿的多种感官参与美术欣赏,提高幼儿欣赏的积极性,帮助幼儿理解作品的主题和内涵
创设宽松的环境,鼓励幼儿充分交流表达和评价作品	①提出一些开放性的问题,启发幼儿边看边思考,从而提高幼儿分析、评价画面的能力; ②给幼儿充分的时间进行交流,鼓励幼儿以多种方式评价作品
鼓励幼儿对作品进行再创作表达,提高幼儿表现美的能力	在引导幼儿欣赏和理解完作品后,可以组织幼儿通过模仿表演、绘画、续编故事等多种方式,对美术作品进行再创作表达,进而获得审美满足

第十节　幼儿园其他形式活动的设计

思维导图

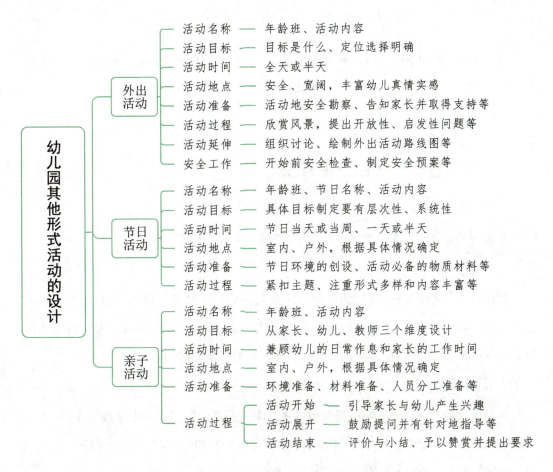

```
                                  ┌ 活动名称 ── 年龄班、活动内容
                                  ├ 活动目标 ── 目标是什么、定位选择明确
                                  ├ 活动时间 ── 全天或半天
                          外出    ├ 活动地点 ── 安全、宽阔，丰富幼儿真情实感
                          活动    ├ 活动准备 ── 活动地安全勘察、告知家长并取得支持等
                                  ├ 活动过程 ── 欣赏风景，提出开放性、启发性问题等
                                  ├ 活动延伸 ── 组织讨论、绘制外出活动路线图等
                                  └ 安全工作 ── 开始前安全检查、制定安全预案等

 幼                               ┌ 活动名称 ── 年龄班、节日名称、活动内容
 儿                               ├ 活动目标 ── 具体目标制定要有层次性、系统性
 园                       节日     ├ 活动时间 ── 节日当天或当周、一天或半天
 其                       活动     ├ 活动地点 ── 室内、户外，根据具体情况确定
 他                               ├ 活动准备 ── 节日环境的创设、活动必备的物质材料等
 形                               └ 活动过程 ── 紧扣主题、注重形式多样和内容丰富等
 式
 活                               ┌ 活动名称 ── 年龄班、活动内容
 动                               ├ 活动目标 ── 从家长、幼儿、教师三个维度设计
 的                               ├ 活动时间 ── 兼顾幼儿的日常作息和家长的工作时间
 设               亲子             ├ 活动地点 ── 室内、户外，根据具体情况确定
 计               活动             ├ 活动准备 ── 环境准备、材料准备、人员分工准备等
                                  │              ┌ 活动开始 ── 引导家长与幼儿产生兴趣
                                  └ 活动过程 ──── ├ 活动展开 ── 鼓励提问并有针对地指导等
                                                 └ 活动结束 ── 评价与小结、予以赞赏并提出要求
```

考向分析

　　本节主要介绍幼儿园外出活动、节日活动、亲子活动的设计等相关知识,需要考生理解记忆。在考试中以活动设计题的形式考查。汇总分析 2015 年至 2023 年的真题试卷,本节知识考查情况统计如下:

知识	考点	考频	题型
外出活动的设计	根据要求设计幼儿园外出活动	1	活动设计

 **核心考点**

一、外出活动的设计 【9年1考】

考点1 外出活动的含义

外出活动是幼儿园有计划、有目的地在幼儿园以外开展的活动。从活动目的上来看,可以分为游玩活动、参观活动和社会实践活动。

考点2 外出活动的设计

⭐ **考频分布** 2021下活动设计

1.活动名称

外出活动名称一般要写明年龄班和活动内容,如大班秋游活动。

2.活动目标

教师首先要考虑"外出活动的目标是什么",是定位于休闲放松和娱乐的游玩活动,还是定位于丰富知识、扩大视野的参观活动,或是定位于增长见识、提高社会实践能力的社会实践活动,或是专门作为幼儿园教育活动的延伸与拓展活动,等等。

3.活动时间

外出活动通常分为半天和全天两种形式。半天活动时间通常为上午或下午,如上午去公园或下午到博物馆;全天活动时间则需要安排午餐和休息时间。为保证活动的质量,活动的时间应该充分考虑幼儿的身体状况和心理适应能力。

4.活动地点

活动地点应安全、宽阔,能丰富幼儿的真情实感。如公园、博物馆、气象馆等。

5.活动准备

活动出发前要做好一系列的准备工作,主要包括以下几方面。

(1)与活动目的地的联系、安全勘查工作。在出发前与活动目的地所在单位进行联系,与对方就参观时间、行走线路、讲解陪同人员、安全事项等进行落实。

(2)车辆安排、人员分工及职责落实。

（3）告知家长活动的具体时间、地点、目标、过程，取得家长的支持。

（4）生活用品的准备，如食品、水、垃圾袋、照相机等。

（5）活动用品，如活动中需要用的教具等。

（6）医疗用品，如体温计、创可贴、酒精、包扎带等。

（7）出发前注意活动当天天气情况的预报，以免因忽略天气情况而影响活动的进行。

6. 活动过程

在外出活动进行过程中，教师可引导幼儿欣赏沿途美景、风土人情等，向幼儿提出开放性、启发性的问题。在活动地举行的联谊活动、亲子活动等，按事先准备好的节目有序进行。参观类活动教师要提醒幼儿注意听解说员的讲解，认真观看。无论是在出发途中，还是在活动目的地以及返回途中，教师或相关人员要经常清点人数。

7. 活动延伸

教师利用各种机会带领幼儿外出参观和考察，这样既利用了天然资源、丰富幼儿的经验，又使活动更为有趣。每次外出活动归来，幼儿一般都有很多感受，教师可组织幼儿开展讨论，提醒或有意安排各种各样的表达、表现方法，如口头讲述、绘画、手工制作、表演游戏、建构游戏等等，幼儿可以绘制外出活动路线图，画出外出活动中感兴趣的事物，表演外出活动中看到的事物和场景。

8. 外出活动的安全工作

对于外出活动的安全工作，教师要注意：

（1）活动开始之前，相关人员要对乘用车辆、活动场地活动器材等进行安全检查，及时消除不安全因素。

（2）活动前教师要对幼儿强调安全事项，提高幼儿的安全意识和自我保护意识。

（3）活动中教师及相关人员随时巡查和提醒幼儿，并适时给予幼儿安全保护，以免出现不安全因素。

（4）制定详细的安全预案，遇到紧急情况，立即启动安全预案方案。

二、节日活动的设计

考点1　节日活动的含义

幼儿园节日活动是指在幼儿园中根据节日的特点所组织开展的亲子活动、社会实践与调查体验等各类活动。我国的节日活动可分为两类，一类是法定节日活动，如劳动节、国庆节、清明节、端午节、中秋节、元旦、春节等。一类是非法定节日活动,如儿童节、母亲节、教师节、圣诞节、重阳节及开学典礼、毕业典礼等庆典活动等。

考点2　节日活动的设计

1.活动名称

节日活动名称一般要写明年龄班、节日名称或活动内容,如小班春节活动"欢乐过大年"、大班"六一儿童节"活动。

2.活动目标

具体活动目标的制定要有层次性和系统性,如小班侧重节日氛围和典型活动的参与、感知;中班侧重节日内涵的体验与理解;大班侧重幼儿对节日的展现和创造等等。

3.活动时间

活动时间一般安排在节日当天或当周,一般是一天或半天的时间。

4.活动地点

活动地点可以是室内,也可以是户外,可根据活动内容、形式及参与的人数确定。

5.活动准备

(1)节日环境的创设,包括班级环境和活动区环境创设中都应提前进行节日的渗透,如圣诞节前,教室内的墙饰设计、活动区中有关圣诞主题的手工材料的添置等。

(2)活动必备的物质材料的准备,如音响、奖品等。

(3)人员分工和职责落实。

(4)安全工作的相关准备、医疗用品等。

6.活动过程

在设计节日活动过程时,教师应注意以下几点。

(1)紧扣活动的性质和主题。不同的节日活动,其性质和主题有所不同。如劳动节活动设计时应紧扣"劳动"这个主题,国庆节活动应紧扣"国庆"这个主题,重阳节要体现"敬老、爱老"的主题。

(2)注重形式多样、内容丰富。无论哪一种节日活动,其形式可以多样化,如表演活动、亲子活动、参观活动等。如端午节可以开展亲子活动"包粽子"游戏、"划龙舟"表演、"我心中的端午节"绘画活动,以及参观或观看一些与端午节相关的历史古迹、影像资料等。

（3）注重幼儿的全程参与。在活动的组织过程中,幼儿能亲自参与到活动中,而不是活动中的旁观者或看客。

（4）将节日活动的精神渗透到一日生活中。教师应将节日活动所体现出的精神、象征意义渗透到平常的教学活动与一日活动中去,扩大节日活动的教育功能,延长节日活动的寿命。

（5）让幼儿初步了解节日的来源、纪念意义等有关常识。通过多种形式的娱乐活动、教育活动,使幼儿得以初步了解。

三、亲子活动的设计

考点1　亲子活动的含义

幼儿园亲子活动是指在幼儿园组织的,由家长和子女共同参与,以特定内容为载体的,旨在增进亲子感情、加强家园合作、促进幼儿全面发展的一种活动形式。亲子活动的内容比较广泛,幼儿园可以根据本园、本班孩子以及家长的情况来开展。比较适合幼儿园开展的亲子活动有亲子制作、亲子运动会、亲子表演、亲子郊游、亲子游戏等。

考点2　亲子活动的设计

1.活动名称

亲子活动名称一般要写明年龄班和活动内容,如小班亲子活动"袋鼠跑步赛"。

2.活动目标

亲子活动是由家长、幼儿、教师三个行为主体参与,因此,在设计亲子活动目标时,要从家长、幼儿、教师三个维度来设计。

3.活动时间

亲子活动的时间安排需要兼顾幼儿的日常作息和家长的工作时间,一般可安排在周末或节假日,尽量不影响家长的工作。

4.活动地点

活动地点可以是室内,也可以是户外,可根据活动内容、形式及参与的人数确定。

5.活动准备

活动准备包括环境准备、材料准备、人员分工准备等。

6.活动过程

（1）活动开始

①教师要用简洁的语言向家长说明活动的主要目的、要求和内容,对他们提出必要的要求。

②引导家长与幼儿对亲子活动产生兴趣。教师可以利用事先准备好的材料、玩教具或身边的环境吸引孩子和家长,可以用游戏化的点名活动或进行简短的谈话,播放好听的音乐,目的是使大家进入活动状态,让幼儿对活动产生兴趣,将注意力集中在即将开展的亲子活动上。

（2）活动展开

教师在指导亲子活动时重点是引导家长观察幼儿的活动过程,避免包办代替,防止产生急躁情绪。由于幼儿的发展存在差异,教师要引导或提醒家长应尊重幼儿的差异,使家长通过参加亲子活动以及教师的指导,体验自己指导幼儿学习的过程和方法。

教师在设计亲子活动时要注意以下几点:

①鼓励家长提出问题,开展有针对性的指导。

②引导家长关注幼儿的成长变化,适当安排家长之间的交流,让他们对自己充满信心,对幼儿的发展有更充分的认识和理解。

③活动内容不宜过多,注意动与静相结合。

④在分散活动中开展个别指导,与家长进行一对一、面对面的交流。

⑤重视养成教育的指导。

（3）活动结束

亲子活动结束后,教师要对活动进行评价与小结,内容应简洁,抓住重点,对幼儿和家长的表现予以赞赏。同时,教师也要对家长提出回家后的要求,鼓励家长自己在家里也可以创编更新更好的活动形式和方法,将亲子活动的指导延伸到家庭,使亲子活动的目标更好地实现。

≡ 达标测评 ≡

建议用时	实际用时	测评总分	实际得分
90 分钟	＿＿＿分钟	107 分	＿＿＿分

一、单项选择题(每小题 3 分,共 12 分)

1. 童童画画时经常把从多个角度观察的结果组合在一张画中。童童的绘画表现出( )的特征。

A. 拟人化　　　　B. 透明式　　　　C. 夸张式　　　　D. 展开式

2. 教师在大班幼儿已有超市购物经验的基础上,组织开展一节社会活动"逛超市",引导幼儿学会理性消费、合理消费、按需消费。此教育活动内容的选择是从幼儿的( )入手。

A. 教材　　　　　B. 兴趣　　　　　C. 联系　　　　　D. 经验

3. 口授法可以适用所有领域的教育活动。以下不属于口授法的是( )

A. 讲解法　　　　B. 讲述法　　　　C. 谈话法　　　　D. 演示法

4. 王老师与孩子们一起观看"神舟十三号"发射直播后,他用各种饮料瓶、竹签、塑料卡片制作了一个中国空间站模型,并利用该模型来讲解空间站的知识,深受孩子们欢迎。王老师采用的教学方法是( )

A. 实验法　　　　B. 调查法　　　　C. 研究法　　　　D. 演示法

二、简答题(本大题共 15 分)

简述幼儿园教育活动内容选择的原则。

三、论述题(本大题共 20 分)

试述学前儿童绘画中的特殊表现。

四、活动设计题(每小题 30 分,共 60 分)

1. 大班幼儿正处于恒牙萌发的阶段。在幼儿园经常会出现这样的场景,当一个幼儿掉牙后,其他幼儿就会围过来观察,有的说"你的牙齿流血了",有的说"你的牙齿好黑",有的说"让我看看你的牙齿",幼儿对换牙充满好奇。陈老师认为可以根据幼儿的兴趣生成一个"我的牙齿"主题活动,引发幼儿的深度学习。请帮助陈老师设计一个这样的主题活动。

要求:

(1)写出主题活动的总目标。

(2)围绕主题设计三个子活动。写出其中一个子活动的具体活动方案,包括活动名称、目标、准备和过程。

(3)写出另外两个子活动的名称、目标。

447

2.音乐游戏对于幼儿来说有很大的好处,音乐游戏有助于提高幼儿的感受力,能激发幼儿的表现欲望和表现力,还能培养幼儿的创造能力。

要求:

请以"找朋友"为主题设计一个大班音乐游戏活动,写出活动目标、活动准备和活动过程。

参考答案及解析

一、单项选择题

1.D [解析]展开式又称求全式,指儿童作画时,往往把从不同角度看到的东西,生活中知道的东西,头脑中想到的东西,无所顾虑地统统摆到画面上,既不肯缺画某个部分,也不能让两部分重叠。题干中童童的绘画表现出展开式的特征。

2.D [解析]题干中教师在幼儿已有的经验基础上引导幼儿开展社会活动,说明教师教育活动内容的选择贴合幼儿生活实际,顺应了幼儿的经验。

3.D [解析]口授法是运用语言进行教学的方法。幼儿园常用的方法有谈话法、讲解与讲述法等。

4.D [解析]演示法是直观法的一种,演示是指教师向幼儿展示各种实物、直观教具或做实验,引导幼儿通过观察获得感性认识的方法。题干中教师通过用各种材料制作的空间站模型向幼儿讲解空间站知识,是对演示法的运用。

二、简答题(答案要点)

(1)时代性原则;

(2)生活性原则;

(3)兴趣性原则;

(4)内容和目标相一致的原则;

(5)因地制宜原则。

三、论述题(答案要点)

(1)抽象性。儿童的绘画,一般不能如实地模拟客观物体形象,而是舍弃了客观对象在形体上许多具体的特征,仅仅保留了对象最基本的形体特征,它是属于一种抽象性质的艺术形象。儿童无论画人、画物或画景,通常都是用最简单的抽象线条去描绘客观对象。

(2)"透明"式。"透明"式指儿童在画外界各种物体形象时,往往把从外面看不见

的,而里面有的东西也画出来,全然不考虑透视的绘画现象。

(3)展开式。展开式又称求全式,指儿童作画时,往往把从不同角度看到的东西,生活中知道的东西,头脑中想到的东西,无所顾虑地统统摆到画面上,既不肯缺画某个部分,也不能让两部分重叠。

(4)夸张性。夸张性又称稚拙性,指儿童在绘画中常常不自觉地把自己关心的事物,或认为重要的事物画得很仔细、很突出,而没注意到事物的整体结构的现象。儿童绘画中的简化、概括与夸张,并不是儿童已掌握了艺术创作上的表现手法,相反,这正说明了儿童认识事物不完善,表现能力不足和幼稚的缘故。

(5)拟人化。拟人化指儿童把无生命的物体或有生命的动植物画得和人一样,不仅赋予它们以生命,而且赋予它们一切人所具有的特点和本领的绘画现象。

(6)动态性。在儿童绘画的各种题材中,儿童最喜欢画活动的对象。儿童在绘画时的这些举动,与儿童的身心特点有密切的关系,成人应该理解,而不要加以限制。

四、活动设计题(参考答案)

1. 大班主题活动《我的牙齿》

主题活动目标

(1)具有良好的口腔卫生意识和习惯,知道刷牙的重要性;

(2)知道牙齿的结构、类型及功能,了解换牙的大致过程;

(3)能运用正确的刷牙方式刷牙,能在活动中认真倾听和表达。

子活动一

大班健康活动《我的牙齿》

(一)活动目标

(1)体会保护牙齿的重要性,具有良好的用牙卫生意识和习惯;

(2)知道牙齿的结构和不同类型,了解不同类型牙齿的功能;

(3)能够学会用正确的刷牙方式刷牙。

(二)活动准备

物质准备:牙齿结构图;刷牙视频、图片;小动物模型;牙刷模型

(三)活动过程

1.谜语导入,引起幼儿兴趣

师:小朋友们,老师这里有一个谜语,请大家来一起猜一猜是什么吧!"健康卫士穿白衣,上下两排真整齐,口中饭菜它磨碎,早晚用刷把澡洗"。

2.观察图片,初步认识牙齿

教师出示牙齿结构图,引导幼儿认识牙齿的结构、类型。

(1)切牙、侧切牙:主要功能是切断食物和辅助发音。

(2)尖牙:俗称犬齿或虎牙,主要功能是穿透、撕裂食物。

(3)磨牙:主要功能是磨碎食物。

3.幼儿讨论保护牙齿的方法

师:原来牙齿的作用这么大呀,那小朋友们一起讨论一下,我们应该怎么保护牙齿呢?

幼儿自由讨论、分享自己的看法。

4.幼儿观看刷牙视频和图片,教师带领幼儿学习正确的刷牙方式

师:上面的牙齿从上往下刷,下面的牙齿从下往上刷,不要忘记刷刷小舌头。

(四)活动延伸

教师请部分幼儿示范给小动物刷牙,其他幼儿观察其操作是否正确。

子活动二

大班健康活动《我换牙了》

活动目标

(1)知道换牙是正常的现象,体会身体变化的奇妙;

(2)了解乳牙脱落、恒牙萌出的过程,知道换牙期的注意事项;

(3)能够认真倾听同伴的讲述,用流畅的语言分享自己的换牙经验。

子活动三

大班语言活动《没有牙齿的小动物们》

活动目标

(1)感受故事中小动物的形象特点,体会文学作品的语言美;

(2)理解故事主要情节和内涵,知道不刷牙的危害;

(3)能认真倾听同伴的讲述,并复述故事的主要内容。

2. 小老鼠找朋友(大班)

(一)活动目标

(1)在歌词和教师动作的提示下,用"找朋友"的方法玩游戏。

(2)迁移生活中的经验表现高兴和孤单的样子,并创编小老鼠寻找老猫的动作。

(3)在游戏中体验卧底追逃游戏所带来的乐趣。

（二）活动准备

会玩"猫捉老鼠"的游戏。

（三）活动过程

1. 故事导入

师："有一只小老鼠住在一楼,空空的房子里只有它自己,它觉得很孤单,想要去找好朋友,孩子们,你们知道孤单是什么意思吗?"（一个人）"那你们一个人在家孤单的时候是什么样子的? 我们一起来学一学。"（耷肩、无聊）

2. 学习《小老鼠找朋友》游戏的玩法

师:我就是那只孤单的小老鼠,现在我要出门去找好朋友了,待会儿我请到谁,谁就和我一起坐电梯去找好朋友。（第一遍音乐）

（1）教师当老鼠边唱边随乐合拍走,做孤单造型保持不动,唱到"来来来"时双手伸向台下做出邀请状,然后双手拉着台下幼儿 A 的双手上台站好。

（2）依次上二楼、三楼。

师:二楼的小老鼠也在找朋友,它们是怎么找朋友的? 请你仔细地看一看。继续出发上楼找好朋友,以此类推教师邀请其他幼儿。

（3）最后上四楼。

师："四楼,住着一只大老猫,它真的肚子饿,想要吃小老鼠,看看看、听听听,猫在哪?哇! 我们太幸运了,今天猫不在家,我们赶紧跑回家!"

3. 巩固游戏的玩法

师："过了一天,我又觉得孤单了,我又想找好朋友,这次我邀请你们来和我一起玩,刚才我是唱到哪一句的时候找好朋友的? 我们一起做一遍!"（教师和幼儿一起练习"来来来,好朋友"的动作）

（1）教师当老鼠边唱边随乐合拍走和幼儿手拉手,两人各自找一个朋友"上二楼"。

（2）教师和幼儿 A、B、C 四人两两合作（邀请者和被邀请者）手拉手边唱歌边随乐合拍走;四人各自找一个人"上三楼"。

（3）"四楼,住着一只大老猫,它真的肚子饿,想要吃小老鼠,看看看、听听听,猫在哪?"

"哇! 我们太幸运了,今天猫不在家,我们赶紧跑回家!"

4. 变化游戏玩法,揭秘卧底猫

师："收到可靠的消息,猫今天在家,你们敢不敢和我去冒险? 这次我会邀请更多的好朋友一起去挑战! 但是我们一定要注意了,当猫'喵'一声的时候,我们要赶紧跑回家哦!"

（1）依照玩法依次上二楼、三楼,这次可一次邀请多个幼儿,直到把所有的孩子都邀请出来。

（2）师:"四楼,住着一只大老猫,它真的肚子饿,想要吃小老鼠,看看看、听听听,猫在哪?"唱完老师大叫一声喵……小老鼠赶紧跑回家。

师:"现在你们知道谁是猫了吧? 对,就是老师,我把自己伪装成一只小老鼠,一开始你们都没有发现我是猫,我可不是一只简单的猫,我是混在老鼠群里的猫,我是一只卧底猫。"揭秘卧底猫是老师。

5. 请幼儿玩卧底游戏

（1）师:"你们想不想当卧底猫呀? 怎样才可以当好卧底猫? 要注意哪些问题?"

小结:"卧底猫要伪装好,不要被别人看出来,当唱到'猫在哪?'就要暴露自己的身份出来抓小老鼠,千万不要忘了自己是只猫哦!""现在请所有的小朋友闭上眼睛,把头埋在自己的膝盖上,老师摸到谁,谁就是那只卧底猫!"

（2）幼儿随乐完整做游戏,教师指导。

师:"你们喜欢这个游戏吗? 找好朋友的时候你的心情是怎样的? 一开始你觉得谁是卧底猫? 当听见猫叫的时候你有什么感觉? 你当卧底猫的心情是怎样的?"

即时反思与复盘总结

我于_____年____月____日完成了对本章的学习。

复盘一下,我对自己较肯定的地方是_____

（足够努力/心态积极/方法得当……）

我觉得自己需要改进的地方是_____

（懒惰懈怠/心情浮躁/方法不当……）

休息片刻,开启下一站征程!

将心注入,用双手把考生托上岸

第七章 教育评价

内容概要

　　本章包括幼儿园教育评价概述、幼儿园教育评价的方法、教师教育行为评价的方法三节。本章内容在真题试卷中所占分值约 0 ~ 3 分，主要以单项选择题的形式考查。本章各节 2015—2023 年考频汇总如下：

幼儿园教育评价概述　　　　　　　——○ 总考频 1 次

幼儿园教育评价的方法　　　　　　总考频 0 次

教师教育行为评价的方法　　　　　总考频 0 次

第一节　幼儿园教育评价概述

思维导图

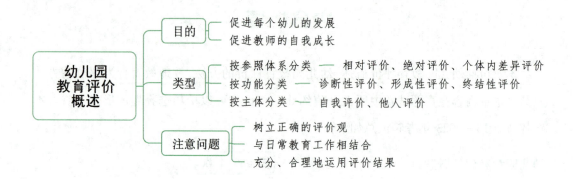

幼儿园教育评价概述
- 目的
  - 促进每个幼儿的发展
  - 促进教师的自我成长
- 类型
  - 按参照体系分类 —— 相对评价、绝对评价、个体内差异评价
  - 按功能分类 —— 诊断性评价、形成性评价、终结性评价
  - 按主体分类 —— 自我评价、他人评价
- 注意问题
  - 树立正确的评价观
  - 与日常教育工作相结合
  - 充分、合理地运用评价结果

考向分析

本节属于教育评价的基础知识,内容琐碎,在考试中以单项选择题的形式考查。汇总分析 2015 年至 2023 年的真题试卷,本节知识考查情况统计如下:

知识	考点	考频	题型
幼儿园教育评价的类型	诊断性评价、形成性评价、终结性评价	1	单选

核心考点

幼儿园教育评价是对幼儿教育的社会价值做出判断的过程,是以幼儿教育为对象,对其效用给予价值上的判断。

一、幼儿园教育评价的目的

幼儿园评价是幼儿园教育工作的重要组成部分,是了解教育的适宜性、有效性,调整和改进工作,促进每一个幼儿发展,提高教育质量的必要手段。

1.促进每个幼儿的发展

幼儿园教育评价不是为了对幼儿进行选拔,而是旨在发现每个幼儿的智力、潜力和特点,培养他们区别于他人的智能和兴趣,帮助他们实现富有个性特色的发展。

2.促进教师的自我成长

评价的过程,是教师运用专业知识审视教育实践,发现、分析、研究、解决问题的过程,也是其自我成长的重要途径。对评价中的反馈信息进行分析,不足之处可立即加以调整、修改,以期重新获得良好的教育教学效果;取得的成绩等有利因素,可鼓励教师再接再厉,保持良好的工作情绪,促进教师成长。

二、幼儿园教育评价的类型 【9年1考】

考点1 按评价的参照体系分类

按评价的参照体系的不同可以将幼儿园教育评价分为相对评价、绝对评价、个体内差异评价。

1.相对评价

相对评价是以某一集合的平均状况为基准,评价某个对象在这个集合中所处的相对位置。相对评价的标准来源于某群体,也只适用于该群体,常常以群体的平均水平为基点,群体的整体状况决定每个成员的水平。儿童的智力测验、标准化测验等都属于相对评价。

2.绝对评价

绝对评价是在评价对象的集合之外确定一个标准,评价时将评价对象与这个客观标准进行比较,评价其达到标准的程度,从而做出价值判断。幼儿园实际工作中经常出现绝对评价。

3.个体内差异评价

个体内差异评价是把被评价个体的过去和现在相比较,或将个体的有关各个侧面相互比较。这种评价充分照顾到了个体间的差异,在评价中不会对被评价者造成压力。但是,这种评价由于既不与客观标准比较,又不与其他被评价者比较,很容易使被评价者自我满足。

考点 2　按评价的功能分类

⭐ **考频分布**　2019下单选

按评价功能的不同可以将幼儿园教育评价分为诊断性评价、形成性评价和终结性评价。

1.诊断性评价

诊断性评价是指在教育活动开始之前,为使其计划更有效地实施而进行的预测性评价,其目的在于了解评价对象的基本情况,为制订教育计划或解决问题搜集资料、做好准备。如在某项活动开展前,教师或评价者会对幼儿的某方面发展水平进行判断,以便把握幼儿发展情况,或发现其发展中的一些特点,以便设计活动方案。这种评价就是诊断性评价。

2.形成性评价

形成性评价是指在教育活动过程中评价活动本身的效果,目的在于及时了解教育活动过程中的情况,以便及时地获取反馈信息,适时调节控制,以缩小工作过程与目标之间的差距,并通过评价研究工作进程、总结经验教训,及时改进工作。形成性评价又叫"即时评价",是一种在计划实施过程中不断进行的动态评价。

> **真题面对面**
>
> [2019下半年真题]在教学过程中,王老师随时观察和评价幼儿的行为表现,并以此为依据调整指导策略,该老师采用的评价方式是(　　)
>
> A.诊断性评价　　　　　　　　B.标准化评价
>
> C.终结性评价　　　　　　　　D.形成性评价
>
> **答案**:D。题干中王老师在教学过程中随时观察和评价幼儿的行为表现,以便及时地获取反馈信息,适时调整指导策略,故体现的是形成性评价。

3.终结性评价

终结性评价是指在完成某个阶段教育活动之后,对其成果做出价值判断,也就是以预先设定的教育目标为基准,对评价对象达到目标的程度进行评价。这种评价的目的在于全面了解该阶段的成果,以向决策者提供信息。终结性评价关心的是教育活动的结果,常对被评价对象做出鉴定,或对被评价对象划分等级,预测其未来发展的可能性,等

等。如幼儿园在某项科研后进行的成果验收、幼儿园办园等级评定等就属于终结性评价。

考生在面对诊断性评价、形成性评价和终结性评价的试题时,可通过以下方法进行区分:

诊断性评价——一般发生在教育活动开始之前;

形成性评价——在计划实施过程中不断进行的动态评价;

终结性评价——一般发生在完成某个阶段教育活动之后。

考点3　按评价的主体分类

按评价的主体不同可以将幼儿园教育评价分为自我评价、他人评价。

1. 自我评价

自我评价是指被评价者自己根据评价指标,参照一定的标准,对自己的情况进行评价。这种评价简便易行,有利于激发被评价者的自信心。但是,自评主观性比较大,易出现评价过高或过低的现象。

2. 他人评价

他人评价是指被评价者之外的其他人或组织对被评价者进行的评价。各级教育行政部门的视导评价,督导系统的督导评价,以及专家、同行的评价和幼儿园管理者对员工的评价等,都属于他人评价。与自我评价相比,他人评价要客观些,但一般来讲,他人评价的组织比较困难,花费的人力、物力多。

三、幼儿园教育评价应注意的问题

1. 树立正确的评价观

评价就是一种价值判断,以什么样的评价观为指导,就会导致什么样的评价结果。因此,在进行幼儿园教育评价的过程中,评价者首先应具有正确的评价观念。现代幼儿园教育评价的思想观念有了重大变化,主要表现在以下几个方面:

（1）评价的功能的变化。注重评价在教育过程中的价值,评价的过程就是学习的过程;评价不仅仅涉及一个目标,在评价的过程中可以告诉被评价者应该怎样达到这个目标;评价的结果,主要是用来指导被评价者改进自己的行为,使之获得反思自己行为的依据,从而促进其发展;评价者和被评价者的关系从相互对立或紧张戒备的状态,变为相互尊重、协同和合作的关系,从而共同发展;评价的方式从注重他人评价向注重自我评价发展。

（2）评价的目标的变化。评价目标重在发展,即以发展的眼光看待学前儿童和教师,注重促进每一位学前儿童和教师都获得最佳的发展。评价不是"选拔适合教育的儿童",而是"创造适合儿童的教育",不是鉴别教师的优劣,而是促进教师不断成长。

（3）评价的内容的变化。为适应社会对学前儿童综合发展与终身发展的要求,评价的功能就不能只是检查学前儿童知识、技能的掌握情况,更要关注学前儿童掌握知识技能的过程与方法,以及与之相伴随的情感态度和价值观的形成;要承认和关注学前儿童的个体差异,避免用统一的标准评价不同的学前儿童,在学前儿童面前慎用横向的比较。同时,评价内容也应拓展到幼儿园教育的各个方面,如教师与学前儿童人数的比例情况、教师资格和受培训的情况、教育活动组织的情况、学前儿童发展的情况等都要纳入评价范畴,进行综合评价。

（4）评价的方法的变化。现在的评价更重视定性评价,并强调实现定性与定量评价相结合和评价方法的多样化。一段时期以来,幼儿园教育评价过分强调"量化",而人的发展具有特殊性,通过完全"量化"的方法对教师工作或学前儿童发展进行评价是不恰当的,有时甚至是错误的。因此,幼儿园教育评价要注重评价中的人文因素的影响,注意量化评价的局限性,要将"量"的评价和"质"的评价结合起来。

（5）评价的主体的变化。新的评价观念重视参与与互动、自评与他评相结合,实现评价主体多元化。在强调全员参与评价的同时,更注重自我评价,其核心价值是促进人们客观地认识自我,不断地寻找新的生长点,获得在现有基础上的自我主动发展。在幼儿园教育评价中,自我评价可以促进学前儿童自我意识的发展,促进学前儿童和教师不断自我反思、自我教育,激发内在的动因。还可以弘扬民主气氛,增强主人翁意识,密切学前儿童、教师之间的关系及幼儿园与教师的关系。

（6）评价的类型的变化。在教育工作评价中,既要注意教育工作的客观效果如何,又要考察教师是怎样达到这样的效果的,学前儿童在这一过程中又是怎样变化发展的,将

对教育工作结果的评价与对教育工作过程的评价、学前儿童学习与发展的结果与学前儿童学习过程结合起来。

2. 与日常教育工作相结合

幼儿园教育评价并不是超越幼儿园日常工作之外的额外工作，它本身就是教育过程的一个重要环节，要在日常活动与教育教学过程中采用自然的方法进行，这样做才能保证评价信息的真实可靠。幼儿园评价教师时，要随时关注教师施教的情况。教师或幼儿园在评价学前儿童的发展时也应随时观察学前儿童的表现，及时调整教育行为。将评价融入幼儿园日常工作，并不排斥某一阶段结束后的集中评价，两者应互为补充。

3. 充分、合理地运用评价结果

学前儿童发展评价是否对幼儿园教育质量的提高起到促进作用，还要看如何利用评价的结果。例如，由于学前儿童对评价场景不适应等多方面的原因，对学前儿童认知发展的评价就很难真正反映学前儿童认知发展水平。所以，教师在评价时要谨慎，不可给孩子乱贴标签，更不能将不成熟的评价结果公之于众，这样做会给孩子发展带来很大的消极影响。

教师应以积极性的鼓励评价为主，特别是对那些发展滞后的学前儿童，更应以正面肯定为主。学前儿童各方面能力的获得与发展，如良好的习惯、正确的发音等，都是引导鼓励出来的，而不是纠正、嘲笑出来的。

对教师评价结果的发布方式也要注意个别化，不能随意公布，造成教师的反感或紧张。应注意评价的诊断功能，引导教师通过评价发现自己的长处和不足，从而促进教师的成长。

第二节　幼儿园教育评价的方法

思维导图

幼儿园教育评价的方法
- 测验法
  - 含义 —— 对幼儿身体、认知、语言、社会性发展等方面的测量
  - 分类 —— 标准测验、教师自制测验
- 观察法
  - 含义 —— 在自然条件下有目的、有计划地考察、记录、分析
  - 分类 —— 描述观察、抽样观察
- 调查法
  - 含义 —— 依据评价目的,拟定调查项目,采集评价信息
  - 分类 —— 访谈法、问卷调查法
- 档案袋评定法 —— 有目的地收集儿童的有关材料,并进行合理的分析与解释

考向分析

本节属于教育评价的基础知识,是考纲要求掌握的内容,但在历年考试中基本不考查,考生可根据自身情况有选择地学习。

核心考点

一、测验法

测验是对幼儿身体、认知、语言、社会性发展等方面的测量。它是幼儿园教育评价的一种重要工具,主要包括标准测验和教师自制测验两大类。

(1)**标准测验**是专门组织人力、物力,由教育专家制定的测验,例如,比纳的智力量表。

(2)**教师自制测验**是在幼儿园教育评价中,教师为了解本班幼儿在某些方面的发展情况,自制的一些测验题目,以此对评价对象进行测查。例如,要评价幼儿对"形状与数概念"的理解能力,教师可在幼儿小组或个别活动时,出示相关材料,有目的地对幼儿进行测试和提问,记录幼儿的反应,并做出评价。

二、观察法

观察是在自然条件下有目的、有计划地对观察对象进行考察、记录、分析的一种方法。这是在幼儿发展评价中最主要的评价方法。因为幼儿的发展表现往往在其日常外显行为中，与年龄较大的儿童相比，幼儿的语言能力和自我表达能力有限，所以对幼儿发展的评价，应以幼儿在活动中自然呈现出的可观察到的外部行为为主要依据。观察主要有描述观察和抽样观察两种。(1)**描述观察**是对幼儿在日常生活中的自然行为进行观察记录，可以分为日记描述与轶事描述。(2)**抽样观察**是一种严格、系统的观察方法，是观察者根据一定的标准，抽取一定的幼儿行为进行观察、记录和研究，从而获得对幼儿行为的了解。它包括时间抽样法和事件抽样法。

三、调查法

调查法是指评价者依据评价目的，拟定调查项目，通过访谈、发放问卷等方式采集评价信息的方法。一般包括访谈法、问卷调查法等。

1.访谈法

访谈法是指通过与幼儿及与其有关的人进行口头谈话的方式搜集评价信息的一种手段。它不受文字理解能力的限制，对任何文化程度的人都可以访谈，并且可以深入交谈。访谈法最显著的特点具有信息传递的往复性、通畅性和交流的及时性。

2.问卷调查法

问卷调查法是指评价者根据评价指标的要求，提出一些问题，拟好题目和表格，以问卷的形式进行调查，通过调查对象答题来收集评价信息的方法。

四、档案袋评定法

档案袋评定法又称成长记录袋，是指幼儿教师或家长有目的地收集儿童的各种有关表现材料，并进行合理的分析与解释，以反映儿童在学习与发展过程中的努力、进步状况或成就的一种方法。这一方法就是为每一位幼儿准备一个"档案袋"，把幼儿的有代表性的作品或表现不断地放进去，内容可以涵盖幼儿生活自理能力、知识技能、社会交往等方方面面。过一段时间后，教师或家长对这些作品或表现进行分析，评定幼儿成长和变化的情况。

档案袋评定法也是一种综合性的评价方法,融过程与结果为一体,兼容了多种具体评价方法,如观察记录法、谈话法、作品分析法等。教师通过定期或不定期地收集幼儿成长发展的各种资料,可以掌握幼儿发展的状况,评价幼儿的发展水平。在创建和收集幼儿"档案"的过程中,教师也通过评价更全面地了解到幼儿的个体特征、思维特点、所取得的成就、能力以及弱点,为教育策略的调整和制定提供了良好的支持。

第三节　教师教育行为评价的方法

 思维导图

 考向分析

　　本节主要介绍课堂观察法、反思法等相关知识,是考纲要求掌握的内容,但在历年考试中基本不考查,考生可根据自身情况有选择地学习。

 核心考点

一、课堂观察法

　　课堂观察法通过观察教师的课堂表现,系统地收集有关教师上课的教学思想、教学方法、课堂气氛、师生关系、学生参与程度以及教学效果等方面的信息,从而达到肯定优点、找出缺点、提高教学效果的目的,进而促进教师的成长。

　　课堂观察法是传统的课堂教学评价经常采用的一种方法,但作为发展性教师教学评

价方法的课堂观察,与传统的课堂观察的最大区别在于评价目的不是为了区分优劣、对教师进行分等鉴定,而是为了促进教师的发展,因此在具体的应用中强调教师本人的参与,将自评与他评相结合,强调评价结果的反馈和认同,以此促进教师工作的不断改进。

体现发展性的课堂观察法,在具体评价中分为预备会议、课堂听课和课堂听课后的讨论三个阶段,每一个阶段又分为几个步骤:

(1)在课堂听课前的预备会议阶段,主要是明确课堂听课的目的,提高教学质量和促进教师的发展,而不是为了评判教师上课的质量。预备会议的日程包括确定教学进度、确定教学目标、确定授课计划、确定困难和问题、确定听课方式、确定听课重点、确定课后讲座的时间和地点等七个方面。

(2)课堂观察的实施阶段包括进入课堂、在课堂中按照事先拟定的计划和选择的记录方法,对所需的信息进行记录。进入课堂,是实施课堂观察的前提条件。教师一般对观察者有一种怀疑和戒备的心理,学生也会对观察者充满好奇,这些因素都会影响观察者对真实资料的获得。因此,进入课堂时应事先征得同意,并尽快与被评价者建立起相互信任的关系。

在课堂情境中,按照预先选定的记录方式对观察对象进行观察和记录是课堂观察的主体部分。观察者选择不同的记录方式决定了他在观察过程中具体的观察行为。记录方式基本可以分为定性和定量两类。定量观察的记录方式包括编码体系、记号体系或项目清单、等级量表。定性观察的记录方式包括描述体系、叙述体系、图式记录、工艺学记录。无论采取哪一种方法进行记录,观察者都应当尽量克服来自观察工具、教育者自身以及来自外部环境的各种影响观察信度和效度的因素。

(3)评价者和被评价的教师应在上课一结束便马上到事先安排好的讨论场所进行讨论,要保持轻松、友好的气氛。开始讨论时,评价者应询问评价对象本人对上课的看法,让评价对象对自己上课的过程进行自我评价、分析自己的优点和不足,然后向被评价对象介绍听课记录的事实、评语、建议等,一起分析教师的优点与不足之处,最后通过课后的讨论提高教师的信心和自尊心,从而促进教师的成长。

二、反思法

反思法是指教师本人对课堂教学进行自我评价、自我反思,批判地审视自己在课堂中的教学行为,或给予肯定、支持与强化,或给予否定、思索与修正,从而不断提升教学实践合理性,促进自身的成长。教师反思自己的课堂教学有多种方式,常见的有如下两种:

（1）**教学札记**。课堂教学结束后,写下自己教学中发生的重要事件,记录这些事件的细节,尤其是那些记忆中特别生动的细节。（2）**教学摄像**。把自己的课堂教学过程用摄像机录制下来,这样,教师观看录像就像别人看自己一样,通过课后观看、分析、推敲录像,可以发现一些自己在课堂上发现不了的问题。

通过对自己课堂教学的反思,教师将更加了解自己,找到最适合自己的教学方式,也将更确切地理解自己在教学中所遇到的困境。而掌握这些信息,可以帮助教师更好地洞察自己非常熟悉且习以为常的课堂教学实践,揭示自己在实际的课堂教学生活中所践行的教育理念。

达标测评

建议用时	实际用时	测评总分	实际得分
15 分钟	_____分钟	21 分	_____分

一、单项选择题(每小题 3 分,共 6 分)

1. 运用档案袋评价时,档案袋中的内容不包括( )

A. 幼儿的绘画作品　　　　　　　B. 幼儿交往的图片

C. 幼儿简介　　　　　　　　　　D. 幼儿活动的视频

2. 在对幼儿园的课程实施方案进行评价时,以"过程取向"为特征的评价方式是( )

A. 形成性评价　　　　　　　　　B. 标准化评价

C. 诊断性评价　　　　　　　　　D. 终结性评价

二、简答题(本大题共 15 分)

现代幼儿园教育评价思想观念的重大变化主要表现在哪几个方面?

参考答案及解析

一、单项选择题

1. C　[解析]档案袋评定法又称成长记录袋,是指幼儿教师或家长有目的地收集幼儿的各种有关表现材料,并进行合理的分析与解释,以反映幼儿在学习与发展过程中的

将心注入,用双手把考生托上岸

努力、进步状况或成就的一种方法。这一方法就是为每一位幼儿准备一个"档案袋",把幼儿的有代表性的作品或表现不断地放进去,内容可以涵盖幼儿生活自理能力、知识技能、社会交往等方方面面。过一段时间后,教师或家长对这些作品或表现进行分析,评定幼儿成长和变化的情况。故档案袋中的内容不包括 C 项。

2.A [解析]形成性评价是指在教育活动过程中评价活动本身的效果,目的在于及时了解教育活动过程中的情况,以便及时地获取反馈信息,适时调节控制,以缩小工作过程与目标之间的差距,并通过评价研究工作进程、总结经验教训、及时改进工作。

二、简答题(答案要点)

(1)评价功能的变化;(2)评价目标的变化;(3)评价内容的变化;(4)评价方法的变化;(5)评价主体的变化;(6)评价类型的变化。

即时反思与复盘总结

我于_____年___月___日完成了对本章的学习。

复盘一下,我对自己较肯定的地方是_____

(足够努力/心态积极/方法得当……)

我觉得自己需要改进的地方是_____

(懒惰懈怠/心情浮躁/方法不当……)

恭喜完成对本书的学习,小香祝您金榜题名!

图书反馈

重磅!考题有奖征集!

「凡提供当年度考题者,根据考题完整度,可获得500元以内奖励。」

具体请联系QQ:1831595423

(温馨提示:所提供考题须是当年度考题,且真实有效。)

亲爱的考生:

 感谢您对山香教育的信任和支持,您的建议是我们前进的动力!为进一步提高图书质量,我们特向全国各地的考生开展图书反馈活动。

 凡通过图书反馈链接提供山香图书意见反馈者,均可获得**相关网课1套。**

图书反馈链接

联系方式:400-600-3363   研发部QQ:1831595423

招教网
招考资讯平台

山香官网
考编服务平台

山香网校
线上学习平台

图书订正链接
勘误更新平台